潍坊统计年鉴

WEIFANG STATISTICAL YEARBOOK

2017

潍 坊 市 统 计 局
国家统计局潍坊调查队
编

中国统计出版社
China Statistics Press

图书在版编目(CIP)数据

潍坊统计年鉴. 2017 / 潍坊市统计局编. －－ 北京：中国统计出版社，2017.9
ISBN 978－7－5037－8288－6

Ⅰ. ①潍… Ⅱ. ①潍… Ⅲ. ①统计资料－潍坊－2017－年鉴 Ⅳ. ①C832.523－54

中国版本图书馆 CIP 数据核字(2017)第 200339 号

潍坊统计年鉴－2017

作　　者/ 潍坊市统计局
责任编辑/ 陈越月
装帧设计/ 郭　川
出版发行/ 中国统计出版社
地　　址/ 北京市丰台区西三环南路甲 6 号　邮政编码/ 100073
电　　话/ 邮购(010)63376909　　书店(010)68783171
网　　址/ http://csp.stats.gov.cn
印　　刷/ 潍坊长城印刷有限公司
经　　销/ 新华书店
开　　本/ 890mm×1240mm 1/16
字　　数/ 975 千字
印　　张/ 31 印张
版　　别/ 2017 年　9 月第 1 版
版　　次/ 2017 年　9 月第 1 次印刷
定　　价/ 300 元

如有印装差错，由本社发行部调换。

编辑说明

一、《潍坊统计年鉴－2017》是一部全面反映潍坊市国民经济和社会发展情况的资料性年刊，是认识和研究潍坊市情、制定政策、指导工作的重要资料，具有历史延续性。

二、《潍坊统计年鉴－2017》收录了2016年度潍坊市及各县市区、市属各开发区国民经济和社会发展方面的统计资料，全省各市、县（市区）资料以及潍坊市各乡镇（街道）资料，全书共分为十六部分。

三、本年鉴所列各项指标均使用年报数据。居民收支、能源部分根据专业要求，指标内容重新做了调整。分县市区GDP根据第三次经济普查数据做了调整。

四、本年鉴所用价格，除标明用不变价格的之外，其他均为当年价格计算。

五、本年鉴在编辑过程中，得到了有关部门和单位的大力支持，在此谨表衷心感谢。由于编者水平有限，难免存在不足之处，恳请广大读者提出宝贵意见，以便改正。

《潍坊统计年鉴－2017》编辑委员会

主　　编：王　丙

副 主 编：李　军

编　　辑：（按姓氏笔画为序）

丁树燕	于　丹	于小玲	马志刚	马明刚
尹美美	王玉梅	王学忠	王洪亮	王晟昊
王海燕	王淑艳	付忠亮	刘　涛	刘国良
刘　鹏	孙晓红	孙晓斌	孙颜华	孙雪玲
曲晓东	朱　杰	朱常法	张　宁	张　虹
吴玲玲	李化生	李丰礼	李希春	李春国
杨　屹	杨成军	周仁欣	孟祥太	季学罡
房　艳	单吉升	赵焕贵	赵秀华	袁荣华
郭　川	高　鹏	高学香	秦永红	黄衔辉
焦　强	窦智坤	雷威东	魏绍忠	程　琳

目　　录

一、综　　合

二、人口与计划生育

三、城镇单位从业人员和职工工资

四、固定资产投资、房地产和建筑业

五、财政、金融、保险

政 府 工 作 报 告

——2017年2月24日在潍坊市第十七届人民代表大会第一次会议上

潍坊市代市长　李宽端

各位代表：

现在，我代表市人民政府向大会报告工作，请予审议，并请市政协委员和其他列席会议的同志提出意见。

一、过去五年的政府工作

2012年以来，市政府认真贯彻落实中央和省委、省政府决策部署，在市委正确领导下，紧紧依靠全市人民，拼搏进取、扎实工作，顺利完成市十六届人大历次会议确定的目标任务。

这是经济持续健康发展、综合实力大幅提升的五年。地区生产总值由3541.9亿元增加到5522.7亿元，年均增长9.3%。一般公共预算收入由253.9亿元增加到521.5亿元，翻了一番多。社会消费品零售总额达到2514.9亿元，年均增长12.3%。累计实施投资过亿元项目8260个，完成固定资产投资20041亿元。在全省科学发展综合考核中持续名列前茅。

这是产业转型加快推进、现代产业体系日趋完善的五年。三次产业比例由10.1:55.4:34.5调整为8.6:46.4:45。新增“三品一标”农产品809个，新发展新型农业经营主体2.69万家，创建为国家现代农业示范市。规模以上工业主营业务收入跃上1.3万亿台阶，利润、利税年均增长10.2%和10.8%。高新技术产业产值占比达到33.1%，提升7.6个百分点。建立各类总部基地38处，培育引进企事业单位总部（分支机构）2079家。电商交易额年均增长43.6%，成为国家电子商务示范城市、山东省跨境电商综合试验区。5A级物流企业、5A级旅游景区、国际品牌酒店实现零的突破。2016年旅游消费总额达到677.2亿元。

这是创新创业协调推进、发展动能加快转换的五年。全社会研发投入占GDP比重预计达到2.6%。发明专利授权量、国际专利申请量分别增长3.09倍和3.35倍。盛瑞8AT研发及产业化项目获国家科技进步一等奖。高新区获批建设山东半岛国家自主创新示范区，综合实力居全国高新区第23位。引进培育“千人计划”“万人计划”专家86名，泰山产业领军人才达到34名。新增1个国家重点实验室、2个国家级工程技术研究中心、4个国家产业技术创新战略联盟。建成市级以上科技企业孵化器54家、191万平方米。一批高水平的合作创新平台落户建设。省级产品质量检验中心达到10家。连续被评为全国科技进步先进市，创建为国家知识产权示范城市。建成全省首家实体创业大学。累计新登记各类市场主体49万户，其中企业14.1万户。

这是改革开放不断深入、发展活力显著增强的五年。累计承担78项中央、省改革试点任务。完成农村土地承包经营权、宅基地和农村集体建设用地确权登记颁证工作。齐鲁农村产权交易中心建成运营，新型农村合作金融模式在全省推广。在全国先行实施财政资金金融化管理。在全省率先实现市县两级PPP中心全覆盖。探索推行产业竞争性用地、工业用地弹性年期出让、房屋征收“裁执分离”等一系列改革。进出口总额跃居全省第3位，年均增长6.4%。累计到账外资45.4亿美元。建立境外营销中心113家、海外园区3处，达成国际产能合作项目70个。东亚畜牧交易所正式上线启动，进口澳大利亚活体肉牛指定口岸、进口肉类和冰鲜水产品指定口岸获批建设，鲁辽陆海货滚甩挂运输大通道、"一带一路"潍坊国际多式联运大通道、"鲁新欧·青州号"国际货运班列开通运营。全国首个自贸协定出口实施示范区创建取得重要成果。成为中欧城镇化伙伴关系城市和中美低碳生态试点城市。风筝会、鲁台会影响力进一步提升，成功举办两届中日韩产业博览会。

这是城乡区域统筹发展、新型城镇化水平快速提升的五年。深入实施"海城河"统筹发展战略，全市常住人口城镇化率达到58.15%，年均提高2个百分点。坚持陆海统筹、产城融合，举全市之力建设滨海，现代化海洋经济新区发展格局初步形成。中心城市"四个提升"成效显著。建成"潍V"智慧城市云服务平台，创建为全国首批信息惠民试点市和信息消费试点市。"两河"开发十大工程项目完成投资165亿元。县域经济竞争力进一步增强，特色镇建设快速推进，建成农村新型社区220个。重大基础设施加快建设。潍坊港开通国际集装箱业务，3.5万吨级航道通航，年吞吐量突破3700万吨。潍坊机场开通国际航线，年客运量突破50万人次。争取京沪高铁二线途经潍坊，济青高铁、潍莱高铁开工建设，被确定为全国100个区域性高铁枢纽城市和36个高铁物流枢纽城市之一。潍日高速、济青高速改扩建、潍坊南绕城高速顺利推进。新建改造国省道项目15个。国华寿光电厂建成投用，"特高压入潍"工程进展顺利。引黄入峡、引黄入白等工程建成运营，在连年干旱形势下，保障了用水安全。

这是环保整治全面展开、生态环境显著改善的五年。启动实施"三八六"环保行动和环境治理"十大工程"，PM2.5、PM10、二氧化硫、二氧化氮浓度分别比2013年下降32.8%、23.9%、52.9%、18.6%。新建乡镇污水处理厂55座，市控以上重点河流基本消除劣五类水体。实施县市区空气质量生态补偿、流域生态补偿制度。中心城区和县城实现公共自行车系统全覆盖，年骑行量超过7300万人次，新能源公交车占比超过50%。新增城市绿地2900万平方米，建设人工湿地57处，累计造林67万亩，创建为国家森林城市。

这是民生福祉持续增进、社会保持和谐稳定的五年。民生支出占财政支出比重由75.3%提高到80%，承诺办好的民生实事全部落实到位。城乡居民人均可支配收入分别增长49.3%和54.7%。42.4万农村建档立卡贫困人口实现脱贫，309个省定扶贫重点村摘帽。累计新增城乡就业114.6万人。社会保障水平逐年提升，可量化项目保障标准全部达到或超过省均水平。新开工各类保障房3万套，改造棚户区9.6万套。新建改造农村公路1.2万公里，完成道路安防工程3936公里。规模化集中供水覆盖率达到94.7%，农村全部实现了饮水安全。336个中心村完成电网改造。新改扩建幼儿园1246所，中小学标准化率由40%提高到100%。提前两年基本完成国家确定的农村薄弱学校改造任务，所有县市区通过义务教育发展基本均衡县国家验收。被确定为全国养老服务综合改革试点市，成为社会办医国家联系点。全面两孩政策顺利实施，人均预期寿命达到78.5岁。公共文化场馆全部免费向市民开放。农村"七改"成效显著，实现城乡环卫一体化。创建为全国文明城市。被授予"中国画都"称号。国家食品安全城市创建群众满意度和现场检查验收均取得全省最好成绩。安全生产总体平稳，群众安全感测评居全省前列。连续获评全国双拥模范城、全国法治宣传教育先进城市。外事侨务、民族宗教、妇女儿童、老龄、残疾人、审计、统计、人防、地震、气象、史志、档案、海事等工作实现了新的发展。

这是政府职能加快转变、发展环境持续优化的五年。在全省率先发布"三张清单"，压减63%的市级权力。率先推行"五证合一"商事制度改革。探索实行建设工程项目模块化审批、非制造业建设工程项目审批告知承诺制。市县两级行政许可事项全部实现网上办理，政务服务热线实现整合。综合行政执法体制改革扎实推进。开展降低企业成本“711”专项行动，为企业减负161亿元，化解历史遗留问题7728件。制定出台5个政府规章，配合制定3件实体地方性法规。认真执行市人大及其常委会决议决定，自觉把民主政治协商纳入决策程序，共办理人大代表议案建议和政协委员提案2294件。扎实开展党的群众路线教育实践活动、“三严三实”专题教育、“两学一做”学习教育。深入开展党风廉政建设和反腐败工作，全市纪检监察机关审查违纪案件10445件，给予党纪政纪处分9958人。

2016年，面对复杂的国内外经济形势，市政府主动适应引领经济发展新常态，坚持稳中求进总基调，全面落实新发展理念，统筹做好稳增长、促改革、调结构、惠民生、防风险各项工作，圆满完成了市十六届人大五次会议确定的目标任务。地区生产总值增长8%，一般公共预算收入增长9.1%，固定资产投资增长13.2%，社会消费品零售总额增长10.4%，进出口总额增长6.3%，城乡居民人均可支配收入分别增长8.2%和8.1%，城镇登记失业率控制在2.9%，居民消费价格上涨2.4%，全面完成省政府下达的约束性指标，实现了“十三五”良好开局。

各位代表，五年奋斗，硕果累累。这是以习近平同志为核心的党中央坚强领导的结果，是市委团结带领全市人民开拓创新、埋头苦干的结果，是市人大、市政协和社会各界鼎力支持、共同奋斗的结果。在此，谨代表市人民政府，向全市各族人民，向市人大代表、政协委员，向各界人士、驻潍人民解放军指战员、武警官兵和公安干警致以崇高敬意！向关心支持潍坊发展的老领导、老同志和海内外朋友表示衷心感谢！

我们也清醒地看到，发展中还存在不少矛盾和问题。主要是，经济下行压力依然较大，结构性矛盾仍然突出，行业企业分化现象明显。创新能力不够强，中心城市辐射带动力偏弱，资源环境约束趋紧，民生领域存在短板。维护稳定、防控风险压力较大。部分政府工作人员法治观念、服务意识、担当精神、专业能力不强。我们将高度重视这些问题，采取针对性措施，认真加以解决。

二、今后五年的总体要求和目标任务

刚刚闭幕的中国共产党潍坊市第十二次代表大会，提出了今后五年的奋斗目标，谋划了美好发展蓝图。市政府将紧紧围绕市委的总体部署，全力抓好落实。总的要求是：**全面贯彻党的十八大和十八届三中、四中、五中、六中全会精神，深入贯彻落实习近平总书记系列重要讲话和视察山东重要讲话、重要批示精神，认真贯彻党中央治国理政新理念新思想新战略，统筹推进“五位一体”总体布局和协调推进“四个全面”战略布局，紧紧围绕市委“一三四七”目标任务、战略重点和全面从严治党新要求，坚持稳中求进工作总基调，自觉践行新发展理念，坚持以供给侧结构性改革为主线，推动更高质量新发展，实现全面建成小康社会，加快建设富裕文明充满活力的现代化强市。**

今后五年，市政府将始终坚持以经济建设为中心，进一步拉长优势、补齐短板，统筹推进经济社会持续健康发展，全面完成“十三五”规划目标任务，促进经济实力和竞争力大幅提升、社会文明水平全面提高、人民生活更加富裕幸福，全力实现建设富裕文明充满活力的现代化强市的总目标。始终坚持准确把握新常态新阶段新方位，抢抓新机遇，应对新挑战，以更高的发展定位和标准要求，促进各方面工作创先争优，确保在全面建成小康社会进程中走在全省全国前列，在贯彻新发展理念、推动转型发展进程中走在全省全国前列，在深化重要领域和关键环节改革进程中走在全省全国前列。始终坚持产业转型升级不动摇，努力构筑现代产业体系，打造国内一流的农业现代化基地、国内重要的高端制造业基地和特色服务业基地，大幅提升产业整体实力和竞争力，促进产业迈向中高端，形成10

个以上千亿级产业链和产业集群，规模以上工业主营业务收入突破2万亿，着力打造“产业强市”。始终坚持繁荣发展先进文化，全面实施文明提升工程、文化惠民工程、文化产业培育工程、文化传承发展工程、文化品牌打造工程，促进社会主义核心价值观更加深入人心，城市文明程度位居全国前列，现代公共文化服务体系基本建立，文化产业、文化旅游和文化品牌在国内外的影响力和知名度全面提升，着力打造“文化名市”。始终坚持创新发展，进一步完善社会主义市场经济体制，基本建立开放型经济新体制，基本形成科技创新为引领的全面创新，加快构筑现代城镇体系，在增强发展动力和活力、发展动能接续转换、区域城乡协调发展上实现新突破，大幅提升市场活力、创新创业活力、城乡发展活力，着力打造“活力城市”。始终坚持品质立市，全面实施高端高质高效战略，大力弘扬“工匠精神”，把绿色发展理念融入经济社会发展各方面，着力构筑民生保障体系和现代社会治理体系，全面提高农产品、工业品、服务产品质量，大力提升城乡规划建设管理、生态环境、社会文明、市民生活品质，着力打造“品质城市”。

实现这些目标，必须以新发展理念为指导，崇尚创新、注重协调、倡导绿色、厚植开放、推进共享，努力在各项工作中取得新突破。必须坚持稳中求进工作总基调，统筹做好稳增长、促改革、调结构、惠民生、防风险各项工作，促进经济平稳健康发展和社会和谐稳定。必须深入推进供给侧结构性改革，在供需两端发力，加快培育新动能、发展新经济，不断扩大高质量产品和服务供给。必须坚持创新驱动发展战略，以只争朝夕的紧迫感，加快集聚高端要素、拉长优势产业、发展高端产业，着力以创新引领转型升级。必须坚持改革开放，靠改革增活力，靠开放促发展，靠创新解难题，最大限度释放经济社会发展动力。我们一定要按照市委部署要求，凝神聚力、奋发有为、真抓实干，努力开创政府工作新局面。

三、2017年政府工作安排

综合考虑各方面因素，今年经济社会发展主要预期目标是：地区生产总值增长8%左右，固定资产投资增长11%左右，社会消费品零售总额增长10.5%左右，进出口总额增长5%左右，一般公共预算收入增长8.5%左右，城镇登记失业率控制在3.8%以内，居民消费价格上涨3%左右，城乡居民人均可支配收入分别增长8%左右和8.5%左右。全面完成省下达的约束性指标。

（一）着力完成“三去一降一补”年度任务。“三去一降一补”是深化供给侧结构性改革的重要抓手和重点任务。要分类施策去产能，根据行业、企业情况，主动退出一批、倒逼出清一批、优化整合一批、转移消化一批、改造提升一批，钢铁、水泥、炼油、轮胎4个行业产能利用率稳定在80%以上。稳妥推进企业兼并重组、破产清算，加快“僵尸企业”市场出清。要突出重点去库存，制定促进房地产业转型发展的意见，加快消化商业地产和地下车位库存。提升规划设计、开发建设和物业管理水平，促进房地产业转型升级、健康发展。推进工业产品去库存，全面提升产销率。要多措并举去杠杆，着手实施资本市场“千亿融资计划”，规模企业规范化公司制改制任务完成率达到80%以上，力争新增上市、挂牌企业200家。进一步规范政府举债行为，控制政府性债务过快增长。要坚持不懈降成本，深入落实降低企业成本80条措施，研究制定新的政策措施，进一步降低企业成本，打造有竞争力的营商环境。要加大力度补短板，着力补好服务业占比、重大基础设施建设、教育资源配置、扶贫攻坚等方面的短板。

（二）着力加快产业转型升级。瞄准高端化、智能化、绿色化、服务化方向，积极构建现代产业体系，促进产业迈向中高端，加快建设产业强市。

深入推进农业供给侧结构性改革。实施高效特色农业提升行动和绿色农业计划，加快提升农副产品加工率、附加值，增加绿色优质农产品供给。

实施农业品牌引领工程，集中推出一批农业区域公用品牌和产品品牌，重点抓好潍县萝卜、寿光蔬菜、青州花卉等特色农产品品质提升和品牌打造。进一步健全农产品质量安全监管体系，争创国家农产品质量安全市。积极培育新型经营主体、服务主体和新型农民。实施农业龙头企业（合作社、大户）培育工程，加快构建与潍坊农业发展水平相适应的新型农业生产经营体系和社会化服务体系。鼓励扶持新产业新业态，拓展农业产业链价值链，加快培育“新六产”。年内新建改建多功能现代农业示范园区50处。加快海洋牧场项目建设。深入实施“藏粮于地、藏粮于技”战略，严守耕地红线，建设粮食高产创建田270万亩，确保粮食生产稳定。做好防汛抗旱工作。

做强优势产业。机械装备、汽车制造、石化盐化、纺织服装、食品加工、造纸包装等产业是我市的优势产业，也是产业转型的重点和关键。要深入落实好6个优势产业年度转型升级计划和重点项目，加快建设传统优势产业转型发展示范区。继续加大技改力度，滚动实施亿元以上技改项目500项，技改投资增长9%以上。加快工业化与信息化深度融合，持续推进智能制造，重点抓好高端柴油机智能工厂、可穿戴智能工厂等20个智能制造示范项目，支持企业申报国家和省两化融合管理体系贯标试点，争创“中国制造2025”示范城市。实施重点产业品牌培育行动，逐行业制定质量品牌提升计划，推动产品档次、质量、品牌一体化升级。支持企业在全球范围内对标、达标、提标，加大品牌创建和国际并购力度，培育一批行业“隐形冠军”。进一步提升潍柴、雷沃、歌尔、盛瑞、晨鸣、豪迈、孚日、希努尔、得利斯等品牌价值和影响力，加快打造“好品潍坊”。优化产业布局，实施聚焦战略，打造特色产业聚集区。鼓励支持龙头企业领办特色产业园区和专业配套园区，加快推进自动变速器、军民融合产业园等园区建设。出台全市化工企业规范发展转型升级意见和化工园区认定管理办法，推动化工产业集聚发展、高端发展、绿色发展，加快建设大型、特大型化工基地。

培育壮大新兴产业。落实好6个重点新兴产业培育方案和年度计划，集中抓好电子信息、生物医药、生物基新材料三个1000亿级和智能装备、节能环保、新能源汽车三个300亿级新兴产业集群培育工作。强化龙头带动，根据企业需求，制定个性化政策，促进资源要素向龙头企业集聚，鼓励支持歌尔、帅克、迈赫、金丝达、大洋泊车等龙头企业做大做强。强化园区承载，着力推进福田互联网汽车、歌尔虚拟现实、生物基新材料、通用航空、测绘地理信息等重点产业园区建设，促进新兴产业集聚发展。强化项目支撑，突出抓好163个重点项目，年内完成投资177亿元。强化基金支持，积极争取国家战略性产业发展基金和先进制造产业投资基金支持，进一步扩大市级新兴产业基金规模。

促进重点服务业提速发展。深入落实9个重点服务业转型升级方案和年度计划，促进生产性服务业与生活性服务业共同繁荣，传统服务业升级与新兴服务业培育齐头并进，年内服务业增加值增长9%左右。打造区域性总部基地，加快建设潍坊总部基地、食品谷总部基地、港口物流基地及远成·潍坊国际智慧物流城、海王医药等总部基地重点项目，年内新引进企事业单位总部（分支机构）100家以上。大力发展现代物流业，落实全市物流业发展规划，加快建设6个专业化物流园区和16个特色物流园，着力打造东北亚重要物流枢纽。繁荣文化创意产业，积极推进文化消费，在民间艺术品、书画、文创等领域加快培育一批文化骨干企业，建设一批特色文化小镇，促进文化与科技、金融、旅游、教育等深度融合，加快建设创意设计中心。整合提升旅游业，扎实推进旅游业创新发展三年行动计划，加快旅游集散中心建设，促进文化旅游、乡村旅游、工业旅游和生态旅游发展，打造全域旅游品牌。加快发展电子商务，深入实施电子商务跨越发展工程，电商交易额增长25%以上。积极培育物联网、健康养老、运动休闲等新兴服务业，大力发展软件、研发、金融、政府服务等领域的服务外包。

（三）着力推动创新创业。始终把创新作为引领经济社会发展的第一动力。

提升科技创新水平。制定实施科技创新三年行动计划，全社会研发投入占生产总值比重提高到2.65%，科技进步对经济增长的贡献率达到58%。强化企业创新主体地位，大力实施“小升高”科技计划，新认定高新技术企业50家以上，高新技术产业产值占比提高1个百分点。加大招院引校力度，加快建设潍坊市科教创新园，支持有条件的县市区建设科教聚集区，年内引进高等教育机构10家以上。鼓励发展新型研发机构。突出人才引领，深化鸢都产业领军人才工程，实施海内外专家引进计划和国内高层次人才集聚工程。研究制定人才强企若干政策措施和引进顶尖人才“一事一议”实施办法。加强企业家队伍建设，健全完善企业家关爱机制，大力弘扬企业家精神。进一步提升合作创新水平，实施国际合作创新行动计划，鼓励企业在重点国家和地区建立研发机构和孵化基地，落实好“十大科技国际化工程”。完善科技成果转移转化机制，建立技术创新公共信息服务平台，培育一批有影响的科技中介服务品牌。加快推进市科技孵化中心、蓝色智谷等创新型孵化器建设，年内新建和改造提升10家科技孵化器，新增孵化器面积20万平方米。强化平台支撑，设立重大科技创新基金，支持重大科技项目和平台建设。加快建设海洋化工等八大产业技术创新联盟。支持高新区推进山东半岛国家自主创新示范区建设，打造全市高新技术产业引领区。加强知识产权保护，做好国家知识产权强市创建、知识产权区域布局试点工作，加快“两中心一平台”建设。

大力促进产业创新。坚持围绕产业链打造创新链，加快建设农业十大创新公共基地，支持寿光争创国家农业高新技术开发区，全力打造现代农业创新发展中心。建设好工业研究院，加快打造十大产业创新中心。着手组建十大未来产业创新发展中心，抢占创新发展主动权。

深入推进大众创业。制定众创空间发展规划，加快构建以众创空间、众创政策、众创服务、众创制度为重点的众创体系，打造特色创业孵化集聚区。鼓励社会力量投资建设众创空间，新增创客空间5家，创客团队80个，新增市级创业孵化示范基地（园区）20处。完善“鸢都创业证”制度，健全“创业大学+高校+辅导站+实训基地”培训体系。推进“双创”政策进高校、进院所、进企业、进社区，支持大学生、退役军人、转岗职工、进城务工人员等投身创业，鼓励各类专业人才引领创业，激励在外人才回乡创业。

深化智慧城市建设。完善智慧潍坊基础设施，形成集政务应用和社会应用于一体的云计算中心，实现城区主要道路和重点区域免费WiFi全覆盖。打造“潍V”智慧城市应用品牌，构建智慧民生服务体系。以“互联网+政务服务”为抓手，统筹推进智慧政务建设和应用。创新大数据、物联网建设运营模式，争创全省大数据交易中心。

（四）着力深化重点领域改革。坚持问题导向，什么制约发展就改革什么，什么影响效能就突破什么，积极推进重要领域和关键环节改革。深化农业农村改革。扎实推进农业综合改革试验区建设。深化农村土地所有权、承包权和经营权“三权分置”，稳步实施农村集体产权制度改革。探索开展农民住房财产权抵押贷款。继续深化供销社综合改革。依法稳妥推进合村并点。搞好财税体制改革。统筹推进预算管理、税收制度改革和市县两级事权与支出责任划分，加快构建现代财政制度。有序推进基本公共服务均等化，逐步实现基本民生标准、农业转移人口市民化待遇、工资性收入政策、运转经费标准和公共设施建设标准“五个基本统一”。继续扩大PPP模式应用，年内全市集中运作项目30个以上，吸引社会投资300亿元以上。进一步完善招投标办法，规范公共资源交易平台，提高资源配置的透明度、公平性。加大金融改革力度。制定实施新一轮金融创新发展计划，打造金融高地。加大金融对实体经济的支持力度，加快建设产业金融创新中心。鼓励各类企业和银行开拓资本市场，进一步提高直接融资比重。推动地方金融机构加快发展，组建地方法人保险机构，支持多样化、特色化金融机构发展。健全完善政府融资担保体系。深化新型农村合作金融试点改革。提升东亚畜牧交易所、齐鲁农村产权交易中心、潍坊文化产权交易中心等交易平台运营水平。增强同风险赛跑意识，进一步完善金融风险防控化解机制，压实金融风险属地管理责任，提升依法处置化解金融风险的能力，严守不发生系统性、区域性金融风险的底线。加快事业单位改革。落实中央关于加强和改进行业事业单位领导人员管理的“五个办法”。清理规范“僵尸”事业单位，深化公立医院和高校人员控制总量备案管理，抓好公立医院、科研院所法人治理结构建设。统筹推进教育、医疗、社保等社会事业改革。扎实做好公务员职务与职级并行制度试点工作。

（五）着力扩大对外开放。开放是转型发展的必由之路。要进一步强化开放发展理念，充分用好“两个市场、两种资源”。深入落实国际化四年工作计划，突出“六个领域”“六个重点”“三大布局”，大力提升开放发展水平。多措并举稳外贸。实施外贸转型升级专项行动，落实和完善稳定出口的政策措施，实施“千企百展”市场开拓计划。支持发展跨境电商、外贸综合服务、市场采购贸易等新业态。加快线上“单一窗口”和线下“综合支撑”平台建设，着力打造跨境电商综合试验区。积极参与鲁贸名品展示中心建设。推广安丘自贸协定出口实施示范区模式，力争全域整建制创建全国自贸协定出口实施示范市。加大招商引资力度。实施利用外资“十项计划”，调整完善招商引资政策，改进招商体制机制。强化专业招商、以商招商、精准招商，发挥龙头企业在产业链招商中的主体作用，进一步提升招商引资成效。深入实施与世界500强、行业领军企业及知名院所机构合作行动方案，开展“外企服务促进年”活动，落实“服务大使”“专家顾问小组”等制度。有重点地“走出去”。深度参与“一带一路”建设，加快建立海外战略支点城市网络。支持优势企业拓展海外高端工程市场，引导企业向设计咨询、运营服务等高附加值领域拓展，带动装备、技术、产能走出去。大力推进“潍营满欧”“潍青欧”海铁联运大通道建设，提升“鲁新欧·青州号”国际货运班列运营能力。推广潍柴动力海外并购经验。支持有条件的企业建设境外生产装配基地、资源开发基地、种植养殖基地。打造开放合作平台。发挥高新区、滨海区对外对内开放龙头作用。完善综合保税区服务功能，打造全市外向型经济服务区。深化开发区体制机制改革，加快开发区转型升级。提升中日韩产业博览会市场化运作水平。建成涉外部门联合服务“网上大厅”。积极对接引进国际规则和服务体系，加快规划建设国际社区、国际学校、国际医疗机构等配套服务设施。加强与青岛在规划、重大基础设施等方面的合作，推进青潍协同发展。做好援疆、援藏等对口支援工作。

（六）着力提升新型城镇化水平。深入推进以人为核心的新型城镇化，进一步完善市民化“1+N”政策体系，实现外来务工人员市民化9.4万人、就地转移人口市民化3.6万人、城中村城边村原有居民市民化12.3万人。常住人口城镇化率提高2个百分点左右。

深入实施蓝色经济区发展规划。全域统筹，突出滨海，着手编制海岸带规划，抓好大家洼、央子、港口经济区等重点片区建设，大力推进海洋科技大学等27个重大支撑项目建设。突出抓好临港经济、海洋动力、绿色化工、海洋生物医药、滨海旅游等重点产业，打造陆海统筹、产城融合发展示范区，加快建设滨海海洋经济新区。

突出中心引领。实施新一轮提升市区计划，落实好“十大专项行动”。扎实推进242个重点提升项目。加快高铁新片区、站南广场、中央商务区、中国食品谷、医疗健康城等重点片区规划建设，大力推进金融小镇、梦幻小镇、坊茨小镇等特色聚集区建设。扎实开展“七项专项整治”，提升城市网格化、精细化、法治化、智慧化管理水平。

推进“一体两翼”。推动“七城”一体布局、相向发展。拉长县域经济优势，支持县域竞相发展。开展中小城市试点，加快推进省级示范镇和特色小镇建设，集中培育1个国家级特色小镇、5个省级特色小镇。深入推进“两区”同建，集中打造100个“四全一特”示范社区，不断增强社区自治和服务功能。加快实施城镇棚户区改造三年计划，年内改造棚户区8.6万套以上。积极推动镇改街、村改居，转变城中村、城边村和农村新建社区管理模式。深入落实农村“七改”计划，新建改造农村公路1300公里，改造农厕12.8万户，完成农村存量危房改造，50%的村庄达到美丽乡村建设标准。

强化基础支撑。加快潍坊港2个航道、11个泊位及业务码头建设，协调推进疏港铁路、鲁辽陆海货滚甩挂运输大通道建设。加快推进济青高铁、潍莱高铁及枢纽配套工程。潍日高速北段、宝通街东延项目建成通车。潍坊南绕城高速、两条市区外环路开工建设。潍日高速南段、济青高速改扩建工程加快建设。加快推进新机场审批立项，同步启动工程设计和征地拆迁。结合城市重点片区规划建设，优化完善实施中心城区交通组织方案，加快推进城市快速路建设。榆横－潍坊、扎鲁特－青州特高压工程建成投运，完成农村电网改造升级“两年攻坚战”。加快黄水东调、引黄入峡后续工程建设。

（七）着力做好民生保障和社会治理。民生和社会治理工作是社会建设的两大根本任务。今年，民生支出达到535亿元以上。进一步加大精准扶贫、精准脱贫力度，确保剩余28个省定扶贫重点村全部摘帽，1.1万农村建档立卡贫困人口全部脱贫。统筹解决城市贫困问题。做好高校毕业生、就业困难人员和去产能转岗再就业职工等重点群体就业工作，落实农民工职业技能提升、权益保障和公共服务3项“三年行动计划”，新增城镇就业10万人。进一步改善办学条件，均衡配置各类教育资源，全市新改扩建中小学77所、普惠性幼儿园117所。完成破解中小学“大班额”和“全面改薄”任务。深化管办评改革，扩大学校办学自主权，全面落实立德树人根本任务。适应高考综合改革，加快普通高中创新发展。深入推进国家职业教育创新发展试验区建设，加快实施高校特色发展计划和重点建设工程。推进基层医疗机构标准化建设，年内基本设备配置标准化率达到100%，新型农村社区卫生室规范化建设完成总体目标的80%。继续深化完善分级诊疗制度。统筹城乡养老均衡发展、居家和社区养老协调发展，年内城市社区日间照料中心实现全覆盖，每个县市区建成养老服务信息平台。深入实施全民参保登记计划，实现应保尽保。加快建立与基本医疗保险、大额医疗保险紧密衔接的职工大病保险制度。开展残疾人精准康复服务行动。推进全民健身活动场馆建设，建成523处全民健身工程。完善防灾减灾救灾体制机制，大力发展慈善事业，提高社会救助能力。健全农村留守儿童、妇女、老人关爱服务体系。

扎实推进文化名市建设。大力培育和践行社会主义核心价值观，深入推进公民思想道德建设，深化群众性精神文明创建活动，做好全国文明城市复查迎测工作。规划建设市博物馆群、市美术馆群，建成60个以上公共图书馆、文化馆基层分馆站点。实施基层综合性文化服务中心提升工程，农村社区综合性文化服务中心达标率和省定贫困村文化大院建成率均达到90%以上。我市文化资源丰富、特色鲜明，要传承弘扬优秀传统文化，深度挖掘潍坊文化历史价值，讲好潍坊故事，传播好潍坊声音。扎实推进潍水文化生态保护实验区建设，加强非物质文化遗产保护。着手启动创建国家历史文化名城、联合国手工艺与民间艺术之都。深化市县广播电视台改革。办好第七届中国画节、第十届文展会和第二届市民艺术节。

进一步加大生态环境治理力度。深入实施绿色发展"十大工程",统筹推进环境治理、能源结构优化、绿色产业发展和生态文明制度完善。PM2.5、PM10平均浓度分别下降5%和16%,二氧化硫、二氧化氮平均浓度达到国家二级标准并持续改善,市控以上重点河流全面消除劣五类水体。落实减煤、抑尘、控车、除味、增绿等措施,实施民用散煤综合治理,打好大气污染防治攻坚战。开展全民节水行动,加快建设节水型城市。落实水污染防治行动计划,加强重点涉水企业环境监管,全面推行"河长制"。深入实施农药化肥零增长行动,推广水肥一体化、测土配方施肥、病虫害统防统治等节药节肥新技术,推进秸秆、残膜、畜禽粪便等农业废弃物资源化利用,加大农业面源污染治理力度。开展重污染土壤治理和修复试点。开展绿色建筑发展三年行动,积极推进建筑产业现代化,80%的城镇新建建筑达到绿色建筑标准。优先发展绿色公交系统,提升新能源公交车比例。健全网格化环境监管机制,加快建立生态环保责任制。对环保案件实施"一案多查"、联合惩戒,形成对环境违法行为的高压震慑。

全面落实"七五"普法、依法治理两个规划。深化社会组织管理制度改革,健全完善专业社会工作人才培养使用机制。大力推进政务诚信、商务诚信、社会诚信建设,建成市级公共信用信息平台和"信用潍坊"网站,健全守信激励和失信惩戒联动机制,争创国家社会信用体系建设示范城市。严格落实安全生产责任制,加强风险管控和隐患排查治理双重机制建设,坚决扼制重特大事故发生。创新食品药品安全治理机制,落实各项保障措施,严防严管严控食品安全风险,争创国家食品安全示范城市。加快构建以科技信息化为牵引的社会治安防控体系,深入推进"平安潍坊"建设。进一步提高社会矛盾预防化解处置能力。全面实施城乡社区治理三年行动计划,完善"四社联动"服务机制,提升社区治理水平。建立"一村一法律顾问""一村一警务助理"制度。大力支持国防建设和军队改革,加强国防动员和后备力量建设,扎实做好新时期双拥工作。

四、全面加强政府自身建设

*打铁还需自身硬。*面对改革发展的艰巨任务,市政府必须增强政治意识、大局意识、核心意识、看齐意识,坚决贯彻落实中央、省和市委决策部署,牢固树立以人民为中心的发展思想,以服务型政府建设为引领,进一步提高政府自身建设水平。

*狠抓工作落实,建设高效政府。*强化落实意识,以"踏石留印、抓铁有痕"的劲头和"钉钉子"精神抓好各项工作落实。扎实开展"作风建设年"活动,持续推动政风转变,大力提升行政效能。层层分解任务目标,层层压实工作责任,强化目标任务督查落实,对年度重点工作任务对账督查,形成各司其责、齐抓共管的工作落实机制。把抓项目落地作为提升政府效率的"试金石",以项目看能力、看政绩、看担当。加强政府职业能力建设,真正把学习作为每名公务人员的责任、本领和精神追求,努力克服知识恐慌、本领恐慌,用专业思维、专业素养、专业方法推进工作落实。

*强化宗旨意识,建设责任政府。*始终牢记全心全意为人民服务的根本宗旨,强化政府服务职能,全面提升服务发展、服务企业、服务群众的能力和水平。认真落实密切联系群众、深入基层调研等工作制度。畅通民情民意表达渠道,坚持开门决策,多方汇集民智,真正使政府决策建立在广泛的民意基础上。尽心尽力解决事关群众切身利益的环保、教育、医疗等热点难点问题。进一步提升12345政务热线服务质量,完善诉求办理和督查督办机制,保证群众诉求"事事有回音、件件有着落"。大力整肃庸政懒政怠政行为,着力克服不作为、慢作为现象。把真抓实干作为重要政治品质,把干事创业作为最大政治责任,健全正向激励和容错纠错机

制，坚决查处诬告陷害行为，旗帜鲜明地为担当者担当、对负责者负责。

*严格依法行政，建设法治政府。*坚持“法定职责必须为，法无授权不可为”，落实法治政府建设实施纲要，自觉运用法治思维和法治方式推动工作。提升政府立法水平，促进立法和各项改革决策相衔接。深化“放管服”改革，进一步简政放权，加强事中事后监管。深化行政执法体制改革，推动跨部门综合执法和执法力量向基层下沉。强化法治教育，提升各级政府和公务员队伍的法治意识、执法能力和社会治理能力。加强和改进政府信访工作，依法稳妥化解矛盾纠纷，切实维护群众合法权益。严格执行市人大及其常委会决议决定，自觉接受人大法律监督、工作监督和政协民主监督，主动听取民主党派、人民团体和社会各界意见建议，认真办理人大代表议案建议和政协委员提案。

*着力反腐倡廉，建设廉洁政府。*严格落实全面从严治党重大政治责任，压紧压实政府系统各级党组织的主体责任。严格落实“一岗双责”，严肃党内政治生活，运用好监督执纪“四种形态”。深入落实中央“八项规定”精神，驰而不息纠正“四风”，严格遵守党的政治纪律和廉洁自律相关规定。加强党风廉政教育，强化权力约束和源头治理。扎实推进审计监督全覆盖，强化行政监察和行政执法监督。加大部门预决算和“三公”经费预决算公开力度。严格公共资金、公共资产、公共资源和国有资产监管。始终把纪律和规矩挺在前面，坚持用制度管权管事管人，坚决惩治腐败，努力实现干部清正、政府清廉、政治清明。

各位代表，实干托起梦想，奋斗赢得未来。让我们更加紧密地团结在以习近平同志为核心的党中央周围，在省委、省政府和市委坚强领导下，锐意进取、奋发有为，干在实处、走在前列，为建设富裕文明充满活力的现代化强市而努力奋斗，以优异成绩迎接党的十九大胜利召开！

2016年潍坊市国民经济和社会发展统计公报

潍坊市统计局
国家统计局潍坊调查队

2016年,面对复杂的国内外经济形势和下行压力,全市上下认真贯彻落实市委、市政府各项决策部署,主动适应引领经济发展新常态,按照新发展理念要求,统筹做好稳增长、促改革、调结构、惠民生、防风险各项工作,实现"十三五"良好开局。经济平稳较快增长,结构调整步伐加快,发展动能加快接续转换,区域发展更趋协调,民本民生持续改善。

一、综合

初步核算,全市地区生产总值(GDP)5522.7亿元,按可比价格计算,增长8%。一、二、三、四季度GDP累计分别增长7.6%、7.6%、7.8%、8%,呈现平稳上升发展态势。其中,第一产业增加值475.3亿元,增长4.1%;第二产业增加值2559.8亿元,增长7.6%;第三产业增加值2487.6亿元,增长9.2%,三次产业占比为8.6: 46.4: 45。一、二、三产业对经济增长的贡献率分别为4.6%、45.9%和49.5%,分别拉动GDP增长0.37、3.67和3.96个百分点。按常住人口计算,人均GDP达到59275元(按年末汇率折算为8545美元),增长7.4%。

各县市区、市属开发区生产总值完成情况:潍城区258.5亿元,寒亭区(含经济开发区)214.9亿元,坊子区147.8亿元,奎文区238.3亿元,青州市615.7亿元,诸城市794.5亿元,寿光市856.8亿元,安丘市306.4亿元,高密市623.2亿元,昌邑市399.5亿元,临朐县261.1亿元,昌乐县292.6亿元,高新技术产业开发区395.4亿元,滨海经济开发区303.3亿元,峡山生态经济开发区27.5亿元。

*构建现代产业体系取得新突破。*全市"1669"产业实现增加值3638.4亿元,占GDP比重65.9%。品牌农业方面,实施省级粮食高产创建示范方59.3万亩,带动全市粮食增产1.7亿斤。争创国家和省级畜牧业名牌产品和驰(著)名商标50个,创建省畜牧旅游示范区8处。战略新兴产业方面,规模以上企业主营业务收入增长13.9%,高于规模以上工业企业增幅6个百分点。传统优势产业方面,规模以上企业主营业务收入、利润总额、利税总额分别增长7.9%、12.8%、11.5%。现代服务业增加值1468.1亿元,增长10.7%。

*市场主体稳步增长。*全市各类市场主体户数72.7万户,增长12.2%,注册资本(金)9415.7亿元,增长44.7%。其中,新登记企业类市场主体46618户,增长10.1%;总量达到16.9万户,增长23%。全市农民专业合作社24740户,家庭农场6262户,农村(社区)经济股份专业合作社5120户,农民专业合作联社373户。

*非公有经济发展稳中有升。*全市非公有经济单位71.6万户,增长12.3%;从业人员588.2万人,增长8.4%;注册资金7437.9亿元,增长44.4%。经初步测算,全市非公有经济增加值3247.3亿元,增长8.3%,其中民营经济增加值2927亿元,增长8.5%。

二、农业

农林牧渔业完成总产值985.9亿元,按可比价格计算增长4.6%。

*粮食及经济作物生产总体平稳。*据抽样调查,全市粮食播种面积1041.5万亩,减少4%,全年粮食总产量431.8万吨,减少5.3%;棉花产量2万吨,减少16.9%;油料产量21.3万吨,增长6.2%;烤烟产量2.8万吨,增长13.7%;蔬菜产量1256万吨,增长1.6%;水果产量80.7万吨,减少0.1%。

林业生态建设取得新成效。全年完成造林6.4万亩,四旁植树2445万株,森林抚育13.6万亩,育苗31.6万亩,林木覆盖率35.5%。我市成功创建为国家森林城市。

畜牧业生产增势放缓。全市肉类总产量132.5万吨,减少1%;禽蛋产量25.7万吨,增长0.2%;奶类产量22.8万吨,减少8.7%;大牲畜年末存栏33.5万头,减少6.4%;生猪年末存栏431.6万头,增长1.8%;家禽年末存栏11353万只,增长6.9%;生猪出栏821.5万头,增长1.9%;家禽出栏42351.9万只,减少2.4%。

渔业生产稳定增长。全市渔业总产值52.9亿元,按可比价增长7.1%。水产品总产量61万吨,增长1.5%。

农业机械化水平提高。全市农业机械总动力达959.9万千瓦,增长5.2%。联合收获机达2.5万台,增长1.5%。全年共完成机耕面积932万亩,机播面积1443万亩,机收面积1328万亩,机耕水平、机播水平、机收水平分别达到99.2%、89.3%、82.2%,耕种收综合机械化水平达91.2%。

农田水利建设有序推进。全年共引调长江水、黄河水2.1亿立方米。完成青州黑虎山水库和寿光小清河农业综合开发重点中型灌区节水改造,潍城等11个县市区农田水利维修养护项目顺利完成。

三、工业

工业生产稳定。全市规模以上工业企业达到3858家,工业增加值增长8.3%。按经济类型分,国有企业增加值增长14%,集体企业增加值增长8.7%,股份制企业增加值增长8.3%,外商及港澳台商投资企业增加值增长3.3%。按轻重工业分,重工业增加值增长9.7%,轻工业增加值增长6.1%。2016年,全市统计范围内的221种主要产品中,有135种主要产品生产量同比增加或持平。发动机、初级形态塑料、熟肉制品等产品增幅20%以上,其中,汽车用发动机、大气污染防治设备、工业机器人等增速超过30%。

工业运行平稳。全市规模以上工业企业实现主营业务收入13425.7亿元,增长7.9%;实现利润总额743.1亿元,增长11.3%;实现利税总额1129.3亿元,增长11.8%;全年产品销售率98.7%;资产负债率56.7%,同比下降0.98个百分点。前100名工业企业实现主营业务收入5196.7亿元,增长10.7%,占全市收入的38.7%;实现利润总额284.3亿元,增长16.9%;实现利税总额418.9亿元,增长17.1%。装备产业发展良好。通用设备制造业、汽车制造业、计算机通信和其他电子设备制造业分别实现主营业务收入1091亿元、637.2亿元和357.1亿元,增长12.4%、11.2%和20.8%;分别实现利润总额80.1亿元、36.6亿元和37.3亿元,增长30.4%、10.3%和14.4%;分别实现利税总额111.6亿元、54.2亿元和40.2亿元,增长26.8%、7.8%和11.6%。

四、投资和建筑业

固定资产投资增长较快。全市完成固定资产投资5112.5亿元,增长13.2%。6570个投资施工项目中总投资过1000万元的项目6473个,占总数的98.5%。其中,第一产业完成投资172.6亿元,增长31.1%;第二产业完成投资2905.3亿元,增长18.9%;第三产业完成投资2034.6亿元,增长4.8%。民间投资4308.9亿元,增长6.3%,占固定资产投资的84.3%;基础设施建设投资652.6亿元,增长18.4%。工业投入力度加大。工业完成投资2865.2亿元,增长19.2%,全市3553个工业在建项目中有2441个项目建成投产。计划投资5000万以上工业项目1483个,其中过亿元项目869个,完成投资1295.2亿元,占固定资产投资的25.3%。

房地产开发投资小幅回落。房地产开发投资443.2亿元,下降5.3%,其中住宅投资341.5亿元,下降4.1%。商品房销售面积1001.5万平方米,增长18.6%,其中住宅销售面积890.8万平方米,增长17.7%。商品房销售额431.8亿元,增长18.6%,其中住宅销售额375.4亿元,增长20%。全市开工各类保障房41408套,累计基本建成47752套。

建筑业运行平稳。全市494家资质以上总承包和专业承包建筑业企业完成建筑业总产值806亿元，增长5%。全员劳动生产率为34.8万元/人，增长7.1%。其中，建筑工程完成产值686.8亿元，增长5.5%；安装工程完成产值104.2亿元，增长2.1%；其他产值15亿元，增长2.7%。签订合同额1070.6亿元，增长2%，其中本年新签订合同额670亿元，增长1.3%。

五、国内外贸易

国内消费品市场增势平稳。全市社会消费品零售总额2514.9亿元，增长10.4%。按城乡属性分，城镇零售额实现1742.4亿元，增长9.4%；乡村零售额实现772.5亿元，增长12.7%。按消费形态分，商品零售2271.3亿元，增长10.1%；餐饮收入243.6亿元，增长12.7%。全市物流总额2万亿元，增长13.6%。

对外贸易稳定增长。全市进出口总额1249亿元，增长6.3%。其中，出口822亿元，增长1.8%，进口426.9亿元，增长16.2%。骨干企业拉动作用强劲。全市40家重点出口企业出口337.1亿元，增长16.2%，占全市出口总额的41%，40家重点进口企业进口349.3亿元，增长38.7%，占全市进口总额的81.8%。对“一带一路”沿线国家贸易增长较快，完成进出口430亿元，增长10%，占进出口总额的34.6%。

对外投资和经济合作势头良好。新增境外实际投资额3.5亿美元。新批外商投资项目45个，增长18.4%，合同利用外资91.2亿元，下降16.8%。实际到账外资70.8亿元，增长13.2%。派出各类劳务人员6113人次，增长5.5%，完成对外承包工程营业额2.0亿美元，增长16.6%。

六、交通运输、邮政电信和旅游业

交通基础设施建设逐步完善。全年完成交通建设投资156.8亿元，其中，公路建设完成投资80.6亿元，港口建设完成投资35亿元，铁路建设完成投资17.7亿元，民航建设完成投资1.5亿元，城市公交完成投资1.3亿元。全市公路通车里程26881.6公里，公路密度166.6公里/百平方公里，二级及以上公路里程4441公里。全市营业性机动车辆98100辆，其中线路客车（含旅游、包车）2611辆，载货汽车90596辆，出租车4893辆。潍坊港“一主两副”港区分布格局基本形成，生产性泊位33个，其中万吨级以上泊位14个，港口总通过能力2599.4万吨。

交通运输生产稳步增长。全市道路运输完成客运量5972万人次，增长3.8%，旅客周转量45.4亿人公里，下降0.9%；完成公路货运量23680万吨，增长9.5%，货物周转量517.5亿吨公里，增长3.3%。水上运输完成货运量1619万吨，增长10%，货物周转量115.5亿吨公里，增长9%。潍坊港完成货物吞吐量3704万吨，增长23%，是我省同类港口中发展较快、效益较好的港口。航空运输完成客运量54.1万人次，增长16.2%，货邮吞吐量2.2万吨，增长18.5%；青临铁路完成货运量460万吨，增长26.7%。

邮政业务发展迅猛，电信业总体稳定。邮政业务总量25.3亿元，增长56.2%。其中，快递业务10442.9万件，增长70%。全市电信企业实现电信业务总量86.7亿元，增长11.5%。年末电话用户总数1067.8万户，下降1%，普及率达119.5部/百人。其中，固定电话用户96.6万户，固定电话普及率21.6部/百人；移动电话用户971.2万户（包括3G用户78.5万户，4G用户445.5万户），移动电话普及率108.7部/百人。互联网用户达到718.1万户（包括无线上网用户531.1万户），互联网普及率达到80.3%；通信光缆总长度160.1万芯长千米；互联网出口带宽2120G。

旅游产业保持平稳增长态势。据抽样调查，全市接待游客6115.1万人次，增长8.6%；实现旅游消费总额677.2亿元，增长13.7%。全市A级旅游景区97家，其中5A级景区1家，4A级景区23家；星级饭店50家，其中五星级饭店3家，四星级饭店17家；旅行社157家，其中出境组团社12家。

七、财政、金融和保险

财政收支预算圆满完成，民生支出比重继续提高。全市一般公共预算收入521.5亿元，增长

9.1%。其中,税收收入397.9亿元,增长4.9%,占一般公共预算收入的比重为76.3%。全市一般公共预算支出637亿元,增长4.1%。其中,民生支出达到510亿元,占一般公共预算支出的比重为80%,较上年提高1个百分点。

金融机构存贷款余额不断增长。2016年末金融机构本外币各项存款余额为7094.8亿元,比年初增加877.2亿元,增长14.1%,其中住户存款为4025.1亿元,比年初增加418.4亿元,增长11.6%。金融机构本外币各项贷款余额为4906亿元,比年初增加145.5亿元,增长3.1%。新增金融机构5家。金融机构经营效益下滑,实现利润总额63亿元,下降14.6%。

企业直接融资能力增强。全年新增265家企业在"新三板"和齐鲁股权交易中心挂牌,在"新三板"挂牌企业累计达到41家,在齐鲁股权交易中心挂牌企业累计达306家。债券融资力度加大,企业通过发行短期融资券、中期票据、集合债、商业银行债券、私募债等方式募集资金320.5亿元。依托市金控集团累计设立专业子基金30支,基金滚动投入229.2亿元,直接撬动金融及社会资本227.9亿元,间接撬动其他金融及社会资本267亿元,累计支持190个重点园区、重点产业链、重点企业和项目。

保险业健康发展。驻潍保险机构70家,比上年增加5家。其中,财产险机构34家,人身险机构36家。全年保费收入186亿元,增长16%;赔给付58.5亿元,增长20.3%。其中财产险保费收入达到58.5亿元,增长11.1%,赔付30.1亿元,增长13.6%;人身险保费收入达到127.8亿元,增长18.4%,赔给付28.5亿元,增长28.3%。全市保险业承担社会风险2.6万亿元,增长23.4%。

八、教育、卫生、文化和体育

教育事业成效显著。2016年末,全市共有普通高校14所,在校学生17.1万人;中等职业学校34所,在校学生8.7万人;普通高中55所,在校学生17万人;初中270所,在校学生25万人;小学823所,在校学生59.5万人;幼儿园1774所,在园幼儿23.6万人。全市12个县市区通过国务院组织的义务教育基本均衡发展检查验收。投资6.1亿元,新建改扩建幼儿园188所,完成建设面积25.7万平方米,新增优质学位1.8万个。我市在教育部召开的中考改革、立德树人等会议上4次作为全国唯一地级市介绍经验做法。

医改工作持续深化。全市各级各类医疗卫生机构7706家,各类卫生技术人员60762人,其中医生23854人、注册护士25972人。农村社区卫生室建成200处,顺利完成年度任务。潍坊市人民医院创建为"省级区域医疗中心",安丘、昌乐2家县级综合医院创建为三级乙等医院,全市三级医院达到13家,15家乡镇卫生院创建为全国第二批"群众满意的乡镇卫生院"。稳妥有序实施"全面两孩"政策,2016年全市出生146095人,增长68.9%,其中一孩50450人、二孩93790人,分别增长21.4%和112.2%。

文化事业平稳发展。市美术馆开馆运行。市博物馆成功创建为国家一级博物馆。山东戏曲编剧人才培养基地和山东小戏创作基地落户潍坊。完成120个基层综合性文化服务中心提升任务,全市村(社区)综合性文化服务中心建设达标率达到82%。337个省定贫困村已有268个建成综合文化活动室,占总数的79.5%。加快公共文化场馆"总分馆制"服务体系建设步伐,市图书馆在社区、学校等设立分馆20多个。潍坊鸢都嵌银厂和董家骨科诊所被评为山东省第二批非遗生产性保护基地。潍坊十笏园文化运营有限公司创建为省级文化产业示范基地。25个数字文化产业项目入选国家软件系统需求框架。

体育成绩突出。成功举办中国足协潍坊国际青年女子足球锦标赛和"鲁能·潍坊杯"国际青年足球邀请赛。5名体育健儿出征里约奥运会,杨方旭助力中国女排再夺奥运会女排冠军;组队参加省级锦标赛,取得117.5金59银66铜的优异成绩;群众体育蓬勃发展,组织举办了群众性体育赛事800余次,直接参与人数30万人。

九、科学技术、质量监督及人才工作

科技创新能力显著增强。实施市级以上各类科技计划445项,其中雷沃重工股份有限公司、潍柴动力股份有限公司等企业实施国家重点研发计划25项,山东帅克机械制造股份有限公司等实施省级科技计划项目105项,共争取省级以上科技资金2.2亿元。高新技术产业较快发展,2016年全市实现高新技术产业产值4413.5亿元,占规模以上工业的33.13%,比年初提高1.28个百分点。6项成果获得省级科技进步奖,157项成果获得市级科技奖励。盛瑞传动"前置前驱8挡自动变速器"获得国家科技进步一等奖,实现了我市企业以第一项目完成人获得国家一等奖零的突破。高新区获批建设山东半岛国家自主创新示范区,综合实力在全国147个高新区中居第23位。

科技创新平台建设取得新成效。新组建省级(示范)工程技术研究中心8家、省级院士工作站20家,组建市级工程技术研究中心50家、市级重点实验室39家、市级科技创新联盟9家。潍柴卡车动力总成众创空间认定为国家专业化众创空间,通过国家备案众创空间6家、省级14家,创客团队475个。新组建市级科技企业孵化器14家,新增孵化面积34.6万平方米、新增在孵企业665家。新入驻市科技孵化中心的科技型创业企业57家。

知识产权工作成绩显著。全市国内专利申请20895件,其中发明专利申请7371件;国内专利授权10150件,其中发明专利授权1259件。我市获批国家专利质押融资示范城市。

质量技术监督和商标注册工作成效显著。新创山东名牌产品34个,总量达到255个;新增山东省服务名牌13个,总量达到33个;地理标志保护产品12个。行政认定驰名商标3件,总量达到92件。新认定山东省著名商标30件,总量达到356件。地理标志证明商标总量达到80件。国家级"守合同重信用"企业总量达到41家,省级450家,市级745家。

人才队伍日益壮大。全市共引进高层次人才3254人,引进高端外国专家568人,组织执行引智项目327个,获批上级引智专项资金420万元。10名外国专家获评第六届"鸢都友谊奖",新增1名外国专家入选国家"外专千人计划",2名外专千人计划专家受聘为国家特聘专家。全市新增博士后创新实践基地7家,博士后科研平台总数达38家。新增3名突出贡献的中青年专家,组织选拔100名专业技术拔尖人才。选拔潍坊市首席技师50名、有突出贡献技师60名、潍坊市技术能手100名,有6人获得齐鲁首席技师称号,新增高技能人才2.5万人。

十、人民生活、就业和社会保障

城乡居民收入不断提高。据抽样调查,城镇居民人均可支配收入33609元,增长8.2%;城镇居民人均消费性支出20976元,增长8.5%。城镇居民人均住房建筑面积40.9平方米/人。农村居民人均可支配收入16098元,增长8.1%;农村居民人均消费支出10027元,增长10.2%。农村居民人均住房建筑面积40.6平方米/人。

物价水平小幅上涨。全市居民消费价格上涨2.4%,涨幅比上年高1.5个百分点。其中,食品烟酒类价格上涨3%,医疗保健、衣着类、教育文化和娱乐、生活用品和服务分别上涨9.3%、3.4%、2.9%、1.9%,居住类下降0.2%。工业生产者购进价格与上年持平,工业生产者出厂价格下降1.4%。

社会保障事业全面发展。全市养老、医疗、失业、工伤和生育保险参保人数分别达到660.8万人、823万人、94.1万人、131.4万人和86.5万人。全市户籍人员参保登记入库率达到99.6%。城乡居民基础养老金由每人每月85元提高到100元,其中滨海区提高到135元,高新区提高到105元。完善医疗保险制度,规范完善长期护理保险工作,全市享受长期护理保险待遇的达到1.6万人次。改革完善生育保险政策,生育保险调剂金上调比例由5%提高到20%。失业保险金标准提高到每人每月1000元。

就业工作成效显著。全年实现城镇新增就业12.6万人,城镇登记失业率控制在2.9%,低于控制目标0.9个百分点。新建大学生创业孵化器38家,新增省级创业示范平台3个。全市各类创业孵化载体达到153家，其中省级创业示范平台14家。7个县市区建成创业大学分校，驻潍9所高校设立了教学点，带动全市组织创业培训2.4万人。

城乡低保不断提高。全市城市低保平均标准达到每人每月512元，农村低保平均标准达到每人每年3867元。福利彩票销售总额14.9亿元，增长1.8%。养老服务产业健康发展。全市社会办养老机构99家，培育引进养老服务组织42家，编制区域居家养老服务项目8大类56项。开工建设医养结合综合体20处，可新增养老床位15400张。全市21家养老机构实现内设医疗服务设施。实施养老服务“十百千万”工程，累计培训养老管理服务人员4085人次。

扶贫工作扎实推进。全市5.5万农村建档立卡贫困人口实现脱贫。337个省定扶贫工作重点村的344个项目已开工建设。农业扶贫帮扶涉及1456个村、贫困人口17568户、33113人；发动参与扶贫龙头企业210家，帮扶贫困户1100户、帮扶贫困人口2100人，吸纳就业850人。开展就业创业扶贫，累计建档立卡农村贫困人口转移就业4006人，带动9272人实现脱贫。

十一、城市建设和环境保护

重点项目建设成效显著。城海快轨项目经省发改委批复立项启动建设，实现与京沪高铁东线并线。推进地下综合管廊建设，已开工16.1公里，其中市区10.3公里，鸢飞路综合管廊已完成3.5公里。玉清东街、梨园街等综合管廊已开工建设。启动海绵城市建设项目包共4大类别25个工程，开工面积24.5平方公里。

新型城镇化步伐加快。全市常住人口城镇化率达到58.15%，提高2.35个百分点。农村社区建设取得突破，按照“一厅一校十室”的标准，建设提升农村社区服务中心219个。诸城市被确定为国家新型城镇化试点，临朐县牛寨村被评为国家宜居村庄，青州市井塘村、昌邑市齐西村被评为国家级传统村落，寿光市羊口镇成功入选第一批中国特色小镇。

深入推进绿色建筑发展。全市共有1863个项目、2109万平方米通过绿色建筑设计施工图审查。中央生活城、上书房、怡园雅居等20个项目、193万平方米通过绿色评价标识评审。绿色建筑标识项目总数达到73个、785万平方米，绿色建筑项目累计272个、2834万平方米，8类24个项目获批省级建筑节能与绿色建筑试点示范。

环境保护取得明显成效。主要污染物化学需氧量、氨氮、二氧化硫、氮氧化物排放同比削减2.3%、3.1%、5.4%和5.4%。2016年，全市“蓝天白云、繁星闪烁”天数253天，同比改善19天。PM2.5、PM10、SO2、NO2同比分别改善10.2%、6.0%、17.6%、4.4%。23条市控以上重点河流断面水质COD平均浓度33.9mg/L，氨氮浓度为2.15mg/L，比2015年平均浓度分别改善了11.9%、9.3%。

十二、人口和安全生产

全市常住人口935.7万人，户籍人口901.32万人。全年出生人口146095人，增长68.9%，合法生育率99.1%，人口自然增长率10.86‰，出生人口性别比106.4。

全市累计发生各类生产安全事故162起，下降19.8%，死亡87人，下降6.5%。

注：(1)公报所列地区生产总值(GDP)、增加值等价值指标按当年价格计算，增长速度按可比价格计算。

(2)公报所列数字为年快报数或初步统计数字，正式数字以《2017年潍坊统计年鉴》为准。

行政区划一览表(一)

县市区	土地总面积（平方公里）	所辖乡镇名称	所辖街办名称	村委会个数	居委会个数	乡镇数量	街办数量
潍城区	269.5		城关街办 西关街办 南关街办 北关街办 于河街办 望留街办	169	85		6
寒亭区	517.3		寒亭街办 开元街办 固堤街办 高里街办 朱里街办	318	13		5
坊子区	412.3		坊城街办 九龙街办 凤凰街办 坊安街办 黄旗堡街办	270	32		5
奎文区	57.6		大虞街办 北苑街办 东关街办 潍州路街办 广文街办 梨园街办 廿里堡街办 北海路街办		67		8
青州市	1569.0	弥河镇 王坟镇 庙子镇 邵庄镇 高柳镇 何官镇 东夏镇 谭坊镇	王府街办 益都街办 云门山街办 黄楼街办	997	77	8	4
诸城市	2151.4	枳沟镇 贾悦镇 石桥子镇 相州镇 昌城镇 百尺河镇 辛兴镇 林家村镇 桃林镇 皇华镇	密州街办 龙都街办 舜王街办	142	124	10	3
寿光市	1990.1	稻田镇 侯镇 羊口镇 台头镇 营里镇 田柳镇 化龙镇 上口镇 纪台镇	圣城街办 文家街办 洛城街办 古城街办 孙家集街办	894	81	9	5
安丘市	1711.6	景芝镇 凌河镇 大盛镇 石埠子镇 石堆镇 金冢子镇 官庄镇 辉渠镇 柘山镇 吾山镇	兴安街办 新安街办	800	66	10	2

行政区划一览表(二)

县市区	土地总面积（平方公里）	所辖乡镇名称	所辖街办名称	村委会个数	居委会个数	乡镇数量	街办数量
高密市	1523.5	柏城镇 夏庄镇 姜庄镇 大牟家镇 阚家镇 井沟镇 柴沟镇	朝阳街办 醴泉街办 密水街办	752	203	7	3
昌邑市	1627.5	卜庄镇 北孟镇 龙池镇 柳疃镇 饮马镇 下营镇	奎聚街办 都昌街办 围子街办	649	42	6	3
临朐县	1831.2	五井镇 冶源镇 寺头镇 九山镇 辛寨镇 蒋峪镇 山旺镇 柳山镇	城关街办 东城街办	319	31	8	2
昌乐县	1100.5	乔官镇 唐吾镇 红河镇 营邱镇	宝都街办 宝城街办 朱刘街办 五图街办	307	63	4	4
高新开发区	105		新城街办 清池街办		97		2
滨海开发区	678.4		大家洼街办 央子街办	39	12		2
经济开发区	106.0		张氏街办 北城街办 双杨街办	81	2		
峡山生态区	483.2		赵戈街办 太保庄街办	277			2
综合保税区	20.9			23			
全市合计	16143.1			6037	995	62	56

注:1、土地面积为第二次全国土地调查面积,保税区管网与高新区之间界定不明。

2、行政区划维护截止时间为2016年7月底。

①

综　合

ONE

COMPREHENSIVE

1－1 城市社会经济基本情况

（2016 年）

指标名称	计量单位	全市	其中:市辖区
一、行政区划			
所辖行政区数	个	4	-
所辖行政县(旗)数	个	2	-
所辖行政县级市数	个	6	-
二、土地面积及水资源			
行政区域土地面积	平方公里	16143	2638
建成区面积	平方公里	521	179
城市现状建设用地面积	平方公里	510.51	176.69
其中:居住用地	平方公里	154.89	61.32
公共管理与公共服务用地	平方公里	46.52	12.91
商业服务业设施用地	平方公里	36.36	12.02
工业用地	平方公里	101.25	33.10
物流仓储用地	平方公里	16.29	5.67
道路交通设施用地	平方公里	65.50	25.25
公共设施用地	平方公里	24.50	6
绿地与广场用地	平方公里	65.20	20.42
本年征用土地面积	平方公里	4.34	-
其中:耕地	平方公里	3.77	-
水资源总量	万平方米	139800	-
三、人口与就业			
(一)人口			
年末户籍人口	万人	901.32	189.81
其中:女	万人	446.24	94.55
年平均人口	万人	931.70	189.81
年出生人口	人	130036	28973
年死亡人口	人	51000	8636
年末总户数	万户	286.04	63.05
常住人口	万人	935.70	214.20
其中:城镇人口	万人	544.10	-
(二)从业人员			
从业人员期末人数(城镇)	人	857479	356877
第一产业(农、林、牧、渔业)	人	880	27
第二产业	人	440154	197293
其中:采矿业	人	3009	2019

1－1 续表1

指标名称	计量单位	全市	其中:市辖区
制造业	人	328719	135821
电力、热力、燃气及水生产和供应业	人	18321	14337
建筑业	人	90105	45116
第三产业	人	416445	159557
其中:批发和零售业	人	41423	27899
交通运输、仓储和邮政业	人	21999	12592
住宿和餐饮业	人	8917	4438
信息传输、软件和信息技术服务业	人	12450	10781
金融业	人	17603	7118
房地产业	人	16725	10117
租赁和商务服务业	人	7498	5143
科学研究、技术服务和地质勘查业	人	8475	4546
水利、环境和公共设施管理业	人	29537	1559
居民服务、修理和其他服务业	人	599	228
教育	人	105066	22958
卫生和社会工作	人	54948	16424
文化、体育和娱乐业	人	3107	997
公共管理和社会组织	人	88098	34757
国际组织	人	-	-
城镇私营和个体从业人员	人	5882201	45021
城镇登记失业人数	人	39080	16029
四、综合经济			
(一)地区生产总值(当年价格)	万元	51706000	15860954
第一产业增加值	万元	4552000	483925
第二产业增加值	万元	24908000	7687404
第三产业增加值	万元	22246000	7689625
地区生产总值(2015 年价格)	万元	55816400	16116500
人均地区生产总值	元	59275	74546
地区生产总值增长率	%	8	8.10
(二)财政			
公共财政收入	万元	5215369	1696433
其中:税收收入	万元	3979466	1275773
其中:企业所得税	万元	291664	132743
个人所得税	万元	84938	41579

指 标 名 称	计 量 单 位	全 市	其中:市辖区
公共财政支出	万元	6376024	2274380
其中:一般公共服务支出	万元	565136	227584
科学技术支出	万元	166100	103323
教育支出	万元	1651986	435838
文化体育与传媒支出	万元	88881	46374
医疗卫生支出	万元	604206	155290
节能环保支出	万元	224858	116029
城乡社区事务支出	万元	682782	263021
交通运输支出	万元	212486	145409
社会保障和就业支出	万元	653422	173257
住房保障支出	万元	63070	27326
(三)金融			
年末金融机构人民币各项存款余额	万元	69769302	25314169
其中:城乡居民储蓄存款余额	万元	40020000	12071782
年末金融机构人民币各项贷款余额	万元	47979146	18616037
五、规模以上工业			
(一)工业企业数	个	3812	696
其中:内资企业	个	3508	607
其中:国有企业	个	12	5
私营企业	个	2711	288
港、澳、台商投资企业	个	102	37
外商投资企业	个	202	52
(二)工业总产值(当年价)	万元	133458579	28272703
其中:内资企业	万元	122839268	25877772
其中:国有企业	万元	2134284	2081352
私营企业	万元	76612068	7130623
港、澳、台商投资企业	万元	5092172	1060998
外商投资企业	万元	5527139	1333933
(三)企业财务			
从业人员平均人数	万人	80.59	20.90
流动资产合计	万元	43626097	13246921
固定资产合计	万元	36559420	7810783
主营业务收入	万元	134947340	28509994
主营业务成本	万元	117036185	22555607

指标名称	计量单位	全市	其中:市辖区
主营业务税金及附加	万元	782407	176052
本年应交增值税	万元	2755658	755321
利润总额	万元	7482840	1825929
六、交通运输、通讯与能源			
（一）交通运输			
公路客运量(全社会)	万人	5972	–
公路货运量(全社会)	万吨	23680	–
水运客运量(全社会)	万人	–	–
水运货运量(全社会)	万吨	1619	–
民用航空客运量	万人	54.10	–
民用航空货邮运量	吨	22105	–
沿海港口货物吞吐量(规模以上)	万吨	3704	–
内河港口货物吞吐量(规模以上)	万吨	–	–
境内公路总里程	公里	26881	–
其中:高速公路里程	公里	428	–
民用汽车拥有量	辆	1950904	–
其中:私人汽车拥有量	辆	1829195	–
（二）邮电通信			
年末邮政局(所)数	处	267	54
邮政业务收入	万元	75364	–
电信业务收入	万元	572649	–
固定电话年末用户数	万户	94.57	–
移动电话年末用户数	万户	894.47	–
其中:3G 移动电话用户	万户	552.50	–
互联网宽带接入用户数	万户	206.18	–
（三）能源电力			
规模以上工业综合能源消费量	万吨标准煤	2439	–
全社会用电量	万千瓦时	4549834	2691464
其中:工业用电	万千瓦时	3398685	829015
城乡居民生活用电	万千瓦时	506249	146526
七、贸易、外经与旅游			
（一）贸易			
社会消费品零售总额	万元	25148523	7728611
限额以上批发零售贸易业商品销售总额	万元	25247462	9843641

1－1 续表4

指标名称	计量单位	全市	其中:市辖区
限额以上批发零售企业数(法人数)	个	1548	272
其中:零售业	个	627	142
(二)外经			
货物进口额(海关数)	万美元	647520	－
货物出口额(海关数)	万美元	1234913	－
外商直接投资合同项目	个	45	21
当年实际使用外资金额	万美元	106431	35761
(三)旅游			
入境游客人数(含一日游游客)	人次	348116	－
其中:外国人	人次	283282	－
港、澳、台同胞	人次	64834	－
国际旅游(外汇)收入	万美元	22500	－
国内游客	人次	60802900	－
国内旅游收入	万元	6293400	－
八、固定资产投资			
(一)固定资产投资			
固定资产投资(不含农户)	万元	51125346	12542626
房地产开发投资	万元	4432931	1921726
其中:住宅	万元	3415269	1425952
全年新增固定资产	万元	27740226	4523707
(二)房地产			
商品房销售面积	万平方米	1001.45	392.45
其中:住宅	万平方米	890.84	347.83
其中:别墅、高档公寓	万平方米	7.48	4.29
商品房销售额	万元	4317730	1817211
其中:住宅	万元	3754009	1550108
其中:别墅、高档公寓	万元	50397	29592
待售面积	万平方米	607.50	306.77
九、教育、科技、文化与卫生			
(一)教育			
学校数			
其中:普通高等学校数	所	14	9
中等职业教育学校数	所	47	21
普通中学数	所	325	75

指标名称	计量单位	全市	其中:市辖区
普通小学数	所	823	186
成人高等学校数	所	－	－
专任教师数			
其中:普通高等学校专任教师数	人	9258	6262
中等职业教育学校专任教师数	人	6229	1432
普通中学专任教师数	人	40949	9187
普通小学专任教师数	人	38757	8908
成人高等专任教师数	人	－	－
在校学生数			
其中:普通高等学校在校学生数	人	171283	116878
中等职业教育学校在校学生数	人	120986	49358
普通中学在校学生数	万人	42.30	9.21
普通小学在校学生数	万人	59.45	14.20
成人高等学校在校学生数	人	－	－
(二)科技			
科技活动人员	人	67745	18042
R&D人员数	人	41684	7203
R&D内部经费支出	万元	1441328	255216
专利申请受理量	项	20895	9912
专利申请授权量	项	10150	4751
其中:发明	项	1259	672
(三)文化			
体育场馆数	个		
剧场、影剧院数	个	42	16
公共图书馆图书总藏量	千册	4224	1453
订销报刊杂志累计份数	千份		
广播节目综合人口覆盖率	%	98.05	100
电视节目综合人口覆盖率	%	98.35	100
有线电视入户率	%	80.30	98.65
(四)卫生			
医院、卫生院数	个	315	92
医院、卫生院床位数	张	46323	12032
医生数(执业医师＋执业助理医师)	人	23854	6701
注册护士	人	25972	6782

指标名称	计量单位	全市	其中:市辖区
十、人民生活			
在岗职工平均人数	万人	78.70	33.20
在岗职工工资总额	万元	4864910.50	2108399
在岗职工平均工资	元	61815	63574
(一)居民收支			
工资性收入	元	18988	
经营净收入	元	6786	
财产性收入	元	3316	
转移性收入	元	4518	
城镇居民人均可支配收入	元	33609	
城镇居民人均消费支出	元	20976	
其中:食品烟酒	元	4931	
衣着	元	1620	
居住	元	4170	
生活用品及服务	元	1331	
交通和通信	元	4162	
教育文化和娱乐	元	2527	
医疗保健	元	1874	
其他用品及服务	元	361	
(二)居民生活			
每百户居民家庭拥有量			
其中:家用汽车	辆	67	
消毒碗柜	台	2	
洗碗机	台	1	
固定电话	部	39	
移动电话	部	250	
其中:接入互联网	部	146	
计算机	台	90	
其中:接入互联网	台	77	
电冰箱(柜)	台	111	
彩色电视机	台	134	
中高档乐器	架	8	
照相机	架	39	
摄像机	架	8	

指标名称	计量单位	全市	其中:市辖区
洗衣机	台	106	
城镇人均住房建筑面积	平方米	40.90	
居民消费价格指数(上年为100)	%	102.40	
十一、社会保障			
城镇职工基本养老保险参保人数	人	1883580	705383
城镇居民社会养老保险参保人数	人	4724511	695325
城镇职工基本医疗保险参保人数	人	1666443	669347
城镇居民基本医疗保险参保人数	人	6563244	1180027
失业保险参保人数	人	941148	357166
工伤保险参保人数	人	1314082	515983
生育保险参保人数	人	865113	345127
社会福利院数	个	3	2
社会福利院床位数	张	990	970
社区服务设施数	个	1823	471
城市社区综合服务设施覆盖率	%	91.21	99.01
城镇居民最低生活保障人数	人	13093	7145
十二、公共管理			
(一)事故			
交通事故死亡人数	人	288	-
交通事故损失额	万元	528	-
火灾事故死亡人数	人	1	1
火灾事故损失额	万元	1710	392
(二)社会治安			
刑事案件立案数	起	20255	5822
刑事罪犯人数	人	7815	2518
其中:青少年人数(年龄14－25周岁)	人	907	237
十三、市政公用事业			
(一)基础设施			
城市维护建设资金支出	万元	-	231160
年末实有城市道路面积	万平方米	-	3715
排水管道长度	公里	-	2263
供水综合生产能力(包括自备水源)	万立方米/日	-	51
供水总量	万吨	-	11184.22
售水量	万吨	-	10034.07

1－1 续表 8

指标名称	计量单位	全市	其中:市辖区
其中:居民家庭用水量	万吨	–	3330
用水人口	万人	381.17	130.04
用水普及率	%	100	100
供气总量(人工煤气、天然气)	万立方米	–	27500
其中:居民家庭用气量	万立方米	–	4506
用气人口	人	–	107
液化石油气供气总量	吨	–	8410
其中:居民家庭用量	吨	–	8410
用液化气人口	人	–	228600
(二)公共交通			
年末实有公共汽(电)车运营车辆数	辆	–	1045
全年公共汽(电)车客运总量	万人次	–	13110
年末实有出租汽车数	辆	–	4902
轨道交通线路长度	公里	–	–
轨道交通客运总量	万人次	–	–
(三)绿地			
绿化覆盖面积	公顷	30682	10729
其中:建成区	公顷	22023	7516
绿地面积	公顷	26783	10177
其中:建成区	公顷	20082	7161
公园绿地面积	公顷	8042	2351
公园面积	公顷	4112	897
十四、环境保护			
工业废水排放量	万吨	23805.44	–
工业废气排放量	万立方米	56540816.24	–
工业二氧化硫产生量	吨	563373	–
工业二氧化硫排放量	吨	52544	–
工业氮氧化物产生量	吨	127208	–
工业氮氧化物排放量	吨	53082	–
工业烟(粉)尘产生量	吨	5078453	–
工业烟(粉)尘排放量	吨	43918	–
污水处理率	%	98.85	–
污水处理厂集中处理率	%	98.85	–
生活垃圾无害化处理率	%	100	–
蓝天白云天数	天	253	–

1－2　全市平均每天社会经济活动

（2000－2016 年）

指标名称	单 位	2000 年	2001 年	2002 年	2003 年	2004 年	2005 年	2006 年	2007 年
一、全市每天创造的财富									
国内生产总值	亿元	1.91	2.14	2.38	2.73	3.29	4.00	4.71	5.63
农林牧渔业总产值	亿元	0.76	0.79	0.79	0.88	0.99	1.10	1.16	1.32
一般公共预算收入	亿元	0.09	0.11	0.10	0.13	0.14	0.19	0.24	0.30
主营业务收入	亿元	1.81	1.98	2.35	3.35	4.95	7.50	9.29	11.89
布	万米	106.41	125.69	140.47	236.00	347.95	520.82	619.18	750.68
原煤	万吨	0.23	0.28	0.18	0.30	0.28	0.28	0.28	0.26
发电量	亿千瓦时	0.10	0.12	0.12	0.13	0.15	0.20	0.28	0.41
化肥	万吨折纯	0.10	0.11	0.11	0.12	0.11	0.13	0.15	0.16
小型拖拉机	辆	534	490	463	518	403	447	545	339
二、全市每天消费量									
城镇居民人均消费支出	元	14.46	15.27	15.45	16.78	18.69	20.99	24.15	29.59
社会消费品零售额	亿元	0.71	0.77	0.86	0.94	1.11	1.35	1.57	1.85
三、其他经济活动									
公路客运量	万人	9.03	9.68	10.11	10.15	13.40	17.81	18.97	32.43
住宅竣工面积	平方米	2295.1	1555.0	2793.0	2543.5	2293.9	8536.8	8252.5	11720.9
邮电业务总量	万元	439.8	250.3	701.4	942.5	1039.7	1228.6	1534.2	1767.1
四、全市人口变动和婚姻									
出生人口	人	253	220	213	204	232	236	228	224
死亡人口	人	151	136	145	146	137	143	137	153
结婚对数	对	167	140	157	180	195	151	184	192
离婚对数	对	5	5	4	6	10	11	13	16

注:2009 年以前出生与死亡人口为市辖区口径。

2、2004 年以前结婚与离婚对数为市辖区口径。

3、2011 年以前,公共财政预算收入指标为地方财政收入数据。

1－2 续表1

指标名称	单位	2008年	2009年	2010年	2011年	2012年	2013年	2014年	2015年	2016年
一、全市每天创造的财富										
国内生产总值	亿元	6.78	7.42	8.47	9.70	10.99	12.11	13.11	14.17	15.09
农林牧渔业总产值	亿元	1.54	1.63	1.79	1.96	2.12	2.33	2.45	2.56	2.69
一般公共预算收入	亿元	0.36	0.43	0.55	0.70	0.84	1.05	1.18	1.33	1.42
主营业务收入	亿元	14.84	16.58	21.60	25.69	29.27	33.37	34.53	36.08	36.68
布	万米	797.26	975.34	1122.47	1131.78	1240.00	1283.29	1069.86	1175.62	1200.55
原煤	万吨	0.25	0.26	0.29	0.26	0.23	0.18	0.18	0.20	0.16
发电量	亿千瓦时	0.43	0.46	0.48	0.49	0.55	0.59	0.66	0.65	0.75
化肥	万吨折纯	0.18	0.21	0.21	0.21	0.22	0.28	0.28	0.23	0.20
小型拖拉机	辆	339	175	250	240	200	227	142	141	98
二、全市每天消费量										
城镇居民人均消费支出	元	31.71	34.20	37.86	41.56	44.11	47.90	51.53	52.95	57.31
社会消费品零售额	亿元	2.27	2.71	3.15	3.70	4.25	4.82	5.42	6.24	6.87
三、其他经济活动										
公路客运量	万人	42.79	55.90	58.96	60.77	62.96	64.45	20.48	19.36	16.32
住宅竣工面积	平方米	10052.1	16684.1	20723.5	17762.9	19190.0	20871.0	17700.5	19634.5	23309.7
邮电业务总量	万元	1679.6	1783.6	1828.0	1732.3	1626.5	1792.9	2277.3	2430.1	3060.1
四、全市人口变动和婚姻										
出生人口	人	220	204	226	226	253	215	298	237	399
死亡人口	人	160	147	155	164	164	151	168	161	132
结婚对数	对	167	211	209	234	213	197	186	166	154
离婚对数	对	20	22	25	28	32	38	41	42	42

1－3　国民经济主要比例关系

（2000－2016年）

单位:%

指标名称	2000年	2001年	2002年	2003年	2004年	2005年	2006年	2007年
一、国内生产总值比例								
第一产业	21.6	19.3	17.6	16.4	15.5	13.8	12.3	11.6
第二产业	46.3	46.8	47.9	50.7	54.8	56.0	57.6	57.4
第三产业	32.1	33.9	34.5	32.9	29.7	30.3	30.1	31.0
二、人口比例								
按性别分								
男	50.7	50.7	50.7	50.6	50.6	50.6	50.5	50.5
女	49.3	49.3	49.3	49.4	49.4	49.4	49.5	49.5
按农业非农业分								
农业人口	76.7	75.8	74.3	72.2	70.9	62.1	61.6	56.7
非农业人口	23.3	24.2	25.7	27.8	29.1	37.9	38.4	43.3
四、社会从业人员比例								
第一产业	40.9	41.6	40.8	39.1	39.2	38.3	37.5	37.2
第二产业	33.9	31.0	31.6	32.7	32.7	33.1	33.2	33.2
第三产业	25.2	27.4	27.6	28.2	28.1	28.6	29.3	29.6
五、农林牧渔业总产值比例								
农业	58.5	59.1	57.0	56.5	47.4	55.6	56.5	53.6
林业	1.0	1.1	1.1	1.2	1.1	1.0	1.0	1.0
牧业	34.8	34.2	35.5	34.2	43.6	35.7	34.0	37.0
渔业	5.7	5.6	6.4	6.1	5.9	5.4	5.7	5.4
六、工业总产值中轻重工业比例								
轻工业	54.5	56.0	56.1	51.2	48.4	46.2	44.9	44.2
重工业	45.5	44.0	43.9	48.8	51.6	53.9	55.1	55.8
七、一般公共预算收入占国内生产总值的比重	**4.9**	**5.2**	**4.4**	**4.6**	**4.4**	**4.8**	**5.1**	**5.4**
八、财政支出比例								
城乡社区、农林水支出	3.2	5.5	4.2	6.1	4.9	5.1	4.8	21.8
科教文卫支出	35.8	33.6	37.8	35.9	32.6	29.2	28.6	33.6
九、金融机构存款余额比例								
单位存款	17.0	17.7	20.9	21.4	21.6	21.0	19.3	21.0
个人存款	75.7	73.9	68.2	67.3	66.0	64.4	64.0	63.3
非存款类金融机构存款	0.5	1.1	0.6	0.6	0.7	0.7	0.8	1.3

注:1、2009年工业总产值中轻重工业比例为规模以上工业增加值中轻重工业比例

2、2006年及以前城乡社区、农林水支出为支援农业生产指标。

3、2011年及以前单位存款为企业存款数据;2014年及以前,个人存款为储蓄存款数据,非存款类金融机构存款为财政存款数据。

4、2013年GDP数据根据第三次经济普查数据进行了调整;自2013年起,第一产业不再包括农林牧渔业服务业,第二产业不再包括开采辅助活动和金属制品、机械和设备修理业;下同。

1－3 续表 1

指标名称	2008 年	2009 年	2010 年	2011 年	2012 年	2013 年	2014 年	2015 年	2016 年
一、国内生产总值比例									
第一产业	11.4	11.2	10.7	10.1	9.7	9.8	9.5	8.8	8.6
第二产业	57.5	56.4	55.7	55.4	54.0	52.0	50.8	48.2	46.4
第三产业	31.1	32.5	33.6	34.5	36.3	38.2	39.7	43.0	45.0
二、人口比例									
按性别分									
男	50.5	50.5	50.5	50.5	50.5	50.5	50.5	50.5	50.5
女	49.5	49.5	49.5	49.5	49.5	49.5	49.5	49.5	49.5
按农业非农业分									
农业人口	54.9	57.3	48.3	43.6	47.6	47.5	43.9	49.3	48.3
非农业人口	45.1	42.7	51.7	56.4	52.4	52.5	56.1	50.7	51.7
四、社会从业人员比例									
第一产业	36.3	35.7	34.9	32.5	33.6	33.1	32.5	32.2	32.0
第二产业	33.9	34.2	34.6	36.7	35	35.2	35.4	35.6	35.3
第三产业	29.8	30.1	30.5	30.8	31.4	31.7	32.1	32.2	32.7
五、农林牧渔业总产值比例									
农业	53.4	56.1	56.6	54.5	55.5	56.7	56.9	56.7	56.3
林业	1.1	1.1	0.8	0.7	0.7	0.8	0.8	0.8	0.7
牧业	37.3	34.5	34.1	36.3	35.5	34.3	33.8	33.5	33.4
渔业	5.2	3.1	5.3	5.2	5.0	4.9	5.0	5.3	5.4
六、工业总产值中轻重工业比例									
轻工业	42.1	41.6	39.1	38.6	39.4	37.3	36.7	37.7	37.1
重工业	57.9	58.4	60.9	61.4	60.6	62.7	63.3	62.3	62.9
七、一般公共预算收入占国内生产总值的比重	**5.3**	**5.8**	**6.5**	**7.2**	**7.6**	**8.7**	**9.0**	**9.4**	**9.4**
八、财政支出比例									
城乡社区、农林水支出	20.5	21.9	20.9	19.4	19.8	18.9	19.8	21.9	21.3
科教文卫支出	36.4	34.2	34.3	37.7	38.7	38.8	39.7	39.2	39.4
九、金融机构存款余额比例									
单位存款	19.1	22.6	23.2	42.0	42.0	41.5	39.4	39.7	41.0
个人存款	64.4	58.6	55.9	55.5	55.4	55.4	57.1	58.0	56.7
非存款类金融机构存款	1.0	1.2	1.1	1.1	0.9	0.7	0.8	1.5	1.5

1-4 国民经济和社会发展主要指标占全省全国的比重

（2016 年）

指标名称	单位	绝对数			潍坊所占比重(%)	
		潍坊	全省	全国	占山东	占全国
一、人口与就业						
年末常住总人口	万人	935.7	9946.6	138271	9.41	0.68
二、土地面积	**万平方公里**	**1.6**	**15.8**	**963.4**	**10.22**	**0.17**
三、农林牧渔业总产值	**亿元**	**985.9**	**9325.9**	**112091.3**	**10.57**	**0.88**
四、地区生产总值	**亿元**	**5522.7**	**67008.2**	**744127**	**8.24**	**0.74**
第一产业	亿元	475.3	4929.1	63671	9.64	0.75
第二产业	亿元	2559.8	30410.0	296236	8.42	0.86
第三产业	亿元	2487.6	31669.0	384221	7.85	0.65
五、人均地区生产总值	**元**	**59275**	**67706**	**53980**	**87.55**	**109.81**
六、主要工农业产品产量						
粮食	万吨	431.8	4700.7	61624	9.19	0.70
棉花	万吨	2.1	54.8	534	3.76	0.39
油料	万吨	21.3	326.8	3613	6.51	0.59
肉类	万吨	132.5	764.7	8540	17.33	1.55
水产品	万吨	61.0	897.2	6900	6.80	0.88
蔬菜	万吨	1256.3	10327.0	80005.0	12.16	1.57
水果	万吨	80.7	3255.4	28319.0	2.48	0.28
纯碱	万吨	350.5	350.5	2588.3	99.99	13.54
发电量	亿千瓦时	275.4	5103.6	61424.9	5.40	0.45
水泥	万吨	780.2	16080.4	241000	4.85	0.32
布	亿米	43.9	118.9	906.8	36.96	4.85
化肥	万吨	73.9	528.5	7129	13.98	1.04
钢材	万吨	686.3	9788.2	113801.2	7.01	0.60
化学纤维	万吨	12.0	75.8	4944	15.78	0.24

注:1、金融指标为本外币口径。

2、全国人均地区生产总值为国家统计局初步核算数据。

3、自 2011 年起在岗职工平均工资更名为城镇非私营单位在岗职工平均工资。

1－4续表1

指标名称	单位	绝对数			潍坊所占比重(%)	
		潍坊	全省	全国	占山东	占全国
七、固定资产投资						
全社会固定资产投资额	亿元	5112.5	52364.5	596501	9.76	0.86
八、财政金融						
一般公共预算收入	亿元	521.5	5860.2	159552.0	8.90	0.33
一般公共预算支出	亿元	637.0	8749.6	187841.0	7.28	0.34
金融机构存款余额	亿元	7094.8	85683.5	1555247.1	8.28	0.46
城乡居民储蓄存款余额	亿元	4025.1	41754.9	606522.2	9.64	0.66
金融机构贷款余额	亿元	4906.0	65243.5	1120551.8	7.52	0.44
九、外贸外经旅游						
进出口总额	亿元	1249.0	15466.5	243344	8.08	0.51
进口总额	亿元	822.0	9052.2	138409	9.08	0.59
出口总额	亿元	426.9	6414.3	104936	6.66	0.41
实际到账外资	亿元	70.8	1110.7	8132.0	6.38	0.87
国内旅游收入	亿元	677.2	7399.6	39390	9.15	1.72
旅游外汇收入	亿美元	2.3	30.6	1200	7.35	0.19
十、国内贸易						
社会消费品零售额	亿元	2514.9	30645.8	332316	8.21	0.76
十一、物价						
居民消费价格指数	%	102.4	102.1	102.0	100.29	100.39
十二、人民生活						
城镇非私营单位在岗职工平均工资	元	61815	63562	－	97.25	－
城镇居民人均可支配收入	元	33609	34012	33616	98.81	99.98
农村居民人均可支配收入	元	16098	13954	12363	115.36	130.21
十三、教育、卫生						
普通高等学校在校生数	万人	17.1	199.6	2695.8	8.58	0.64
医院、卫生院床位数	万张	4.6	54.8	747	8.45	0.62
专业卫生技术人员数	万人	6.1	64.3	844	9.45	0.72

1－5　国民经济和社会发展主要指标

（1995－2016年）

指　标　名　称	单　位	1995年	2000年	2001年	2002年	2003年	2004年
一、人口							
年底户籍总人口	万人	820.8	844.6	845.9	847.5	847.71	850.7
按性别分							
男	万人	416.4	428.6	428.9	429.5	429.2	430.6
女	万人	400.5	416.0	417.0	418.0	418.5	420.1
按农业非农业分							
农业人口	万人	710.4	647.6	641.2	629.9	612.3	602.7
非农业人口	万人	106.6	197.0	204.7	217.5	235.4	247.9
人口密度	人/平方公里	515.0	533.0	533.0	534.0	534.2	536.4
城镇化率	%						
二、从业人员和劳动工资							
全市年末从业人员	万人	426.4	521.1	521.4	523.1	523.5	524.4
单位年末从业人员	万人	77.6	66.5	61.7	60.2	58.8	60.2
职工年末人数	万人	75.0	64.5	60.5	59.4	58.2	59.4
职工工资总额	亿元	37.3	50.2	54.1	59.0	62.8	72.6
职工平均工资	元	5063	7701	8775	9845	10780	12329
三、国民经济核算							
地区生产总值	亿元	414.9	675.4	779.6	867.0	995.1	1199.0
第一产业	亿元	107.8	145.8	150.4	152.6	163.4	185.6
第二产业	亿元	185.0	312.5	365.2	415.4	504.7	656.9
工业	亿元	166.0	280.6	325.6	369.7	452.2	587.5
第三产业	亿元	122.1	217.2	264.1	299.0	326.9	356.5
人均地区生产总值	元	5066	8019	9223	10239	11739	14120
支出法计算的地区生产总值							
#最终消费	亿元	158.1	301.0	342.1	366.4	393.8	445.3
#居民消费	亿元	140.1	266.4	301.6	320.8	342.5	381.6
政府消费	亿元	18.0	34.5	40.6	45.6	51.3	63.7
资本形成总额	亿元	203.1	292.2	342.4	395.0	480.8	591.4
四、固定资产投资							
固定资产投资额	亿元	121.3	189.3	217.4	277.2	517.1	825.1
基本建设	亿元	22.9	36.2	35.6	50.7	124.1	445.2
更新改造	亿元	13.2	34.5	47.2	62.6	107.5	286.9
房地产开发	亿元	5.0	12.2	14.3	20.4	37.1	43.0
五、能源							
能源生产总量	万吨标煤	195.3	113.2	128.5	193.2	291.5	323.7

注：1、2010年起，社会消费品零售总额的其中项变更为城镇和乡村。

2、2006年及以前农牧业税收为耕地占用税和烟叶税，城乡社区、农林水支出为支援农业生产指标。

3、2008年利用外资数为外管局提供。

4、根据2010年人口普查数据，对2000年－2011年的全市年末从业人员数进行了修订。

5、根据省统计局规定，自2011年开始，电力使用等价值折标。2011年以前电力使用当量值折标。

6、根据国家统计局规定，自2015年开始，农村居民人均纯收入指标改为农村居民人均可支配收入；农村居民人均生活消费支出改为农村居民人均消费支出。

7、对外贸易指标中，海关进出口总额、出口总额、进口总额、合同利用外资、实际到账外资、外商直接投资六项指标，自2016年单位调整为“亿元”，2015年及以前单位为“万美元”。

指 标 名 称	单 位	2005 年	2006 年	2007 年	2008 年	2009 年	2010 年
一、人口							
年底户籍总人口	万人	852.2	855.3	859.1	862.5	867.8	873.8
按性别分							
男	万人	431.1	432.0	434.0	435.5	438.8	441.4
女	万人	421.1	423.3	425.2	426.9	429.5	432.4
按农业非农业分							
农业人口	万人	529.1	527.0	487.4	464.2	460.7	422.4
非农业人口	万人	323.1	328.3	371.7	398.3	407.2	451.4
人口密度	人/平方公里	537.4	534.4	536.8	538.9	542.2	541.3
城镇化率	%						47.0
二、从业人员和劳动工资							
全市年末从业人员	万人	525.1	527.1	528.6	535.2	536.3	539.5
单位年末从业人员	万人	69.5	81.6	69.6	68.6	72.8	80.0
职工年末人数	万人	68.7	78.0	68.5	67.0	66.3	71.8
职工工资总额	亿元	95.0	118.8	128.2	159.3	190.8	242.0
职工平均工资	元	14085	15604	18904	23722	28815	34187
三、国民经济核算							
地区生产总值	亿元	1460.7	1720.9	2056.0	2475.6	2707.2	3090.9
第一产业	亿元	201.4	211.8	237.5	281.7	302.0	330.5
第二产业	亿元	817.4	991.1	1180.9	1423.6	1526.1	1720.3
工业	亿元	739.3	903.3	1082.4	1302.9	1380.5	1545.6
第三产业	亿元	441.9	517.9	637.5	770.3	879.2	1040.1
人均地区生产总值	元	17086	19652	23349	27923	30338	34273
支出法计算的地区生产总值							
#最终消费	亿元	578.4	690.0	842.1	971.5	1075.2	1204.7
#居民消费	亿元	504.8	606.9	732.0	840.2	926.0	1034.0
政府消费	亿元	73.6	83.1	110.1	131.3	149.2	170.7
资本形成总额	亿元	703.5	799.7	911.2	1150.0	1297.7	1512.7
四、固定资产投资							
固定资产投资额	亿元	1100.4	1043.2	1208.4	1523.4	1890.5	2331.0
基本建设	亿元	——	——	——	——	——	——
更新改造	亿元	——	——	——	——	——	——
房地产开发	亿元	79.0	98.4	156.6	196.4	266.5	367.6
五、能源							
能源生产总量	万吨标煤	442.0	460.3	661.1	759.9	1000.3	1656.2

1－5续表2

指 标 名 称	单 位	2011年	2012年	2013年	2014年	2015年	2016年
一、人口							
年底户籍总人口	万人	877.6	878.9	882.9	888.3	893.7	901.3
按性别分							
男	万人	443.3	443.9	445.8	448.9	451.4	455.1
女	万人	434.3	434.9	437.1	439.4	442.3	446.2
按农业非农业分							
农业人口	万人	382.3	418.6	419.1	389.9	440.5	435.3
非农业人口	万人	495.4	460.2	463.8	498.4	453.2	466.0
人口密度	人/平方公里	543.6	544.4	546.9	550.3	553.6	558.3
城镇化率	%	47.9	49.8	51.8	53.6	55.8	58.2
二、从业人员和劳动工资							
全市年末从业人员	万人	547.2	553.0	560.1	569.3	571.4	573.0
单位年末从业人员	万人	68.7	83.7	92.7	86.2	87.0	85.7
职工年末人数	万人	65.0	78.2	86.5	78.8	77.8	78.6
职工工资总额	亿元	235.5	323.1	401.0	403.6	442.4	486.5
职工平均工资	元	36642	40965	46100	50924	57148	61815
三、国民经济核算							
地区生产总值	亿元	3541.9	4012.4	4420.7	4786.7	5170.5	5522.7
第一产业	亿元	359.3	390.5	433.1	456.2	455.2	475.3
第二产业	亿元	1961.4	2166.2	2297.4	2432.0	2490.8	2559.8
工业	亿元	1761.0	1952.4	2063.2	2137.4	2182.4	2235.3
第三产业	亿元	1221.2	1455.7	1690.2	1898.5	2224.6	2487.6
人均地区生产总值	元	38833	43681	47943	51826	55824	59275
支出法计算的地区生产总值							
#最终消费	亿元	1363.7	1641.7	1828.4	1961.0	2212.7	2412.5
#居民消费	亿元	1153.6	1393.7	1540.5	1653.6	1866.1	2051.7
政府消费	亿元	210.1	247.9	287.9	307.4	346.6	360.8
资本形成总额	亿元	1746.0	1924.5	2169.8	2410.1	2548.8	2715.1
四、固定资产投资							
固定资产投资额	亿元	2603.2	3012.9	3430.0	3969.1	4516.7	5112.5
基本建设	亿元	——	——	——	——	——	——
更新改造	亿元	——	——	——	——	——	——
房地产开发	亿元	405.9	468.8	602.1	450.0	467.9	443.3
五、能源							
能源生产总量	万吨标煤	1855.4	2028.4	1947.8	2364.5	2781.0	3374.9

1－5 续表3

指 标 名 称	单 位	1995 年	2000 年	2001 年	2002 年	2003 年	2004 年
原煤	万吨标煤	134.6	60.3	73.2	47.6	78.5	73.0
电	万吨标煤	60.7	52.9	55.4	56.0	59.6	65.3
六、财政							
一般公共预算收入	亿元	16.1	34.3	40.8	38.3	45.7	52.6
#增值税	亿元		6.9	7.1	7.9	9.3	8.3
#营业税	亿元		4.0	4.4	5.0	7.1	8.9
#耕地占用税和烟草税	亿元	0.9	1.0	0.9	4.0	4.6	2.8
一般公共预算支出	亿元	20.8	39.9	46.8	52.6	59.2	73.6
#城乡社区、农林水支出	亿元	1.0	2.0	2.6	2.2	3.4	3.6
#科教文卫支出	亿元	6.8	14.3	15.6	18.9	21.1	23.8
七、金融							
金融机构本外币存款余额	亿元	269.3	560.6	646.5	786.4	902.3	1055.4
#居民储蓄存款	亿元	192.1	424.5	477.9	536.4	607.0	696.2
金融机构本外币贷款余额	亿元	254.0	427.2	476.5	573.7	651.8	743.9
八、物价							
居民消费价格总指数							
以 1978 年为 100		368.1	424.3	429.8	425.9	434.4	446.1
商品零售物价总指数							
以 1987 年为 100		307.6	262.0	276.4	277.5	277.2	284.4
九、居民生活							
居民消费水平							
农村居民	元	1623	2325	2430	2525	2616	3468
城镇居民	元	3497	6590	6987	7062	7565	7898
农村居民							
人均可支配收入	元	2270	3437	3579	3643	3921	4438
人均消费性支出	元	1623	2074	2179	2275	2331	3025
城镇居民							
人均可支配收入	元	4672	6307	7303	7538	8317	9297
人均消费性支出	元	3497	5278	5575	5639	6123	6822
十、农林牧渔业							
农林牧渔业总产值	亿元	224.9	276.6	288.4	289.2	321.1	362.5
农业	亿元	137.6	162.0	170.5	164.7	181.5	203.9
林业	亿元	2.9	2.8	3.0	3.2	3.8	4.0
牧业	亿元	72.0	96.2	98.8	102.7	109.9	127.8
渔业	亿元	12.4	15.7	16.1	18.5	19.5	20.2
农业生产情况							
粮食总产量	万吨	535.0	367.6	349.7	260.3	293.6	331.3
棉花总产量	万吨	3.6	1.7	3.0	2.4	4.6	5.2
花生总产量	万吨	13.4	16.6	22.1	19.0	24.6	25.3
肉类总产量	万吨	115.1	99.4	102.1	104.6	106.2	120.1
水产品总产量	万吨	25.5	52.9	53.0	54.3	58.1	59.1
蔬菜产量	万吨	560.0	1002.8	1044.2	1110	1160	1144

1－5 续表 4

指标名称	单位	2005 年	2006 年	2007 年	2008 年	2009 年	2010 年
原煤	万吨标煤	72.5	71.4	68.0	65.5	68.9	74.7
电	万吨标煤	89.7	123.9	184.1	192.3	206.6	216.4
六、财政							
一般公共预算收入	亿元	70.7	88.5	110.6	132.0	158.0	202.4
#增值税	亿元	14.7	18.1	23.0	25.2	27.5	34.5
#营业税	亿元	11.5	14.3	18.4	22.8	28.5	45.4
#耕地占用税和烟草税	亿元	7.8	2.3	2.6			
一般公共预算支出	亿元	95.3	114.9	148.8	182.3	227.7	291.0
#城乡社区、农林水支出	亿元	4.8	5.5	32.4	37.5	49.8	60.7
#科教文卫支出	亿元	27.8	32.9	50.0	66.4	77.8	100.0
七、金融							
金融机构本外币存款余额	亿元	1249.3	1425.5	1652.2	2060.0	2768.2	3307.7
#居民储蓄存款	亿元	804.6	913.0	1045.1	1326.5	1612.2	1849.8
金融机构本外币贷款余额	亿元	848.3	1031.7	1258.4	1513.4	2074.4	2570.8
八、物价							
居民消费价格总指数							
以 1978 年为 100		454.1	458.6	476.1	500.8	503.3	516.4
商品零售物价总指数							
以 1987 年为 100		287.2	288.6	299.6	315.2	314.9	321.8
九、居民生活							
居民消费水平							
农村居民	元	3837	3952	4535	5611	6169	7118
城镇居民	元	8643	10075	12339	13499	14683	16119
农村居民							
人均可支配收入	元	5017	5508	6278	7072	7695	8872
人均消费性支出	元	3170	3565	4122	4828	5240	5982
城镇居民							
人均可支配收入	元	10318	11846	13716	15691	17267	19675
人均消费性支出	元	7663	8816	10800	11575	12484	13819
十、农林牧渔业							
农林牧渔业总产值	亿元	399.8	423.0	480.8	561.6	595.7	654.8
农业	亿元	222.2	239.2	257.5	300.0	334.0	370.5
林业	亿元	4.2	4.4	5.0	6.4	6.4	5.0
牧业	亿元	142.6	143.7	177.7	209.5	205.3	223.3
渔业	亿元	21.6	24.1	26.2	29.0	31.6	34.5
农业生产情况							
粮食总产量	万吨	422.4	433.2	447.9	491.2	520.8	522.6
棉花总产量	万吨	4.9	4.6	5.2	5.2	5.5	5.1
花生总产量	万吨	24.1	23.8	29.6	29.9	26.9	27.0
肉类总产量	万吨	129.5	119.7	128.0	103.7	114.7	123.1
水产品总产量	万吨	60.4	64.4	68.1	46.2	42	45.80
蔬菜产量	万吨	1202	959	958.4	974.7	1006.9	1089.8

1－5 续表 5

指 标 名 称	单 位	2011 年	2012 年	2013 年	2014 年	2015 年	2016 年
原煤	万吨标煤	66.5	72.9	47.2	46.3	51.4	0.0
电	万吨标煤	616.0	664.6	726.9	690.0	724.7	838.2
六、财政							
一般公共预算收入	亿元	253.9	306.1	383.9	430.2	484.5	521.5
#增值税	亿元	36.2	36.7	41.7	49.6	50.8	95.8
#营业税	亿元	56.4	65.4	100.4	101.1	103.9	54.3
#耕地占用税和烟草税	亿元						
一般公共预算支出	亿元	358.3	425.6	494.0	527.8	612.2	637.0
#城乡社区、农林水支出	亿元	69.6	84.3	93.5	104.6	134.1	135.4
#科教文卫支出	亿元	135.2	152.2	191.4	209.3	239.9	251.1
七、金融							
金融机构本外币存款余额	亿元	3748.9	4437.8	5059.8	5536.2	6217.6	7094.8
#居民储蓄存款	亿元	2081.8	2459.1	2802.5	3162.3	3606.7	4025.1
金融机构本外币贷款余额	亿元	3001.5	3531.9	4005.8	4450.5	4760.4	4906.0
八、物价							
居民消费价格总指数							
以 1978 年为 100		539.1	548.3	557.0	564.2	569.3	582.9
商品零售物价总指数							
以 1987 年为 100		331.8	335.1	339.5	341.8	342.2	347.3
九、居民生活							
居民消费水平							
农村居民	元	7740	9009	10742	12595	14057	15752
城镇居民	元	18098	21629	22251	22464	24914	26371
农村居民							
人均可支配收入	元	10409	11797	13273	14776	14890	16098
人均消费性支出	元	6382	7487	8556	9677	9099	10027
城镇居民							
人均可支配收入	元	22508	25817	28386	30973	31060	33609
人均消费性支出	元	15170	16100	17482	18810	19325	20976
十、农林牧渔业							
农林牧渔业总产值	亿元	714.3	774.6	850.7	895.8	936.0	985.9
农业	亿元	389.4	429.9	482.3	509.6	531.1	555.2
林业	亿元	5.3	5.6	6.4	7.0	7.2	7.3
牧业	亿元	259.1	275.1	291.6	302.7	313.2	328.9
渔业	亿元	37.2	38.5	42.0	45.1	49.6	52.9
农业生产情况							
粮食总产量	万吨	533.7	552.0	475.3	464.4	456.0	431.8
棉花总产量	万吨	5.1	4.9	3.9	3.6	2.5	2.1
花生总产量	万吨	25.0	24.4	24.7	21.3	20.0	21.2
肉类总产量	万吨	135.3	142.4	142.8	140.4	133.8	132.5
水产品总产量	万吨	49.97	53.0	57.9	60.0	60.1	61.0
蔬菜产量	万吨	1129.6	1153.0	1165.6	1200.4	1235.9	1256.3

1－5 续表 6

指 标 名 称	单 位	1995 年	2000 年	2001 年	2002 年	2003 年	2004 年
奶类产量	万吨	9.3	9.9	14.5	17.4	18.5	24.2
禽蛋产量	万吨	30.6	40.5	38.2	38.0	38.2	38.3
十一、工业							
规模以上工业总产值	亿元	600.9	687.5	742.4	908.9	1243.7	1822.4
#国有经济	亿元	233.6	111.6	115.6	111.6	128.7	98.9
#集体经济	亿元	258.3	143.3	115.5	108.5	86.2	122.0
按轻重工业分							
#轻工业	亿元	302.2	374.8	415.0	510.0	633.4	881.8
#重工业	亿元	235.7	312.7	325.7	399.9	610.3	940.6
十二、交通运输邮电							
公路通车里程	公里	6721	7401	7436	7476	7616.4	7673.7
客运量	万人次	2028	3295	4518	4636	3834	4891
#公路	万人次	2308	3295	3535	3689	3704	4887
公路旅客周转量	亿人公里	12.3	22.9	25.7	29.4	29.2	34.0
货运量	万吨	5377.5	6436.0	8685.0	8419.0	7261.7	7023.0
#公路	万吨	6186.0	6368.0	6794.0	6556.0	6796.8	6866.0
公路货物周转量	亿吨公里	39.6	32.5	36.0	37.1	38.9	39.9
国内函件	万件	2789.6	3468.4	3380.6	4240.8	4627.9	4011.1
邮电业务总量	亿元	4.3	16.1	9.1	25.6	27.7	38.0
固定电话用户数(含小灵通)	万部	20.5	50.8	55.5	66.6	200.0	235.0
十三、国内贸易							
社会消费品零售总额	亿元	169.1	265.9	288.5	320.5	368.0	426.9
市	亿元	75.5	127.8	139.1	159.2	193.9	231.9
县	亿元	12.7	11.1	11.9	12.7	14.4	17.1
县以下	亿元	77.5	121.2	131.1	141.6	136.3	156.2
按行业分							
批零贸易业	亿元	103.8	166.3	184.1	208.7	289.7	342.7
住宿餐饮业	亿元	11.4	24.6	27.8	32.5	33.2	41.3
其他行业	亿元	25.6	69.0	70.2	72.3	21.7	21.3
十四、对外贸易							
海关进出口总额	亿元	59574	137240	153595	184384	225329	304369
出口总额	亿元	33307	99413	113423	128244	163855	212712
进口总额	亿元	26267	37827	40172	56140	61474	91657
利用外资							
新批外商投资项目数	个	392	218	266	220	288	378
合同利用外资	亿元	88416	31479	34100	38772	100275	170080
实际到账外资	亿元	51379	14235	16812	25898	50331	101618
#外商直接投资	亿元	51379	8491	15841	25898	39215	37160
对外承包工程和劳务合作							
营业额	万美元	4116	6482	12181	18477	16641	28378
旅游							

1－5 续表 7

指　标　名　称	单　位	2005 年	2006 年	2007 年	2008 年	2009 年	2010 年
奶类产量	万吨	24.7	23.6	27.0	21.6	22.2	27.78
禽蛋产量	万吨	37.3	28.9	28.8	25.9	26.3	18.78
十一、工业							
规模以上工业总产值	亿元	2724.1	3404.7	4332.2	5318.1	6079.2	7529.2
#国有经济	亿元	148.1	149.4	174.3	287.2	308.6	353.4
#集体经济	亿元	114.2	134.8	161.3	229.0	237.1	246.9
按轻重工业分							
#轻工业	亿元	1257.4	1528.5	1919.9	2241.0	623.2	2941.5
#重工业	亿元	1466.7	1875.9	2412.3	3077.1	875.8	4587.8
十二、交通运输邮电							
公路通车里程	公里	7937.2	7776.5	7838.2	21996.3	22631.8	23180.8
客运量	万人次	6503	6929	11743	15620.0	20413.0	21533.2
#公路	万人次	6499	6924	11837	15620.0	20402.0	21519.0
公路旅客周转量	亿人公里	40.9	44.5	78.0	102.6	95.3	100.1
货运量	万吨	7903.0	9199.0	13250.1	16380.0	19311.6	21228.9
#公路	万吨	7732.0	9016.0	13249.0	16021.0	18732.0	20297.0
公路货物周转量	亿吨公里	45.9	56.2	87.7	130.4	623.2	647.3
国内函件	万件	3827.1	3534.3	3630.7	3724.2	3785.1	4063.8
邮电业务总量	亿元	45.3	56.0	64.5	63.1	65.1	66.7
固定电话用户数(含小灵通)	万部	261.6	269.1	258.1	236.3	204.9	170.8
十三、国内贸易							
社会消费品零售总额	亿元	493.6	574.1	675.0	831.2	988.5	1151.1
市	亿元	289.1	333.7	393.9	482.5	586.0	751.7
县	亿元	21.2	33.5	39.1	52.7	58.8	——
县以下	亿元	183.0	206.5	241.3	295.2	343.6	399.4
按行业分							
批零贸易业	亿元	422.2	489.2	573.4	710.2	849.3	1038.4
住宿餐饮业	亿元	47.0	55.1	66.6	81.4	94.8	112.7
其他行业	亿元	24.2	29.3	34.2	38.7	44.4	——
十四、对外贸易							
海关进出口总额	亿元	394057	518604	650518	837854	807662	1175144
出口总额	亿元	295084	385846	518137	654075	620288	869581
进口总额	亿元	98973	132758	132381	183779	187374	305563
利用外资							
新批外商投资项目数	个	441	219	172	165	79	80
合同利用外资	亿元	172764	71821	81431	75630	87092	105732
实际到账外资	亿元	50816	68732	81423	48495	67777	72145
#外商直接投资	亿元	50816	68732	61971	48495	67777	72145
对外承包工程和劳务合作							
营业额	万美元	22251	143857	158290	175098	113435	169680
旅游							

1－5 续表 8

指 标 名 称	单 位	2011 年	2012 年	2013 年	2014 年	2015 年	2016 年
奶类产量	万吨	27.70	31.1	27.1	25.9	25.0	22.8
禽蛋产量	万吨	26.90	26.2	26.0	24.8	25.7	25.7
十一、工业							
规模以上工业总产值	亿元	9130.7	10428.3	11609.8	12517.0	12757.6	13152.8
#国有经济	亿元	217.5	150.6	338.0	341.8	334.3	213.4
#集体经济	亿元	342.3	183.7	66.2	74.0	52.9	56.1
按轻重工业分							
#轻工业	亿元	3526.1	4105.3	4333.1	4598.6	4803.9	4882.5
#重工业	亿元	5604.6	6323.0	7276.7	7918.4	7953.7	8270.3
十二、交通运输邮电							
公路通车里程	公里	23694.3	24456.0	25225.3	25786.7	26269.1	26881.6
客运量	万人次	22182.0	22995.0	23537.4	7476.4	7113.5	18439.5
#公路	万人次	22168.0	22981.0	23524.0	7437.0	7067.0	5972.0
公路旅客周转量	亿人公里	104.1	108.4	111.5	48.5	49.0	45.4
货运量	万吨	23198.0	24612.1	26092.3	23809.6	24860.5	25761.2
#公路	万吨	21941.0	23226.0	24601.0	22145.0	23072.0	23680.0
公路货物周转量	亿吨公里	695.7	738.4	787.4	487.8	490.2	517.5
国内函件	万件	4381.2	3651.8	1967.4	1588.3	1026.3	771.3
邮电业务总量	亿元	63.2	59.4	65.5	83.1	88.7	112.0
固定电话用户数(含小灵通)	万部	191.8	175.6	166.3	144.7	113.1	96.6
十三、国内贸易							
社会消费品零售总额	亿元	1349.8	1551.6	1758.8	1979.5	2277.5	2514.9
市	亿元	949.0	1118.6	1266.8	1415.1	1549.3	1742.4
县	亿元	——	——	——	——	——	——
县以下	亿元	400.8	433.0	492.0	564.4	728.2	772.5
按行业分							
批零贸易业	亿元	1217.6	1397.7	1592.7	1796.1	2061.1	2271.3
住宿餐饮业	亿元	129.1	153.9	166.1	183.5	216.4	243.6
其他行业	亿元	——	——	——	——	——	——
十四、对外贸易							
海关进出口总额	亿元	1409317	1497560	1616005	1778194	1893304	1249.0
出口总额	亿元	1036751	1097145	1160420	1234009	1299559	822.0
进口总额	亿元	372566	400415	455585	544185	593745	426.9
利用外资							
新批外商投资项目数	个	69	46	49	40	38	45
合同利用外资	亿元	154183	193069	175292	174366	176493	91.2
实际到账外资	亿元	72159	76812	81021	89752	100116	70.8
#外商直接投资	亿元	72159	76812	81021	89752	100116	70.8
对外承包工程和劳务合作							
营业额	万美元	216425	18889	12575	15755	17008	19839
旅游							

1－5 续表 9

指　标　名　称	单　位	1995 年	2000 年	2001 年	2002 年	2003 年	2004 年
接待旅游人数	万人次	31.32	559.19	576.71	665.10	672.15	774.52
#国际游客	万人次	1.32	1.19	1.20	1.38	1.20	1.95
旅游外汇收入	万美元	217.0	589.0	831.3	872.9	660.0	903.1
十五、教育							
普通高等学校							
招生数	人	2530	5033	9508	13467	18094	25692
在校学生数	人	6434	11664	18977	29100	43966	63435
教职工数	人	1793	1963	2998	4025	4876	5219
#专任教师	人	856	914	1451	2192	2915	3323
普通中等专业学校							
招生数	人	10195	11204	11204	16685	45000	39219
在校学生数	人	26974	39730	37975	40574	122504	126113
普通中学							
招生数	万人	14.3	22.5	19.4	17.5	19.7	15.8
在校学生数	万人	48.2	71.5	69.6	64.8	61.7	57.3
教职工数	人	40538	49838	51568	51061	50283	48266
#专任教师	人	32791	42055	42734	42218	41379	39656
技工学校							
招生数	人	8159	4938	5885	9379	10770	10153
在校学生数	人	18777	12503	12775	15419	20186	23221
小学							
学校数	所	4534	2703	2243	2018	1833	1740
招生数	万人	19.9	8.4	9.5	10.8	11.0	10.3
毕业生数	万人	12.5	18.0	14.3	11.5	13.1	9.1
在校学生数	万人	88.3	64.9	60.3	59.8	57.5	58.7
教职工数	人	43889	39882	38755	38874	39380	40211
#专任教师	人	41399	37586	36391	36452	36677	37675
成人高等学校在校学生数	人	15262	16938	19559	21905	26017	19122
十六、科技							
重要科技成果数量	项	237	191	117	116	111	107
国际领先先进水平	项	11	15	16	5	10	10
国内领先先进水平	项	179	216	98	111	100	97
省内领先先进水平	项	37	8			1	
十七、卫生、文化事业基本情况							
卫生机构床位数	张	10530	18208	17716	19653	20499	19750
卫生技术人员数	人	17518	27447	27167	27003	28103	28542
#医生数	人	15181	13602	12783	11682	12418	12344
文化馆数	个	13	13	13	13	13	12
文化站数	个	231	253	253	253	252	187
艺术表演团体数	个	10	10	10	10	9	10
公共图书馆数	个	11	11	11	11	11	11

1－5 续表 10

指标名称	单位	2005年	2006年	2007年	2008年	2009年	2010年
接待旅游人数	万人次	890.00	1042.31	1421.0	1882.6	2330.6	2967.6
#国际游客	万人次	2.46	4.31	7.4	13.2	17.3	22.2
旅游外汇收入	万美元	1055.4	1292.0	3606.9	7081.2	12253.9	16238.3
十五、教育							
普通高等学校							
招生数	人	31676	33204	35961	39976	40100	36115
在校学生数	人	80472	93880	105272	112167	120265	113874
教职工数	人	6373	7427	7404	7796	8006	8122
#专任教师	人	4106	5319	5265	5720	5978	5960
普通中等专业学校							
招生数	人	13941	16024	15186	16512	19874	31150
在校学生数	人	41407	42739	42954	43576	46312	72493
普通中学							
招生数	万人	15.3	14.9	15.6	16.4	16.3	16.4
在校学生数	万人	53.6	48.5	46.4	46.9	48.3	49.0
教职工数	人	46520	46306	46379	46019	46309	45098
#专任教师	人	38231	38062	38440	38555	39934	39375
技工学校							
招生数	人	10521	18002	19628	13800	——	——
在校学生数	人	25398	56273	56331	35876	——	——
小学							
学校数	所	1616	1454	1383	1347	1201	1057
招生数	万人	9.4	9.0	9.1	8.5	8.3	8.9
毕业生数	万人	8.8	8.3	9.6	10.9	11.1	10.5
在校学生数	万人	59.2	60.4	60.2	58.2	55.5	53.9
教职工数	人	39277	39977	39871	39798	40055	39376
#专任教师	人	36782	37387	37237	37228	37830	37400
成人高等学校在校学生数	人	18951	12729	11166	18926	23953	7172
十六、科技							
重要科技成果数量	项	109	126	194	366	392	409
国际领先先进水平	项	22	26	42	42		
国内领先先进水平	项	87	97	152	324		
省内领先先进水平	项						
十七、卫生、文化事业基本情况							
卫生机构床位数	张	22723	24176	26175	29199	32841	37913
卫生技术人员数	人	29612	29780	32525	37438	48544	55426
#医生数	人	14160	13226	14386	16624	18235	24718
文化馆数	个	13	13	13	13	13	13
文化站数	个	180	186	116	119	121	118
艺术表演团体数	个	9	9	9	9	8	9
公共图书馆数	个	12	12	12	12	12	12

指 标 名 称	单 位	2011 年	2012 年	2013 年	2014 年	2015 年	2016 年
接待旅游人数	万人次	3631.5	4256.0	4735.3	5195.8	5629.6	6115.1
#国际游客	万人次	28.9	34.8	33.5	32.7	33.4	34.8
旅游外汇收入	万美元	20534.8	25300.0	23181.6	21630.0	21975.7	22500.0
十五、教育							
普通高等学校							
招生数	人	36893	38807	44297	49873	54587	75779
在校学生数	人	119796	120088	125785	141747	156703	213426
教职工数	人	9691	10132	10370	10715	11328	12149
#专任教师	人	6966	7292	7756	8280	8635	9221
普通中等专业学校							
招生数	人	32787	36447	22710	16432	16700	17917
在校学生数	人	86675	94779	65529	57605	51992	49001
普通中学							
招生数	万人	15.8	15.7	15.2	14.0	14.0	14.3
在校学生数	万人	48.3	47.4	46.3	44.8	43.2	42.3
教职工数	人	45950	45598	45077	45071	44733	45018
#专任教师	人	40321	39906	40608	40608	40412	40949
技工学校							
招生数	人	——	——	——	11582	13012	13792
在校学生数	人	——	——	——	28950	30722	34190
小学							
学校数	所	1015	946	868	831	818	823
招生数	万人	10.4	9.1	11.1	9.6	8.7	8.8
毕业生数	万人	9.7	10.8	9.0	8.2	8.2	8.8
在校学生数	万人	54.6	55.0	57.0	58.4	59.2	59.5
教职工数	人	38899	38307	38460	38604	38807	40097
#专任教师	人	37352	36850	37162	37141	37330	38757
成人高等学校在校学生数	人	27802	28481	——	——	——	42143
十六、科技							
重要科技成果数量	项	420	450	462	476	324	322
国际领先先进水平	项						
国内领先先进水平	项						
省内领先先进水平	项						
十七、卫生、文化事业基本情况							
卫生机构床位数	张	41024	46750	46779	43867	49079	50651
卫生技术人员数	人	60607	67886	75937	63701	59417	60759
#医生数	人	22540	25441	32091	25988	23456	23852
文化馆数	个	13	13	13	12	13	13
文化站数	个	118	118	118	118	118	118
艺术表演团体数	个	7	7	6	9	6	78
公共图书馆数	个	12	13	12	12	12	12

1-6 历年地区生产总值

（1978－2016年）

单位：亿元

年份	地区生产总值	第一产业	第二产业	工业	建筑业	第三产业	#交通运输仓储邮政业	#批发零售住宿餐饮业	人均地区生产总值（元）
1978	23.54	10.38	10.22	9.78	0.44	2.94	0.70	1.14	335
1979	25.85	11.24	11.30	10.46	0.84	3.31	0.83	1.43	367
1980	27.92	11.86	12.18	11.08	1.10	3.88	1.03	1.69	394
1981	31.67	13.68	13.03	11.74	1.29	4.96	1.29	2.21	443
1982	38.85	18.25	14.38	12.53	1.85	6.22	1.69	2.92	538
1983	43.23	21.30	14.32	12.40	1.92	7.61	2.08	3.50	594
1984	51.24	26.83	15.32	12.94	2.38	9.09	2.48	4.14	698
1985	60.60	28.64	20.17	17.44	2.73	11.79	3.40	6.30	821
1986	73.60	32.15	26.02	21.85	4.17	15.43	4.20	8.00	989
1987	87.80	36.17	31.72	27.02	4.70	19.91	5.00	9.00	1165
1988	118.58	46.32	44.71	39.32	5.39	27.55	5.60	11.50	1550
1989	133.22	44.99	55.60	50.83	4.77	32.63	6.20	13.00	1712
1990	152.20	50.40	60.87	55.80	5.07	40.93	7.00	14.00	1917
1991	177.90	57.90	71.40	65.16	6.24	48.60	8.10	15.50	2202
1992	211.70	64.70	87.00	77.50	9.50	60.00	9.56	21.64	2604
1993	267.41	74.25	116.40	103.90	12.50	76.76	12.08	27.52	3281
1994	337.38	90.46	148.05	133.02	15.03	98.87	17.15	33.63	4132
1995	414.89	107.84	185.00	166.00	19.00	122.05	22.22	39.74	5066
1996	490.14	123.02	221.80	198.00	23.80	145.32	28.18	46.82	5961
1997	549.73	131.78	249.95	224.00	25.95	168.00	31.54	50.90	6653
1998	596.81	141.00	267.00	239.00	28.00	188.81	34.50	55.30	7170
1999	632.87	142.00	288.30	259.30	29.00	202.57	37.09	55.26	7553
2000	697.23	145.80	329.46	295.63	33.83	221.97	31.30	63.55	8277
2001	779.63	150.36	365.22	325.58	39.64	264.05	35.48	71.71	9223
2002	866.99	152.55	415.42	369.65	45.77	299.02	38.09	78.11	10239
2003	995.06	163.44	504.69	452.18	52.51	326.93	39.28	85.20	11739
2004	1199.01	185.58	656.92	587.53	65.00	356.51	43.21	93.58	14120
2005	1460.66	201.43	817.37	739.31	78.06	441.87	48.69	127.03	17086
2006	1720.88	211.81	991.14	903.35	87.79	517.93	58.13	147.81	19652
2007	2056.02	237.54	1180.94	1082.40	98.54	637.54	90.84	174.01	23349
2008	2475.63	281.69	1423.64	1302.93	120.71	770.30	114.92	210.75	27923
2009	2707.23	301.96	1526.05	1380.46	145.59	879.22	112.12	243.49	30338
2010	3090.92	330.51	1720.29	1545.56	174.73	1040.13	117.50	282.26	34273
2011	3541.85	359.28	1961.40	1760.97	200.43	1221.17	121.78	353.08	38833
2012	4012.43	390.52	2166.17	1952.43	213.74	1455.74	136.53	439.74	43681
2013	4420.70	416.08	2245.18	1974.62	271.25	1759.45	159.94	479.23	47943
2014	4786.74	437.30	2372.31	2078.53	294.54	1977.13	172.91	523.46	51826
2015	5170.53	455.15	2490.75	2182.36	309.15	2224.63	190.30	555.70	55824
2016	5522.68	475.32	2559.77	2235.32	324.45	2487.59	220.60	590.80	59275

注:2013 年 GDP 数据根据第三次经济普查数据进行了调整;自 2013 年起,第一产业不再包括农林牧渔业服务业,第二产业不再包括开采辅助活动和金属制品、机械和设备修理业;下同。

1-7 历年地区生产总值指数

（1978-2016年）（以上年为100）

单位:%

年份	地区生产总值	第一产业	第二产业	工业	建筑业	第三产业	#交通运输仓储邮政业	#批发零售贸易餐饮业
1978	118.48	127.92	108.43	108.75		108.02		
1979	109.32	108.54	109.73	106.07		112.57		
1980	106.68	106.02	105.03	102.86		117.01		
1981	105.43	104.09	104.47	104.38		116.05		
1982	115.51	120.51	106.21	103.66		119.81		
1983	117.13	122.78	105.11	104.56		122.31		
1984	112.29	108.86	111.45	108.05		131.25		
1985	118.71	110.98	128.84	130.72		130.13		
1986	113.02	103.77	126.79	123.15		118.07		
1987	115.16	103.45	125.01	126.78		130.17		
1988	114.17	101.99	115.38	119.15		141.50		
1989	106.70	93.65	113.72	118.22		117.99		
1990	111.25	108.88	108.30	108.43	106.96	119.32	107.14	123.94
1991	110.21	103.15	112.84	112.08	121.10	115.37	104.00	118.59
1992	117.87	104.59	128.67	128.51	130.29	117.61	113.59	132.15
1993	118.14	104.80	127.78	126.80	137.50	116.63	110.50	116.70
1994	112.72	108.63	112.79	113.20	109.09	116.32	124.82	111.11
1995	111.61	106.86	113.76	113.45	116.67	112.08	113.83	107.42
1996	112.23	110.39	114.94	115.24	112.14	109.15	112.22	110.31
1997	109.59	104.42	111.03	110.91	112.17	111.30	104.04	107.11
1998	111.26	107.97	112.03	111.15	120.33	112.44	104.62	109.72
1999	109.58	105.70	112.09	112.99	104.29	108.02	103.88	108.92
2000	110.01	102.79	113.72	113.61	114.71	108.45	106.90	106.49
2001	111.20	103.13	112.49	112.13	115.68	114.74	110.38	112.07
2002	112.50	102.44	115.23	114.48	121.56	114.72	108.48	116.22
2003	115.00	106.25	122.64	123.83	113.00	108.91	101.92	110.46
2004	116.90	109.23	123.98	123.59	127.38	109.63	113.12	112.83
2005	117.10	105.90	120.90	122.90	104.00	116.10	115.00	112.30
2006	116.50	100.20	120.80	121.90	110.10	116.00	119.40	115.90
2007	115.80	102.70	116.50	117.70	103.70	119.80	149.60	114.00
2008	113.10	105.70	112.60	112.80	110.70	116.40	123.80	114.70
2009	112.90	104.60	113.70	112.50	128.20	114.00	106.00	115.30
2010	113.30	104.30	113.20	113.20	112.70	116.00	104.60	113.82
2011	111.10	104.20	112.30	113.40	102.10	111.00	101.50	116.05
2012	110.60	105.20	111.70	112.00	108.30	110.50	103.40	113.60
2013	110.60	103.20	111.51	111.91	107.67	111.25	104.72	110.00
2014	109.06	103.79	109.74	109.87	108.39	109.31	108.01	106.56
2015	108.30	104.12	107.91	107.83	108.65	109.84	107.18	103.53
2016	108.00	104.15	107.56	107.77	106.16	109.16	109.34	105.77

注:本表按可比价格计算。

1-8 历年地区生产总值构成

（1978-2016年）

单位:%

年份	地区生产总值	第一产业	第二产业	工业	建筑业	第三产业	#交通运输仓储邮政业	#批发零售贸易餐饮业
1978	100	44.10	43.42	41.55	1.87	12.49	5.95	9.69
1979	100	43.48	43.71	40.46	3.25	12.80	5.80	9.98
1980	100	42.48	43.62	39.68	3.94	13.90	5.87	9.67
1981	100	43.20	41.14	37.07	4.07	15.66	5.68	9.79
1982	100	46.98	37.01	32.25	4.76	16.01	5.66	9.78
1983	100	49.27	33.13	28.68	4.44	17.60	5.78	9.72
1984	100	52.36	29.90	25.25	4.64	17.74	5.85	9.76
1985	100	47.26	33.28	28.78	4.50	19.46	5.78	10.73
1986	100	43.68	35.35	29.69	5.67	20.96	5.71	10.87
1987	100	41.20	36.13	30.77	5.35	22.68	5.69	10.25
1988	100	39.06	37.70	33.16	4.55	23.23	4.72	9.70
1989	100	33.77	41.74	38.15	3.58	24.49	4.65	9.76
1990	100	33.11	39.99	36.66	3.33	26.89	3.33	3.33
1991	100	32.55	40.13	36.63	3.51	27.32	3.51	3.51
1992	100	30.56	41.10	36.61	4.49	28.34	4.49	4.49
1993	100	27.77	43.53	38.85	4.67	28.70	4.67	4.67
1994	100	26.81	43.88	39.43	4.45	29.31	4.45	4.45
1995	100	25.99	44.59	40.01	4.58	29.42	4.58	4.58
1996	100	25.10	45.25	40.40	4.86	29.65	4.86	4.86
1997	100	23.97	45.47	40.75	4.72	30.56	4.72	4.72
1998	100	23.63	44.74	40.05	4.69	31.64	4.69	4.69
1999	100	22.44	45.55	40.97	4.58	32.01	4.58	4.58
2000	100	21.59	46.26	41.55	4.71	32.15	4.71	4.71
2001	100	19.29	46.85	41.76	5.08	33.87	5.08	5.08
2002	100	17.60	47.92	42.64	5.28	34.49	5.28	5.28
2003	100	16.43	50.72	45.44	5.28	32.86	5.28	5.28
2004	100	15.48	54.79	49.00	5.79	29.73	5.79	5.79
2005	100	13.79	55.96	50.61	5.34	30.25	3.33	8.70
2006	100	12.31	57.59	52.49	5.10	30.10	3.38	8.59
2007	100	11.55	57.44	52.65	4.79	31.01	4.42	8.46
2008	100	11.38	57.51	52.63	4.88	31.12	4.64	8.51
2009	100	11.15	56.37	50.99	5.38	32.48	4.14	8.99
2010	100	10.69	55.66	50.00	5.66	33.65	3.80	9.13
2011	100	10.14	55.38	49.72	5.66	34.48	3.44	9.97
2012	100	9.73	53.99	48.66	5.33	36.28	3.40	10.96
2013	100	9.41	50.79	44.67	6.14	39.80	3.62	10.84
2014	100	9.14	49.56	43.42	6.15	41.30	3.61	10.94
2015	100	8.80	48.17	42.21	5.98	43.03	3.68	10.75
2016	100	8.61	46.35	40.48	5.87	45.04	3.99	10.70

注:本表按当年价格计算。

1-9 地 区 生 产 总 值

（2016 年）

单位:亿元

指 标 名 称	2016 年	2015 年	2016 年比 2015 年 增 长 %
地区生产总值	**5522.68**	**5170.53**	**8.0**
农林牧渔业	500.31	476.37	4.7
工业	2235.32	2182.36	7.8
建筑业	325.23	309.15	6.2
交通运输、仓储及邮政业	220.60	190.30	9.3
信息传输、计算机服务和软件业	84.76	63.69	31.3
批发和零售业	502.82	473.92	5.3
住宿和餐饮业	87.98	81.78	8.2
金融业	310.68	275.97	11.7
房地产业	245.70	231.23	5.8
租赁和商务服务业	354.51	299.47	15.5
科学研究和技术服务业	94.33	85.97	4.1
水利、环境和公共设施管理业	42.21	37.27	7.5
居民服务、修理和其他服务业	98.22	80.28	19.3
教育	121.27	111.54	3.2
卫生和社会工作	103.96	93.60	5.4
文化、体育和娱乐业	22.47	16.59	32.0
公共管理、社会保障和社会组织	172.31	161.04	1.5
第一产业	475.32	455.15	4.1
第二产业	2559.77	2490.75	7.6
第三产业	2487.59	2224.63	9.2
支出法计算的地区生产总值中			
一、最终消费支出	2412.53	2212.67	7.5
居民消费支出	2051.70	1866.05	8.4
农村居民	616.83	576.38	5.5
城镇居民	1434.87	1289.67	9.7
二、资本形成额	2715.07	2548.75	10.4
三、货物和服务净出口	395.08	409.11	-4.9

1－10 分县市区地区生产总值

单位:亿元

地区	地区生产总值			第一产业增加值			第二产业增加值		
	2016 年	2015 年	2016 年比2015 年增长%	2016 年	2015 年	2016 年比2015 年增长%	2016 年	2015 年	2016 年比2015 年增长%
全市总计	**5522.7**	**5170.5**	**8.0**	**475.3**	**455.2**	**4.1**	**2559.8**	**2490.8**	**7.6**
潍城区	258.5	243.0	7.2	10.4	9.9	3.8	93.8	92.2	6.1
寒亭区	214.9	202.1	8.1	12.1	11.4	4.3	107.9	105.7	7.0
坊子区	147.8	138.1	8.4	9.1	8.7	4.1	72.5	70.5	7.8
奎文区	238.3	220.1	6.9	0.4	0.5	－27.8	21.3	21.5	1.8
青州市	615.7	578.8	8.0	52.9	50.7	4.4	281.8	274.3	8.1
诸城市	794.5	746.5	8.1	64.2	61.0	4.5	403.7	393.6	7.8
寿光市	856.8	806.9	7.6	97.3	93.2	4.4	364.1	356.9	7.2
安丘市	306.4	286.6	8.0	50.5	48.4	4.3	123.2	121.1	5.8
高密市	623.2	586.6	8.2	51.2	49.8	2.5	314.3	306.7	8.2
昌邑市	399.5	376.2	7.9	37.0	34.9	5.6	202.6	198.0	7.7
临朐县	261.1	244.1	8.0	36.2	34.6	4.3	106.0	103.4	7.4
昌乐县	292.6	275.0	7.8	37.7	35.9	4.6	125.5	122.9	7.4
高新开发区	395.4	370.9	8.8	0.3	0.3	0.0	224.5	218.0	8.5
滨海开发区	303.3	290.4	8.7	5.1	4.9	2.6	242.0	234.4	9.0
峡山生态区	27.5	26.5	8.0	11.1	10.7	5.1	5.7	5.7	8.4

注:本表绝对额按当年价格计算,速度按可比价格计算。

1－10 续表 1

单位:亿元

地区	#工业增加值			第三产业增加值			人均地区生产总值(元)		
	2016 年	2015 年	2016 年比2015 年增长%	2016 年	2015 年	2016 年比2015 年增长%	2016 年	2015 年	2016 年比2015 年增长%
全市总计	**2235.3**	**2182.4**	**7.8**	**2487.6**	**2224.6**	**9.2**	**59275**	**55824**	**7.4**
潍城区	78.2	77.6	6.1	154.3	140.9	8.1	60623	57287	6.6
寒亭区	96.8	95.3	7.0	94.9	85.1	9.9	52153	50159	5.7
坊子区	61.3	60.1	7.5	66.3	59.0	9.9	45843	43185	7.5
奎文区	8.8	9.5	－1.7	216.7	198.1	7.5	52526	48803	6.3
青州市	247.9	242.9	8.0	281.0	253.8	8.5	64099	60451	7.6
诸城市	346.1	339.1	8.0	326.6	291.9	9.3	71887	67911	7.8
寿光市	307.4	303.4	7.2	395.3	356.9	8.7	73703	69692	7.2
安丘市	88.6	88.3	5.6	132.7	117.1	11.9	32456	30482	7.6
高密市	295.1	288.6	8.2	257.7	230.1	9.5	67997	64202	7.9
昌邑市	189.5	185.7	7.8	160.0	143.3	8.7	64832	61262	7.5
临朐县	93.6	91.6	7.5	118.9	106.0	9.8	30647	28796	7.4
昌乐县	113.8	111.9	7.5	129.5	116.1	9.1	46196	43675	7.1
高新开发区	196.2	190.3	8.8	170.7	152.6	9.2	196245	186605	7.3
滨海开发区	234.1	227.1	9.1	56.3	51.1	7.5	290083	288844	4.5
峡山生态区	5.2	5.2	8.4	10.7	10.1	10.9	13345	13048	6.4

1-11 分县市区地区生产总值构成

单位:%

地区	地区生产总值		第一产业		第二产业		第三产业	
	2016 年	2015 年	2016 年	2015 年	2016 年	2015 年	2016 年	2015 年
全总计	**100.0**	**100.0**	**8.6**	**8.8**	**46.4**	**48.2**	**45.0**	**43.0**
潍城区	100.0	100.0	4.0	4.1	36.3	37.9	59.7	58.0
寒亭区	100.0	100.0	5.6	5.6	50.2	52.3	44.2	42.1
坊子区	100.0	100.0	6.1	6.3	49.1	51.0	44.8	42.7
奎文区	100.0	100.0	0.2	0.2	8.9	9.8	90.9	90.0
青州市	100.0	100.0	8.6	8.8	45.8	47.4	45.6	43.8
诸城市	100.0	100.0	8.1	8.2	50.8	52.7	41.1	39.1
寿光市	100.0	100.0	11.4	11.6	42.5	44.2	46.1	44.2
安丘市	100.0	100.0	16.5	16.9	40.2	42.2	43.3	40.9
高密市	100.0	100.0	8.2	8.5	50.4	52.3	41.4	39.2
昌邑市	100.0	100.0	9.2	9.3	50.7	52.6	40.1	38.1
临朐县	100.0	100.0	13.9	14.2	40.6	42.4	45.5	43.4
昌乐县	100.0	100.0	12.9	13.1	42.9	44.7	44.3	42.2
高新开发区	100.0	100.0	0.1	0.1	56.8	58.8	43.2	41.1
滨海开发区	100.0	100.0	1.7	1.7	79.8	80.7	18.5	17.6
峡山生态区	100.0	100.0	40.4	40.5	20.7	21.5	38.9	38.0

注:本表按当年价格计算。

②

人口与计划生育

TWO

POPULATION AND FAMILY PLANNING

简 要 说 明

简要说明一、本篇资料的主要内容

本篇资料主要反映了我市人口方面的基本情况,包括全市十二个县市区的主要人口统计数据、人口出生率、死亡率、自然增长率。另外,还对建国以来开展的6次人口普查主要数据进行了比较。

二、本篇资料额来源

本篇资料分别来源于国家开展的人口普查、人口抽样调查和市人口和计划生育委员会,由市统计局社会科整理提供。

2-1 历年全市户数和总人口数

(1949-2016年)

单位:万人

年份	总户数(万户)	总人口	按性别分		按农业非农业分		人口密度(人/平方公里)
			男	女	农业人口	非农业人口	
1949	102.93	439.05	214.61	224.44	420.03	19.02	274
1950		451.96	221.24	230.73			282
1951		463.69	227.25	236.44			290
1952	109.00	479.59	237.08	242.51	459.51	20.08	300
1953	107.19	490.43	242.64	247.79			306
1954	108.06	499.58	247.94	251.64			312
1955	111.10	512.68	255.10	257.58			320
1956	113.63	527.01	263.17	263.84	512.32	14.69	329
1957	116.18	539.64	270.74	268.90	512.16	27.48	337
1958	133.87	542.43	273.46	268.97	504.12	38.31	339
1959	124.68	531.53	268.71	262.82	482.89	48.64	332
1960	122.71	507.36	253.92	253.43	463.84	43.52	317
1961	124.35	517.15	259.37	257.78	482.16	34.99	323
1962	122.03	538.95	270.73	268.22	510.04	28.91	337
1963	122.19	556.23	279.77	276.46	526.64	29.59	348
1964	123.25	568.45	285.66	282.79	537.86	30.59	355
1965	124.23	581.75	291.94	289.81	550.47	31.28	363
1966	125.16	596.01	299.45	296.57	564.73	31.28	372
1967	126.05	607.84	305.37	302.48	576.01	31.83	380
1968	127.37	616.60	309.51	307.09	584.71	31.89	385
1969	130.44	631.48	316.54	314.94	599.05	32.43	395
1970	133.14	651.93	327.54	324.40	618.43	33.50	407
1971	134.95	664.57	334.14	330.44	626.38	38.19	415
1972	136.24	673.44	338.61	334.83	636.69	36.75	421
1973	137.79	681.38	342.80	338.58	644.07	37.31	426
1974	140.63	687.42	345.89	341.52	649.60	37.82	430
1975	142.35	694.87	350.04	344.83	655.73	39.14	434
1976	145.74	698.20	351.72	346.48	657.61	40.59	436
1977	148.70	701.13	353.68	347.44	659.76	41.37	438
1978	151.61	703.28	354.95	348.33	659.47	43.81	439
1979	155.18	706.46	356.39	350.07	659.14	47.32	441
1980	157.98	710.37	359.00	351.37	659.72	50.65	444
1981	165.38	718.07	363.57	354.50	664.09	53.98	449
1982	169.11	725.05	367.81	357.24	668.38	56.67	453

注:1、根据山东省人口统计资料汇编(1949-1984)和潍坊辉煌五十年整理,空缺年份无记载。

2、行政区域面积均按现行的行政区划执行。

2-1续表1

年　　份	总户数（万户）	总人口	按性别分		按农业非农业分		人口密度（人/平方公里）
			男	女	农业人口	非农业人口	
1983	170.43	731.33	371.46	359.87	671.12	60.21	457
1984	172.07	736.15	374.37	361.78	662.53	73.62	460
1985	174.46	740.73	377.34	363.39	659.67	81.06	463
1986	178.23	748.09	381.79	366.30	672.89	75.20	467
1987	183.70	759.01	388.48	370.53	679.18	79.83	474
1988	189.54	771.43	395.78	375.65	682.81	88.62	482
1989	197.72	784.86	402.39	382.47	696.26	88.60	490
1990	205.55	803.43	410.80	392.63	712.59	90.84	502
1991	208.05	812.05	414.74	397.31	718.97	93.08	507
1992	215.13	814.21	415.34	398.87	718.56	95.65	509
1993	218.37	815.99	415.83	400.16	716.72	99.27	510
1994	220.50	816.93	416.42	400.51	710.37	106.56	510
1995	223.99	820.81	418.01	402.80	700.77	120.04	513
1996	226.88	823.71	419.29	404.42	624.61	199.10	515
1997	233.04	829.09	421.50	407.59	625.49	203.60	518
1998	239.11	835.79	424.73	411.06	628.38	207.41	522
1999	244.51	840.04	426.78	413.26	634.26	205.78	525
2000	246.13	844.57	428.60	415.97	647.57	197.00	528
2001	247.15	845.93	428.94	416.99	641.28	204.65	529
2002	250.27	847.47	429.46	418.01	629.94	217.53	530
2003	251.70	847.71	429.21	418.50	612.30	235.41	530
2004	253.97	850.65	430.55	420.10	602.74	247.91	531
2005	256.75	852.20	431.13	421.07	529.09	323.11	532
2006	258.64	855.29	432.02	423.27	526.97	328.32	534
2007	261.50	859.13	433.96	425.17	487.42	371.71	537
2008	264.93	862.48	435.53	426.95	473.18	389.30	539
2009	267.52	867.85	438.33	429.52	460.68	407.17	542
2010	271.63	873.78	441.41	432.37	422.40	451.39	541
2011	275.50	877.61	443.33	434.28	382.26	495.35	544
2012	278.19	878.87	443.95	434.92	418.63	460.25	544
2013	280.93	882.88	445.81	437.07	419.08	463.80	547
2014	282.21	888.31	448.88	439.43	389.92	498.39	550
2015	285.11	893.71	451.44	442.27	440.54	453.16	554
2016	286.04	901.32	455.08	446.24	465.99	435.33	558

2-2 第一、二、三、四、五、六次人口普查主要数据

指标名称	第一次人口普查(1953.7.1)	第二次人口普查(1964.7.1)	第三次人口普查(1982.7.1)	第四次人口普查(1990.7.1)	第五次人口普查(2000.11.1)	第六次人口普查(2010.11.1)
一、总人口(人)	**4904277**	**5684503**	**7207112**	**8067209**	**8495300**	**9086241**
男	2426425	2856599	3646511	4106539	4286748	4600438
女	2477852	2827904	3560601	3960670	4208552	4485803
二、总户数	**1071900**	**1232500**	**1670237**	**2074661**	**699343**	**2976830**
家庭户(户)	1071900	1232500	1665210	2064240	666643	2693924
平均家庭户规模(人)	4.6	4.6	4.2	3.8	3.37	3.15
三、民族						
民族个数(个)		16	24	40	53	53
汉族人口(人)		5611048	7000072	8048415	8460728	9051541
少数民族人口(人)		15626	207040	18794	34572	34700
四、各种文化程度人口(人)						
大　学			12010	58479	246609	719904
高　中			419551	597622	949570	1362353
初　中			1387754	2299924	3399612	3834748
小　学			2712570	2842861	2666735	2212970

2-3 分县市区户数与人口数

（2016年）

地区	户数（户）	总人口（人）	按性别分（人）		按乡村城镇分（人）	
			男	女	乡村	城镇
总计	**2860448**	**9013185**	**4550752**	**4462433**	**4659935**	**4353250**
潍城区	118100	372299	186143	186156	253725	118574
寒亭区	156834	439222	220302	218920	219625	219597
坊子区	176081	546927	277226	269701	213910	333017
奎文区	179526	539690	268994	270696	526014	13676
青州市	268376	944179	475734	468445	442944	501235
诸城市	320991	1110058	559789	550269	596631	513427
寿光市	332937	1084687	546425	538262	583101	501586
安丘市	289563	962210	493348	468862	385142	577068
高密市	334591	893252	446143	447109	523364	369888
昌邑市	189101	586394	291865	294529	243997	342397
临朐县	296144	905622	466339	439283	399329	506293
昌乐县	198204	628645	318444	310201	272153	356492

注：各开发区归在四个区中。

2－4　历年人口自然变动情况

（1949－2016年）

年　份	出生人数（人）	出生率（‰）	死亡人数（人）	死亡率（‰）	自然增长人数（人）	自然增长率（‰）
1949	123374	28.10	53564	12.20	69810	15.90
1950	134098	30.10	54352	12.20	79746	17.90
1951	150625	32.90	55855	12.20	94770	20.70
1952	148567	31.50	57540	12.20	91027	19.30
1953	158113	32.60	58686	12.10	99427	20.50
1954	186648	37.70	57925	11.70	128723	26.00
1955	188817	37.30	69351	13.70	119466	23.60
1956	169989	32.70	62901	12.10	107088	20.60
1957	190931	35.80	64533	12.10	126398	23.70
1958	135259	25.00	69253	12.80	66006	12.20
1959	112229	20.90	97730	18.20	14499	2.70
1960	101291	19.50	122589	23.60	－21298	－4.10
1961	109622	21.40	94255	18.40	15367	3.00
1962	201187	38.10	65478	12.40	135709	25.70
1963	243826	44.53	61402	11.21	182424	33.31
1964	219414	39.02	69465	12.35	149949	26.67
1965	210089	36.53	56088	9.75	154001	26.78
1966	195399	33.18	57353	9.74	138046	23.44
1967	172249	28.69	49381	8.22	122868	20.46
1968	185619	30.39	50101	8.20	135518	22.19
1969	191052	30.62	46198	7.40	144854	23.21
1970	229712	35.80	48583	7.57	181129	28.23
1971	189255	28.75	54671	8.31	134584	20.45
1972	174381	26.07	51676	7.72	122705	18.34
1973	150539	22.22	46984	6.94	103555	15.29
1974	133338	19.48	50203	7.34	83135	12.15
1975	135193	19.56	55073	7.97	80120	11.59
1976	112019	16.08	56746	8.15	55273	7.94
1977	110692	15.82	53666	7.67	57026	8.15
1978	110997	15.81	45861	6.53	65136	9.28
1979	106545	15.12	43525	6.17	63020	8.94
1980	93385	13.18	47629	6.72	45756	6.46
1981	118542	16.60	45749	6.41	72793	10.19
1982	114972	15.93	44571	6.18	70401	9.76

2－4 续表 1

年　份	出生人数（人）	出生率（‰）	死亡人数（人）	死亡率（‰）	自然增长人数（人）	自然增长率（‰）
1983	85101	11.69	43697	6.00	41404	5.69
1984	81180	11.06	46218	6.30	34962	4.76
1985	91802	12.43	46525	6.30	45277	6.13
1986	118553	15.92	48520	6.52	70033	9.41
1987	148369	19.69	46364	6.15	102005	13.53
1988	180412	23.56	51520	6.73	128892	16.83
1989	106275	13.48	45492	5.77	60783	7.71
1990	101756	12.61	49893	6.18	51863	6.43
1991	90574	11.16	48972	6.03	41602	5.13
1992	73696	9.04	51767	6.35	21929	2.69
1993	67889	8.30	50258	6.15	17631	2.15
1994	74599	9.11	50659	6.19	23940	2.93
1995	93651	11.40	48989	5.96	44662	5.44
1996	97654	11.84	51051	6.19	46603	5.65
1997	100214	12.11	49257	5.95	50957	6.16
1998	93187	11.18	47951	5.76	45236	5.43
1999	84420	10.07	47922	5.71	36498	4.35
2000	85006	10.08	48384	5.74	36622	4.34
2001	79702	9.42	47355	5.60	32347	3.82
2002	79321	9.36	48387	5.71	30934	3.65
2003	70565	8.31	46783	5.51	23782	2.80
2004	92073	10.83	45902	5.40	46171	5.43
2005	101201	11.86	47703	5.59	53498	6.27
2006	104713	12.24	47451	5.55	57262	6.70
2007	104376	12.14	47581	5.54	56795	6.61
2008	82149	9.51	49934	5.78	32215	3.73
2009	75663	8.71	48899	5.63	26764	3.08
2010	82397	9.43	56413	6.46	25984	2.97
2011	82330	9.38	51095	5.82	31235	3.56
2012	92381	10.47	59824	6.78	32557	3.69
2013	78458	8.88	55128	6.24	23330	2.64
2014	108927	12.28	52448	5.91	56479	6.37
2015	86489	9.69	50624	5.67	35865	4.02
2016	146095	16.25	48467	5.39	97628	10.86

2－5 分县市区人口自然变动情况

（2016 年）

地 区	出生人数（人）	出生率（‰）	死亡人数（人）	死亡率（‰）	自然增长人数（人）	自然增长率（‰）
潍坊市	**146095**	**16.25**	**48467**	**5.39**	**97628**	**10.86**
潍城区	6067	16.93	1153	3.22	4914	13.72
寒亭区	6350	16.53	2054	5.35	4296	11.18
坊子区	5404	16.92	1435	4.49	3969	12.43
奎文区	5480	15.44	962	2.71	4518	12.73
青州市	14470	15.37	4723	5.02	9747	10.35
诸城市	17594	15.87	5477	4.94	12117	10.93
寿光市	18590	17.20	5612	5.19	12978	12.01
安丘市	17296	18.01	5846	6.09	11450	11.93
高密市	13300	14.92	5745	6.44	7555	8.48
昌邑市	7708	13.16	4274	7.30	3434	5.86
临朐县	15097	16.75	5114	5.67	9983	11.08
昌乐县	10535	16.79	4331	6.90	6204	9.89
高新开发区	2943	19.08	265	1.72	2678	17.36
滨海开发区	1686	19.78	263	3.09	1423	16.69
峡山生态区	3332	14.68	1152	5.07	2180	9.60
综合保税区	243	19.93	61	5.00	182	14.93

2－6 分县市区人口机械变动情况

（2016 年）

地 区	迁入（人）			迁出（人）		
		省内迁入	省外迁入		迁往省内	迁往省外
总计	**28569**	**19768**	**8801**	**34393**	**23246**	**11147**
潍城区	1723	1241	482	1065	521	544
寒亭区	1167	729	438	1019	592	427
坊子区	1243	846	397	1775	1241	534
奎文区	6182	4593	1589	2515	1262	1253
青州市	1769	1076	693	2327	1451	876
诸城市	2075	958	1117	3542	1997	1545
寿光市	2369	1520	849	2021	1243	778
安丘市	1919	1179	740	3990	2815	1175
高密市	1734	748	986	3435	1814	1621
昌邑市	1074	563	511	2036	1147	889
临朐县	3343	2795	548	5779	4843	936
昌乐县	3971	3520	451	4889	4320	569

2-7 分县市区计划生育情况

（2016年）

地　区	已婚育龄妇女人数（人）	避孕人数（人）	避孕率（%）	四项手术人数（人）	
					放环人数
潍坊市	**1594526**	**1349155**	**84.61**	**1113915**	**1033687**
潍城区	67556	57792	85.55	42004	39531
寒亭区	71720	58076	80.98	44766	42294
坊子区	59635	50551	84.77	38776	36679
奎文区	65291	53443	81.85	41499	40849
青州市	165903	144212	86.93	121012	113981
诸城市	192257	163008	84.79	139233	131331
寿光市	194957	162351	83.28	121954	111632
安丘市	165662	141094	85.17	130173	119873
高密市	161395	138817	86.01	113565	109059
昌邑市	95977	81271	84.68	64046	61304
临朐县	157813	137132	86.90	130041	110083
昌乐县	111899	91437	81.71	70801	64645
高新区	28353	23649	83.41	15222	14210
滨海区	16408	11941	72.78	9471	9093
峡山区	37561	32630	86.87	30227	28222
保税区	2139	1751	81.86	1125	901

2-7 续表1

地　区	合法生育率（%）	合法生育（人）			违法生育			
			一　胎	二　胎		一　胎	二　胎	多　胎
潍坊市	**99.08**	**144755**	**50293**	**93746**	**1340**	**157**	**44**	**1855**
潍城区	99.27	6023	2220	3782	44	4	2	59
寒亭区	99.10	6293	2231	4025	57	5	1	88
坊子区	98.96	5348	1827	3495	56	7	1	74
奎文区	99.67	5462	2450	2995	18	3	5	27
青州市	99.25	14361	5030	9282	109	6		152
诸城市	98.89	17399	5771	11530	195	56	14	223
寿光市	98.81	18368	6134	12167	222	23	9	257
安丘市	98.90	17106	6223	10775	190	24		274
高密市	99.51	13235	4413	8738	65	6		143
昌邑市	99.52	7671	2504	5115	37	5	3	81
临朐县	99.68	15049	4786	10208	48		0	103
昌乐县	98.02	10326	3793	6484	209	14	8	236
高新区	99.12	2917	1146	1756	26		0	41
滨海区	99.35	1675	482	1184	11		0	20
峡山区	98.65	3287	1211	2049	45	4	1	67
保税区	96.71	235	72	161	8		0	10

主要统计指标解释

人口数 指一定时点、一定地区范围内有生命的个人总和。

年度统计的年末人口数 指每年 12 月 31 日 24 时的人口数。

出生率(又称粗出生率) 指在一定时期内(通常为一年)一定地区的出生人数与同期内平均人数(或期中人数)之比,用千分率表示。本资料中的出生率指年出生率,其计算公式为:

$$出生率=\frac{年出生人数}{年平均人数}\times 1000‰$$

式中:出生人数指活产婴儿,即胎儿脱离母体时(不管怀孕月数),有过呼吸或其他生命现象。年平均人数指年初、年底人口数的平均数,也可用年中人口数代替。

死亡率(又称粗死亡率) 指在一定时期内(通常为一年)一定地区的死亡人数与同期内平均人数(或期中人数)之比,用千分率表示。本资料中的死亡率指年死亡率,其计算公式为:

$$死亡率=\frac{年死亡人数}{年平均人数}\times 1000‰$$

人口自然增长率 指在一定时期内(通常为一年)人口自然增加数(出生人数减死亡人数)与该时期内平均人数(或期中人数)之比,用千分率表示。计算公式为:

$$人口自然增长率=\frac{本年出生人数-本年死亡人数}{年平均人数}\times 1000‰=人口出生率-人口死亡率$$

③

城镇非私营单位从业人员和职工工资

THREE

AGES AND SALARIES OF EMPLOYEES AND EMPLOYEES IN NON PRIVATE INSTITUTIONS IN CITIES AND TOWNS

简 要 说 明

一、本篇资料的主要内容

本篇资料反映了我市城镇工资方面的基本情况，主要包括在岗职工人数及报酬等方面的资料。

二、本篇资料的来源

本资料由市统计局社会科整理提供。

3-1 历年劳动工资基本情况

(2016年)

年　份	在岗职工（万人）	工资总额（亿元）	平均工资（元）
1964	13.95	0.73	485
1965	14.03	0.70	490
1966	18.00	0.77	425
1967	18.45	0.88	430
1968	20.00	0.93	435
1969	20.21	0.94	440
1970	21.57	0.94	445
1971	24.00	1.08	450
1972	24.86	1.22	455
1973	25.24	1.22	460
1974	26.49	1.28	465
1975	27.16	1.29	470
1976	29.22	1.40	475
1977	38.68	1.70	483
1978	38.19	1.99	533
1979	40.07	2.26	581
1980	42.04	2.78	688
1981	44.33	3.06	714
1982	45.68	3.30	738
1983	45.69	3.41	756
1984	47.64	4.27	920
1985	50.11	5.00	1033
1986	53.37	6.14	1195
1987	56.72	7.08	1289
1988	61.67	10.08	1718
1989	62.31	11.15	1805
1990	64.72	12.84	2030

3-1 续表1

年　份	在岗职工（万人）	工资总额（亿元）	平均工资（元）
1991	67.85	14.30	2171
1992	71.13	17.08	2470
1993	70.16	21.02	3007
1994	70.99	30.17	4301
1995	74.97	37.32	5063
1996	77.20	42.69	5639
1997	78.63	45.43	5834
1998	76.80	45.11	5889
1999	75.50	47.70	6333
2000	64.48	50.22	7701
2001	60.54	54.12	8775
2002	59.35	59.00	9845
2003	58.17	62.79	10780
2004	59.42	72.57	12329
2005	68.70	96.57	14085
2006	69.02	107.92	15604
2007	68.48	128.21	18904
2008	66.97	159.29	23722
2009	70.69	202.49	28815
2010	71.78	241.97	34187
2011	64.97	235.45	36642
2012	78.20	323.10	40965
2013	86.51	400.95	46100
2014	78.78	403.60	50924
2015	77.84	442.37	57148
2016	78.62	486.49	61815

注:99年以后数据为在岗职工情况,不包括离岗职工。

3－2　城镇非私营单位从业人员及劳动报酬

（2016 年）

指标名称	从业人员年末人数（人）	从业人员劳动报酬（千元）	平均劳动报酬（元）
总　计	**857479**	**51178304**	**59744**
按企业、事业、机关分组汇总			
企业	603841	31289048	51727
事业	184743	14556377	79437
机关	65947	5099868	77650
民间非营利组织	318	17769	55877
其他	2630	215242	86443
按国民经济行业分组总汇总			
农、林、牧、渔业	880	43686	49251
采矿业	3009	143770	48148
制造业	328719	16681662	50921
电力、热力、燃气及水生产和供应业	18321	1262701	69216
建筑业	90105	4916489	52638
批发和零售业	41423	2116997	51279
交通运输、仓储和邮政业	21999	1223183	56148
住宿和餐饮业	8917	331185	37435
信息传输、软件和信息技术服务业	12450	648686	53744
金融业	17603	1652010	93987
房地产业	16725	855785	52030
租赁和商务服务业	7498	337090	46151
科学研究和技术服务业	8475	564569	66545
水利、环境和公共设施管理业	29537	610896	20328
居民服务、修理和其他服务业	599	39046	64968
教育	105066	8645445	82922
卫生和社会工作	54948	4193832	77987
文化、体育和娱乐业	3107	182352	58000
公共管理、社会保障和社会组织	88098	6728920	76574
国际组织			

3-3 国有单位从业人员及劳动报酬

（2016年）

指标名称	从业人员年末人数（人）	从业人员劳动报酬（千元）	平均劳动报酬（元）
总计	**295445**	**22382012**	**76306**
一、按隶属关系分组			
1. 中央	19746	1506031	76151
2. 省、自治区、直辖市	19821	1612329	81238
3. 地区	37511	3141828	84213
4. 县及县以下	213798	15757408	74379
5. 其他	4569	364416	80321
二、按企业、事业、机关分组			
1. 企业	47121	2889668	61832
其中：地方	30039	1607295	54242
其中：省属	5845	391875	66397
2. 事业	182362	14392224	79561
其中：地方	181929	14355035	79549
其中：省属	8112	677799	83782
3. 机关	65947	5099868	77650
其中：地方	63716	4913399	77447
其中：省属	5864	542655	92682
4. 民间非营利组织			
5. 其他	15	252	18000
三、按国民经济行业分组			
（一）农、林、牧、渔业	788	39207	49255
（二）采矿业	212	8336	38593
（三）制造业	2786	108517	38468
（四）.电力、热力、燃气及水生产和供应业	11070	805624	72403
（五）建筑业	5193	230631	45311
（六）批发和零售业	1569	86981	56081
（七）交通运输、仓储和邮政业	9054	526589	58778
（八）住宿和餐饮业	412	12738	31608
（九）信息传输、软件和信息技术服务业	1308	104303	79621
（十）金融业	5433	429510	79657
（十一）房地产业	669	44679	66289
（十二）租赁和商务服务业	2293	108683	46806
（十三）科学研究、技术服务和地质勘查业	4878	389419	81028
（十四）水利、环境和公共设施管理业	6924	306226	45327
（十五）居民服务和其他服务业	405	29508	72501
（十六）教育	104659	8625173	83049
（十七）卫生和社会工作	48362	3704636	77776
（十八）文化、体育和娱乐业	1332	92332	69580
（十九）公共管理和社会组织	88098	6728920	76574
（二十）国际组织			

3－4 集体单位从业人员及劳动报酬

（2016 年）

指 标 名 称	从业人员 年末人数 （人）	从业人员 劳动报酬 （千元）	平 均 劳动报酬 （元）
总 计	**29633**	**1454562**	**53144**
一、按执行会计制度类别分组			
1. 企业	27831	1357882	53065
2. 事业	1635	90744	56084
3. 机关			
4. 民间非营利组织			
5. 其他	167	5936	36417
二、按国民经济行业分组			
农、林、牧、渔业	14	559	39929
采矿业	636	27531	43152
制造业	3833	185161	47223
电力、热力、燃气及水生产和供应业			
建筑业	16815	558416	38629
批发和零售业	778	34442	44441
交通运输、仓储和邮政业	92	4785	50904
住宿和餐饮业	42	1441	36025
信息传输、软件和信息技术服务业			
金融业	5383	535099	98946
房地产业	74	3543	47878
租赁和商务服务业	266	10757	40288
科学研究和技术服务业	13	1112	85538
水利、环境和公共设施管理业			
居民服务、修理和其他服务业			
教育	20	725	36250
卫生和社会工作	1592	88175	55984
文化、体育和娱乐业	75	2816	37547
公共管理、社会保障和社会组织			
国际组织			

3-5 其他单位从业人员及劳动报酬

（2016年）

指标名称	从业人员年末人数（人）	从业人员劳动报酬（千元）	平均劳动报酬（元）
总计	**532401**	**27341730**	**51017**
一、按登记注册类型分组			
（一）内资	451811	22996536	50533
1. 股份合作	4389	437594	98958
2. 联营	93	3476	37376
其中：国有联营			
集体联营	93	3476	37376
3. 有限责任公司	283085	13686145	47829
其中：国有独资	9507	719057	74337
4. 股份有限公司	156385	8395228	53578
5. 其他	7859	474093	61363
（二）港、澳、台商投资	39074	2072359	53326
（三）外商投资	41516	2272835	54127
二、按执行会计制度类别分组			
1. 企业	528889	27041498	50775
2. 事业	746	73409	100423
3. 机关			
4. 民间非营利组织	318	17769	55877
5. 其他	2448	209054	90382
三、按国民经济行业分组			
农、林、牧、渔业	78	3920	50909
采矿业	2161	107903	50611
制造业	322100	16387984	51076
电力、热力、燃气及水生产和供应业	7251	457077	64232
建筑业	68097	4127442	55885
批发和零售业	39076	1995574	51224
交通运输、仓储和邮政业	12853	691809	54336
住宿和餐饮业	8463	317006	37721
信息传输、软件和信息技术服务业	11142	544383	50593
金融业	6787	687401	101431
房地产业	15982	807563	51437
租赁和商务服务业	4939	217650	46161
科学研究和技术服务业	3584	174038	47486
水利、环境和公共设施管理业	22613	304670	13078
居民服务、修理和其他服务业	194	9538	49165
教育	387	19547	51037
卫生和社会工作	4994	401021	87770
文化、体育和娱乐业	1700	87204	50060
公共管理、社会保障和社会组织			
国际组织			

3－6 城镇非私营单位在岗职工及工资情况

（2016 年）

指 标 名 称	在岗职工人数（人）	在岗职工工资总额（千元）	在岗职工人均工资（元）
总 计	**786237**	**48649105**	**61815**
一、按执行会计制度类别分组			
1. 企业	549552	29285807	53025
2. 事业	169450	14087426	83799
3. 机关	64314	5043905	79042
4. 民间非营利组织	318	17769	55877
5. 其他	2603	214198	86896
二、按国民经济行业分组			
农、林、牧、渔业	880	43686	49251
采矿业	2820	138471	49507
制造业	326858	16583988	50963
电力、热力、燃气及水生产和供应业	17023	1168980	69085
建筑业	61715	3351691	48964
批发和零售业	40754	2091055	51477
交通运输、仓储和邮政业	21426	1190104	56610
住宿和餐饮业	8769	326588	37569
信息传输、软件和信息技术服务业	12428	647682	53758
金融业	17575	1650740	94075
房地产业	16181	828240	52467
租赁和商务服务业	7047	319212	46316
科学研究和技术服务业	8445	563242	66632
水利、环境和公共设施管理业	7837	460150	63689
居民服务、修理和其他服务业	583	38476	65771
教育	98288	8463722	86728
卫生和社会工作	49527	3967003	81958
文化、体育和娱乐业	2851	176896	61189
公共管理、社会保障和社会组织	85230	6639179	78308
国际组织			

3-7 国民经济各部门城镇非私营单位在岗职工年末人数

（2016 年）

单位：人

指标名称	合计	国有单位	城镇集体单位	其他单位
总计	**786237**	**272857**	**27428**	**485952**
农、林、牧、渔业	880	788	14	78
采矿业	2820	212	447	2161
制造业	326858	2760	3793	320305
电力、热力、燃气及水生产和供应业	17023	9796		7227
建筑业	61715	2500	15177	44038
批发和零售业	40754	1495	750	38509
交通运输、仓储和邮政业	21426	8561	92	12773
住宿和餐饮业	8769	327	42	8400
信息传输、软件和信息技术服务业	12428	1308		11120
金融业	17575	5423	5383	6769
房地产业	16181	666	74	15441
租赁和商务服务业	7047	2287	266	4494
科学研究和技术服务业	8445	4878	13	3554
水利、环境和公共设施管理业	7837	3728		4109
居民服务、修理和其他服务业	583	405		178
教育	98288	97881	20	387
卫生和社会工作	49527	43302	1297	4928
文化、体育和娱乐业	2851	1310	60	1481
公共管理、社会保障和社会组织	85230	85230		0
国际组织				

3－8 国民经济各部门城镇非私营单位在岗职工工资总额

（2016 年）　　单位：千元

指标名称	合计	国有单位	城镇集体单位	其他单位
总　计	**48649105**	**21617298**	**1380596**	**25651211**
农、林、牧、渔业	43686	39207	559	3920
采矿业	138471	8336	22232	107903
制造业	16583988	107583	183549	16292856
电力、热力、燃气及水生产和供应业	1168980	712579		456401
建筑业	3351691	133707	501243	2716741
批发和零售业	2091055	83681	33904	1973470
交通运输、仓储和邮政业	1190104	496329	4785	688990
住宿和餐饮业	326588	10663	1441	314484
信息传输、软件和信息技术服务业	647682	104303		543379
金融业	1650740	429221	535099	686420
房地产业	828240	44447	3543	780250
租赁和商务服务业	319212	108509	10757	199946
科学研究和技术服务业	563242	389419	1112	172711
水利、环境和公共设施管理业	460150	256817		203333
居民服务、修理和其他服务业	38476	29508		8968
教育	8463722	8443450	725	19547
卫生和社会工作	3967003	3488698	79281	399024
文化、体育和娱乐业	176896	91662	2366	82868
公共管理、社会保障和社会组织	6639179	6639179		
国际组织				

3-9 国民经济各部门城镇非私营单位在岗职工平均工资

（2016年） 单位：元

指标名称	合计	国有单位	城镇集体单位	其他单位
总　计	**61815**	**79898**	**54820**	**52215**
农、林、牧、渔业	49251	49255	39929	50909
采矿业	49507	38593	49514	50611
制造业	50963	38491	47429	51115
电力、热力、燃气及水生产和供应业	69085	72498		64354
建筑业	48964	56560	39044	51019
批发和零售业	51477	56656	45145	51402
交通运输、仓储和邮政业	56610	59835	50904	54535
住宿和餐饮业	37569	33531	36025	37731
信息传输、软件和信息技术服务业	53758	79621		50603
金融业	94075	79751	98946	101587
房地产业	52467	66537	47878	51865
租赁和商务服务业	46316	46852	40288	46402
科学研究和技术服务业	66632	81028	85538	47526
水利、环境和公共设施管理业	63689	69560		57553
居民服务、修理和其他服务业	65771	72501		50382
教育	86728	86879	36250	51037
卫生和社会工作	81958	81865	61649	88633
文化、体育和娱乐业	61189	70239	39433	54304
公共管理、社会保障和社会组织	78308	78308		
国际组织				

3－10　各县市区城镇非私营单位从业人员年末人数

（2016 年）

单位：人

地　　区	全　部 从业人员 年末人数	农　林 牧渔业	采矿业	制造业	电力、热力、 燃气及水生 产和供应业	建筑业	批发和 零售业
总　　计	**857479**	**880**	**3009**	**328719**	**18321**	**90105**	**41423**
潍城区	52631			8278	10287	10731	2918
寒亭区	19391	13		6979		797	1218
坊子区	37115		1274	21325	519	2345	849
奎文区	55886	14		3497	541	4877	4505
青州市	60922			16394	503	10785	1254
诸城市	70840			38262	596	634	1648
寿光市	73856	305	247	22817	461	6572	1882
安丘市	61060			22082	977	7021	2461
高密市	78004	306		42000	304	6856	1941
昌邑市	58212		688	12993	128	3575	975
临朐县	51198	232	55	16310	529	6366	2878
昌乐县	46510	10		22040	486	3180	485
高新开发区	134925			61332	2698	18629	17525
滨海开发区	37829		745	24923	292	4883	403
保税开发区	4634			4581			
经济开发区	10670			4577		2384	475
峡山生态区	3796			329		470	6

3－10续表1

地　　区	交通运输、仓 储和邮政业	住宿和 餐饮业	信息传输、 软件和信息 技术服务业	金融业	房　地 产　业	租赁和商务 服　务　业	科学研究和 技术服务业
总　　计	**21999**	**8917**	**12450**	**17603**	**16725**	**7498**	**8475**
潍城区	1222	948	91	517	1684	14	688
寒亭区	221	142		432	378	131	458
坊子区	200	138	37	318	812	82	231
奎文区	6913	1184	2242	5313	3487	2908	1283
青州市	1126	605	178	1610	1081	707	215
诸城市	1836	852	113	1527	982	310	90
寿光市	2211	404	309	1531	520	477	226
安丘市	1451	644	167	1183	891	59	1986
高密市	621	747	293	1258	867	254	470
昌邑市	349	391	323	1349	1314	172	110
临朐县	1048	294	125	1312	794	156	668
昌乐县	765	542	161	715	159	220	164
高新开发区	2644	1035	8411	505	2734	1070	1117
滨海开发区	1200	763		33	473	938	53
保税开发区					53		
经济开发区	192	228			384		716
峡山生态区					112		

3－10续表2

地　　区	水利、环境和公共设施管理业	居民服务、修理和其他服务业	教　育	卫生和社会工作	文化、体育和娱乐业	公共管理、社会保障和社会组织	国际组织
总　　计	**29537**	**599**	**105066**	**54948**	**3107**	**88098**	
潍城区	342	114	6318	3718	17	4744	
寒亭区	114	23	3524	1080	112	3769	
坊子区	646	14	2966	1195	66	4098	
奎文区	278	48	5208	8559	343	4686	
青州市	2556	42	10794	5545	430	7097	
诸城市	58		11931	5367	107	6527	
寿光市	204	90	17995	8545	918	8142	
安丘市	1290	39	9494	4464	334	6517	
高密市	849	16	9669	5185	99	6269	
昌邑市	22170	100	5594	2151	74	5756	
临朐县	579	62	9851	3806	135	5998	
昌乐县	272	22	6780	3461	13	7035	
高新开发区	112		3568	1566	459	11520	
滨海开发区	67	29	1374	306		1347	
保税开发区							
经济开发区						1714	
峡山生态区						2879	

3－11　各县市区城镇非私营单位全部从业人员工资总额

（2016年）　　单位：千元

地　　区	全部从业人员工资总额	农林牧渔业	采矿业	制造业	电力、热力、燃气及水生产和供应业	建筑业	批发和零售业
总　　计	**51178304**	**43686**	**143770**	**16681662**	**1262701**	**4916489**	**2116997**
潍城区	3171427			467000	727699	305105	127365
寒亭区	1395213	1236		362020		29574	58036
坊子区	2175591		65115	1080355	25400	95195	65080
奎文区	3849752	559		153033	19851	227725	215792
青州市	3477731			801022	24566	397834	50542
诸城市	4257745			2033946	28056	28042	94322
寿光市	5416397	19360	9226	1121394	61673	1048414	148412
安丘市	3362225			894384	43221	277707	108300
高密市	4487702	9963		2157127	14579	353734	86800
昌邑市	2246426		34011	501992	10441	154518	40189
临朐县	2927236	11769	2881	718482	19556	272990	128621
昌乐县	2605877	799		1003662	40875	166878	24071
高新开发区	8677350			3563746	223758	1206767	926550
滨海开发区	2089365		32537	1317813	23026	229662	21063
保税开发区	255077			252715			
经济开发区	514144			240305		102064	21667
峡山生态区	269046			12666		20280	187

3－11 续表1

地区	交通运输、仓储和邮政业	住宿和餐饮业	信息传输、软件和信息技术服务业	金融业	房地产业	租赁和商务服务业	科学研究和技术服务业
总计	**1223183**	**331185**	**648686**	**1652010**	**855785**	**337090**	**564569**
潍城区	56738	33567	6062	43181	102661	1292	64732
寒亭区	8165	6137		62250	18869	9488	24397
坊子区	13678	5170	2654	27583	41105	4014	17568
奎文区	413858	43547	188605	550597	167409	113956	65496
青州市	50243	17476	10646	124077	45391	16131	14681
诸城市	95398	28171	5332	123121	56073	12454	4932
寿光市	133960	16975	20941	157931	20140	18817	16049
安丘市	49809	27383	12363	123567	47769	3665	164112
高密市	33227	29424	20023	94471	46424	15227	32233
昌邑市	19178	10262	16539	104687	49030	7571	5445
临朐县	43545	8453	8370	118700	33260	7327	38861
昌乐县	38250	17725	6959	45899	11552	14606	9618
高新开发区	186127	45492	350192	73804	163910	69632	71468
滨海开发区	75050	34496		2142	28397	42910	4267
保税开发区					2362		
经济开发区	5957	6907			17145		30710
峡山生态区					4288		

3－11 续表2

地区	水利、环境和公共设施管理业	居民服务、修理和其他服务业	教育	卫生和社会工作	文化、体育和娱乐业	公共管理、社会保障和社会组织	国际组织
总计	**610896**	**39046**	**8645445**	**4193832**	**182352**	**6728920**	
潍城区	30715	9916	547940	293958	652	352844	
寒亭区	7117	2081	335967	100244	6395	363237	
坊子区	8934	1119	256894	121443	5618	338666	
奎文区	22141	1894	483634	827536	19797	334322	
青州市	97620	2763	881195	390024	29274	524246	
诸城市	3071		923662	344548	5976	470641	
寿光市	13714	5001	1330394	647546	47275	579175	
安丘市	37999	2008	767072	339448	17863	445555	
高密市	27295	1281	798274	333669	7807	426144	
昌邑市	288453	7149	473173	141366	5906	376516	
临朐县	39627	3029	757082	275521	8310	430852	
昌乐县	16547	902	516165	236856	788	453725	
高新开发区	12483		456542	114649	26691	1185539	
滨海开发区	5180	1903	117451	27024		126444	
保税开发区							
经济开发区						89389	
峡山生态区						231625	

3-12 各县市区城镇非私营单位全部从业人员平均工资

（2016 年）

单位：元

地区	全部从业人员平均工资	农林牧渔业	采掘业	制造业	电力、热力、燃气及水生产和供应业	建筑业	批发和零售业
总计	**59744**	**49251**	**48148**	**50921**	**69216**	**52638**	**51279**
潍城区	62876			55221	70343	36387	43648
寒亭区	71759	95077		50924		38160	48163
坊子区	58185		50752	49690	48940	43369	75499
奎文区	69755	39929		41676	42417	50820	48232
青州市	57811			49007	49329	38475	39302
诸城市	60120			52956	47153	45895	57408
寿光市	65824	61460	37657	49106	136143	66927	77988
安丘市	54920			40161	44604	37732	46741
高密市	58854	32559		53241	48116	52757	44696
昌邑市	38095		50090	38535	80315	39118	42663
临朐县	57348	51393	53352	44384	37250	41045	44925
昌乐县	56534	79900		46894	85872	46850	54583
高新开发区	65872			57277	83585	79755	52597
滨海开发区	55785		44879	53446	80793	46755	53055
保税开发区	63515			63833			
经济开发区	49854			53880		46711	46198
峡山生态区	70709			38498		41053	31167

3-12 续表 1

地区	交通运输、仓储和邮政业	住宿和餐饮业	信息传输、软件和信息技术服务业	金融业	房地产业	租赁和商务服务业	科学研究和技术服务业
总计	**56148**	**37435**	**53744**	**93987**	**52030**	**46151**	**66545**
潍城区	46430	36055	67356	83684	61510	92286	92872
寒亭区	37114	43218		144097	52854	72427	50721
坊子区	68050	37464	71730	88691	50622	48951	78780
奎文区	60745	36718	84124	103808	49267	39664	51009
青州市	44700	28556	59809	77210	43025	24894	69578
诸城市	52102	33457	47607	82632	57452	40304	55416
寿光市	61281	42226	68659	103021	38362	40641	71013
安丘市	34710	42653	72724	102716	54907	63190	82593
高密市	54470	39390	67418	74977	54616	60665	67574
昌邑市	54023	25980	51204	77146	39037	42774	40333
临朐县	42733	28949	69174	90198	41995	48204	63086
昌乐县	53722	33318	43224	64284	73580	66391	59739
高新开发区	70396	43784	43589	146147	59974	65382	63079
滨海开发区	61617	47778		73862	61200	49837	82058
保税开发区					41439		
经济开发区	30549	30698			45118		43132
峡山生态区					44206		

3－12 续表2

地　　区	水利、环境和公共设施管理业	居民服务、修理和其他服务业	教　　育	卫生和社会工作	文化、体育和娱乐业	公共管理、社会保障和社会组织	国际组织
总　　计	**20328**	**64968**	**82922**	**77987**	**58000**	**76574**	
潍城区	88516	84034	86453	80514	34316	74723	
寒亭区	62430	90478	96626	92476	57098	96400	
坊子区	13808	79929	86847	101626	86431	82461	
奎文区	79644	39458	92739	98364	57717	71375	
青州市	40222	65786	81539	71472	67921	73952	
诸城市	53877		77736	64389	55850	72206	
寿光市	61498	55567	75394	78882	49555	71441	
安丘市	29253	51487	81034	78576	53006	68780	
高密市	33781	80063	82938	64815	78070	67749	
昌邑市	12641	71490	87560	65691	79811	66113	
临朐县	69643	50483	77785	73296	63923	72121	
昌乐县	60835	41000	76142	68555	60615	64781	
高新开发区	111455		127955	89921	58150	102911	
滨海开发区	63951	65621	86234	88026		93455	
保税开发区							
经济开发区						52987	
峡山生态区						80453	

3－13　各县市区按登记类型分的城镇非私营单位从业人员人数及构成

（2016年）

地　　区	从业人员人数（人）	国有单位	城镇集体单位	其他单位	人数构成（%）	国有单位	城镇集体单位	其他单位
总　　计	**857479**	**295445**	**29633**	**532401**	**100**	**34.46**	**3.46**	**62.09**
潍城区	52631	26598	12416	13617	100	50.54	23.59	25.87
寒亭区	19391	8571	681	10139	100	44.20	3.51	52.29
坊子区	37115	9693	1238	26184	100	26.12	3.34	70.55
奎文区	55886	28789	296	26801	100	51.51	0.53	47.96
青州市	60922	29325	1291	30306	100	48.14	2.12	49.75
诸城市	70840	25026	1468	44346	100	35.33	2.07	62.60
寿光市	73856	35018	2795	36043	100	47.41	3.78	48.80
安丘市	61060	25402	1723	33935	100	41.60	2.82	55.58
高密市	78004	24571	1530	51903	100	31.50	1.96	66.54
昌邑市	58212	16016	579	41617	100	27.51	0.99	71.49
临朐县	51198	21946	2698	26554	100	42.86	5.27	51.87
昌乐县	46510	17725	1671	27114	100	38.11	3.59	58.30
高新开发区	134925	17875		117050	100	13.25		86.75
滨海开发区	37829	3947	1247	32635	100	10.43	3.30	86.27
保税开发区	4634			4634	100			100.0
经济开发区	10670	1714		8956	100	16.06		83.94
峡山生态区	3796	3229		567	100	85.06		14.94

3－14 各县市区按登记类型分的城镇非私营单位从业人员工资总额及平均工资

（2016 年）

地区	总计		国有单位		城镇集体单位		其他单位	
	工资总额（千元）	平均工资（元）	工资总额（千元）	平均工资（元）	工资总额（千元）	平均工资（元）	工资总额（千元）	平均工资（元）
总计	**51178304**	**59744**	**22382012**	**76306**	**1454562**	**53144**	**27341730**	**51017**
潍城区	3171427	62876	2023705	76013	414690	40688	733032	53804
寒亭区	1395213	71759	810665	95182	78637	115473	505911	49381
坊子区	2175591	58185	782363	80781	64157	55070	1329071	50076
奎文区	3849752	69755	2263137	79192	13963	45042	1572652	59792
青州市	3477731	57811	2043905	70599	41665	34012	1392161	46435
诸城市	4257745	60120	1809688	72623	106474	73735	2341583	52670
寿光市	5416397	65824	2548563	73869	191906	69081	2675928	59456
安丘市	3362225	54920	1851272	73519	119208	69999	1391745	40533
高密市	4487702	58854	1735503	71121	84195	58226	2668004	52933
昌邑市	2246426	38095	1149305	72796	46779	80376	1050342	24656
临朐县	2927236	57348	1592558	73508	155108	52172	1179570	44672
昌乐县	2605877	56534	1238568	70035	85615	51982	1281694	47892
高新开发区	8677350	65872	1887663	104998			6789687	59688
滨海开发区	2089365	55785	309503	79015	52165	42618	1727697	53468
保税开发区	255077	63515					255077	63515
经济开发区	514144	49854	89389	52987			424755	49241
峡山生态区	269046	70709	246225	75902			22821	40679

3－15 各县市区城镇非私营单位单位从业人员和构成

（2016 年）

地区	单位从业人员年末人数(人)	第一产业	第二产业	第三产业	单位从业人员构成(%)	第一产业	第二产业	第三产业
总计	**857479**	**880**	**440154**	**416445**	**100**	**0.10**	**51.33**	**48.57**
潍城区	52631		29296	23335	100		55.66	44.34
寒亭区	19391	13	7776	11602	100	0.07	40.10	59.83
坊子区	37115		25463	11652	100		68.61	31.39
奎文区	55886	14	8915	46957	100	0.03	15.95	84.02
青州市	60922		27682	33240	100		45.44	54.56
诸城市	70840		39492	31348	100		55.75	44.25
寿光市	73856	305	30097	43454	100	0.41	40.75	58.84
安丘市	61060		30080	30980	100		49.26	50.74
高密市	78004	306	49160	28538	100	0.39	63.02	36.59
昌邑市	58212		17384	40828	100		29.86	70.14
临朐县	51198	232	23260	27706	100	0.45	45.43	54.12
昌乐县	46510	10	25706	20794	100	0.02	55.27	44.71
高新开发区	134925		82659	52266	100		61.26	38.74
滨海开发区	37829		30843	6986	100		81.53	18.47
保税开发区	4634		4581	53	100		98.86	1.14
经济开发区	10670		6961	3709	100		65.24	34.76
峡山生态区	3796		799	2997	100		21.05	78.95

主要统计指标解释

单位从业人员

各单位的从业人员是指在各级国家机关、政党机关、社会团体及企业、事业单位中工作,并取得工资或其他形式的劳动报酬的全部人员。包括:在岗职工、再就业的离退休人员以及在各单位中工作的外方人员和港澳台方人员、兼职人员、借用的外单位人员和第二职业者。不包括离开本单位仍保留劳动关系的职工。

在岗职工

指在本单位工作并由单位支付工资的职工,以及有工作岗位,但由于学习、病伤产假等原因暂未工作,仍由单位支付工资的人员。

其他从业人员

是指在城镇单位中返聘的离退休人员、聘用的外方人员和港澳台人员、兼职人员、第二职业者以及使用的外单位人员。但不包括在本单位中工作并取得劳动报酬的在校学生。不能将过去的计划外用工及临时工统计到其他从业人员中。

离开本单位仍保留劳动关系的职工

指由于各种原因,已经离开本人的生产或工作岗位,并已不在本单位从事其他工作,但仍与用人单位保留劳动关系的职工。符合以下两个条件的为"离开本单位仍保留劳动关系的职工":① 职工已经离开本人的生产和工作岗位并不在本单位从事其他工作;②这些人仍与本单位保留了劳动关系。

派驻外单位(如境外)工作的职工外派期间,工资、福利原单位停发,外单位发给,这些人驻外期间,作"离开本单位但保留劳动关系的职工"统计,年未人数和平均人数及生活费不统计。

从业人员劳动报酬

指各单位在一定时期内直接支付给本单位全部从业人员的劳动报酬总额。包括在岗职工工资总额和其他从业人员劳动报酬两部分。

在岗职工工资总额

指各单位在一定时期内直接支付给本单位全部职工的劳动报酬总额。

工资总额由下列六个部分组成:(1)计时工资(2)计件工资(3)奖金(4)津贴和补贴(5)加班加点工资 (6)特殊情况下支付的工资

其他从业人员劳动报酬

指各单位在一定时期内直接支付给本单位其他从业人员的全部劳动报酬。包括直接支付给聘用和留用的离退休人员、兼职人员、外籍人员、港澳台人员的劳动报酬和本单位使用的外单位离岗人员的劳动报酬。离退休人员同时被二、三家单位聘用,这几家单位相应的劳动报酬部分均按其实际劳动所得统计在"其他从业人员劳动报酬"中。

④

固定资产投资、房地产和建筑业

FOUR

INVESTMENT IN FIXED ASSETS REAL ESTATE AND CONSTRUCTION

简 要 说 明

一、本篇资料的主要内容

本篇资料主要反应全市固定资产投资，房地产开发和建筑业方面的情况，主要包括固定资产投资规模、结构、资金来源和投资效果，房地产开发和销售，建筑业等方面的资料。

二、本篇资料的来源

本篇资料来源于固定资产投资、房地产开发和建筑业年报，由市统计局投资科整理提供。

4－1　各县市区固定资产投资完成情况

（2016 年）

单位:万元

地　　区	合　计	一　产	二　产	#工业	三　产	#房地产
总　　计	**51125346**	**1726189**	**29053144**	**28651820**	**20346013**	**4432931**
潍 城 区	1758197		812942	704329	945255	332114
寒 亭 区	1878030	6335	871410	830798	1000285	223439
坊 子 区	1515973	51964	505378	503008	958631	165147
奎 文 区	853067		45094	45094	807973	693210
青 州 市	5733810	131662	3824222	3820422	1777926	304985
诸 城 市	6625565	291136	4648889	4642961	1685540	381641
寿 光 市	6314107	346060	3431996	3431996	2536051	627443
安 丘 市	3184359	143900	1482484	1376156	1557975	395534
高 密 市	6014304	130956	3648573	3648573	2234775	341517
昌 邑 市	3894297	115640	2501319	2501319	1277338	87367
临 朐 县	3277703	63788	1840081	1824961	1373834	121032
昌 乐 县	3478575	72770	2315472	2315472	1090333	251686
高新开发区	1539551	27866	680838	668898	830847	332618
滨海开发区	4471871	284099	2316359	2215496	1871413	75089
峡山生态区	338770	60013	72087	66337	206670	78200
综合保税区	187167		56000	56000	131167	21909

4－2 固定资产投资完成情况

（2016 年）

单位:万元

指 标 名 称	合 计	指 标 名 称	合 计
一、投资完成额	**51125346**	其中:外商直接投资	12515
其中:住宅	3690794	(5)自筹资金	43316504
1、按建设性质分		其中:企、事业单位自有资金	8248038
新建	19713644	(6)其他资金来源	3808355
扩建	11641079	**三、各项应付款合计**	2940539
改建和技术改造	14716518	其中:工程款	1589462
2、按构成分		**四、按经济类型分**	
建筑工程	23980940	1、国有投资	4918206
安装工程	5406553	2、集体投资	924642
设备工器具购置	18967583	3、联营投资	4900
其中:购置旧设备	110055	4、股份制投资	12576893
其他费用	2770270	5、港澳台投资	384086
3、按产业分		(1)合资经营	231139
第一产业	1726189	(2)独资	105372
第二产业	29053144	(3)股份有限	47575
第三产业	20346013	6、外商投资	610755
二、本年资金来源合计	**53491191**	(1)合资经营	349899
1. 上年末结余资金	1778904	(2)独资	245806
2. 本年资金来源小计	51712287	(3)股份有限	10450
(1)国家预算资金	406368	(5)其他	4600
(2)国内贷款	3975981	7、私营个体投资	28819711
(3)债券	94250	8、其他	2886153
(4)利用外资	110829	**五、民间投资**	43089320

4-3 固定资产投资分行业汇总

（2016年）　　单位:万元

指标名称	计划总投资	本年完成投资	建筑工程	安装工程	设备工器具购置	其他费用
总　计	**114501446**	**51125346**	**23980940**	**5406553**	**18967583**	**2770270**
农、林、牧、渔业	2785650	2060800	1209137	214263	484511	152889
农业	1166111	850532	469572	99531	216169	65260
林业	197848	174930	125744	9321	20181	19684
畜牧业	579509	363506	154130	50847	103084	55445
渔业	417595	337221	286971	4251	43819	2180
农、林、牧、渔服务业	424587	334611	172720	50313	101258	10320
采矿业	104356	68137	24753	4070	35860	3454
煤炭开采和洗选业	4750	4750	4750			
石油和天然气开采业	6500	6560	1040	60	5320	140
黑色金属矿采选业	17900	10680	2850	280	7490	60
非金属矿采选业	57556	30425	6396	2175	19304	2550
其他采矿业	17650	15722	9717	1555	3746	704
制造业	46350272	26928507	8787361	2594672	14516704	1029770
农副食品加工业	3103453	2058584	756929	202158	1045879	53618
食品制造业	1316193	788668	316568	106692	344845	20563
酒、饮料和精制茶制造业	328658	128013	46687	7664	62983	10679
纺织业	3155376	2105494	614602	172477	1247086	71329
纺织服装、服饰业	594551	430204	137475	43868	236040	12821
皮革、毛皮、羽毛及其制品和制鞋业	670322	553272	203529	69828	275706	4209
木材加工和木、竹、藤、棕、草制品业	1340763	800519	242450	135653	405546	16870
家具制造业	1248637	726946	298227	35178	366351	27190
造纸和纸制品业	1145103	412730	113224	24272	267562	7672
印刷和记录媒介复制业	631179	534665	155701	66015	276971	35978
文教、工美、体育和娱乐用品制造业	554826	236416	78031	23210	130296	4879
石油加工、炼焦和核燃料加工业	894279	536224	144857	89536	288318	13513
化学原料和化学制品制造业	5349864	2795783	888203	301503	1503843	102234
医药制造业	2081795	919897	220383	91486	568491	39537
化学纤维制造业	180228	67439	25462	13576	22969	5432
橡胶和塑料制品业	2928701	1622447	539710	158466	823069	101202
非金属矿物制品业	1967816	1260355	406673	118417	692760	42505
黑色金属冶炼和压延加工业	465928	236944	93744	21240	117506	4454
有色金属冶炼和压延加工业	804820	356254	136410	18875	189838	11131
金属制品业	1609231	1161520	386081	147810	592804	34825
通用设备制造业	3371816	2185689	716574	151643	1233115	84357

指标名称	计划总投资	本年完成投资	建筑工程	安装工程	设备工器具购置	其他费用
专用设备制造业	4696520	2756358	895255	267913	1486279	106911
汽车制造业	3679519	2089533	677043	136760	1134940	140790
铁路、船舶、航空航天和其他运输设备制造业	286022	157188	63001	15471	70442	8274
电气机械和器材制造业	1987218	796560	239964	78495	442112	35989
计算机、通信和其他电子设备制造业	1295893	461157	138083	27549	277598	17927
仪器仪表制造业	262022	98718	46613	2155	47334	2616
其他制造业	29090	29090	19397	4362	4500	831
废弃资源综合利用业	114257	42507	22966	5870	12699	972
金属制品、机械和设备修理业	97103	23398	6930	2310	14158	
电力、热力、燃气及水生产和供应业	2479670	1624306	554250	310962	643105	115989
电力、热力生产和供应业	1941796	1257183	438463	280894	442692	95134
燃气生产和供应业	171274	116916	33598	12082	65169	6067
水的生产和供应业	366600	250207	82189	17986	135244	14788
建筑业	451200	384295	281935	14584	49626	38150
房屋建筑业	63420	57120	48213	583	7464	860
土木工程建筑业	208820	177517	101724	12501	41162	22130
建筑安装业	6000	4500	2000	1500	1000	
建筑装饰和其他建筑业	172960	145158	129998			15160
批发和零售业	3877555	2412561	1407774	236474	642328	125985
批发业	2510531	1391562	732772	145084	422488	91218
零售业	1367024	1020999	675002	91390	219840	34767
交通运输、仓储和邮政业	7538009	2540178	1626468	253978	453249	206483
铁路运输业	2135219	440773	396465	12557	738	31013
道路运输业	2986535	857173	489474	88638	178643	100418
水上运输业	188115	101660	75615	5569	19976	500
管道运输业	160575	84291	31056	12017	39686	1532
装卸搬运和运输代理业	314638	229617	104578	55723	49839	19477
仓储业	1748027	821958	525978	79474	162963	53543
邮政业	4900	4706	3302		1404	
住宿和餐饮业	339125	291406	230535	21394	33002	6475
住宿业	170735	137848	113340	3407	15436	5665
餐饮业	168390	153558	117195	17987	17566	810
信息传输、软件和信息技术服务业	378383	266337	120718	21924	109890	13805
电信、广播电视和卫星传输服务	79800	43300	19500	10300	13500	
互联网和相关服务	53039	22332	13879	1165	7150	138

指标名称	计划总投资	本年完成投资	建筑工程	安装工程	设备工器具购置	其他费用
软件和信息技术服务业	245544	200705	87339	10459	89240	13667
金融业	371745	80879	52873	4515	16347	7144
货币金融服务	2900	2900	2500			400
其他金融业	368845	77979	50373	4515	16347	6744
房地产业	31634349	4635480	3285892	696004	56223	597361
＊房地产开发企业投资构成	31305579	4432931	3118352	681399	42307	590873
租赁和商务服务业	1677405	989100	644366	126368	167959	50407
租赁业	10775	10595	5556	1875	2404	760
商务服务业	1666630	978505	638810	124493	165555	49647
科学研究和技术服务业	923921	630067	349222	58017	203991	18837
研究和试验发展	262890	176578	79260	36974	55020	5324
专业技术服务业	374521	262467	186591	11644	54860	9372
科技推广和应用服务业	286510	191022	83371	9399	94111	4141
水利、环境和公共设施管理业	5473094	3065333	2065077	274915	501311	224030
水利管理业	495738	358698	202472	29617	68648	57961
生态保护和环境治理业	1127641	575814	290185	56633	168413	60583
公共设施管理业	3849715	2130821	1572420	188665	264250	105486
居民服务、修理和其他服务业	2066632	1352402	879597	162322	226314	84169
居民服务业	1693612	1108824	751244	140580	149911	67089
机动车、电子产品和日用产品修理业	42635	42171	16808	4168	17779	3416
其他服务业	330385	201407	111545	17574	58624	13664
教育	1993785	1026974	731686	79223	151775	64290
教育	1993785	1026974	731686	79223	151775	64290
卫生和社会工作	952576	538923	309773	55761	144077	29312
卫生	707155	334362	182763	33992	104461	13146
社会工作	245421	204561	127010	21769	39616	16166
文化、体育和娱乐业	2776542	1562132	1212257	131601	141855	76419
新闻和出版业	45000	6752	6503	249		
广播、电视、电影和影视录音制作业	12506	8436	6147	2039	250	
文化艺术业	1707483	858374	597803	86101	103594	70876
体育	62700	31389	19680	4852	5135	1722
娱乐业	948853	657181	582124	38360	32876	3821
公共管理、社会保障和社会组织	1381469	972813	676659	136522	88625	71007
国家机构	607417	470898	333796	61558	39331	36213
群众团体、社会团体和其他成员组织	315621	140569	98353	25310	11920	4986
基层群众自治组织	458431	361346	244510	49654	37374	29808

4－4 固定资产投资分行业资金构成情况

（2016 年）

单位：万元

指 标 名 称	本年新增固定资产	本年资金来源小计	(1)国家预算资金	(2)国内贷款
总　　计	**27740226**	**51712287**	**406368**	**3975981**
农、林、牧、渔业	1332480	2030443	22160	77448
农业	626483	826624	6200	44582
林业	126715	176543	12260	5300
畜牧业	290779	358013		21120
渔业	44167	341342		200
农、林、牧、渔服务业	244336	327921	3700	6246
采矿业	46497	70608		15050
煤炭开采和洗选业	4000	4750		
石油和天然气开采业	5400	6560		200
黑色金属矿采选业	7100	10700		2500
非金属矿采选业	24097	33060		12000
其他采矿业	5900	15538		350
制造业	14523048	26542990	3936	2501474
农副食品加工业	1129727	2045848		159353
食品制造业	553893	790358		45813
酒、饮料和精制茶制造业	63182	124105		7350
纺织业	1145682	2122297		156745
纺织服装、服饰业	256119	429892		35034
皮革、毛皮、羽毛及其制品和制鞋业	243455	555303		18200
木材加工和木竹藤棕草制品业	202634	768594		116945
家具制造业	516593	713274		23425
造纸和纸制品业	187743	416957		149171
印刷和记录媒介复制业	384351	528975		53202
文教、工美、体育和娱乐用品制造业	121009	233394		5760
石油加工、炼焦和核燃料加工业	180595	455299		137103
化学原料和化学制品制造业	1320387	2784207		202883
医药制造业	365644	904907		74115
化学纤维制造业	29241	46594		8800
橡胶和塑料制品业	1033579	1678214		144790
非金属矿物制品业	648192	1232612		74947
黑色金属冶炼和压延加工业	142508	240433		23986
有色金属冶炼和压延加工业	154748	348550		44036
金属制品业	676882	1150193		106932
通用设备制造业	1353727	2180719		281931

指标名称	本年新增固定资产	本年资金来源小计	(1)国家预算资金	(2)国内贷款
专用设备制造业	1617615	2755570	3936	313922
汽车制造业	1208980	1816743		112972
铁路船舶航空航天和其他运输设备制造业	112311	183221		17840
电气机械和器材制造业	512080	1003742		134377
计算机、通信和其他电子设备制造业	132518	465776		35036
仪器仪表制造业	115935	141770		5000
其他制造业	51631	168826		4240
废弃资源综合利用业	48146	234397		7566
金属制品、机械和设备修理业	13941	22220		
电力、热力、燃气及水生产和供应业	1198610	1625266	51061	122552
电力、热力生产和供应业	932144	1215269	44561	101732
燃气生产和供应业	70743	115316		
水的生产和供应业	195723	294681	6500	20820
建筑业	134018	401615	3580	8550
房屋建筑业	6499	36864		1700
土木工程建筑业	114604	302633	2980	4350
建筑安装业	3415	8772		
建筑装饰和其他建筑业	9500	53346	600	2500
批发和零售业	1457995	2034032		166470
批发业	890057	1348922		135070
零售业	567938	685110		31400
交通运输、仓储和邮政业	1060180	2548611	74507	203799
铁路运输业	44245	462450		100000
道路运输业	397786	840168	71487	38112
水上运输业	51326	102151		5309
管道运输业	17825	84927	2840	7950
装卸搬运和运输代理业	108549	235114		6400
仓储业	440449	819095	180	46028
邮政业		4706		
住宿和餐饮业	84073	293691		500
住宿业	46781	148383		
餐饮业	37292	145308		500
信息传输、软件和信息技术服务业	155805	262409	2400	4570
电信、广播电视和卫星传输服务		43510		
互联网和相关服务	6406	22506		950
软件和信息技术服务业	149399	196393	2400	3620

4－4 续表 2

指 标 名 称	本年新增固定资产	本年资金来源小计	(1)国家预算资金	(2)国内贷款
金融业	7200	92235		21545
货币金融服务	2700	2900		
其他金融业	4500	89335		21545
房地产业	2350485	5805919		422059
* 房地产开发企业本年资金构成	2238866	5525513		384359
租赁和商务服务业	412192	986788	11200	31840
租赁业	6372	10623		1700
商务服务业	405820	976165	11200	30140
科学研究和技术服务业	352535	604147		20178
研究和试验发展	114681	174348		3500
专业技术服务业	113663	243404		8520
科技推广和应用服务业	124191	186395		8158
水利、环境和公共设施管理业	1968439	3017348	46538	172732
水利管理业	199796	342197	13714	43230
生态保护和环境治理业	237938	580401		28082
公共设施管理业	1530705	2094750	32824	101420
居民服务、修理和其他服务业	640738	1314088	3000	33131
居民服务业	518626	1068447	3000	12260
机动车、电子产品和日用产品修理业	31108	42286		5580
其他服务业	91004	203355		15291
教育	488369	980135	32139	55472
教育	488369	980135	32139	55472
卫生和社会工作	236926	548911	65927	22024
卫生	136215	345823	65927	9834
社会工作	100711	203088		12190
文化、体育和娱乐业	726184	1588605	37039	58580
新闻和出版业		7668		
广播、电视、电影和影视录音制作业	7750	8200		100
文化艺术业	584928	882706	37039	55080
体育	27207	26144		500
娱乐业	106299	663887		2900
公共管理、社会保障和社会组织	564452	964446	48031	38007
中国共产党机关				
国家机构	258430	473732	21851	29517
群众团体、社会团体和其他成员组织	23930	138114	5000	3500
基层群众自治组织	282092	352600	21180	4990

地　　区	本年资金来源小计			
	(3) 债　　券	(4) 利用外资	(5) 自筹资金	(6)其他 资金来源
总　　计	**94250**	**110829**	**43316504**	**3808355**
农、林、牧、渔业			1836501	94334
农业			740695	35147
林业			156513	2470
畜牧业			335339	1554
渔业			338642	2500
农、林、牧、渔服务业			265312	52663
采矿业			55558	
煤炭开采和洗选业			4750	
石油和天然气开采业			6360	
黑色金属矿采选业			8200	
非金属矿采选业			21060	
其他采矿业			15188	
制造业	94250	83559	23353068	506703
农副食品加工业		8968	1866908	10619
食品制造业		3668	732825	8052
酒、饮料和精制茶制造业			115465	1290
纺织业			1868842	96710
纺织服装、服饰业		4617	384856	5385
皮革、毛皮、羽毛及其制品和制鞋业			523474	13629
木材加工和木竹藤棕草制品业			648106	3543
家具制造业	8000	8872	672456	521
造纸和纸制品业		5627	261909	250
印刷和记录媒介复制业			459652	16121
文教、工美、体育和娱乐用品制造业			227634	
石油加工、炼焦和核燃料加工业		12515	305481	200
化学原料和化学制品制造业	4850	1721	2506106	68647
医药制造业			801562	29230
化学纤维制造业			37794	
橡胶和塑料制品业		2553	1505835	25036
非金属矿物制品业			1132556	25109
黑色金属冶炼和压延加工业			216387	60
有色金属冶炼和压延加工业			303514	1000
金属制品业	100	7563	1034018	1580
通用设备制造业	1500		1871347	25941

4－4 续表 4

地　　区	本年资金来源小计			
	(3) 债　　券	(4) 利用外资	(5) 自筹资金	(6)其他 资金来源
专用设备制造业		11312	2312489	113911
汽车制造业		15263	1654318	34190
铁路船舶航空航天和其他运输设备制造业			165381	
电气机械和器材制造业	2800		845565	21000
计算机、通信和其他电子设备制造业	77000	880	352860	
仪器仪表制造业			136770	
其他制造业			159907	4679
废弃资源综合利用业			226831	
金属制品、机械和设备修理业			22220	
电力、热力、燃气及水生产和供应业			1336703	114950
电力、热力生产和供应业			962706	106270
燃气生产和供应业			115316	
水的生产和供应业			258681	8680
建筑业			389485	
房屋建筑业			35164	
土木工程建筑业			295303	
建筑安装业			8772	
建筑装饰和其他建筑业			50246	
批发和零售业		8510	1846185	12867
批发业		4210	1202666	6976
零售业		4300	643519	5891
交通运输、仓储和邮政业			2238613	31692
铁路运输业			362450	
道路运输业			715489	15080
水上运输业			96842	
管道运输业			74137	
装卸搬运和运输代理业			228714	
仓储业			756275	16612
邮政业			4706	
住宿和餐饮业			292432	759
住宿业			147624	759
餐饮业			144808	
信息传输、软件和信息技术服务业		4800	250539	100
电信、广播电视和卫星传输服务			43510	
互联网和相关服务			21556	
软件和信息技术服务业		4800	185473	100

地　区	本年资金来源小计			
	(3) 债　券	(4) 利用外资	(5) 自筹资金	(6)其他 资金来源
金融业			67790	2900
货币金融服务				2900
其他金融业			67790	
房地产业			2681470	2697540
＊房地产开发企业本年资金构成			2443614	2697540
租赁和商务服务业			797346	146402
租赁业			8000	923
商务服务业			789346	145479
科学研究和技术服务业			572319	11650
研究和试验发展			170848	
专业技术服务业			230234	4650
科技推广和应用服务业			171237	7000
水利、环境和公共设施管理业			2702094	95984
水利管理业			268506	16747
生态保护和环境治理业			550069	2250
公共设施管理业			1883519	76987
居民服务、修理和其他服务业			1240658	37299
居民服务业			1048188	4999
机动车、电子产品和日用产品修理业			36706	
其他服务业			155764	32300
教育			872435	20089
教育			872435	20089
卫生和社会工作			452010	8950
卫生			266712	3350
社会工作			185298	5600
文化、体育和娱乐业		9400	1474152	9434
新闻和出版业			7668	
广播、电视、电影和影视录音制作业			8100	
文化艺术业		9400	776482	4705
体育			25644	
娱乐业			656258	4729
公共管理、社会保障和社会组织		4560	857146	16702
中国共产党机关				
国家机构		4560	403175	14629
群众团体、社会团体和其他成员组织			129614	
基层群众自治组织			324357	2073

4－5　项目投资完成情况综合情况表

（2016 年不含房地产）　　　　单位:万元、平方米

指　标　名　称	计　划 总投资	自开始建 设累计 完成投资	本年完成 投　资	其　中: 住　宅	建　筑 工　程	安　装 工　程
总　　计	**85795135**	**58479824**	**46692415**	**275525**	**20862588**	**4725154**
内资企业	84084396	57142210	45669531	275525	20521621	4572100
国有企业	9528035	6171134	4617819	47389	3142909	461395
集体企业	1047330	924017	905121	4158	673511	98308
股份合作企业	15700	12372	1146		741	195
联营企业	9770	9770	9770		7930	400
集体联营企业	4870	4870	4870		4870	
其他联营企业	4900	4900	4900		3060	400
有限责任公司	20396120	10993057	8593265	31538	4484638	901840
国有独资公司	492938	275257	227922		167849	21670
其他有限责任公司	19903182	10717800	8365343	31538	4316789	880170
股份有限公司	5133413	2712905	1646407	500	549175	117186
私营企业	43872557	32918675	27010154	124617	10025296	2644703
私营独资企业	3086756	2207133	1931017		797075	212290
私营合伙企业	133161	107484	80251		26922	6185
私营有限责任公司	38684016	29470776	23992949	96967	8763688	2326778
私营股份有限公司	1968624	1133282	1005937	27650	437611	99450
其他企业	4081471	3400280	2885849	67323	1637421	348073
港、澳、台商投资企业	652621	478186	339541		136887	54702
合资经营企业(港或澳、台资)	400981	316321	196974		85891	32944
港、澳、台商独资经营企业	195040	112882	94992		41216	7833
港、澳、台商投资股份有限公司	56600	48983	47575		9780	13925
外商投资企业	983126	786790	610705		186108	91207
中外合资经营企业	569273	472636	349899		113679	50671
外资企业	387253	299104	245756		69529	39936
外商投资股份有限公司	22000	10450	10450		2900	600
其他外商投资企业	4600	4600	4600			
个体经营	74992	72638	72638		17972	7145
个体户	66692	64338	64338		15272	5145
个人合伙	8300	8300	8300		2700	2000
中央	1617944	1383212	549924		252706	74381
省(自治区、直辖市)	4960691	1078841	812077		546601	36997
地区(州、盟、省辖市)	2032942	1018858	827491		425707	104392
县(旗、县级市)	13011256	8544908	6378096	51781	4059277	773693
其他	62672302	46454005	38124827	223744	15578297	3735691
国有控股	17845207	9767664	7516153	47389	5055399	729881
集体控股	2668307	2222566	1799574	14107	1165376	226795
私人控股	57160281	42226810	33864981	108300	12818436	3357645
港澳台商控股	324540	205836	147146		51537	16792
外商控股	503461	399137	301273		91116	46855

4－5 续表 1

指 标 名 称	设备工器具购置	其 他 费 用	本年新增固定资产	本年施工房屋面积	其 中：住 宅	本年竣工房屋面积
总　　计	**18925276**	**2179397**	**25501360**	**21726291**	**857223**	**10059957**
内资企业	18421836	2153974	24984499	21615195	857223	9979862
国有企业	675475	338040	2813556	1732464	78298	495698
集体企业	96041	37261	610629	180092	28400	138952
股份合作企业	210					
联营企业	1330	110	8520			
集体联营企业			4870			
其他联营企业	1330	110	3650			
有限责任公司	2852125	354662	3187754	3479701	34500	1170003
国有独资公司	34213	4190	50270	183661		4500
其他有限责任公司	2817912	350472	3137484	3296040	34500	1165503
股份有限公司	861694	118352	939428	994635	1000	284726
私营企业	13215286	1124869	15557388	13880744	496302	7399334
私营独资企业	843204	78448	1161751	1088175		521299
私营合伙企业	44089	3055	56627	16490		8600
私营有限责任公司	11897908	1004575	13780754	12246062	395074	6814845
私营股份有限公司	430085	38791	558256	530017	101228	54590
其他企业	719675	180680	1867224	1347559	218723	491149
港、澳、台商投资企业	134118	13834	121467	26963		15000
合资经营企业（港或澳、台资）	73967	4172	35767	11963		
港、澳、台商独资经营企业	40091	5852	43400	10000		10000
港、澳、台商投资股份有限公司	20060	3810	42300	5000		5000
外商投资企业	324807	8583	334728	65153		48815
中外合资经营企业	181404	4145	182155	52164		37456
外资企业	133153	3138	148073	11669		11359
外商投资股份有限公司	6950			1320		
其他外商投资企业	3300	1300	4500			
个体经营	44515	3006	60666	18980		16280
个体户	42015	1906	53206	11980		9280
个人合伙	2500	1100	7460	7000		7000
中央	211028	11809	418725	169420		11700
省（自治区、直辖市）	156971	71508	283020	327195		158500
地区（州、盟、省辖市）	209981	87411	146945	172521		2800
县（旗、县级市）	1314030	231096	2511327	1992266	205801	590167
其他	17033266	1777573	22141343	19064889	651422	9296790
国有控股	1198128	532745	3223533	2603350	78298	544168
集体控股	287134	120269	1263114	671415	82573	437179
私人控股	16306770	1382130	19270734	16728589	422764	8791334
港澳台商控股	69975	8842	60201	21963		10000
外商控股	158864	4438	178248	11669		11359

指 标 名 称	其 中：住 宅	本年资金来源合计	上年末结余资金	本年资金来源小计	国 家 预算资金	国 内 贷 款
总　计	**216468**	**46634798**	**448024**	**46186774**	**406368**	**3591622**
内资企业	216468	45605939	435811	45170128	406368	3500747
国有企业	33098	4737534	132223	4605311	253382	239450
集体企业		882972	200	882772	2045	4560
股份合作企业		1146	10	1136		200
联营企业		9772		9772		
集体联营企业		4871		4871		
其他联营企业		4901		4901		
有限责任公司	23400	8352586	92131	8260455	81933	673964
国有独资公司		229272	5577	223695	11800	8271
其他有限责任公司	23400	8123314	86554	8036760	70133	665693
股份有限公司		1653948	14125	1639823	3225	327830
私营企业	84417	27211292	184133	27027159	1500	2133633
私营独资企业		1996042	10253	1985789		172725
私营合伙企业		80198		80198		4030
私营有限责任公司	84417	24129500	163192	23966308	1500	1905688
私营股份有限公司		1005552	10688	994864		51190
其他企业	75553	2756689	12989	2743700	64283	121110
港、澳、台商投资企业		334144		334144		24990
合资经营企业（港或澳、台资）		185909		185909		15390
港、澳、台商独资经营企业		95335		95335		1500
港、澳、台商投资股份有限公司		52900		52900		8100
外商投资企业		621871	12213	609658		62585
中外合资经营企业		354876	30	354846		61485
外资企业		251395	12183	239212		1100
外商投资股份有限公司		11000		11000		
其他外商投资企业		4600		4600		
个体经营		72844		72844		3300
个体户		64434		64434		3300
个人合伙		8410		8410		
中央		539351	89841	449510	2600	59653
省（自治区、直辖市）		839237	36586	802651	19400	105500
地区（州、盟、省辖市）		867970	10292	857678	91037	67610
县（旗、县级市）	51101	6254059	130828	6123231	178374	374828
其他	165367	38134181	180477	37953704	114957	2984031
国有控股	33098	7654594	183987	7470607	322782	529074
集体控股	23003	1751779	11149	1740630	2045	39130
私人控股	110007	33827332	220883	33606449	5436	2782240
港澳台商控股		155953		155953		15690
外商控股		307303	12183	295120		1100

4－5 续表3

指标名称	本年资金来源合计				二、各项应付款合计	其中：工程款
	本年资金来源小计					
	债券	利用外资	自筹资金	其他资金来源		
总计	**94250**	**110829**	**40872890**	**1110815**	**1875399**	**918306**
内资企业	94250	98314	39998739	1071710	1838777	911149
国有企业			3816168	296311	150137	89843
集体企业		4560	848819	22788	30409	14210
股份合作企业			936			
联营企业			9772			
集体联营企业			4871			
其他联营企业			4901			
有限责任公司		14840	7415239	74479	645293	443514
国有独资公司			203624		10603	10603
其他有限责任公司		14840	7211615	74479	634690	432911
股份有限公司	78800		1204297	25671	61393	16550
私营企业	15450	59734	24182017	634825	723879	248850
私营独资企业		8667	1696719	107678	24383	13681
私营合伙企业			76168		937	429
私营有限责任公司	15450	51067	21483056	509547	656399	223697
私营股份有限公司			926074	17600	42160	11043
其他企业		19180	2521491	17636	227666	98182
港、澳、台商投资企业			276221	32933	28000	5900
合资经营企业(港或澳、台资)			137586	32933	25809	5900
港、澳、台商独资经营企业			93835		2191	
港、澳、台商投资股份有限公司			44800			
外商投资企业		12515	529828	4730	8303	1103
中外合资经营企业			293231	130	3759	535
外资企业		12515	225597		4544	568
外商投资股份有限公司			11000			
其他外商投资企业				4600		
个体经营			68102	1442	319	154
个体户			59692	1442	319	154
个人合伙			8410			
中央			386027	1230	82156	10820
省(自治区、直辖市)	76000		601751		22654	17654
地区(州、盟、省辖市)			699021	10	129824	109108
县(旗、县级市)	8000	12515	5481302	68212	460802	324429
其他	10250	98314	33704789	1041363	1179963	456295
国有控股			6322440	296311	343507	206998
集体控股		4560	1665747	29148	80416	40912
私人控股	94250	83904	29908477	732142	1205101	570093
港澳台商控股			140263		3671	
外商控股		12515	276905	4600	4544	568

4－6 全市分行业民间投资完成情况

（2016 年）

单位：万元

指 标 名 称	民间投资	指 标 名 称	民间投资
总　计	**43089320**	批发和零售业	1945334
农、林、牧、渔业	1512859	批发业	1311796
农业	725889	零售业	633538
林业	155066	交通运输、仓储和邮政业	1547747
畜牧业	318806	铁路运输业	3300
渔业	101803	道路运输业	487449
农、林、牧、渔服务业	211295	水上运输业	98199
采矿业	53705	管道运输业	50751
煤炭开采和洗选业	4750	装卸搬运和运输代理业	151186
黑色金属矿采选业	10680	仓储业	752156
非金属矿采选业	30425	邮政业	4706
其他采矿业	7850	住宿和餐饮业	129805
制造业	25992170	住宿业	51881
农副食品加工业	2036416	餐饮业	77924
食品制造业	747279	信息传输、软件和信息技术服务业	243351
酒、饮料和精制茶制造业	120614	电信、广播电视和卫星传输服务	29800
纺织业	2069750	互联网和相关服务	16809
纺织服装、服饰业	375828	软件和信息技术服务业	196742
皮革、毛皮、羽毛及其制品和制鞋业	553272	金融业	80879
木材加工和木、竹、藤、棕、草制品业	800519	货币金融服务	2900
家具制造业	722211	其他金融业	77979
造纸和纸制品业	245251	房地产业	4264280
印刷和记录媒介复制业	521325	租赁和商务服务业	724282
文教、工美、体育和娱乐用品制造业	236416	租赁业	10595
石油加工、炼焦和核燃料加工业	390815	商务服务业	713687
化学原料和化学制品制造业	2643879	科学研究和技术服务业	545505

4－6 续表 1

指　标　名　称	民间投资	指　标　名　称	民间投资
医药制造业	912325	研究和试验发展	108622
化学纤维制造业	67439	专业技术服务业	256252
橡胶和塑料制品业	1598227	科技推广和应用服务业	180631
非金属矿物制品业	1241837	水利、环境和公共设施管理业	1539910
黑色金属冶炼和压延加工业	236944	水利管理业	144252
有色金属冶炼和压延加工业	356254	生态保护和环境治理业	289417
金属制品业	1161520	公共设施管理业	1106241
通用设备制造业	2098855	居民服务、修理和其他服务业	869990
专用设备制造业	2756358	居民服务业	735474
汽车制造业	1979097	机动车电子产品和日用产品修理业	42171
铁路、船舶、航空航天和其他运输设备制造业	173902	其他服务业	92345
电气机械和器材制造业	1011511	教育	386815
计算机、通信和其他电子设备制造业	377705	教育	386815
仪器仪表制造业	129343	卫生和社会工作	312395
其他制造业	159709	卫生	142252
废弃资源综合利用业	246077	社会工作	170143
金属制品、机械和设备修理业	21492	文化、体育和娱乐业	917595
电力、热力、燃气及水生产和供应业	1209392	新闻和出版业	6752
电力、热力生产和供应业	838355	广播电视电影和影视录音制作业	8436
燃气生产和供应业	115993	文化艺术业	579360
水的生产和供应业	255044	体育	9489
建筑业	212934	娱乐业	313558
房屋建筑业	33060	公共管理、社会保障和社会组织	600372
土木工程建筑业	124771	国家机构	254923
建筑安装业	5720	群众团体社会团体和其他成员组织	57847
建筑装饰和其他建筑业	49383	基层群众自治组织	287602

4-7 固定资产投资新增生产能力汇总

（2016年）

指标名称	单位	建设规模	本年施工规模	本年新开工	累计生产能力（或效益）	本年新增
石油加工:蒸馏设备能力	处理万吨/年	255	248	3	250	243
锌冶炼	吨/年	7860	7860	7860	100	100
电解铝	吨/年	4900	4900	4900	2000	2000
铝加工	吨/年	154110	68562	64562	57810	57760
火力发电	万千瓦	600	600		200	200
风力发电	万千瓦	18.2	8.4	3.4	13.4	8.4
其他发电	万千瓦	105	100.8	100	99.2	98
输电线路长度(110KV及以上)	公里	434.2	324.2	324.2	324.2	324.2
水泥	万吨/年	4.1	4.1	4.1	4.1	4.1
氮肥	吨/年	40000	40000	40000	40000	40000
磷肥	吨/年	30000	30000	30000	30000	30000
钾肥	吨/年	5000	5000	5000	5000	5000
塑料树脂及共聚物	吨/年	39030	30530	29530	33080	28180
合成橡胶	吨/年	100140	100140	140	140	140
轮胎外胎	万条/年	2080	578	70	1588	293
轮胎内胎	万条/年	720	530	530	530	130
载货汽车制造	辆/年	20000				
轿车制造	辆/年	1807	1726	1726	1612	1496
摩托车制造	辆/年	190000	190000	190000	15	9
化学纤维	吨/年	120	120	120	120	120
棉纺锭	锭	50000	50000	50000	50000	50000
白酒	万吨/年	2	0.7	0.7	2	0.7
其他酒	万吨/年	0.5	0.4	0.4	0.4	0.4
卷烟	箱/年	305000	305000	305000	305000	305000
机制纸浆	万吨/年	7	7	3.5	3.5	3.5
房间空气调节器	万台/年	3.5	3.2	3.2	3.5	3.2
新建铁路里程	公里	15.8	10	10		
新建高速铁路里程	公里	144.8	25.9	25.9	25.9	25.9
新建公路	公里	110.6	100.38	99.88	50.89	44.98
改建公路	公里	67.5	65.5	31	67.5	31
一级公路	公里	28	28		28	
新建独立公路桥梁	延长米	1310	1310	1110	200	200
新建独立公路桥梁	座	3	3	2	1	1
新(扩)建公路客、货运站	个	12	12	12	12	12
新(扩)建公路客、货运站	平方米	21310	21310	21310	21310	21310
城市自来水供水能力	万吨/日	10			10	
城市污水处理能力	万吨/日	26	20	20	26	20

4-8 历年固定资产投资完成情况

（1978-2016年）

单位:万元

年份	合计	一产	二产	#工业	三产	#房地产
1978	23401					
1979	23669					
1980	22095					
1981	14327					
1982	27667					
1983	48303					
1984	79624					
1985	122499					
1986	181385					
1987	224083					
1988	340382					
1989	226633					4011
1990	249814					4641
1991	322782					7551
1992	461522					21647
1993	862288					48206
1994	1023194					34150
1995	1212804					49859
1996	1322970					42960
1997	1441912					53639
1998	1642997					78414
1999	1538824					68472
2000	1893436					121921
2001	2195774					159647
2002	2771961					204170
2003	5170941					371004
2004	8251367					430028
2005	11004475					789969
2006	10432205	128875	7548969	7244097	2317284	984248
2007	12083852	177464	8229386	7653174	3375330	1566274
2008	15233965	451898	6467515	6220962	8079377	1964366
2009	18905423	645432	7262046	7172812	10680183	2665047
2010	23042067	995954	9584554	9544400	12461559	3676265
2011	26040486	968458	10586246	10664000	14485782	4067450
2012	30129262	1177807	11774916	11735900	17176539	4688067
2013	34299456	939906	13739076	13737476	19620474	6020510
2014	39690837	1081979	20172005	20083202	18436853	4500121
2015	45167037	1316528	24428017	24043722	19422492	4679130
2016	51125346	1726189	29053144	28651820	20346013	4432931

4-9 房地产开发企业财务状况综合表

（2016 年）

单位：千元

指标名称	企业个数（个）	年末从业人数（人）	资产总计	流动资产合计	其中：存货	固定资产原价
总　计	**750**	**19347**	**263022907**	**215411783**	**138951271**	**10014785**
一、按登记注册类型分组						
内资企业	739	19133	258315832	211374036	135642376	9945794
国有企业	4	168	1589043	1541830	995652	15477
集体企业	3	74	562420	273871	98767	315625
国有独资公司	5	204	13808954	9805913	6895681	1240531
其他有限责任公司	362	9879	144487222	113853339	72437514	4385146
股份有限公司	47	1166	12507440	9293913	5663120	250275
私营有限责任公司	294	7056	77223653	69300831	44468241	3647383
私营股份有限公司	23	583	8127100	7304339	5083401	91357
其他企业	1	3	10000			
港澳台商投资企业	9	188	4036542	3646739	3138867	67731
与港澳台商合资经营企业	3	81	1465928	1381337	1042537	28071
港澳台商独资经营企业	6	107	2570614	2265402	2096330	39660
外商投资企业	2	26	670533	391008	170028	1260
中外合资经营企业	1	24	393645	391008	170028	1170
外资企业	1	2	276888			90
二、按控股情况分组						
国有控股	19	964	52360139	31744150	22353232	2533118
集体控股	25	800	8312505	5759237	3231804	392641
私人控股	555	13980	150942353	135793612	87394695	5770770
港澳台商控股	8	158	3387990	3079640	2450721	42987
外商控股	1	2	276888			90
其他	142	3443	47743032	39035144	23520819	1275179
三、按隶属关系分组						
中央	1	8	5000	4000		
省（自治区、直辖市）	3	255	5267236	3519510	2284734	34778
地区（州、盟、省辖市）	57	1727	22134712	19123200	12584730	1253031
县（区、市、旗）	94	2728	67496364	45040849	29160954	3289902

4－9 续表1

指标名称	企业个数(个)	年末从业人数(人)	资产总计	流动资产合计	其中:存货	固定资产原价
街道	6	174	3439116	3326106	2218059	34432
镇	1	10	41635	40612	956	2857
居委会	7	101	1071059	1027543	420420	20759
村委会	3	107	794965	765032	503586	19151
其他	578	14237	162772820	142564931	91777832	5359875
四、按资质等级分组						
一级	21	1593	22571457	17312939	9840665	1949801
二级	84	3680	72959299	52586356	36149184	2752504
三级	130	3661	49222555	44325264	27069060	1322615
四级	287	5358	61287262	50437723	30716816	2373934
暂定	213	4755	52524732	46473895	32335079	1566883
其他	15	300	4457602	4275606	2840467	49048
五、分县市区						
潍城区	52	1478	18879970	16783973	11147403	137051
寒亭区	35	707	6413669	5996129	3428900	101844
坊子区	26	941	7688795	6274484	3994406	69370
奎文区	108	2805	35560470	29260599	20339802	2746167
青州市	53	1728	17419773	15489547	11701844	752660
诸城市	82	1991	19492773	18306761	12666495	640495
寿光市	77	2166	33409945	28098831	14397893	1824997
安丘市	42	1104	11333527	10655667	6797074	190778
高密市	56	1261	30193882	15820830	11008955	192571
昌邑市	43	919	6641563	5955790	3548739	114468
临朐县	26	669	5849024	5170494	3327468	337689
昌乐县	33	470	4112271	2240224	1213203	864286
高新开发区	77	2232	50524926	41792436	27044593	1618033
滨海开发区	11	250	3523944	2781223	2327711	294999
峡山生态区	6	148	4057006	3895659	2744112	9159
综合保税区	2	53	901875	852888	314562	2906
经济开发区	21	425	7019494	6036248	2948111	117312

4-9续表2

指标名称	累计折旧	其中:本年折旧	负债合计	其中:实收资本	主营业务收入	土地转让收入
总计	**2190894**	**383241**	**202787117**	**32022655**	**44648206**	**308273**
一、按登记注册类型分组						
内资企业	2154926	379213	199572559	31162116	44185373	308273
国有企业	7264	1194	927557	65568	441946	
集体企业	50517	2006	285198	70811	199386	
国有独资公司	90029	5107	10777584	443000	763329	162850
其他有限责任公司	869210	164967	105248207	19926226	22868943	
股份有限公司	67605	12653	9292255	1586713	4901668	
私营有限责任公司	1006785	178968	65755216	8346465	13364446	145423
私营股份有限公司	63516	14318	7286542	713333	1645655	
其他企业				10000		
港澳台商投资企业	35901	4016	2613269	791295	462833	
与港澳台商合资经营企业	21879	1693	851561	225791	319041	
港澳台商独资经营企业	14022	2323	1761708	565504	143792	
外商投资企业	67	12	601289	69244		
中外合资经营企业	27	7	336983	56662		
外资企业	40	5	264306	12582		
二、按控股情况分组						
国有控股	115347	8650	29557864	5341438	2853303	162850
集体控股	93952	7809	5871199	1023109	3978802	
私人控股	1629710	308885	128548320	15535410	29221134	145423
港澳台商控股	15705	2330	2520834	674526	179950	
外商控股	40	5	264306	12582		
其他	336140	55562	36024594	9435590	8415017	
三、按隶属关系分组						
中央			2000	3000	10000	
省(自治区、直辖市)	18157	2120	3777272	610000	3086582	
地区(州、盟、省辖市)	276081	45185	19077632	2179033	2901517	
县(区、市、旗)	273928	44001	41995302	7010963	9185513	162850

指标名称	累计折旧	其中:本年折旧	负债合计	其中:实收资本	主营业务收入	土地转让收入
街道	18247	3145	3075089	173846	562849	
镇	1841	290	26148	12000	15970	
居委会	6100	768	927065	100410	368449	
村委会	8256	5462	756359	38000	57094	
其他	1588284	282270	133150250	21895403	28460232	145423
四、按资质等级分组						
一级	583144	61137	15809340	1955214	8476088	
二级	429446	80169	47510800	8390553	8220870	
三级	353425	64829	42102895	4527102	8724985	
四级	552912	107836	46483841	10605131	11182746	162850
暂定	250979	67252	46637536	6165695	7649473	145423
其他	20988	2018	4242705	378960	394044	
五、分县市区						
潍城区	81912	11780	16688934	2062421	1493740	
寒亭区	37413	7206	5413176	1051270	1498899	
坊子区	36105	6768	5617211	853550	1157622	
奎文区	454093	93500	30725590	3740829	8756952	
青州市	143731	24466	14546769	1402006	4701330	145423
诸城市	161603	26227	15687898	1770234	3892427	
寿光市	537015	31164	27874114	2602882	5795924	162850
安丘市	76629	15070	10194001	955544	3178411	
高密市	83255	10925	13923355	1377195	4026595	
昌邑市	47721	7841	5512170	634746	1878626	
临朐县	64213	5515	4787307	587178	2576913	
昌乐县	114381	101280	2592273	791332	528115	
高新开发区	262698	31179	36010198	12657830	3894172	
滨海开发区	22155	3792	2806127	534028	398391	
峡山生态区	5100	1494	3938805	115447	70569	
综合保税区	932	222	844790	43000	8812	
经济开发区	61938	4812	5624399	843163	790708	

4－9 续表 4

指 标 名 称	商品房屋销售收入	房屋出租收 入	其 他收 入	主营业务成 本	主 营 业 务税金及附加	其他业务利 润
总 计	**42797680**	**181595**	**1360658**	**38578784**	**2512538**	**80091**
一、按登记注册类型分组						
内资企业	42342004	174438	1360658	38187008	2496048	80091
国有企业	441946			309733	35114	
集体企业	194706	4680		173662	8596	3254
国有独资公司	589691	7365	3423	622434	125823	
其他有限责任公司	21499056	120850	1249037	19695894	1232901	47854
股份有限公司	4848701	1325	51642	4826345	271659	17669
私营有限责任公司	13122249	40218	56556	11289624	757236	11314
私营股份有限公司	1645655			1269316	64719	
其他企业						
港澳台商投资企业	455676	7157		391776	16490	
与港澳台商合资经营企业	319041			270791	6733	
港澳台商独资经营企业	136635	7157		120985	9757	
外商投资企业						
中外合资经营企业						
外资企业						
二、按控股情况分组						
国有控股	1966561	7365	716527	2431362	280414	52935
集体控股	3960295	4918	13589	4117218	214712	26845
私人控股	28867032	72885	135794	24879278	1533862	－5918
港澳台商控股	172751	7157	42	151684	10342	
外商控股						
其他	7831041	89270	494706	6999242	473208	6229
三、按隶属关系分组						
中央	10000			8000	55	
省（自治区、直辖市）	3086344	238		2970762	161212	
地区（州、盟、省辖市）	2790755	100145	10617	2416016	138714	1112
县（区、市、旗）	8295178	12916	714569	7864769	608606	56597

指 标 名 称	商品房屋销售收入	房屋出租收 入	其 他收 入	主营业务成 本	主 营 业 务税金及附加	其他业务利 润
街道	558169	4680		463047	38198	3295
镇	15970			12580	918	
居委会	368449			349411	12822	
村委会	57094			50943	3234	
其他	27615721	63616	635472	24443256	1548779	19087
四、按资质等级分组						
一级	8464813	238	11037	7384992	426009	
二级	7486236	46665	687969	7154139	494496	96750
三级	8237631	20162	467192	7497604	538718	3020
四级	10933642	23267	62987	9773846	656382	－22182
暂定	7325145	85730	93175	6495533	378840	2503
其他	350213	5533	38298	272670	18093	
五、分县市区						
潍城区	1476168	7115	10457	1307326	105198	245
寒亭区	1494801	4098		1336352	71511	
坊子区	1143795	238	13589	1429955	107796	14576
奎文区	8584925	115641	56386	7668626	434061	2675
青州市	4109924	7587	438396	3818857	226005	
诸城市	3873060	1997	17370	3111028	215447	14646
寿光市	5620624	8425	4025	4992387	352771	－228
安丘市	3165179	1413	11819	2632548	178169	8912
高密市	3330074	558	695963	3584796	263745	－9253
昌邑市	1858524	10102	10000	1930138	106318	597
临朐县	2572208	4705		2218868	130518	3254
昌乐县	527381		734	311901	35756	3093
高新开发区	3873784	18556	1832	3183112	221510	41489
滨海开发区	297590	927	99874	288829	23071	
峡山生态区	70369	130	70	56957	4811	
综合保税区	8812			6355	105	
经济开发区	790462	103	143	700749	35746	85

指 标 名 称	财务费用	营业利润	营业外收入	营业外支出	利润总额	应交所得税	本年应付工资总额
总　计	**874429**	**1449677**	**731941**	**145743**	**2035875**	**419028**	**1080769**
一、按登记注册类型分组							
内资企业	874637	1424170	731557	143811	2011916	414729	1069894
国有企业	14838	63745	25268	6084	82929	16875	9002
集体企业	3888	13171			13171	1350	3493
国有独资公司	146982	－159473	304125	2527	142125	26813	21624
其他有限责任公司	419789	843669	237136	87253	993552	217492	553109
股份有限公司	73201	100184	124892	28744	196332	4889	55079
私营有限责任公司	207307	359587	40067	18495	381159	137764	388825
私营股份有限公司	8632	203287	69	708	202648	9546	38591
其他企业							171
港澳台商投资企业	－228	25657	384	1932	24109	4299	9615
与港澳台商合资经营企业	－120	27494	33	1744	25783	3804	4334
港澳台商独资经营企业	－108	－1837	351	188	－1674	495	5281
外商投资企业	20	－150			－150		1260
中外合资经营企业	20	－150			－150		1200
外资企业							60
二、按控股情况分组							
国有控股	170158	－150413	334959	8472	176074	47653	69715
集体控股	67467	－30535	124713	11547	82631	11362	42273
私人控股	506857	1223491	123681	84670	1262502	260156	761248
港澳台商控股	－85	－686	379	2518	－2825	515	9259
外商控股							60
其他	130032	407820	148209	38536	517493	99342	198214
三、按隶属关系分组							
中央							1120
省（自治区、直辖市）	50950	48222	122929	10890	160261	26813	23515
地区（州、盟、省辖市）	129788	3549	48093	5281	46361	8354	82973
县（区、市、旗）	235254	134243	348269	30588	451924	63423	164163

指 标 名 称	财务费用	营业利润	营业外收入	营业外支出	利润总额	应交所得税	本年应付工资总额
街道	984	35642	514	1	36155	10331	9194
镇	2	2390			2390	590	336
居委会	6671	－20331	84	257	－20504	30	4140
村委会	－257	105	91	21	175		4839
其他	451037	1245857	211961	98705	1359113	309487	790489
四、按资质等级分组							
一级	187655	441568	141405	19883	563090	176159	87754
二级	109481	275936	43350	24118	295168	96397	211347
三级	189472	221734	118017	30509	309242	20864	218264
四级	233249	85186	335662	15064	405784	65483	264639
暂定	117180	402093	92724	53490	441327	56884	283880
其他	37392	23160	783	2679	21264	3241	14885
五、分县市区							
潍城区	23947	58524	2233	7931	52826	11470	87049
寒亭区	15823	－12465	2280	5325	－15510	8241	37895
坊子区	32935	37907	83715	12708	108914	908	50611
奎文区	199461	－35076	156617	48800	72741	59155	150711
青州市	73085	367094	9333	6107	370320	73754	90340
诸城市	85346	259375	48236	4285	303326	86001	100420
寿光市	226929	－142580	326982	6413	177989	47473	134606
安丘市	16674	265675	7752	11267	262160	32484	59824
高密市	39107	－41895	26023	3321	－19193	22222	64133
昌邑市	27549	35870	8744	13321	31293	2476	34756
临朐县	24025	144552	2065	5154	141463	18301	34012
昌乐县	3032	151570		12	151558	99	31133
高新开发区	75831	309343	47929	16460	340812	52713	150409
滨海开发区	256	51836	2395	208	54023	1286	16978
峡山生态区	7935	15742	556	1100	15198		5612
综合保税区	2155	－6424			－6424	522	2560
经济开发区	20339	－9371	7081	3331	－5621	1923	29720

4－10　各县市区房地产投资资金及土地情况表

（2016 年）　　　　单位：万元、平方米

地　　区	本年完成投　资	按构成分				
		建筑工程	安装工程	设备工器具购置	其他费用	其中：土地购置费
总　　计	**4432931**	**3118352**	**681399**	**42307**	**590873**	**520277**
潍　城　区	332114	216877	57571	5882	51784	36864
寒　亭　区	223439	167689	22791	233	32726	26728
坊　子　区	165147	99994	14174	400	50579	46768
奎　文　区	693210	408040	146486	24858	113826	95367
青　州　市	304985	163013	70553	202	71217	69405
诸　城　市	381641	296854	40155	685	43947	39505
寿　光　市	627443	439862	113302	3863	70416	65878
安　丘　市	395534	292734	61441	3202	38157	37418
高　密　市	341517	231434	65092	342	44649	39564
昌　邑　市	87367	55168	9271	1412	21516	15903
临　朐　县	121032	92710	12822	721	14779	13540
昌　乐　县	251686	235104	500	190	15892	13734
高新开发区	332618	267844	46935	15	17824	16042
滨海开发区	75089	65641	9148	300		
峡山生态区	78200	68900	5739		3561	3561
综合保税区	21909	16488	5419	2		

4－10 续表 1

地区	按工程用途分					
	商品住宅	90平方米以下	90－144平方米	140平方米以上	其中:别墅、高档公寓	办公楼
总计	**3415269**	**600877**	**2270143**	**544249**	**36290**	**256009**
潍城区	286386	53923	195348	37115		5051
寒亭区	144610	23445	92980	28185	1	46320
坊子区	132262	20952	96592	14718	7537	10821
奎文区	464404	144895	200548	118961		81370
青州市	234509	28061	179445	27003	7532	2071
诸城市	329029	77421	201883	49725	259	100
寿光市	457808	64911	296653	96244	2640	59188
安丘市	294478	54822	198720	40936	3644	2715
高密市	300340	29007	220496	50837	13000	12
昌邑市	68363	7441	54991	5931		1143
临朐县	95839	10457	75205	10177	455	797
昌乐县	208951	3615	201116	4220		
高新开发区	285181	66574	171714	46893	65	7124
滨海开发区	64580	7248	54028	3304	57	7995
峡山生态区	33649	8100	16849	8700	1100	31300
综合保税区	14880	5	13575	1300		2

4－10 续表 2

地区	按工程用途分		本年资金来源合计	上年末结余资金	本年资金来源小计	
	商业营业用房	其他				国内贷款
总计	**560082**	**201571**	**6856393**	**1330880**	**5525513**	**384359**
潍城区	25703	14974	444531	103591	340940	23800
寒亭区	28490	4019	294913	48511	246402	44545
坊子区	17408	4656	270780	19496	251284	800
奎文区	111884	35552	764713	71337	693376	79599
青州市	60395	8010	570658	138351	432307	42620
诸城市	37606	14906	559984	100813	459171	8341
寿光市	89455	20992	1162542	380290	782252	81150
安丘市	60606	37735	492479	90775	401704	4600
高密市	26198	14967	417702	68121	349581	12380
昌邑市	11824	6037	185738	53615	132123	16180
临朐县	17273	7123	198586	19858	178728	765
昌乐县	20537	22198	436755	7679	429076	4200
高新开发区	35014	5299	817608	225864	591744	53690
滨海开发区	1364	1150	76309	1045	75264	
峡山生态区	10300	2951	140885	1534	139351	11689
综合保税区	6025	1002	22210		22210	

4－10 续表 3

地　　区	银行贷款	非银行金融机构贷款	自筹资金	其中：自有资金	其他资金来源
总　　计	**260661**	**123698**	**2443614**	**1053058**	**2697540**
潍城区	23800		135651	39631	181489
寒亭区	44525	20	110954	39359	90903
坊子区	800		111883	59335	138601
奎文区	23500	56099	261576	103273	352201
青州市	42620		164055	78985	225632
诸城市	8341		105681	44954	345149
寿光市	16150	65000	336119	156767	364983
安丘市	4600		106114	41146	290990
高密市	12380		105265	40314	231936
昌邑市	16180		51755	25514	64188
临朐县	765		71175	47645	106788
昌乐县	4200		417168	73720	7708
高新开发区	53690		247264	191081	290790
滨海开发区			72256	70577	3008
峡山生态区	9110	2579	124488	40757	3174
综合保税区			22210		

4－10 续表 4

地　　区	其中：定金及预收款	个人按揭贷款	本年各项应付款合计	待开发土地面积	本年购置土地面积	本年土地成交价款
总　　计	**1482663**	**1013103**	**1065140**	**3655761**	**3112311**	**523088**
潍城区	97501	82271	152600	381594	24329	6537
寒亭区	57226	29466	36079	2043109	283180	40127
坊子区	48721	80260	45822		117907	25829
奎文区	163630	132532	189980	214895	281745	69634
青州市	98069	109429	86668	95538	275948	46880
诸城市	198222	141582	107061	78697	246637	31849
寿光市	221849	113997	98766	169572	572749	67709
安丘市	171819	91397	38304	213455	328107	44669
高密市	105578	114576	107940	237798	158367	31689
昌邑市	47823	15674	23801	112518	145423	19326
临朐县	48440	25534	45583		165733	34768
昌乐县	3072	4636	14734		434230	90585
高新开发区	217793	68487	42251	108585	77956	13486
滨海开发区	1691	1317	53995			
峡山生态区	1229	1945	19556			
综合保税区			2000			

4－11 房地产投资资金及土地情况表

（2016 年）

单位:万元

指标名称	项目个数	本年资金来源合计	上年末结余资金	本年资金来源小计	国内贷款
总计	**750**	**6856393**	**1330880**	**5525513**	**384359**
内资企业	738	6800800	1316127	5484673	379359
国有企业	5	128564	2389	126175	21000
集体企业	3	13978	1090	12888	
国有独资公司	4	155405	27122	128283	39000
其他有限责任公司	367	3727272	793638	2933634	196840
股份有限公司	44	224332	16657	207675	6800
私营有限责任公司	289	2392593	429703	1962890	112599
私营股份有限公司	24	158176	45352	112824	3120
其他企业	2	480	176	304	
港澳台商投资企业	9	55542	14753	40789	5000
与港澳台商合资经营企业	3	39932	12409	27523	5000
港澳台商独资经营企业	6	15610	2344	13266	
外商投资企业	3	51		51	
中外合资经营企业	2				
外资企业	1	51		51	
国有控股	19	653210	190546	462664	60000
集体控股	27	225828	17615	208213	2100
私人控股	556	4732535	847565	3884970	253565
港澳台商控股	8	26884	2344	24540	
外商控股	2	51		51	
其他	138	1217885	272810	945075	68694
中央	1	50		50	
省(自治区、直辖市)	3	132514	4646	127868	2000
地区(州、盟、省辖市)	58	534535	47461	487074	73035
县(区、市、旗)	95	1513110	431669	1081441	69625
街道	6	47924	2782	45142	7689
镇	1	296	15	281	
居委会	7	35866	1895	33971	100
村委会	3	6376	723	5653	
其他	576	4585722	841689	3744033	231910
营业	731	6821682	1327502	5494180	384359
停业(歇业)	4	556		556	
当年关闭	1				
其他	14	34155	3378	30777	

指标名称	自筹资金	其他资金来源	本年各项应付款合计	待开发土地面积
总计	**2443614**	**2697540**	**1065140**	**3655761**
内资企业	2422916	2682398	1060464	3595761
国有企业	6060	99115		
集体企业	5920	6968		
国有独资公司	84242	5041	11934	
其他有限责任公司	1287931	1448863	664641	2795132
股份有限公司	71627	129248	65729	123765
私营有限责任公司	943774	906517	275356	676864
私营股份有限公司	23058	86646	42500	
其他企业	304		304	
港澳台商投资企业	20647	15142	4676	60000
与港澳台商合资经营企业	12346	10177	3540	60000
港澳台商独资经营企业	8301	4965	1136	
外商投资企业	51			
中外合资经营企业				
外资企业	51			
国有控股	242824	159840	73981	
集体控股	32832	173281	74295	95895
私人控股	1845723	1785682	667386	2958589
港澳台商控股	8901	15639	1136	
外商控股	51			
其他	313283	563098	248342	601277
中央	50			
省(自治区、直辖市)	2700	123168	31700	69522
地区(州、盟、省辖市)	164892	249147	64001	220140
县(区、市、旗)	519680	492136	292837	56235
街道	13250	24203	32093	
镇	281		148	
居委会	14802	19069	22	18651
村委会	4410	1243	819	
其他	1723549	1788574	643520	3291213
营业	2416617	2693204	1050313	3655761
停业(歇业)	556			
当年关闭				
其他	26441	4336	14827	

4－12 房地产投资综合情况表

（2016 年）　　　　单位:万元

指标名称	计划总投资	自开始建设累计完成投资	本年完成投资	按构成分:建筑工程	按构成分:安装工程
总　　计	**35790455**	**23605264**	**4432931**	**3118352**	**681399**
按登记注册类型分					
内资企业	35157097	23196649	4388336	3086738	677178
国有企业	1282146	474276	29846	29546	300
集体企业	67569	45719	13505	13505	
国有独资公司	226275	203398	42619	35164	3739
其他有限责任公司	17951494	11383737	2412749	1685889	326694
股份有限公司	1483930	1101568	152394	109064	19494
私营有限责任公司	12827401	8999731	1630535	1123705	310432
私营股份有限公司	1293282	972890	106384	89865	16519
其他企业	25000	15330	304		
港澳台商投资企业	527716	340301	44545	31614	4221
与港澳台商合资经营企业	142417	70218	34165	21234	4221
港澳台商独资经营企业	385299	270083	10380	10380	
外商投资企业	105642	68314	50		
中外合资经营企业	80530	68264			
外资企业	25112	50	50		
按隶属关系分					
中央	10000	4520	20	12	4
省(自治区、直辖市)	1388997	520650	54407	38982	500
地区(州、盟、省辖市)	2532902	2055598	407695	269093	58139
县(区、市、旗)	4965092	3030469	778827	607388	81947
街道	330901	270647	44713	43396	1161
镇	13000	8222	300	300	
居委会	112285	94896	33806	23277	4149
村委会	9584	8169	2747	2247	
其他	26427694	17612093	3110416	2133657	535499
按资质等级分					
一级	3644475	2552703	456614	265649	99303
二级	7874174	5896398	1015404	763114	169903
三级	5283595	3595334	626370	470488	58894
四级	7769178	5114053	776814	556536	144895
暂定	10842271	6100659	1471540	987770	204360
其他	376762	346117	86189	74795	4044
按企业营业状态分					
营业	35535820	23461725	4403859	3112632	678147
停业(歇业)	43941	13555	556	556	
其他	210694	129984	28516	5164	3252
按控股情况分					
国有控股	2711134	1466364	240746	193786	32324
集体控股	1195622	895988	172967	133623	11895
私人控股	24881558	16667489	3270224	2301308	509003
港澳台商控股	514829	370227	17790	13491	3710
外商控股	25112	50	50		
其他	6462200	4205146	731154	476144	124467

4－12 续表 1

指 标 名 称	按构成分:设备工器具购置	按构成分:其他费用	按工程用途分:商品住宅	其中:90平方米以下	其中:140平方米以上
总　计	**42307**	**590873**	**3415269**	**600877**	**544249**
按登记注册类型分					
内资企业	42307	582113	3376113	588477	539511
国有企业			27951	326	8007
集体企业			11800		1925
国有独资公司		3716	10971	865	10095
其他有限责任公司	23953	376213	1867007	327529	268218
股份有限公司	590	23246	121861	19213	8733
私营有限责任公司	17764	178634	1245133	228897	238846
私营股份有限公司			91390	11647	3687
其他企业		304			
港澳台商投资企业		8710	39106	12350	4738
与港澳台商合资经营企业		8710	29873	11800	300
港澳台商独资经营企业			9233	550	4438
外商投资企业		50	50	50	
中外合资经营企业					
外资企业		50	50	50	
按隶属关系分					
中央	2	2			
省(自治区、直辖市)	550	14375	49052	1656	9517
地区(州、盟、省辖市)	521	79942	337413	88983	80720
县(区、市、旗)	2525	86967	617192	79555	75081
街道		156	35277	300	9217
镇			300	134	
居委会	352	6028	30594	7806	7150
村委会		500	2247		
其他	38357	402903	2343194	422443	362564
按资质等级分					
一级		91662	337553	51805	96622
二级	15176	67211	798670	143965	127027
三级	1057	95931	544663	81855	80129
四级	6488	68895	596347	112030	88226
暂定	19586	259824	1056909	165976	139795
其他		7350	81127	45246	12450
按企业营业状态分					
营业	42307	570773	3398849	593036	539398
停业(歇业)			556	499	57
其他		20100	15864	7342	4794
按控股情况分					
国有控股	15	14621	203156	7810	58913
集体控股	923	26526	156086	28401	10796
私人控股	33496	426417	2486520	454097	413156
港澳台商控股		589	14633	1692	5069
外商控股		50	50	50	
其他	7873	122670	554824	108827	56315

4－12 续表2

指　标　名　称	其中:别墅、高档公寓	按工程用途分:办公楼	按工程用途分:商业营业用房	按工程用途分:其他	本年新增固定资产
总　　计	**36290**	**256009**	**560082**	**201571**	**2238866**
按登记注册类型分					
内资企业	36290	256009	557501	198713	2232818
国有企业		1246	374	275	74864
集体企业			1700	5	20630
国有独资公司		31413	230	5	74922
其他有限责任公司	12188	101028	336694	108020	1429002
股份有限公司		2138	22334	6061	99245
私营有限责任公司	24102	117184	186919	81299	489546
私营股份有限公司		3000	9250	2744	44085
其他企业				304	524
港澳台商投资企业			2581	2858	6048
与港澳台商合资经营企业			2581	1711	
港澳台商独资经营企业				1147	6048
外商投资企业					
中外合资经营企业					
外资企业					
按隶属关系分					
中央		20			
省(自治区、直辖市)		2696	409	2250	57969
地区(州、盟、省辖市)		6339	47824	16119	180455
县(区、市、旗)	4099	35828	85205	40602	438971
街道			6480	2956	87429
镇					
居委会	500		3212		57099
村委会			500		
其他	31691	211126	416452	139644	1416943
按资质等级分					
一级	7090	7447	84221	27393	143081
二级	2032	80380	85772	50582	583933
三级	2080	2904	56360	22443	378160
四级	13400	10193	127080	43194	611216
暂定	11623	154858	202300	57473	474943
其他	65	227	4349	486	47533
按企业营业状态分					
营业	36233	246009	557476	201525	2238249
停业(歇业)	57				
其他		10000	2606	46	617
按控股情况分					
国有控股		32659	4004	927	302429
集体控股	500	1560	11628	3693	137112
私人控股	35335	188510	427894	167300	1338163
港澳台商控股			924	2233	6048
外商控股					
其他	455	33280	115632	27418	455114

4－13　各县市区房地产开发面积汇总

（2016 年）　　　　单位：平方米、万元

地　　区	房屋施工面积合计	商品住宅	90 平方米以下住房	140 平方米以上	其中:别墅、高档公寓	办公楼	商业营业用房	其　他
总　　计	**59568796**	**44925809**	**9520998**	**5009959**	**399731**	**1788183**	**8495355**	**4359449**
潍 城 区	5820238	4536553	1268724	283710		105081	918501	260103
寒 亭 区	2551054	1922021	578424	324151	3000	210318	309653	109062
坊 子 区	2011219	1531895	370077	180883	26488	82052	190148	207124
奎 文 区	6024164	4109459	1681025	691625		308175	840171	766359
青 州 市	6017888	4445056	590254	303584	144849	67774	1201202	303856
诸 城 市	6420117	5004812	1362797	580320	1418	502	813519	601284
寿 光 市	8907434	5982204	846672	995345	42100	613402	1704990	606838
安 丘 市	3735873	2851208	484868	250070	14595	14290	599088	271287
高 密 市	4263757	3391680	517607	421694	54352	694	419546	451837
昌 邑 市	1141798	822319	67058	36489		7417	249425	62637
临 朐 县	1775629	1412298	104417	143177	58736	496	219575	143260
昌 乐 县	2251133	1767902	72773	38725			172412	310819
高新开发区	6847399	5784401	1405030	630233	3600	216649	698069	148280
滨海开发区	906006	778876	33116	70589	13578	27910	77611	21609
峡山生态区	631825	385374	37736	49364	37015	113000	54645	78806
综合保税区	263262	199751	100420	10000		20423	26800	16288

4－13 续表 1

地　　区	其中：新开工面积	商品住宅	90 平方米以下住房	其中:别墅、高档公寓	办公楼	商业营业用房	其　他
总　　计	**12826111**	**9990134**	**1218548**	**123080**	**396801**	**1149369**	**1289807**
潍 城 区	925482	804635	213999		20381	84349	16117
寒 亭 区	528884	432429	58950		24168	20184	52103
坊 子 区	715655	420863	100085	10700	54213	103911	136668
奎 文 区	1285889	839362	42556		43821	158919	243787
青 州 市	1093745	914250	180948			121666	57829
诸 城 市	1023613	729845	74008	1418		44531	249237
寿 光 市	1384166	1035966	124431	5000	15245	245213	87742
安 丘 市	1032567	818122	42502	14595	4890	121361	88194
高 密 市	724836	625690	65691	54352		57019	42127
昌 邑 市	269372	236235	15213		5861	11896	15380
临 朐 县	294933	218025	10608			29818	47090
昌 乐 县	1104243	880396	37186			40879	182968
高新开发区	1781575	1577905	214635		107312	64743	31615
滨海开发区	287070	257871			7910		21289
峡山生态区	363081	198540	37736	37015	113000	38880	12661
综合保税区	11000					6000	5000

4－13 续表 2

地　　区	房屋竣工面积合计	商品住宅	90 平方米以下住房	140 平方米以上	其中:别墅、高档公寓	办公楼	商业营业用房	其　他
总　　计	**8531363**	**6600882**	**1199984**	**651623**	**23778**	**343005**	**1015514**	**571962**
潍 城 区	805276	753247	74459	19141			49529	2500
寒 亭 区	326574	290566	52703	130008		28849	6894	265
坊 子 区	984438	676952	284561	69880	10700	82052	78858	146576
奎 文 区	496890	365983	69261	8910		37510	75809	17588
青 州 市	753003	347509	68878	27514			359515	45979
诸 城 市	182421	115601	51631	8685			37917	28903
寿 光 市	1465103	1148497	61917	86242	13078	98452	122405	95749
安 丘 市	886945	695549	139928	55156		6438	92472	92486
高 密 市	520812	416026	45866	5718		694	46290	57802
昌 邑 市	218785	169928	37152	26302		5861	23616	19380
临 朐 县	313211	302662	6327	10678			7130	3419
昌 乐 县	204200	170911	18429	10806			11429	21860
高新开发区	1139696	1004642	266452	192583		62726	44161	28167
滨海开发区	36983	9908					27075	
峡山生态区	83364	72750					10614	
综合保税区	113662	60151	22420			20423	21800	11288

4－13 续表 3

地　　区	商品房销售面积	商品住宅	90 平方米以下住房	140 平方米以上	其中:别墅、高档公寓	办公楼	商业营业用房	其　他
总　　计	**10014991**	**8908428**	**1448395**	**1045215**	**74802**	**145564**	**727793**	**233206**
潍 城 区	507506	499012	71677	36406			8494	
寒 亭 区	432157	377117	70965	39534	352	6026	48134	880
坊 子 区	775722	680114	214798	139720	42544		87188	8420
奎 文 区	979282	798072	249224	131721		82365	92469	6376
青 州 市	858037	753761	70671	79902	10704		82618	21658
诸 城 市	1048890	896553	233746	127970	355		108534	43803
寿 光 市	1246376	1114711	93682	142750	6886	32506	83841	15318
安 丘 市	1094881	993051	97588	64170	9276		51238	50592
高 密 市	612171	578396	57323	34094			17092	16683
昌 邑 市	316185	266155	17877	51274		7150	32600	10280
临 朐 县	484063	402711	6926	33156	4685		28214	53138
昌 乐 县	429866	424800	1912	1700			400	4666
高新开发区	1049103	964908	254972	138864		3794	79009	1392
滨海开发区	127988	109703	4307	4020		13723	4562	
峡山生态区	50123	46723	86	19934			3400	
综合保税区	2641	2641	2641					

4－13 续表4

地区	现房销售面积	商品住宅	90平方米以下住房	140平方米以上	其中:别墅、高档公寓	办公楼	商业营业用房	其他
总计	**2912755**	**2365174**	**653638**	**361266**	**39427**	**70991**	**388745**	**87845**
潍城区	128175	127864	4690	21668			311	
寒亭区	128516	80831	28822	22244	352	770	46335	580
坊子区	349996	276188	126562	78488	34390		72888	920
奎文区	584330	453652	172917	37258		63013	61289	6376
青州市	61777	52828	3945	23447			7876	1073
诸城市	145714	86964	35922	25434			48235	10515
寿光市	191965	159107	15820	30443			26744	6114
安丘市	444496	397272	52049	38620			37024	10200
高密市	80356	68134	22289	1032			767	11455
昌邑市	221643	179751	12471	44704		7150	31714	3028
临朐县	176793	122570	1890	11534	4685		22305	31918
昌乐县	34082	29016	950	1700			400	4666
高新开发区	329745	300450	172584	13744			28295	1000
滨海开发区	12697	8077				58	4562	
峡山生态区	19829	19829	86	10950				
综合保税区	2641	2641	2641					

4－13 续表5

地区	期房销售面积	商品住宅	90平方米以下住房	140平方米以上	其中:别墅、高档公寓	办公楼	商业营业用房	其他
总计	**7102236**	**6543254**	**794757**	**683949**	**35375**	**74573**	**339048**	**145361**
潍城区	379331	371148	66987	14738			8183	
寒亭区	303641	296286	42143	17290		5256	1799	300
坊子区	425726	403926	88236	61232	8154		14300	7500
奎文区	394952	344420	76307	94463		19352	31180	
青州市	796260	700933	66726	56455	10704		74742	20585
诸城市	903176	809589	197824	102536	355		60299	33288
寿光市	1054411	955604	77862	112307	6886	32506	57097	9204
安丘市	650385	595779	45539	25550	9276		14214	40392
高密市	531815	510262	35034	33062			16325	5228
昌邑市	94542	86404	5406	6570			886	7252
临朐县	307270	280141	5036	21622			5909	21220
昌乐县	395784	395784	962					
高新开发区	719358	664458	82388	125120		3794	50714	392
滨海开发区	115291	101626	4307	4020		13665		
峡山生态区	30294	26894		8984			3400	
综合保税区								

4－13 续表 6

地区	商品房销售额	商品住宅	90 平方米以下住房	140 平方米以上	其中:别墅、高档公寓	办公楼	商业营业用房	其他
总计	**4317730**	**3754009**	**603510**	**523552**	**50397**	**68664**	**427326**	**67731**
潍城区	235694	228306	29103	21641			7388	
寒亭区	157454	138158	27343	14880	112	2649	16197	450
坊子区	369600	313563	99795	74601	29480		52617	3420
奎文区	524930	394096	122070	84167		48067	80407	2360
青州市	342225	294034	25215	29755	6461		40148	8043
诸城市	512057	448328	106556	85274	150		51566	12163
寿光市	474478	413900	33028	58502	3779	8310	49303	2965
安丘市	412395	365741	32579	21774	5186		32606	14048
高密市	257367	245142	21310	14466			9577	2648
昌邑市	122946	100575	6238	19175		3207	15978	3186
临朐县	227908	186461	2642	15382	5229		24764	16683
昌乐县	151143	149720	530	410			140	1283
高新开发区	469418	426504	94722	76330		1631	40801	482
滨海开发区	40772	34472	1299	1263		4800	1500	
峡山生态区	18287	13953	24	5932			4334	
综合保税区	1056	1056	1056					

4－13 续表 7

地区	现房销售额	商品住宅	90 平方米以下住房	140 平方米以上	其中:别墅、高档公寓	办公楼	商业营业用房	其他
总计	**1260223**	**973498**	**262767**	**159102**	**26241**	**41253**	**218300**	**27172**
潍城区	64546	64333	1884	14612			213	
寒亭区	44785	29307	10464	9232	112	308	14820	350
坊子区	165524	122503	52286	39842	20900		42607	414
奎文区	301497	206598	83375	17811		37719	54820	2360
青州市	23052	19079	1235	8072			3618	355
诸城市	60832	37543	14187	12192			20150	3139
寿光市	66506	58091	5223	12008			7168	1247
安丘市	172257	145961	17099	11189			24064	2232
高密市	29271	27202	8034	618			365	1704
昌邑市	84944	65252	4121	16567		3207	15542	943
临朐县	91800	60101	701	4849	5229		18976	12723
昌乐县	13570	12147	235	410			140	1283
高新开发区	131243	116504	62843	8663			14317	422
滨海开发区	3847	2328				19	1500	
峡山生态区	5493	5493	24	3037				
综合保税区	1056	1056	1056					

4－13 续表 8

地　　区	期房销售额	商品住宅	90平方米以下住房	140平方米以上	其中:别墅、高档公寓	办公楼	商业营业用房	其　他
总　　计	**3057507**	**2780511**	**340743**	**364450**	**24156**	**27411**	**209026**	**40559**
潍城区	171148	163973	27219	7029			7175	
寒亭区	112669	108851	16879	5648		2341	1377	100
坊子区	204076	191060	47509	34759	8580		10010	3006
奎文区	223433	187498	38695	66356		10348	25587	
青州市	319173	274955	23980	21683	6461		36530	7688
诸城市	451225	410785	92369	73082	150		31416	9024
寿光市	407972	355809	27805	46494	3779	8310	42135	1718
安丘市	240138	219780	15480	10585	5186		8542	11816
高密市	228096	217940	13276	13848			9212	944
昌邑市	38002	35323	2117	2608			436	2243
临朐县	136108	126360	1941	10533			5788	3960
昌乐县	137573	137573	295					
高新开发区	338175	310000	31879	67667		1631	26484	60
滨海开发区	36925	32144	1299	1263		4781		
峡山生态区	12794	8460		2895			4334	
综合保税区								

4－13 续表 9

地　　区	空置面积合计	商品住宅	90平方米以下住房	140平方米以上	其中:别墅、高档公寓	办公楼	商业营业用房	其　他
总　　计	**6075003**	**4092098**	**1151995**	**511168**	**57073**	**114107**	**1498851**	**369947**
潍城区	456715	389592	77864	301		6580	51292	9251
寒亭区	269339	189609	60437	52003	10301	18585	60425	720
坊子区	669342	466995	119467	211529	7288	24380	63305	114662
奎文区	864552	490653	125972	22216		37641	300868	35390
青州市	242810	151032	35671	17594			80486	11292
诸城市	408457	209663	71327	42958			146671	52123
寿光市	906981	593103	57207	60092	13142	17707	265583	30588
安丘市	766145	488843	134333	18141			224231	53071
高密市	177100	132518	30617	18304			31541	13041
昌邑市	364807	213945	26991	51687		2364	138329	10169
临朐县	122538	81331	22406	740	26342		29387	11820
昌乐县	8590	6537	50	310			1400	653
高新开发区	627546	539017	371223	13543		6756	54606	27167
滨海开发区	55933	23769	2175	1750		94	32070	
峡山生态区	33138	33138						
综合保税区	101010	82353	16255				18657	

4-14 房地产开发面积汇总

（2016 年）

单位：平方米、万元

指标名称	房屋施工面积合计	商品住宅				办公楼	商业营业用房	其他
			90 平方米以下住房	140 平方米以上	其中：别墅、高档公寓			
按登记注册类型分								
内资企业	58659130	44196593	9394418	4728061	399731	1788183	8375382	4298972
国有企业	595920	542455	52800	87408		4465	30110	18890
集体企业	190752	170503		15178			4473	15776
国有独资公司	669992	431200	82683	113132		183658	31405	23729
其他有限责任公司	30937788	23680944	4450304	2502131	243386	663757	4573400	2019687
股份有限公司	1760207	1535943	264813	124266		74484	101295	48485
私营有限责任公司	21757329	15682975	3916422	1847558	154895	819440	3243303	2011611
私营股份有限公司	2747142	2152573	627396	38388	1450	42379	391396	160794
其他企业								
港澳台商投资企业	742108	660976	58340	281898			20655	60477
与港澳台商合资经营企业	329738	269895	56810	42021			20655	39188
港澳台商独资经营企业	412370	391081	1530	239877				21289
外商投资企业	167558	68240	68240				99318	
中外合资经营企业	99318						99318	
外资企业	68240	68240	68240					
按隶属关系分								
中央	25300					25300		
省（自治区、直辖市）	435569	383933	20240	60072		37866	10770	3000
地区（州、盟、省辖市）	3659564	2584047	876400	372856		111925	516184	447408
县（区、市、旗）	10293585	8184891	996898	825639	73331	207063	1278486	623145
街道	1060395	890167	53640	146700			75646	94582
镇	40808	40808	29688					
居委会	292726	237308	9726	66400	13078		55418	
村委会	49055	37260		10374			7626	4169
其他	43711794	32567395	7534406	3527918	313322	1406029	6551225	3187145
按资质等级分								
一级	5605769	3944902	1019152	541746	118296	155259	792846	712762
二级	13589297	11316379	2346137	1322824	34362	656904	1044630	571384
三级	9925034	7871670	1618354	931294	23778	133106	1271435	648823
四级	15994898	11305604	2464649	967285	59115	254422	3190624	1244248
暂定	13557675	9758163	1722969	1178022	160580	567048	2088576	1143888
其他	896123	729091	349737	68788	3600	21444	107244	38344
按企业营业状态分								
营业	58948755	44413937	9247589	4994531	386153	1788183	8460292	4286343
停业（歇业）	35873	35873	22295	13578	13578			
其他	584168	475999	251114	1850			35063	73106
按控股情况分								
国有控股	4255703	3940209	202804	471894		188123	79937	47434
集体控股	1474963	1238218	189111	103293	13078	60801	118249	57695
私人控股	42693806	31409817	7432699	3319456	327917	1349628	6639584	3294777
港澳台商控股	583099	443357	11970	260787			114209	25533
外商控股	68240	68240	68240					
其他	10492985	7825968	1616174	854529	58736	189631	1543376	934010

指　标　名　称	其中：新开工面积	商　品住　宅	90 平方米以下住房	其中：别墅、高档公寓	办公楼	商业营业用　房	其　他
按登记注册类型分							
内资企业	12289682	9525507	1097200	123080	396801	1138044	1229330
国有企业	68966	66951	17440			2015	
集体企业							
国有独资公司	156611	43611			113000		
其他有限责任公司	7182033	5724940	785581	14595	123490	672494	661109
股份有限公司	383124	307746	69800		37001	35377	3000
私营有限责任公司	4211519	3217038	215464	108485	85971	394702	513808
私营股份有限公司	287429	165221	8915		37339	33456	51413
其他企业							
港澳台商投资企业	468189	396387	53108			11325	60477
与港澳台商合资经营企业	259130	208617	53108			11325	39188
港澳台商独资经营企业	209059	187770					21289
外商投资企业	68240	68240	68240				
中外合资经营企业							
外资企业	68240	68240	68240				
按隶属关系分							
中央							
省(自治区、直辖市)	172855	128689	20240		37001	4165	3000
地区(州、盟、省辖市)	1122880	804009	212825		18068	119596	181207
县(区、市、旗)	2522465	2061025	132946	14595	123751	158390	179299
街道	212671	142705				57305	12661
镇							
居委会	80091	78161	2691			1930	
村委会	32805	26886				5919	
其他	8682344	6748659	849846	108485	217981	802064	913640
按资质等级分							
一级	1294863	1028319	171437		13858	52368	200318
二级	3045993	2433400	292548		116759	267276	228558
三级	2101098	1820671	153711	10700	27628	94546	158253
四级	2533375	1965085	191486	54352	62826	245620	259844
暂定	3604448	2572376	366671	58028	175730	440146	416196
其他	246334	170283	42695			49413	26638
按企业营业状态分							
营业	12694158	9867366	1150308	123080	396801	1140184	1289807
停业(歇业)							
其他	131953	122768	68240			9185	
按控股情况分							
国有控股	1040270	920255	17440		113000	6015	1000
集体控股	491413	406725	64374		37001	31029	16658
私人控股	8776398	6767485	788665	123080	211816	826607	970490
港澳台商控股	209059	187770					21289
外商控股	68240	68240	68240				
其他	2240731	1639659	279829		34984	285718	280370

4－14 续表 2

指标名称	房屋竣工面积合计	商品住宅	90平方米以下住房	140平方米以上	其中:别墅、高档公寓	办公楼	商业营业用房	其他
按登记注册类型分								
内资企业	8495969	6565488	1198454	633257	23778	343005	1015514	571962
国有企业	277117	239914	33947	38345		3600	16803	16800
集体企业	71634	71634						
国有独资公司	303230	212848		60536		70658	15036	4688
其他有限责任公司	5469693	4091357	829002	360278	13078	170308	807660	400368
股份有限公司	287141	260454	43133	30284			3149	23538
私营有限责任公司	1996922	1599049	270872	143814	10700	98439	172866	126568
私营股份有限公司	90232	90232	21500					
其他企业								
港澳台商投资企业	35394	35394	1530	18366				
与港澳台商合资经营企业								
港澳台商独资经营企业	35394	35394	1530	18366				
外商投资企业								
中外合资经营企业								
外资企业								
按隶属关系分								
中央								
省(自治区、直辖市)	156917	150314	15587	11609			6603	
地区(州、盟、省辖市)	608192	484585	68795	115529		45482	42310	35815
县(区、市、旗)	1633351	1282215	111691	120975		89515	147383	114238
街道	230601	186220					44381	
镇								
居委会	212344	158856	6859	39400	13078		53488	
村委会								
其他	5689958	4338692	997052	364110	10700	208008	721349	421909
按资质等级分								
一级	597582	414850	12292	9956		29109	93532	60091
二级	2007402	1676544	381861	174001		82700	157185	90973
三级	1534087	1251146	197488	99995	23778	11113	206945	64883
四级	2685702	1802916	321662	185403		168050	472319	242417
暂定	1497551	1261917	235241	147664		52033	85533	98068
其他	209039	193509	51440	34604				15530
按企业营业状态分								
营业	8525193	6597732	1199984	651623	23778	343005	1012494	571962
停业(歇业)								
其他	6170	3150					3020	
按控股情况分								
国有控股	1015397	879912	83402	190648		74258	38639	22588
集体控股	505825	417676	25641	39400	13078	6000	62354	19795
私人控股	5328546	3949702	873738	270630	10700	214460	736875	427509
港澳台商控股	35394	35394	1530	18366				
外商控股								
其他	1646201	1318198	215673	132579		48287	177646	102070

指标名称	商品房销售面积	商品住宅				办公楼	商业营业用房	其他
			90 平方米以下住房	140 平方米以上	其中:别墅、高档公寓			
按登记注册类型分								
内资企业	9951404	8845152	1447141	1034673	74802	145564	727482	233206
国有企业	199335	199335	10501	20704				
集体企业	49405	36144					13261	
国有独资公司	35037	31371	9858	16894		2713		953
其他有限责任公司	5218536	4691009	866207	416605	22581	52967	335559	139001
股份有限公司	583683	495986	117424	124079	40590	6437	71659	9601
私营有限责任公司	3522947	3102607	389288	447652	11051	83447	271709	65184
私营股份有限公司	338564	288700	53863	8739	580		31397	18467
其他企业	3897						3897	
港澳台商投资企业	63587	63276	1254	10542			311	
与港澳台商合资经营企业	52321	52321		4048				
港澳台商独资经营企业	11266	10955	1254	6494			311	
外商投资企业								
中外合资经营企业								
外资企业								
按隶属关系分								
中央								
省(自治区、直辖市)	372709	301881	76576	113293	34390		70828	
地区(州、盟、省辖市)	504513	457078	102098	83796		6227	40508	700
县(区、市、旗)	2144001	1915304	199567	143178	13961	8682	120622	99393
街道	96548	94980	86	13176			1568	
镇	990	990	990					
居委会	47544	47092	4900	8300			452	
村委会	3800	3800		465				
其他	6844886	6087303	1064178	683007	26451	130655	493815	133113
按资质等级分								
一级	1342301	1188282	142351	282030	37061	2595	112687	38737
二级	2243079	2084167	465438	182315	13086	26593	89501	42818
三级	1771877	1660856	217150	185619		1050	99097	10874
四级	2162824	1748464	224436	192665	5949	68142	259286	86932
暂定	2410170	2145319	381601	174784	18706	47184	163822	53845
其他	84740	81340	17419	27802			3400	
按企业营业状态分								
营业	9994112	8890951	1445636	1044352	74802	145564	727535	230062
停业(歇业)								
其他	20879	17477	2759	863			258	3144
按控股情况分								
国有控股	559475	548109	59690	71711		2713	6700	1953
集体控股	685464	573439	110287	107700	40590	900	98221	12904
私人控股	7136166	6333234	1052930	727913	29527	119230	531015	152687
港澳台商控股	26397	25057	2509	9476			542	798
外商控股								
其他	1607489	1428589	222979	128415	4685	22721	91315	64864

指标名称	现房销售面积	商品住宅	90 平方米以下住房	140 平方米以上	其中:别墅、高档公寓	办公楼	商业营业用房	其他
按登记注册类型分								
内资企业	2909509	2362239	652384	360601	39427	70991	388434	87845
国有企业	2237	2237	2237					
集体企业	30833	17572					13261	
国有独资公司	11374	11374		11374				
其他有限责任公司	1778338	1547758	458073	214360	4685	28709	139965	61906
股份有限公司	260516	196728	59969	79021	34390	6437	56528	823
私营有限责任公司	785156	549862	118369	54586	352	35845	174783	24666
私营股份有限公司	37158	36708	13736	1260				450
其他企业	3897						3897	
港澳台商投资企业	3246	2935	1254	665			311	
与港澳台商合资经营企业								
港澳台商独资经营企业	3246	2935	1254	665			311	
外商投资企业								
中外合资经营企业								
外资企业								
按隶属关系分								
中央								
省(自治区、直辖市)	193887	137359	43930	77989	34390		56528	
地区(州、盟、省辖市)	227856	201722	77269	58216		890	24544	700
县(区、市、旗)	790396	670954	83219	99188	4685	713	74028	44701
街道	86568	85000	86	10950			1568	
镇	990	990	990					
居委会	13652	13200	4900	8300			452	
村委会								
其他	1599406	1255949	443244	106623	352	69388	231625	42444
按资质等级分								
一级	377311	287583	60390	109505	34390	2595	77347	9786
二级	828208	757355	277421	25770		2836	59542	8475
三级	477008	428789	84005	59533		150	47729	340
四级	718094	485674	88011	122606		36971	161560	33889
暂定	494715	388354	126392	43852	5037	28439	42567	35355
其他	17419	17419	17419					
按企业营业状态分								
营业	2910532	2362951	653638	361266	39427	70991	388745	87845
停业(歇业)								
其他	2223	2223						
按控股情况分								
国有控股	176397	168697	38237	31300			6700	1000
集体控股	283453	206339	48830	86289	34390		77114	
私人控股	2012385	1611629	477227	172661	352	70128	277407	53221
港澳台商控股	3246	2935	1254	665			311	
外商控股								
其他	437274	375574	88090	70351	4685	863	27213	33624

4－14 续表 5

指标名称	期房销售面积	商品住宅				办公楼	商业营业用房	其他
			90平方米以下住房	140平方米以上	其中:别墅、高档公寓			
按登记注册类型分								
内资企业	7041895	6482913	794757	674072	35375	74573	339048	145361
国有企业	197098	197098	8264	20704				
集体企业	18572	18572						
国有独资公司	23663	19997	9858	5520		2713		953
其他有限责任公司	3440198	3143251	408134	202245	17896	24258	195594	77095
股份有限公司	323167	299258	57455	45058	6200		15131	8778
私营有限责任公司	2737791	2552745	270919	393066	10699	47602	96926	40518
私营股份有限公司	301406	251992	40127	7479	580		31397	18017
其他企业								
港澳台商投资企业	60341	60341		9877				
与港澳台商合资经营企业	52321	52321		4048				
港澳台商独资经营企业	8020	8020		5829				
外商投资企业								
中外合资经营企业								
外资企业								
按隶属关系分								
中央								
省(自治区、直辖市)	178822	164522	32646	35304			14300	
地区(州、盟、省辖市)	276657	255356	24829	25580		5337	15964	
县(区、市、旗)	1353605	1244350	116348	43990	9276	7969	46594	54692
街道	9980	9980		2226				
镇								
居委会	33892	33892						
村委会	3800	3800		465				
其他	5245480	4831354	620934	576384	26099	61267	262190	90669
按资质等级分								
一级	964990	900699	81961	172525	2671		35340	28951
二级	1414871	1326812	188017	156545	13086	23757	29959	34343
三级	1294869	1232067	133145	126086		900	51368	10534
四级	1444730	1262790	136425	70059	5949	31171	97726	53043
暂定	1915455	1756965	255209	130932	13669	18745	121255	18490
其他	67321	63921		27802			3400	
按企业营业状态分								
营业	7083580	6528000	791998	683086	35375	74573	338790	142217
停业(歇业)								
其他	18656	15254	2759	863			258	3144
按控股情况分								
国有控股	383078	379412	21453	40411		2713		953
集体控股	402011	367100	61457	21411	6200	900	21107	12904
私人控股	5123781	4721605	575703	555252	29175	49102	253608	99466
港澳台商控股	23151	22122	1255	8811			231	798
外商控股								
其他	1170215	1053015	134889	58064		21858	64102	31240

4－14 续表 6

指 标 名 称	商品房销售额	商品住宅	90 平方米以下住房	140 平方米以上	其中:别墅、高档公寓	办公楼	商业营业用房	其 他
按登记注册类型分								
内资企业	4292846	3729338	602984	519526	50397	68664	427113	67731
国有企业	100037	100037	3201	16085				
集体企业	27583	14322					13261	
国有独资公司	12041	10798	2261	7103		1079		164
其他有限责任公司	2254864	1978613	370376	193944	15877	28388	209365	38498
股份有限公司	270183	218784	47277	63201	27410	3029	44821	3549
私营有限责任公司	1480610	1287720	156407	235714	6936	36168	139399	17323
私营股份有限公司	146150	119064	23462	3479	174		18889	8197
其他企业	1378						1378	
港澳台商投资企业	24884	24671	526	4026			213	
与港澳台商合资经营企业	20284	20284		1396				
港澳台商独资经营企业	4600	4387	526	2630			213	
外商投资企业								
中外合资经营企业								
外资企业								
按隶属关系分								
中央								
省(自治区、直辖市)	193506	149579	28223	61235	20900		43927	
地区(州、盟、省辖市)	228483	200619	40505	42266		3870	23769	225
县(区、市、旗)	901919	781763	77585	58122	10415	3598	89069	27489
街道	39345	38431	24	3926			914	
镇	281	281	281					
居委会	20909	20638	2253	3853			271	
村委会	800	800		365				
其他	2932487	2561898	454639	353785	19082	61196	269376	40017
按资质等级分								
一级	599702	512269	56647	163996	22950	1380	74656	11397
二级	960415	883567	190932	94240	10289	11495	52822	12531
三级	735668	672954	85052	86374		648	60135	1931
四级	869597	688237	83715	75329	3412	31625	127179	22556
暂定	1115440	964408	179089	91870	13746	23516	108200	19316
其他	36908	32574	8075	11743			4334	
按企业营业状态分								
营业	4310024	3747116	602507	523167	50397	68664	427155	67089
停业(歇业)								
其他	7706	6893	1003	385			171	642
按控股情况分								
国有控股	241875	237606	21186	40532		1079	2604	586
集体控股	313577	243231	41519	55952	27410	558	65923	3865
私人控股	2992478	2601748	442366	354002	17758	57525	289254	43951
港澳台商控股	11503	10683	1039	3881			687	133
外商控股								
其他	758297	660741	97400	69185	5229	9502	68858	19196

指标名称	现房销售额	商品住宅	90 平方米以下住房	140 平方米以上	其中:别墅、高档公寓	办公楼	商业营业用房	其他
按登记注册类型分								
内资企业	1258814	972302	262241	158795	26241	41253	218087	27172
国有企业	992	992	992					
集体企业	20741	7480					13261	
国有独资公司	5322	5322		5322				
其他有限责任公司	779283	645979	188548	90837	5229	17846	95833	19625
股份有限公司	125041	87835	24680	40189	20900	3029	33917	260
私营有限责任公司	310119	209741	42213	21842	112	20378	73698	6302
私营股份有限公司	15938	14953	5808	605				985
其他企业	1378						1378	
港澳台商投资企业	1409	1196	526	307			213	
与港澳台商合资经营企业								
港澳台商独资经营企业	1409	1196	526	307			213	
外商投资企业								
中外合资经营企业								
外资企业								
按隶属关系分								
中央								
省(自治区、直辖市)	96594	62677	16800	39571	20900		33917	
地区(州、盟、省辖市)	104527	88502	30284	29235		450	15350	225
县(区、市、旗)	335014	270448	29285	37701	5229	178	48480	15908
街道	35852	34938	24	3037			914	
镇	281	281	281					
居委会	6377	6106	2253	3853			271	
村委会								
其他	681578	510546	183840	45705	112	40625	119368	11039
按资质等级分								
一级	178454	125218	22963	52243	20900	1380	49711	2145
二级	349441	309437	108339	13916		1326	35658	3020
三级	201583	170072	28535	25556		90	31359	62
四级	275593	183176	32085	46960		20843	63420	8154
暂定	247077	177520	62770	20427	5341	17614	38152	13791
其他	8075	8075	8075					
按企业营业状态分								
营业	1259371	972646	262767	159102	26241	41253	218300	27172
停业(歇业)								
其他	852	852						
按控股情况分								
国有控股	73731	70705	15392	15824			2604	422
集体控股	145118	93591	19053	43424	20900		51527	
私人控股	848514	645552	196334	64951	112	40985	148449	13528
港澳台商控股	1409	1196	526	307			213	
外商控股								
其他	191451	162454	31462	34596	5229	268	15507	13222

4－14 续表 8

指标名称	期房销售额	商品住宅	90平方米以下住房	140平方米以上	其中:别墅、高档公寓	办公楼	商业营业用房	其他
按登记注册类型分								
内资企业	3034032	2757036	340743	360731	24156	27411	209026	40559
国有企业	99045	99045	2209	16085				
集体企业	6842	6842						
国有独资公司	6719	5476	2261	1781		1079		164
其他有限责任公司	1475581	1332634	181828	103107	10648	10542	113532	18873
股份有限公司	145142	130949	22597	23012	6510		10904	3289
私营有限责任公司	1170491	1077979	114194	213872	6824	15790	65701	11021
私营股份有限公司	130212	104111	17654	2874	174		18889	7212
其他企业								
港澳台商投资企业	23475	23475		3719				
与港澳台商合资经营企业	20284	20284		1396				
港澳台商独资经营企业	3191	3191		2323				
外商投资企业								
中外合资经营企业								
外资企业								
按隶属关系分								
中央								
省(自治区、直辖市)	96912	86902	11423	21664			10010	
地区(州、盟、省辖市)	123956	112117	10221	13031		3420	8419	
县(区、市、旗)	566905	511315	48300	20421	5186	3420	40589	11581
街道	3493	3493		889				
镇								
居委会	14532	14532						
村委会	800	800		365				
其他	2250909	2051352	270799	308080	18970	20571	150008	28978
按资质等级分								
一级	421248	387051	33684	111753	2050		24945	9252
二级	610974	574130	82593	80324	10289	10169	17164	9511
三级	534085	502882	56517	60818		558	28776	1869
四级	594004	505061	51630	28369	3412	10782	63759	14402
暂定	868363	786888	116319	71443	8405	5902	70048	5525
其他	28833	24499		11743			4334	
按企业营业状态分								
营业	3050653	2774470	339740	364065	24156	27411	208855	39917
停业(歇业)								
其他	6854	6041	1003	385			171	642
按控股情况分								
国有控股	168144	166901	5794	24708		1079		164
集体控股	168459	149640	22466	12528	6510	558	14396	3865
私人控股	2143964	1956196	246032	289051	17646	16540	140805	30423
港澳台商控股	10094	9487	513	3574			474	133
外商控股								
其他	566846	498287	65938	34589		9234	53351	5974

指标名称	空置面积合计	商品住宅	90 平方米以下住房	140 平方米以上	其中:别墅、高档公寓	办公楼	商业营业用房	其他
按登记注册类型分								
内资企业	5981493	4061037	1143759	506729	57073	114107	1436402	369947
国有企业	45637	15037	9800	3000		3600	10200	16800
集体企业								
国有独资公司	12801	12801		12801				
其他有限责任公司	3269597	2235510	806227	151681	26342	49801	720884	263402
股份有限公司	617026	569821	66550	199967	7288	974	34882	11349
私营有限责任公司	1943546	1187049	241680	138032	23443	52976	625125	78396
私营股份有限公司	51787	40819	19502	1248		6756	4212	
其他企业	41099						41099	
港澳台商投资企业	59674	31061	8236	4439			28613	
与港澳台商合资经营企业	15344	11171					4173	
港澳台商独资经营企业	44330	19890	8236	4439			24440	
外商投资企业	33836						33836	
中外合资经营企业	33836						33836	
外资企业								
按隶属关系分								
中央								
省(自治区、直辖市)	237682	237682	44039	177216				
地区(州、盟、省辖市)	624971	438566	177057	23173		19868	140841	25696
县(区、市、旗)	757630	412655	55469	49323	26342	2692	298940	43343
街道	215745	173149					42596	
镇	26836	25876	16690					960
居委会	4222						4222	
村委会								
其他	4207917	2804170	858740	261456	30731	91547	1012252	299948
按资质等级分								
一级	664289	459893	78081	199727	4274		175135	29261
二级	1258487	965551	404574	42964	16156	27702	193480	71754
三级	917663	646136	151767	12257		3717	232763	35047
四级	1885469	1117453	261981	171451		33291	595791	138934
暂定	1210529	839464	196311	80449	36643	49397	235968	85700
其他	138566	63601	59281	4320			65714	9251
按企业营业状态分								
营业	6071056	4091171	1151995	511168	57073	114107	1495831	369947
停业(歇业)								
其他	3947	927					3020	
按控股情况分								
国有控股	100555	69755	25013	15801		3600	10300	16900
集体控股	452886	390631	44073	184504	7288		58334	3921
私人控股	4393497	2913674	822483	253794	23443	80338	1141457	258028
港澳台商控股	78166	19890	8236	4439			58276	
外商控股								
其他	1049899	698148	252190	52630	26342	30169	230484	91098

4－15　全市施工总承包和专业承包建筑业企业生产情况

（2016 年）　　　　单位：千元

指标名称	企业个数（个）	有工作量的企业个数	合同情况			
			签订的合同额	1.上年结转合同额	2.本年新签合同额	1.直接从建设单位承揽工程完成的产值
总　　计	**494**	**484**	**107064193**	**40061683**	**67002510**	**80352035**
其中：国有及国有控股企业	28	27	4666860	1534207	3132653	3377660
一、按登记注册类型分组						
内资企业	491	481	106887379	40027665	66859714	80245604
国有企业	17	16	3786005	1426535	2359470	2493782
集体企业	25	25	6171332	2902767	3268565	3707975
股份合作企业	1	1	18218		18218	40240
有限责任公司	171	171	49813000	17527977	32285023	38292574
股份有限公司	27	26	7275374	3040845	4234529	4773139
私营企业	244	236	39673577	15043751	24629826	30739976
其他企业	6	6	149873	85790	64083	197918
港、澳、台商投资企业	1	1	106431	3218	103213	106431
合资经营企业(港或澳、台资)	1	1	106431	3218	103213	106431
外商投资企业	2	2	70383	30800	39583	
中外合资经营企业	2	2	70383	30800	39583	
二、按国民经济行业分组						
房屋建筑业	274	268	88391100	35735781	52655319	64555307
土木工程建筑业	104	101	14898158	3734710	11163448	12345540
建筑安装业	51	51	2316629	343976	1972653	2095597
建筑装饰和其他建筑业	65	64	1458306	247216	1211090	1355591
建筑装饰业	49	48	749382	136080	613302	911670
工程准备活动	4	4	83253	790	82463	73084
其他未列明建筑业	12	12	625671	110346	515325	370837
三、按隶属关系分组						
省（自治区、直辖市）	2	2	284152	26860	257292	146450
地（区、市、州、盟）	37	37	17405603	8726761	8678842	10125744
县（区、市、旗）	64	64	16431003	5030079	11400924	13242508
街道	11	10	12049313	4289821	7759492	5888882
镇	3	3	173802	54926	118876	140134
（社区）居委会	14	14	843795	299287	544508	667737

4－15 续表 1

指标名称	企业个数（个）	有工作量的企业个数	合同情况			
			签订的合同额	1. 上年结转合同额	2. 本年新签合同额	1. 直接从建设单位承揽工程完成的产值
村委会	5	5	439788	182280	257508	337831
其他	358	349	59436737	21451669	37985068	49802749
四、按企业资质等级分组						
施工总承包	338	331	100912485	39094889	61817596	74564958
一级	30	30	54661811	20595101	34066710	39931880
二级	132	131	32132126	13964497	18167629	23603392
三级及以下	176	170	14118548	4535291	9583257	11029686
专业承包	156	153	6151708	966794	5184914	5787077
一级	11	11	972822	209282	763540	924279
二级	55	55	1985179	250335	1734844	1791893
三级及以下	90	87	3193707	507177	2686530	3070905
五、按营业状态分						
营业	492	482	106959551	40059483	66900068	80274498
停业（歇业）						
筹建						
当年关闭	1	1	80027		80027	76402
当年破产						
其他	1	1	24615	2200	22415	1135
六、按控股情况分						
国有控股	28	27	4666860	1534207	3132653	3377660
集体控股	49	48	9877377	4575593	5301784	6674053
私人控股	357	349	85982515	31423103	54559412	65022560
外商控股	2	2	70383	30800	39583	
其他	58	58	6467058	2497980	3969078	5277762
七、按单位规模分						
大型	11	11	38131309	14887417	23243892	27154410
中型	153	153	52128967	19505324	32623643	39212630
小型	281	278	15352445	5076516	10275929	13081712
微型	46	39	1254679	544081	710598	665525

指 标 名 称	承包工程完成情况			建筑业总产值	其中:装饰装修产值	其中:在外省完成的产值
	(1)自行完成施工产值	(2)分包出去工程的产值	2.从建设单位以外承揽工程完成的产值			
总　计	**80107105**	**244930**	**490490**	**80597595**	**9590554**	**1194043**
其中:国有及国有控股企业	3364218	13442		3364218	3427	257770
一、按登记注册类型分组						
内资企业	80000674	244930	431906	80432580	9484123	1194043
国有企业	2493782			2493782	150	257770
集体企业	3707975			3707975	55468	
股份合作企业	40240			40240		
有限责任公司	38231540	61034	191941	38423481	7857935	58500
股份有限公司	4773139		25562	4798701	318761	5000
私营企业	30556320	183656	213223	30769543	1248809	872773
其他企业	197678	240	1180	198858	3000	
港、澳、台商投资企业	106431			106431	106431	
合资经营企业(港或澳、台资)	106431			106431	106431	
外商投资企业			58584	58584		
中外合资经营企业			58584	58584		
二、按国民经济行业分组						
房屋建筑业	64336914	218393	336995	64673909	8755623	619779
土木工程建筑业	12337393	8147	43876	12381269		435474
建筑安装业	2093609	1988	3670	2097279	77677	73100
建筑装饰和其他建筑业	1339189	16402	105949	1445138	757254	65690
建筑装饰业	908710	2960	5165	913875	745104	
工程准备活动	73084		42200	115284	150	32950
其他未列明建筑业	357395	13442	58584	415979	12000	32740
三、按隶属关系分组						
省(自治区、直辖市)	146450		24680	171130		25370
地(区、市、州、盟)	10108714	17030	133775	10242489	1202881	
县(区、市、旗)	13242508		882	13243390	1343104	246800
街道	5888882			5888882	2316050	
镇	140134			140134	16316	
(社区)居委会	667737			667737	31500	

指 标 名 称	承包工程完成情况			建筑业总产值	其中:装饰装修产值	其中:在外省完成的产值
	(1)自行完成施工产值	(2)分包出去工程的产值	2.从建设单位以外承揽工程完成的产值			
村委会	337831			337831		
其他	49574849	227900	331153	49906002	4680703	921873
四、按企业资质等级分组						
施工总承包	74341513	223445	372681	74714194	8755623	894879
一级	39931880			39931880	7667468	598520
二级	23412643	190749	281846	23694489	947628	296359
三级及以下	10996990	32696	90835	11087825	140527	
专业承包	5765592	21485	117809	5883401	834931	299164
一级	924279			924279	522940	7370
二级	1787590	4303	6070	1793660	232969	195644
三级及以下	3053723	17182	111739	3165462	79022	96150
五、按营业状态分						
营业	80029568	244930	490490	80520058	9590554	1194043
停业(歇业)						
筹建						
当年关闭	76402			76402		
当年破产						
其他	1135			1135		
六、按控股情况分						
国有控股	3364218	13442		3364218	3427	257770
集体控股	6674053		1295	6675348	165719	42700
私人控股	64801512	221048	280995	65082507	9348767	881073
外商控股			58584	58584		
其他	5267322	10440	149616	5416938	72641	12500
七、按单位规模分						
大型	27154410			27154410	6430161	464300
中型	39065885	146745	246519	39312404	2203382	450449
小型	12989319	92393	224622	13213941	878060	279294
微型	664785	740	9297	674082	76071	

指 标 名 称	按构成分的建筑业总产值			竣工产值	房屋建筑施工面积（平方米）	其中：本年新开工面积
	建筑工程产值	安装工程产值	其他产值			
总　计	**68680082**	**10416640**	**1500873**	**45974136**	**68377271**	**27438274**
其中：国有及国有控股企业	3180618	148895	34705	1657481	41627	41627
一、按登记注册类型分组						
内资企业	68573651	10416640	1442289	45922516	68377271	27438274
国有企业	2412556	52976	28250	1336429		
集体企业	3682112	19843	6020	2944730	6648293	2562289
股份合作企业	40240				14574	14574
有限责任公司	30388958	7249981	784542	21629890	30218540	11091084
股份有限公司	4343805	384580	70316	1576200	3387313	1021242
私营企业	27524628	2697560	547355	18363509	27957120	12680654
其他企业	181352	11700	5806	71758	151431	68431
港、澳、台商投资企业	106431					
合资经营企业(港或澳、台资)	106431					
外商投资企业			58584	51620		
中外合资经营企业			58584	51620		
二、按国民经济行业分组						
房屋建筑业	56886532	7172971	614406	35825303	66511861	26480699
土木工程建筑业	10283833	1639873	457563	7935262	1703780	823068
建筑安装业	450864	1383960	262455	1422348	161630	134507
建筑装饰和其他建筑业	1058853	219836	166449	791223		
建筑装饰业	678945	192709	42221	382211		
工程准备活动	115234	50		72184		
其他未列明建筑业	264674	27077	124228	336828		
三、按隶属关系分组						
省（自治区、直辖市）	142880		28250	135600		
地（区、市、州、盟）	9384173	846716	11600	7421664	12033921	3805390
县（区、市、旗）	10534846	2352351	356193	8732907	7427017	3087137
街道	3717922	2169900	1060	3021281	6849983	1987472
镇	61676		78458	15200	76522	31059
（社区）居委会	654087	7730	5920	395578	877262	468555

指标名称	按构成分的建筑业总产值 建筑工程产值	安装工程产值	其他产值	竣工产值	房屋建筑施工面积（平方米）	其中:本年新开工面积
村委会	332443	5388		304753	429173	212742
其他	43852055	5034555	1019392	25947153	40683393	17845919
四、按企业资质等级分组						
施工总承包	66287702	7294380	1132112	42186460	66844249	26800260
一级	33767031	5858735	306114	21894399	35038160	13135641
二级	22113733	946595	634161	12974820	20819598	8002352
三级及以下	10406938	489050	191837	7317241	10986491	5662267
专业承包	2392380	3122260	368761	3787676	1533022	638014
一级	701005	223274		491547	557940	
二级	767710	875290	150660	1185722	654195	490420
三级及以下	923665	2023696	218101	2110407	320887	147594
五、按营业状态分						
营业	68680082	10339103	1500873	45942187	68377271	27438274
停业（歇业）						
筹建						
当年关闭		76402		31211		
当年破产						
其他		1135		738		
六、按控股情况分						
国有控股	3180618	148895	34705	1657481	41627	41627
集体控股	5593500	1016512	65336	4853490	8178567	2893246
私人控股	55689134	8212674	1180699	36060209	57433408	23328872
外商控股			58584	51620		
其他	4216830	1038559	161549	3351336	2723669	1174529
七、按单位规模分						
大型	22968053	3880243	306114	14667180	25703082	8903062
中型	34116057	4593163	603184	23219043	30872456	12619720
小型	10830789	1860932	522220	7678999	11200834	5708761
微型	569321	82302	22459	389114	600899	206731

4－15 续表 6

指 标 名 称	房屋建筑施工面积(平方米)	从业人员情况(人)		
	其中：实行投标承包面积	从事生产建筑业活动的从业人员平均人数	期末工程技术人员	期末一级建造师
总 计	**50123184**	**231316**	**40865**	**2135**
其中：国有及国有控股企业	41627	9070	1508	95
一、按登记注册类型分组				
内资企业	50123184	231154	40851	2135
国有企业		5890	880	84
集体企业	6121379	17524	4784	50
股份合作企业	14574	363	16	
有限责任公司	25753262	88195	12841	485
股份有限公司	1323624	9603	2722	87
私营企业	16862770	108782	19425	1429
其他企业	47575	797	183	
港、澳、台商投资企业		110		
合资经营企业(港或澳、台资)		110		
外商投资企业		52	14	
中外合资经营企业		52	14	
二、按国民经济行业分组				
房屋建筑业	48796192	196769	33302	1701
土木工程建筑业	1200695	23223	5427	284
建筑安装业	126297	6126	1278	84
建筑装饰和其他建筑业		5198	858	66
建筑装饰业		3572	445	65
工程准备活动		480	236	
其他未列明建筑业		1146	177	1
三、按隶属关系分组				
省(自治区、直辖市)		197	24	
地(区、市、州、盟)	11555283	27427	6362	256
县(区、市、旗)	6141496	25972	5110	148
街道	5408401	11879	1627	57
镇	71958	863	219	1
(社区)居委会	702017	3678	635	3

指 标 名 称	房屋建筑施工面积(平方米)	从业人员情况(人)		
	其中：实行投标承包面积	从事生产建筑业活动的从业人员平均人数	其中:工程技术人员	其中:一级建造师
村委会	413343	1380	204	
其他	25830686	159920	26684	1670
四、按企业资质等级分组				
施工总承包	49708194	213353	37928	1945
一级	29190892	79871	11105	566
二级	13683914	84404	18856	1275
三级及以下	6833388	49078	7967	104
专业承包	414990	17963	2937	190
一级		3885	244	65
二级	291501	5310	710	80
三级及以下	123489	8768	1983	45
五、按营业状态分				
营业	50123184	231008	40865	2135
停业(歇业)				
筹建				
当年关闭		273		
当年破产				
其他		35		
六、按控股情况分				
国有控股	41627	9070	1508	95
集体控股	7192241	24859	6504	98
私人控股	41098045	183562	30250	1841
外商控股		52	14	
其他	1791271	13773	2589	101
七、按单位规模分				
大型	23355766	56051	8671	317
中型	19925249	113237	21794	1581
小型	6678272	59394	9990	187
微型	163897	2394	400	48

4-16 全市施工总承包和专业承包建筑业企业房屋建筑竣工面积情况

（2016年） 单位:平方米

指标名称	总计	住宅房屋	商业及服务用房屋	商厦房屋(批发和零售用房)	宾馆用房屋(住宿用房)	餐饮用房屋(餐饮用房)
总计	**22326950**	**15535455**	**1148721**	**397727**	**114394**	**4924**
其中:国有及国有控股企业	14790	6245				
一、按登记注册类型分组						
内资企业	22326950	15535455	1148721	397727	114394	4924
国有企业						
集体企业	2076398	1783913	141574	7654		
股份合作企业						
有限责任公司	8348362	5791746	459440	81103	91100	100
股份有限公司	661290	459953	31464	9199		
私营企业	11179025	7490743	513943	298271	22494	4824
其他企业	61875	9100	2300	1500	800	
港、澳、台商投资企业						
外商投资企业						
二、按国民经济行业分组						
房屋建筑业	21547957	14887026	1144321	395727	113094	4824
土木工程建筑业	651911	584802				
建筑安装业	118482	60627	2300	1500	800	
建筑装饰和其他建筑业	8600	3000	2100	500	500	100
建筑装饰业	8600	3000	2100	500	500	100
三、按隶属关系分组						
地(区、市、州、盟)	2916873	2199234	214271	500	77500	100
县(区、市、旗)	2314615	1811768	139157	9097	800	
街道	1570971	1077039				
镇	14816	14816				
(社区)居委会	298059	244543	7654	7654		
村委会	268951	259349				
其他	14942665	9928706	787639	380476	36094	4824

4－16 续表 1

指标名称	总计	住宅房屋	商业及服务用房屋	商厦房屋(批发和零售用房)	宾馆用房屋(住宿用房)	餐饮用房屋(餐饮用房)
四、按企业资质等级分组						
施工总承包	21580581	15482666	1144321	395727	113094	4824
一级	10574598	7053753	673186	287271	99494	
二级	6587181	4959183	266991	36646	13600	
三级及以下	4418802	3469730	204144	71810		4824
专业承包	746369	52789	4400	2000	1300	100
一级	529396	3000	2100	500	500	100
二级	115470	10561				
三级及以下	101503	39228	2300	1500	800	
五、按营业状态分						
营业	22326950	15535455	1148721	397727	114394	4924
停业(歇业)						
筹建						
当年关闭						
当年破产						
其他						
六、按控股情况分						
国有控股	14790	6245				
集体控股	2693662	2393580	149171	15251		
私人控股	18738972	12536131	874824	372320	113594	4924
港澳台商控股						
外商控股						
其他	879526	599499	124726	10156	800	
七、按单位规模分						
大型	7134543	4757036	589117	253195	99494	
中型	10839424	7514114	396292	89849	500	100
小型	4245544	3159398	160780	52151	14400	4824
微型	107439	104907	2532	2532		

4－16 续表 2

指标名称	商业及服务用房屋		办公用房屋	科研、教育、医疗用房屋		
	商务会展用房屋	其他商业及服务用房屋（居民服务业用房）			科学研究用房屋	教育用房屋
总计	**15900**	**615776**	**734829**	**981665**	**18582**	**821308**
其中：国有及国有控股企业						
一、按登记注册类型分组						
内资企业	15900	615776	734829	981665	18582	821308
国有企业						
集体企业		133920	3890	41057		41057
股份合作企业						
有限责任公司	600	286537	309959	688207	100	546332
股份有限公司		22265		9296		9296
私营企业	15300	173054	396380	243105	18482	224623
其他企业			24600			
港、澳、台商投资企业						
外商投资企业						
二、按国民经济行业分组						
房屋建筑业	15300	615376	722269	981165	18482	821208
土木工程建筑业			7760			
建筑安装业			3800			
建筑装饰和其他建筑业	600	400	1000	500	100	100
建筑装饰业	600	400	1000	500	100	100
三、按隶属关系分组						
地（区、市、州、盟）	600	135571	93040	219018	100	173873
县（区、市、旗）		129260	8450	116076		116076
街道			91300	147345		62345
镇						
（社区）居委会			3890	6230		6230
村委会				4827		4827
其他	15300	350945	538149	488169	18482	457957

指 标 名 称	商业及服务用房屋		办 公 用 房 屋	科研、教育、医疗用房屋		
	商务会展用 房 屋	其他商业及服务用房屋（居民服务业用房）			科学研究用 房 屋	教 育 用房屋
四、按企业资质等级分组						
施工总承包	15300	615376	730029	981165	18482	821208
一级		286421	353756	767296		629566
二级		216745	254906	134574	18482	116092
三级及以下	15300	112210	121367	79295		75550
专业承包	600	400	4800	500	100	100
一级	600	400	1000	500	100	100
二级						
三级及以下			3800			
五、按营业状态分						
营业	15900	615776	734829	981665	18582	821308
停业（歇业）						
筹建						
当年关闭						
当年破产						
其他						
六、按控股情况分						
国有控股						
集体控股		133920	3890	41057		41057
私人控股	15900	368086	727139	931863	18582	775251
港澳台商控股						
外商控股						
其他		113770	3800	8745		5000
七、按单位规模分						
大型		236428	249155	632850		495120
中型	600	305243	336101	243004	18582	224122
小型	15300	74105	149573	105811		102066
微型						

4－16 续表 4

指 标 名 称	医疗用房屋(卫生医疗用房)	文化、体育和娱乐用房	厂房及建筑物	厂 房	仓 库	其他未列明的房屋建筑物＊
总 计	**141775**	**161847**	**2670267**	**1631626**	**329905**	**764261**
其中:国有及国有控股企业			4765	4765	3780	
一、按登记注册类型分组						
内资企业	141775	161847	2670267	1631626	329905	764261
国有企业						
集体企业			59857	59856	44007	2100
股份合作企业						
有限责任公司	141775	89397	535915	488966	65537	408161
股份有限公司			160577			
私营企业		72150	1888463	1057349	220241	354000
其他企业		300	25455	25455	120	
港、澳、台商投资企业						
外商投资企业						
二、按国民经济行业分组						
房屋建筑业	141475	161047	2611170	1573029	300738	740221
土木工程建筑业			32642	32642	25467	1240
建筑安装业		300	25455	25455	3200	22800
建筑装饰和其他建筑业	300	500	1000	500	500	
建筑装饰业	300	500	1000	500	500	
三、按隶属关系分组						
地(区、市、州、盟)	45045	500	96434	25277	38677	55699
县(区、市、旗)		300	30220	30220	38690	169954
街道	85000		134719	118419	20000	100568
镇						
(社区)居委会			30305	30304	5437	
村委会			4775	4775		
其他	11730	161047	2373814	1422631	227101	438040

4－16 续表 5

指 标 名 称	医疗用房屋(卫生医疗用房)	文化、体育和娱乐用房	厂房及建筑物	厂 房	仓 库	其他未列明的房屋建筑物＊
四、按企业资质等级分组						
施工总承包	141475	161047	2013274	975133	303818	764261
一级	137730	161047	900131	577464	32710	632719
二级			721504	218882	249591	432
三级及以下	3745		391639	178787	21517	131110
专业承包	300	800	656993	656493	26087	
一级	300	500	521796	521296	500	
二级			79442	79442	25467	
三级及以下		300	55755	55755	120	
五、按营业状态分						
营业	141775	161847	2670267	1631626	329905	764261
停业(歇业)						
筹建						
当年关闭						
当年破产						
其他						
六、按控股情况分						
国有控股			4765	4765	3780	
集体控股			59857	59856	44007	2100
私人控股	138030	161547	2488776	1531470	256531	762161
港澳台商控股						
外商控股						
其他	3745	300	116869	35535	25587	
七、按单位规模分						
大型	137730	148178	562732	449291	32710	162765
中型	300	13369	1603381	868394	261537	471626
小型	3745	300	504154	313941	35658	129870
微型						

4-17 全市施工总承包和专业承包建筑业企业竣工房屋价值

（2016 年）

单位：千元

指标名称	总计	住宅房屋	商业及服务用房屋	商厦房屋（批发和零售用房）	宾馆用房屋（住宿用房）	餐饮用房屋（餐饮用房）
总计	**33450820**	**22551877**	**2117865**	**558048**	**455311**	**4750**
其中：国有及国有控股企业	23426	9336				
一、按登记注册类型分组						
内资企业	33450820	22551877	2117865	558048	455311	4750
国有企业						
集体企业	2711571	2423181	167270	7410		
股份合作企业						
有限责任公司	15232177	9529443	1086800	152249	416801	100
股份有限公司	958284	689223	45595	9795		
私营企业	14481166	9890120	817280	387994	38190	4650
其他企业	67622	19910	920	600	320	
港、澳、台商投资企业						
外商投资企业						
二、按国民经济行业分组						
房屋建筑业	32705280	21895498	2114845	556948	454491	4650
土木工程建筑业	638443	587386				
建筑安装业	98497	65993	920	600	320	
建筑装饰和其他建筑业	8600	3000	2100	500	500	100
#建筑装饰业	8600	3000	2100	500	500	100
三、按隶属关系分组						
地（区、市、州、盟）	4379161	2787820	558225	500	387821	100
县（区、市、旗）	5347372	3621604	178926	11314	320	
街道	3021281	2208528				
镇	15200	15200				
（社区）居委会	322978	282018	7410	7410		
村委会	286967	272667				
其他	20077861	13364040	1373304	538824	67170	4650

指 标 名 称	总 计	住 宅 房 屋	商业及服务用房屋	商厦房屋(批发和零售用房)	宾馆用房屋(住宿用房)	餐饮用房屋(餐饮用房)
四、按企业资质等级分组						
施工总承包	32980130	22484351	2114845	556948	454491	4650
一级	18986750	11539474	1409821	408674	425511	
二级	8603942	6521099	418967	42859	28980	
三级及以下	5389438	4423778	286057	105415		4650
专业承包	470690	67526	3020	1100	820	100
一级	268998	3000	2100	500	500	100
二级	87756	6224				
三级及以下	113936	58302	920	600	320	
五、按营业状态分						
营业	33450820	22551877	2117865	558048	455311	4750
停业(歇业)						
筹建						
当年关闭						
当年破产						
其他						
六、按控股情况分						
国有控股	23426	9336				
集体控股	3384071	3084967	177984	18124		
私人控股	28739260	18617249	1675446	525739	454991	4750
港澳台商控股						
外商控股						
其他	1304063	840325	264435	14185	320	
七、按单位规模分						
大型	11296757	6991992	1106069	309854	425511	
中型	16769827	11401339	755104	166722	500	100
小型	5234494	4010799	254697	79477	29300	4650
微型	149742	147747	1995	1995		

4－17 续表2

指 标 名 称	商业及服务用房屋		办 公用房屋	科研、教育、医疗用房屋		
	商务会展用房屋	其他商业及服务用房屋（居民服务业用房）			科学研究用房屋	教 育用房屋
总 计	**15900**	**1083856**	**1399007**	**1950149**	**27570**	**1597844**
其中：国有及国有控股企业						
一、按登记注册类型分组						
内资企业	15900	1083856	1399007	1950149	27570	1597844
国有企业						
集体企业		159860	4860	52550		52550
股份合作企业						
有限责任公司	600	517050	851000	1522557	100	1197722
股份有限公司		35800		13720		13720
私营企业	15300	371146	517097	361322	27470	333852
其他企业			26050			
港、澳、台商投资企业						
外商投资企业						
二、按国民经济行业分组						
房屋建筑业	15300	1083456	1391881	1949649	27470	1597744
土木工程建筑业			4416			
建筑安装业			1710			
建筑装饰和其他建筑业	600	400	1000	500	100	100
#建筑装饰业	600	400	1000	500	100	100
三、按隶属关系分组						
地（区、市、州、盟）	600	169204	183773	591890	100	517828
县（区、市、旗）		167292	404010	149216		149216
街道			106440	325178		110955
镇						
（社区）居委会			4860	6210		6210
村委会				6340		6340
其他	15300	747360	699924	871315	27470	807295

指标名称	商业及服务用房屋		办公用房屋	科研、教育、医疗用房屋		
	商务会展用房屋	其他商业及服务用房屋（居民服务业用房）			科学研究用房屋	教育用房屋
四、按企业资质等级分组						
施工总承包	15300	1083456	1396297	1949649	27470	1597744
一级		575636	912974	1577620		1255765
二级		347128	336716	250009	27470	222539
三级及以下	15300	160692	146607	122020		119440
专业承包	600	400	2710	500	100	100
一级	600	400	1000	500	100	100
二级						
三级及以下			1710			
五、按营业状态分						
营业	15900	1083856	1399007	1950149	27570	1597844
停业（歇业）						
筹建						
当年关闭						
当年破产						
其他						
六、按控股情况分						
国有控股						
集体控股		159860	4860	52550		52550
私人控股	15900	674066	1392437	1886019	27570	1536294
港澳台商控股						
外商控股						
其他		249930	1710	11580		9000
七、按单位规模分						
大型		370704	375568	1413784		1091929
中型	600	587182	840185	319339	27570	291469
小型	15300	125970	183254	217026		214446
微型						

4－17 续表4

指标名称	医疗用房屋(卫生医疗用房)	文化、体育和娱乐用房	厂房及建筑物	厂房	仓库	其他未列明的房屋建筑物＊
总　　计	**324735**	**314256**	**2943085**	**1404906**	**294028**	**1880553**
其中:国有及国有控股企业			7124	7124	6966	
一、按登记注册类型分组						
内资企业	324735	314256	2943085	1404906	294028	1880553
国有企业						
集体企业			31150	31150	29410	3150
股份合作企业						
有限责任公司	324735	198300	608084	546698	95652	1340341
股份有限公司			209746			
私营企业		115806	2073563	806516	168916	537062
其他企业		150	20542	20542	50	
港、澳、台商投资企业						
外商投资企业						
二、按国民经济行业分组						
房屋建筑业	324435	313606	2905214	1367535	266703	1867884
土木工程建筑业			16329	16329	24003	6309
建筑安装业		150	20542	20542	2822	6360
建筑装饰和其他建筑业	300	500	1000	500	500	
#建筑装饰业	300	500	1000	500	500	
三、按隶属关系分组						
地(区、市、州、盟)	73962	500	82763	6720	36314	137876
县(区、市、旗)		150	27666	27666	23950	941850
街道	214223		114300	86100	49600	217235
镇						
(社区)居委会			16970	16970	5510	
村委会			7960	7960		
其他	36550	313606	2693426	1259490	178654	583592

指 标 名 称	医疗用房屋(卫生医疗用房)	文化、体育和娱乐用房	厂房及建筑物	厂 房	仓 库	其他未列明的房屋建筑物＊
四、按企业资质等级分组						
施工总承包	324435	313606	2571354	1033675	269475	1880553
一级	321855	313606	1334533	680648	61411	1837311
二级			881509	211392	191082	4560
三级及以下	2580		355312	141635	16982	38682
专业承包	300	650	371731	371231	24553	
一级	300	500	261398	260898	500	
二级			57529	57529	24003	
三级及以下		150	52804	52804	50	
五、按营业状态分						
营业	324735	314256	2943085	1404906	294028	1880553
停业(歇业)						
筹建						
当年关闭						
当年破产						
其他						
六、按控股情况分						
国有控股			7124	7124	6966	
集体控股			31150	31150	29410	3150
私人控股	322155	314106	2743001	1336850	233599	1877403
港澳台商控股						
外商控股						
其他	2580	150	161810	29782	24053	
七、按单位规模分						
大型	321855	257866	725316	519916	61411	364751
中型	300	56240	1715035	590693	199156	1483429
小型	2580	150	502734	294297	33461	32373
微型						

4－18　全市施工总承包和专业承包建筑业企业财务状况

（2016 年）　　单位：千元

指　标　名　称	一、年初存　货	流动资产合　　计	应　收工程款	存　货	固定资产合　　计	固定资产减值准备	固定资产原　　价
总　　计	**12028027**	**64877045**	**22688645**	**13319517**	**8837284**	**29749**	**11447946**
其中：国有及国有控股企业	394530	6749295	1662981	607514	1196978		1637770
一、按登记注册类型分组							
内资企业	12025653	64725396	22559394	13315492	8822576	29749	11406951
国有企业	144467	3736549	687886	334673	148178		232605
集体企业	677569	3466184	1533946	562021	198890	6123	338059
股份合作企业	624	15524	1573	691	3641		7049
联营企业		12004	5746		10951		17427
集体联营企业		12004	5746		10951		17427
有限责任公司	5750140	34580610	11973544	7286964	4252978	6625	5516051
国有独资公司	15579	613491	72612	37314	598709		542818
其他有限责任公司	5734561	33967119	11900932	7249650	3654269	6625	4973233
股份有限公司	1507132	4854643	2123273	1050213	575723		767200
私营企业	3945710	18053799	6231426	4080930	3630943	17001	4527098
私营有限责任公司	3615428	15293050	4990272	3631840	2896066	11095	3675194
私营股份有限公司	330282	2760749	1241154	449090	734877	5906	851904
其他企业	11	6083	2000		1272		1462
港、澳、台商投资企业	541	93078	82621	978	350		475
合资经营企业（港或澳、台资）	541	93078	82621	978	350		475
外商投资企业	1833	58571	46630	3047	14358		40520
中外合资经营企业	1833	58571	46630	3047	14358		40520
二、按国民经济行业分组							
房屋建筑业	8857665	41918178	14899343	10420361	5257295	19443	6913050
土木工程建筑业	2651161	19474969	6396130	2325441	2867170	8762	3714350
建筑安装业	259342	1892617	890924	302079	495048	735	543593
建筑装饰和其他建筑业	259859	1591281	502248	271636	217771	809	276953
建筑装饰业	128516	680846	334026	99137	123795	809	102376
工程准备活动	18799	133920	30940	19983	57892		66704
其他未列明建筑业	112544	776515	137282	152516	36084		107873

4－18 续表1

指标名称	一、年初存货	流动资产合计	应收工程款	存货	固定资产合计	固定资产减值准备	固定资产原价
三、按隶属关系分组							
省(自治区、直辖市)	8210	216489	62872	4278	23719		25912
地(区、市、州、盟)	1756312	14426665	7288419	1526336	1239663	6268	1780193
县(区、市、旗)	1466443	13246555	3741673	2671867	1299626		1726448
街道	732910	2599483	712498	633640	239618		367685
镇	48343	163426	101711	45161	29815		57302
(社区)居委会	84834	376036	193572	81514	91078	6123	140981
村委会	53003	106544	41666	7132	41382		52476
其他	7877972	33741847	10546234	8349589	5872383	17358	7296949
四、按企业资质等级分组							
施工总承包	11052900	59299810	20702557	12317244	7827119	21778	10176399
特级	1718472	10182350	5663688	1792308	546667		734102
一级	3530511	20975366	6308770	4226037	2463893	3244	3584135
二级	2975958	18702538	6175128	3408448	3406411	6033	4080613
三级及以下	2827959	9439556	2554971	2890451	1410148	12501	1777549
专业承包	975127	5577235	1986088	1002273	1010165	7971	1271547
一级	71207	602545	278117	96908	127915	13	168223
二级	255573	1755238	806332	204619	339674	1972	474426
三级及以下	648347	3219452	901639	700746	542576	5986	628898
五、按营业状态分							
营业	12028024	64847392	22680839	13319513	8827408	29749	11434862
当年关闭		11092	7546		9862		13066
其他	3	18561	260	4	14		18
六、按控股情况分							
国有控股	394530	6749295	1662981	607514	1196978		1637770
集体控股	1570654	7090193	2473295	1399407	438162	6123	672361
私人控股	7934260	41211716	15676938	8634963	6138954	23613	7973017
外商控股	1833	58571	46630	3047	14358		40520
其他	2126750	9767270	2828801	2674586	1048832	13	1124278

指标名称	累计折旧	其中：本年折旧	在建工程	资产合计	流动负债合计	应付账款
总　　计	**4508649**	**637064**	**573850**	**80677682**	**46794634**	**13534252**
其中:国有及国有控股企业	605187	81769	10797	8269554	6022690	1180546
一、按登记注册类型分组						
内资企业	4482361	635644	573850	80510386	46700443	13467113
国有企业	95318	35839	10797	3957179	3645430	179189
集体企业	153113	15963		3795864	2532093	554721
股份合作企业	3408	3408		19165	10178	5679
联营企业	6699	367		22955	11742	7542
集体联营企业	6699	367		22955	11742	7542
有限责任公司	2160179	256002	164686	42013120	24816017	8553367
国有独资公司	82124	10743		1212200	240645	123859
其他有限责任公司	2078055	245259	164686	40800920	24575372	8429508
股份有限公司	384969	93534	21362	6087506	3795611	1036786
私营企业	1678485	230456	377005	24606497	11887772	3129575
私营有限责任公司	1424194	182165	290428	20987590	10540001	2890199
私营股份有限公司	254291	48291	86577	3618907	1347771	239376
其他企业	190	75		8100	1600	254
港、澳、台商投资企业	125	26		93428	65038	56112
合资经营企业(港或澳、台资)	125	26		93428	65038	56112
外商投资企业	26163	1394		73868	29153	11027
中外合资经营企业	26163	1394		73868	29153	11027
二、按国民经济行业分组						
房屋建筑业	2743217	390024	341234	51879373	29041988	9082163
土木工程建筑业	1397993	192184	151694	24140192	15196070	3586757
建筑安装业	237884	44242	67752	2551265	1402794	505988
建筑装饰和其他建筑业	129555	10614	13170	2106852	1153782	359344
建筑装饰业	38827	3599	4003	928185	460307	249324
工程准备活动	17979	1290	9167	192038	57380	16508
其他未列明建筑业	72749	5725		986629	636095	93512

指标名称	累计折旧	其中：本年折旧	在建工程	资产合计	流动负债合计	应付账款
三、按隶属关系分组						
省(自治区、直辖市)	13020	2879	6532	240208	98940	52159
地(区、市、州、盟)	759962	112870	12607	17561315	12681863	5766726
县(区、市、旗)	759781	106437	111766	15202673	10280404	1826251
街道	128067	52034		3344832	1317786	309062
镇	27487	732		194724	123291	36034
(社区)居委会	52960	5780		479826	183654	38180
村委会	11317	700		155463	65565	18925
其他	2756055	355632	442945	43498641	22043131	5486915
四、按企业资质等级分组						
施工总承包	4048427	578774	475086	73113308	42680466	12207957
特级	188214	30554	779	11559525	8347295	4034957
一级	1872583	238174	31704	25935697	14506857	3152384
二级	1291063	204742	292807	23247862	12913225	3408682
三级及以下	696567	105304	149796	12370224	6913089	1611934
专业承包	460222	58290	98764	7564374	4114168	1326295
一级	47660	4341	3581	955627	350625	104480
二级	181460	23602	27447	2469270	1342757	680802
三级及以下	231102	30347	67736	4139477	2420786	541013
五、按营业状态分						
营业	4501327	636209	573850	80638153	46767843	13534252
当年关闭	7317	853		20954	8961	
其他	5	2		18575	17830	
六、按控股情况分						
国有控股	605187	81769	10797	8269554	6022690	1180546
集体控股	305215	36362	49476	7745798	5669502	1397381
私人控股	3112703	415251	465327	52503955	28175742	9236418
外商控股	26163	1394		73868	29153	11027
其他	459381	102288	48250	12084507	6897547	1708880

指 标 名 称	非流动负债合计	负 债 合 计	所有者权益合计	其 中：实收资本	国 家 资 本	集 体 资 本
总　　计	**2120483**	**51688471**	**28989211**	**11725899**	**1339583**	**948502**
其中：国有及国有控股企业	400010	6464872	1804682	1292025	1085865	1200
一、按登记注册类型分组						
内资企业	2120483	51594280	28916106	11672335	1339583	935131
国有企业		3664599	292580	106575	81575	
集体企业	498615	3184919	610945	353182	24989	316177
股份合作企业	825	11003	8162	6188		
联营企业	2302	14044	8911	6000		
集体联营企业	2302	14044	8911	6000		
有限责任公司	939905	27115736	14897384	5899892	1196819	462602
国有独资公司	367287	607932	604268	597729	587729	
其他有限责任公司	572618	26507804	14293116	5302163	609090	462602
股份有限公司	98561	4062496	2025010	988917	30500	17200
私营企业	580275	13539383	11067114	4305581	5700	139152
私营有限责任公司	71075	11651955	9335635	3435741		133452
私营股份有限公司	509200	1887428	1731479	869840	5700	5700
其他企业		2100	6000	6000		
港、澳、台商投资企业		65038	28390	13371		13371
合资经营企业(港或澳、台资)		65038	28390	13371		13371
外商投资企业		29153	44715	40193		
中外合资经营企业		29153	44715	40193		
二、按国民经济行业分组						
房屋建筑业	870954	32100871	19778502	6726299	21989	696728
土木工程建筑业	1207677	16791015	7349177	3934909	1273009	174620
建筑安装业	36390	1613902	937363	488194	25761	60786
建筑装饰和其他建筑业	5462	1182683	924169	576497	18824	16368
建筑装饰业	350	484096	444089	325820		15168
工程准备活动	1305	58685	133353	85500		
其他未列明建筑业	3807	639902	346727	165177	18824	1200

指标名称	非流动负债合计	负债合计	所有者权益合计	其中：实收资本	国家资本	集体资本
三、按隶属关系分组						
省(自治区、直辖市)	38265	137205	103003	34644	12644	
地(区、市、州、盟)	534579	13285001	4276314	2385541	937729	47531
县(区、市、旗)	624214	11081872	4120801	1186603	152310	293905
街道	9400	1406915	1937917	537330	7000	57200
镇	1290	124586	70138	40100		20100
(社区)居委会	80140	276692	203134	143054	1989	100349
村委会	2302	67871	87592	66608		58308
其他	830293	25308329	18190312	7332019	227911	371109
四、按企业资质等级分组						
施工总承包	2068098	47456768	25656540	10059631	1278929	769088
特级	175793	8523088	3036437	1037732		
一级	386796	15554236	10381461	2783958	498000	146516
二级	1340143	15062249	8185613	4261169	756940	278281
三级及以下	165366	8317195	4053029	1976772	23989	344291
专业承包	52385	4231703	3332671	1666268	60654	179414
一级	350	351052	604575	281251		13371
二级	37106	1412919	1056351	614867	54474	66500
三级及以下	14929	2467732	1671745	770150	6180	99543
五、按营业状态分						
营业	2120483	51661680	28976473	11720549	1339583	948502
当年关闭		8961	11993	5000		
其他		17830	745	350		
六、按控股情况分						
国有控股	400010	6464872	1804682	1292025	1085865	1200
集体控股	644073	6477880	1267918	676071	24989	431249
私人控股	993653	30498713	22005242	7986254	20729	281103
外商控股		29153	44715	40193		
其他	82747	8217853	3866654	1731356	208000	234950

4－18 续表6

指标名称	所有者权益合计 法人资本	个人资本	外商资本	营业收入	主营业务收入	营业成本	主营业务成本
总　计	**3709865**	**5704612**	**23337**	**72350357**	**71153999**	**63225587**	**61306427**
其中:国有及国有控股企业	199160	5800		3600322	3584893	3279258	3279237
一、按登记注册类型分组							
内资企业	3693009	5704612		72187913	70991555	63076142	61156982
国有企业	25000			1632956	1619030	1484465	1484465
集体企业	11167	849		3759736	3750372	3387994	3321874
股份合作企业	4688	1500		40240	40240	37168	37168
联营企业	6000			114022	114022	97517	97517
集体联营企业	6000			114022	114022	97517	97517
有限责任公司	2152345	2088126		35334738	34550431	30963933	29735539
国有独资公司	10000			285239	284073	273133	273133
其他有限责任公司	2142345	2088126		35049499	34266358	30690800	29462406
股份有限公司	519263	421954		4869863	4762858	4154332	4061374
私营企业	974546	3186183		26359735	26077979	22882210	22350522
私营有限责任公司	933746	2368543		23570586	23293670	20566164	20041186
私营股份有限公司	40800	817640		2789149	2784309	2316046	2309336
其他企业		6000		76623	76623	68523	68523
港、澳、台商投资企业				103860	103860	97556	97556
合资经营企业(港或澳、台资)				103860	103860	97556	97556
外商投资企业	16856		23337	58584	58584	51889	51889
中外合资经营企业	16856		23337	58584	58584	51889	51889
二、按国民经济行业分组							
房屋建筑业	2296829	3710753		55977287	55256712	49075312	47602765
土木工程建筑业	974142	1513138		12793885	12630487	11022548	10925546
建筑安装业	134954	266693		1975074	1704229	1740496	1496835
建筑装饰和其他建筑业	303940	214028	23337	1604111	1562571	1387231	1281281
建筑装饰业	111134	199518		904230	863424	769948	721709
工程准备活动	70990	14510		97607	96873	78291	78291
其他未列明建筑业	121816		23337	602274	602274	538992	481281

4－18 续表 7

指标名称	所有者权益合计			营业收入	主营业务收入	营业成本	主营业务成本
	法人资本	个人资本	外商资本				
三、按隶属关系分组							
省(自治区、直辖市)	14740	7260		196813	196813	163858	163858
地(区、市、州、盟)	712800	687481		10243788	10194617	8963109	8927326
县(区、市、旗)	412108	328280		9855864	9655769	8724794	8539533
街道	26200	446930		4766819	4766819	4049247	3874662
镇		20000		173785	173785	150382	150382
(社区)居委会	28267	12449		666880	666880	593168	593168
村委会	7960	340		301660	301660	270167	270167
其他	2507790	4201872	23337	46144748	45197656	40310862	38787331
四、按企业资质等级分组							
施工总承包	3173499	4838115		66631586	65728653	58335863	56769471
特级	514580	523152		9701339	9671406	8558325	8551015
一级	820656	1318786		23621397	23251414	20280755	19940279
二级	1226707	1999241		22729263	22321374	20339242	19428040
三级及以下	611556	996936		10579587	10484459	9157541	8850137
专业承包	536366	866497	23337	5718771	5425346	4889724	4536956
一级	73280	194600		1038327	987770	908186	792609
二级	224695	269198		1743945	1592146	1506460	1358003
三级及以下	238391	402699	23337	2936499	2845430	2475078	2386344
五、按营业状态分							
营业	3709865	5699262	23337	72284208	71087850	63171162	61252002
当年关闭		5000		65411	65411	53859	53859
其他		350		738	738	566	566
六、按控股情况分							
国有控股	199160	5800		3600322	3584893	3279258	3279237
集体控股	159534	60299		6301141	6009071	5667164	5319119
私人控股	2257962	5426460		56604454	55952640	49107183	47729026
外商控股	16856		23337	58584	58584	51889	51889
其他	1076353	212053		5785856	5548811	5120093	4927156

指 标 名 称	营业税金及附加	主营业务税金及附加	其他业务利润	销售费用	管理费用	其中：税金	财务费用
总　计	**1851236**	**1799594**	**55949**	**131830**	**1825730**	**113404**	**539057**
其中:国有及国有控股企业	75745	75704	4359	5112	136327	3003	15108
一、按登记注册类型分组							
内资企业	1850719	1799077	55949	130544	1820642	113267	538490
国有企业	37888	37888	3193	314	50349	1191	10085
集体企业	103260	103137	－1476	4755	47325	6129	14521
股份合作企业	286	286		1	1434	88	54
联营企业	1847	1847		432	901	196	233
集体联营企业	1847	1847		432	901	196	233
有限责任公司	793972	757537	46038	48786	969971	55318	287380
国有独资公司	3960	3955	1166	2130	16163	98	－1261
其他有限责任公司	790012	753582	44872	46656	953808	55220	288641
股份有限公司	149951	143080		6413	99170	3301	52784
私营企业	761217	753004	8194	69341	650740	46924	173133
私营有限责任公司	689139	681956	7299	64241	575382	40852	142182
私营股份有限公司	72078	71048	895	5100	75358	6072	30951
其他企业	2298	2298		502	752	120	300
港、澳、台商投资企业	293	293			2163	12	－1
合资经营企业(港或澳、台资)	293	293			2163	12	－1
外商投资企业	224	224		1286	2925	125	568
中外合资经营企业	224	224		1286	2925	125	568
二、按国民经济行业分组							
房屋建筑业	1494286	1457817	41790	76202	1134289	79491	363213
土木工程建筑业	269891	266498	8862	24527	471790	17849	156947
建筑安装业	42556	33881	1871	13793	146099	3645	7472
建筑装饰和其他建筑业	44503	41398	3426	17308	73552	12419	11425
建筑装饰业	27692	27062	2692	8692	48238	11309	8489
工程准备活动	2284	2284	734	964	5879	86	940
其他未列明建筑业	14527	12052		7652	19435	1024	1996

4－18 续表9

指 标 名 称	营业税金及附加	主营业务税金及附加	其他业务利润	销售费用	管理费用	其中：税金	财务费用
三、按隶属关系分组							
省（自治区、直辖市）	556	556		15	1920	74	833
地（区、市、州、盟）	112420	112144	24839	6673	416364	19140	186943
县（区、市、旗）	245211	236677	－1196	14930	269699	16157	65988
街道	180104	180104		2927	108742	2686	4380
镇	6143	6143		646	4626	178	1050
（社区）居委会	21137	21137		1623	13502	2274	2589
村委会	7086	7086		1018	3061	347	986
其他	1278579	1235747	32306	103998	1007816	72548	276288
四、按企业资质等级分组							
施工总承包	1724514	1680253	48213	90027	1481711	91984	498431
特级	28741	28616	22498		289577	7163	141115
一级	730872	710537	451	26750	419504	21174	154888
二级	638774	625928	19099	33845	440814	38866	144653
三级及以下	326127	315172	6165	29432	331816	24781	57775
专业承包	126722	119341	7736	41803	344019	21420	40626
一级	26805	24284	2700	1669	37513	10975	6962
二级	38179	34808	2692	13546	101508	4222	16213
三级及以下	61738	60249	2344	26588	204998	6223	17451
五、按营业状态分							
营业	1849904	1798262	55949	131546	1823878	113096	538903
当年关闭	1302	1302		283	1740	307	153
其他	30	30		1	112	1	1
六、按控股情况分							
国有控股	75745	75704	4359	5112	136327	3003	15108
集体控股	167902	157802	－466	11917	179835	9335	38292
私人控股	1464707	1431877	51282	103151	1330280	85721	419273
外商控股	224	224		1286	2925	125	568
其他	142658	133987	774	10364	176363	15220	65816

4－18 续表 10

指标名称	利息收入	利息支出	资产减值损失	公允价值变动收益	投资收益	营业利润	营业外收入
总　　计	**18350**	**367468**	**2737**	**90**	**4055**	**4787268**	**195415**
其中:国有及国有控股企业	1534	554	3991			85436	7877
一、按登记注册类型分组							
内资企业	18355	367464	2737	90	4055	4781727	194808
国有企业	307	153				49855	605
集体企业	120	10561	1295			200620	110
股份合作企业		54				1297	
联营企业	32	73				13092	
集体联营企业	32	73				13092	
有限责任公司	15461	216899	1325	67	2207	2279960	163270
国有独资公司	1568	9				－8886	3659
其他有限责任公司	13893	216890	1325	67	2207	2288846	159611
股份有限公司	1558	17388			271	407484	955
私营企业	877	122036	117	23	1577	1825171	29868
私营有限责任公司	263	92421	117	23	1577	1535555	29630
私营股份有限公司	614	29615				289616	238
其他企业		300				4248	
港、澳、台商投资企业	－5	4				3849	607
合资经营企业(港或澳、台资)	－5	4				3849	607
外商投资企业						1692	
中外合资经营企业						1692	
二、按国民经济行业分组							
房屋建筑业	9839	272528	4742	67	8385	3845839	118267
土木工程建筑业	6114	84209	－331	15	1157	850484	7934
建筑安装业	1588	5275	－1674	8	－5487	20853	62994
建筑装饰和其他建筑业	809	5456				70092	6220
建筑装饰业	37	4758				41171	6147
工程准备活动	306	689				9249	44
其他未列明建筑业	466	9				19672	29

4－18 续表 11

指标名称			资产减值损失	公允价值变动收益	投资收益	营业利润	营业外收入
	利息收入	利息支出					
三、按隶属关系分组							
省(自治区、直辖市)	57	646				29631	
地(区、市、州、盟)	11779	146457			7371	565650	92258
县(区、市、旗)	2467	49699	1746		－5544	528754	59102
街道	266	2034				421419	
镇	15	276				10938	
(社区)居委会	106	1011	13			34861	30
村委会	32	73	180			19162	
其他	3628	167272	798	90	2228	3176853	44025
四、按企业资质等级分组							
施工总承包	14675	337921	3777	67	9439	4515667	126430
特级	8701	147893			7100	690681	81022
一级	－1560	62598	1151		409	2015706	17840
二级	3916	88147	5156	67	1221	1130275	22142
三级及以下	3618	39283	－2530		709	679005	5426
专业承包	3675	29547	－1040	23	－5384	271601	68985
一级	48	6370				57192	635
二级	492	9302	－889	23	－5660	63306	15360
三级及以下	3135	13875	－151		276	151103	52990
五、按营业状态分							
营业	18348	367353	2737	90	4055	4779166	195415
当年关闭		114				8074	
其他	2	1				28	
六、按控股情况分							
国有控股	1534	554	3991			85436	7877
集体控股	2340	25212	703		139	235501	53851
私人控股	13212	331864	－2494	90	9336	4200034	124243
外商控股						1692	
其他	1264	9838	537		－5420	264605	9444

4－18 续表 12

指 标 名 称	其中：政府补助	营业外支出	利润总额	应交所得税	应付职工薪酬(本年贷方累计发生额)	建筑业企业在境外完成的营业收入	应交增值税
总　　计	**3692**	**97916**	**4884636**	**947285**	**9925844**	**88175**	**556198**
其中:国有及国有控股企业	3192	992	92321	25728	358258		50571
一、按登记注册类型分组							
内资企业	3492	97910	4878494	945747	9919656	88175	554492
国有企业	1	63	50397	11400	131061		27854
集体企业		14	200716	35694	563527		41381
股份合作企业			1297	315	10227		
联营企业			13092	1196	20118		
集体联营企业			13092	1196	20118		
有限责任公司	3428	85671	2357559	496995	4483191	88060	323680
国有独资公司		49	－5276	741	23572		6433
其他有限责任公司	3428	85622	2362835	496254	4459619	88060	317247
股份有限公司	7	2224	406215	94775	380855		17091
私营企业	56	9938	1844970	304310	4299877	115	144486
私营有限责任公司	56	9747	1555307	234567	3941741	115	126423
私营股份有限公司		191	289663	69743	358136		18063
其他企业			4248	1062	30800		
港、澳、台商投资企业	200	4	4452	1113	4320		
合资经营企业(港或澳、台资)	200	4	4452	1113	4320		
外商投资企业		2	1690	425	1868		1706
中外合资经营企业		2	1690	425	1868		1706
二、按国民经济行业分组							
房屋建筑业	40	90120	3873855	745263	8413934	79118	402456
土木工程建筑业	181	3646	854772	175508	1022412		107082
建筑安装业	3263	879	82968	15642	308895	9057	36749
建筑装饰和其他建筑业	208	3271	73041	10872	180603		9911
建筑装饰业	208	3252	44066	5843	115692		3136
工程准备活动			9293	86	13828		154
其他未列明建筑业		19	19682	4943	51083		6621

指 标 名 称	其中：政府补助	营业外支出	利润总额	应交所得税	应付职工薪酬（本年贷方累计发生额）	建筑业企业在境外完成的营业收入	应交增值税
三、按隶属关系分组							
省（自治区、直辖市）			29631	2682	7048		
地（区、市、州、盟）	201	75253	582655	136678	1612625		89200
县（区、市、旗）	25	6484	581372	123255	942873	9057	86259
街道			421419	104603	499184		19236
镇			10938	2731	25082		1432
（社区）居委会		200	34691	6636	139190		3057
村委会			19162	4427	56621		1717
其他	3466	15979	3204768	566273	6643221	79118	355297
四、按企业资质等级分组							
施工总承包	117	93563	4548403	883589	9087258	79118	503087
特级		69325	702378	173965	1825820		104040
一级		2479	2031067	383361	2052420		192854
二级	40	18301	1134116	202902	3171648		144621
三级及以下	77	3458	680842	123361	2037370	79118	61572
专业承包	3575	4353	336233	63696	838586	9057	53111
一级	228	22	57805	11188	110707		5640
二级	3192	3705	74961	15597	239211	9057	19997
三级及以下	155	626	203467	36911	488668		27474
五、按营业状态分							
营业	3692	97916	4876534	946777	9910358	88175	556198
当年关闭			8074	501	14621		
其他			28	7	865		
六、按控股情况分							
国有控股	3192	992	92321	25728	358258		50571
集体控股	320	2437	286915	58106	964847		62117
私人控股	179	91996	4232150	821093	7981717	79118	407707
外商控股		2	1690	425	1868		1706
其他	1	2489	271560	41933	619154	9057	34097

4－19　各县市区建筑业主要指标

（2016 年）

单位:千元

地　区	企业个数（个）	有工作量的企业个数	签订的合同额	本年新签合同额	建筑业总产值	竣工产值	房屋建筑施工面积（平方米）	房屋建筑竣工面积（平方米）	直接从事生产经营活动的平均人数(人)
总　计	**494**	**484**	**107064193**	**67002510**	**80597595**	**45974136**	**68377271**	**22326950**	**231316**
潍城区	20	20	3040911	1747188	2230842	1719105	2449879	768375	9880
寒亭区	15	14	2230343	1398089	1132755	1359320	2417502	718666	4472
坊子区	14	14	1277372	820904	1022148	505081	1054608	338929	3050
奎文区	44	42	2886111	1511681	2317738	1507036	1651703	760360	9643
青州市	44	40	16875792	10313507	10227079	5299545	8674010	2449798	25832
诸城市	64	64	14375746	8439536	12324294	5461460	8826607	3069160	44742
寿光市	67	67	19506863	13046754	16841360	9628142	14501735	6562362	53015
安丘市	31	31	13437753	9677105	11928140	5753877	6978938	2015681	19275
高密市	40	40	6154015	4228159	4154277	3012758	3540817	1005748	11262
昌邑市	23	22	1566206	1076149	1487280	751873	1600408	389004	5568
临朐县	41	41	3048555	1823225	2405961	1838021	2133334	724010	9349
昌乐县	18	18	2263890	1087162	2128975	1652123	1444046	522995	4398
高新开发区	42	40	16371614	8344199	9264216	6137276	11697345	2407143	19638
滨海开发区	19	19	2030731	1929296	1871465	843585	899883	443519	6697
经济开发区	10	10	1228979	867884	835192	322381	506456	151200	4022
峡山生态区	2	2	769312	691672	425873	182553			473

4－19 续表 1

地　区	资产合计	负债合计	所有者权益合计	主营业务收入	主营业务成本	主营业务税金及附加	营业利润	利润总额
总　计	**80677682**	**51688471**	**28989211**	**71153999**	**61306427**	**1799594**	**4787268**	**4884636**
潍城区	4610873	3213755	1397118	3148562	2797422	70101	175032	175428
寒亭区	1017812	575920	441892	1904661	1811209	52530	9914	10107
坊子区	1200647	825652	374995	894758	779079	14513	21469	21493
奎文区	3926084	2121021	1805063	2552750	2242649	75576	91425	100905
青州市	10694074	7150249	3543825	8438955	7147999	280912	596048	591277
诸城市	9356365	5259286	4097079	9232496	7751852	295456	811532	826820
寿光市	10404099	5620878	4783221	14632526	12901842	343135	836794	890925
安丘市	6194123	2959983	3234140	8468866	7064388	275706	860571	866644
高密市	7981155	5426129	2555026	4243380	3624065	110855	358862	359911
昌邑市	2011173	1465633	545540	1632236	1442351	42161	31399	34633
临朐县	3427659	2203898	1223761	2496708	2123983	63550	181076	180984
昌乐县	2107957	1432139	675818	2460795	2277697	53525	78389	77880
高新开发区	13843937	10628507	3215430	8031561	6967320	44763	531392	542992
滨海开发区	1188118	742071	446047	1820143	1559152	39723	163491	166345
经济开发区	1569215	978787	590428	1026390	654617	32317	43515	42046
峡山生态区	1144391	1084563	59828	169212	160802	4771	－3641	－3754

主要统计指标解释

1、**固定资产投资**：是建造和购置固定资产的经济活动，即固定资产再生产活动。固定资产投资统计范围为计划总投资500万元及以上的固定资产投资项目。

2、**房地产开发投资**：指各种登记注册类型的房地产开发公司、商品房建设公司及其他房地产开发单位统一开发的包括统代建、拆迁还建的住宅、厂房、仓库、饭店、宾馆、度假村、写字楼、办公楼等房屋建筑物和配套的服务设施、土地开发工程，如道路、给水、排水、供电、供热、通讯、平整场地等基础设施工程的投资。不包括单纯的土地交易活动。

3、**计划总投资**：指建设项目或企业、事业单位中的建设工程，按照总体设计规定的内容全部建成计划（或按设计概算或预算）需要的总投资。计划总投资按以下办法确定：

①有上级批准概（预）算投资或计划总投资的，按上级批准数确定；

②无上级批准概（预）算投资或计划总投资的，可按上报的计划总投资数确定；

③前两者都没有的，按年内施工工程计划总投资确定。

4、**本年完成投资**：指从本年1月1日起至本年最后一天止完成的全部投资额。

实际完成投资额是以货币表示的工作量指标，包括实际完成的建筑安装工程价值，设备、工具、器具的购置费，以及实际发生的其他费用。没用到工程实体的建筑材料、工程预付款和没有进行安装的需要安装的设备等，都不能计算投资完成额。

5、**本年完成投资额按构成分**

①建筑工程（建筑工作量）：指各种房屋、建筑物的建造工程，又称建筑工作量。包括：

a. 各种房屋如厂房、仓库、办公室、住宅、商店、学校、医院、俱乐部、食堂、招待所等工程。包括房屋的土建工程；列入房屋工程预算内的暖气、卫生、通风、照明、煤气等设备的价值及装设油饰工程；列入建筑工程预算内的各种管道（如蒸汽、压缩空气、石油、给排水等管道）、电力、电讯电缆、导线的敷设工程。

b. 设备基础、支柱、操作平台、梯子、烟囱、凉水塔、水池、灰塔等建筑工程；炼焦炉、裂解炉、蒸汽炉等各种窑炉的砌筑工程及金属结构工程。

c. 为施工而进行的建筑场地的布置、工程地质勘探，原有建筑物和障碍物的拆除，平整土地、施工临时用水、电、汽、道路工程，以及完工后建筑场地的清理、环境绿化美化工作等。

d. 矿井的开凿，井巷掘进延伸，露天矿的剥离，石油、天然气钻井工程和铁路、公路、港口、桥梁等工程。

e. 水利工程，如水库、堤坝、灌溉以及河道整治等工程。

f. 防空、地下建筑等特殊工程及其他建筑工程。

②安装工程（安装工作量）：指各种设备、装置的安装工程，又称安装工作量。包括：

a. 生产、动力、起重、运输、传动和医疗、实验等各种需要安装设备的装配和安装，与设备相连的工作台、梯子、栏杆等装设工程，附属于被安装设备的管线敷设工程，被安装设备的绝缘、防腐、保温、油漆等工作。

b. 为测定安装工程质量，对单个设备、系统设备进行单机试运、系统联动无负荷试运工作（投料试运工作不包括在内）。

在安装工程中，不包括被安装设备本身价值。

③设备工具器具购置：指把工业企业生产的产品转为固定资产的购置活动，包括建设单位或企业、事业单位购置或自制达到固定资产标准的设备、工具、器具的价值。新建单位及扩建单位的新建车间，按照设计或计划要求购置或自制的全部设备、工具、器具，不论是否达到固定资产标准均计入“设备工具器具购置”中。

有些项目中制造期比较长的大型机电设备及金属结构设备(如船舶、飞机、大型发电机组等)购置,按合同分期付款的进度计算投资完成额。

④其他费用:指在固定资产建造和购置过程中发生的,除建筑安装工程和设备、工器具购置投资完成额以外的费用,不指经营中财务上的其他费用。包括旧房屋购置,基本畜禽支出,林木支出,退耕退牧还林还草、土壤改良、城市绿化,办公生活用家具、器具购置,建设单位管理费,土地征用、购置及迁移补偿费,政府收费,勘察设计费,研究实验费,可行性研究费,临时设施费,施工机械转移费,设备检验费,负荷联合试车费,土地占用、使用费,建设期应付利息,包干节余,企业债券发行费,合同公证费及工程质量监测费,国外借款手续费及承诺费,汇兑损益,调整器材调拨价格折价,坏帐损失,固定资产亏损及损失等。

6. 资金来源

(1)本年资金来源合计:指在报告期收到的,用于固定资产投资项目建设和购置的各种资金。包括上年末结余资金、本年度内拨入或借入的资金及以各种方式筹集的资金。

(2)上年末结余资金:指上年资金来源中没有形成投资额而结余的资金。包括尚未用到工程中的材料价值、未开始安装的需要安装设备价值及结存的现金和银行存款等。可根据有关财务数字填报。上年末结余资金不能出现负数,即不能把上年应付工程、材料款作为上年末结余资金的负数来处理。

(3) 本年资金来源小计 指在报告期收到的,用于固定资产投资的各种货币资金。包括国家预算资金、国内贷款、债券、利用外资、自筹资金和其他资金。

(4)国家预算内资金:指各级政府用于固定资产投资的财政资金,包括中央预算资金和地方预算资金。

国家预算包括一般预算、政府性基金预算、国有资本经营预算和社保基金预算。各类预算中用于固定资产投资的资金全部作为国家预算资金填报,其中一般预算中用于固定资产投资的部分包括基建投资、车购税、灾后恢复重建基金和其他财政投资。各级政府债券也应归入国家预算资金。

(5)国内贷款:指报告期固定资产投资项目单位向银行及非银行金融机构借入用于固定资产投资的各种国内借款,包括银行利用自有资金及吸收存款发放的贷款、上级主管部门拨入的国内贷款、国家专项贷款(包括煤代油贷款、劳改煤矿专项贷款等),地方财政专项资金安排的贷款、国内储备贷款、周转贷款等。

(6)债券:指企业(公司)或金融机构通过发行各种债券,筹集用于固定资产投资的资金。包括由银行代理国家专业投资公司发行的重点企业债券和基本建设债券。

(7)利用外资:指报告期收到的用于固定资产建造和购置投资的境外资金(包括设备、材料、技术在内)。计算利用外资时,需要折算成人民币,折算中所使用的外汇汇率按现汇计算,即按使用外汇时的汇率计算。包括外商直接投资、对外借款(外国政府贷款、国际金融组织贷款、出口信贷、外国银行商业贷款、对外发行债券和股票)及外商其他投资(包括补偿贸易和加工装配由外商提供的设备价款、国际租赁)。不包括我国自有外汇资金(包括国家外汇、地方外汇、留成外汇、调济外汇和中国银行自有资金发行的外汇贷款等)。

外商直接投资:指外国投资商在与中国企业(政府)合资、合作或独资中以外汇现金、设备(或实物)、技术、专利或其他方式投入的资金总量。

(8)自筹资金:指在报告期内筹集的用于项目建设和购置的资金。包括自有资金、股东投入资金和借入资金,但不包括各类财政性资金、从各类金融机构借入资金和国外资金。

(9)其他资金来源:指在报告期收到的除以上各种资金之外其他用于固定资产投资的资金。包括社会集资、个人资金、无偿捐赠的资金及其他单位拨入的资金等。

(10)各项应付款:指本年用于固定资产投资的应付未付的投资款。包括当年应付工程款、应付器材款、应付工资、应付有偿调入器材及工程款、其他应付款、应交税金、应交基建收入、应交投资包干结余、应交能源交通建设基金、应交预算调节基金及其他应交款。

7. 建设规模及新增生产能力(或工程效益)

(1)建设规模:指建设项目或工程设计文件中

规定的全部设计能力(或工程效益)。包括已经建成投产和尚未建成投产的工程的生产能力(或工程效益)。

(2)本年施工规模:指报告期内施工的单项工程的设计能力(或工程效益),即全部建设规模中在本年正式施工的部分。

(3)自开始建设累计新增生产能力(或工程效益):指自开始建设至本年底止建成投产的全部单项工程累计的新增生产能力(或工程效益)。包括报告期以前已经建成投产和报告期内建成投入生产的单项工程的生产能力(或工程效益)。

(4)本年新增生产能力(或工程效益):指在本年度内按照新增生产能力(或工程效益)的计算条件和标准,实际建成投入生产或交付使用的生产能力(或工程效益)。

8. **房屋施工面积**:指报告期内施工的全部房屋(包括地下室、半地下室以及配套房屋)建筑面积。包括本期新开工的面积和上年开工跨入本期继续施工的房屋面积,以及上期已停建在本期恢复施工的房屋面积。本期竣工和本期施工后又停建缓建的房屋面积仍包括在施工面积中,多层建筑应填各层建筑面积之和。

9. **房屋新开工面积**:指在报告期内新开工建设的房屋面积。不包括上期跨入报告期继续施工的房屋面积和上期停缓建而在本期恢复施工的房屋面积。房屋的开工应以房屋正式开始破土刨槽(地基处理或打永久桩)的日期为准。

10. **房屋竣工面积**:指报告期内房屋建筑按照设计要求已全部完工,达到住人和使用条件,经验收鉴定合格或达到竣工验收标准,可正式移交使用的各栋房屋建筑面积的总和。

11. **竣工房屋价值**:指在报告期内竣工房屋本身的建造价值。竣工房屋的价值一般按房屋设计和预算规定的内容计算。包括竣工房屋本身的基础、结构、屋面、装修以及水、电、卫等附属工程的建筑价值,也包括作为房屋建筑组成部分而列入房屋建筑工程预算内的设备(如电梯、通风设备等)的购置和安装费用;不包括厂房内的工艺设备、工艺管线的购置和安装,工艺设备基础的建造;办公和生活用家具的购置等费用;购置土地的费用;迁移补偿费和场地平整的费用及城市建设配套投资。竣工房屋价值一般按结算价格计算。

12. **商品房销售面积**:指报告期内出售商品房屋的合同总面积(即双方签署的正式买卖合同中所确定的建筑面积)。由现房销售建筑面积和期房销售建筑面积两部分组成。

(1)现房销售面积:是指在报告期内正式签订买卖合同、已经竣工达到入住条件的商品房屋建筑面积。包括以一次性付款方式和分期付款方式销售的现房建筑面积。

(2)期房销售面积:是指在报告期内正式签订买卖合同、正在建设尚未竣工交付使用的商品房屋建筑面积。包括以一次性付款方式和分期付款方式销售的商品房屋建筑面积。期房销售建筑面积竣工后不再结转为现房销售建筑面积。

13. **商品房销售额**:指报告期内出售商品房屋的合同总价款(即双方签署的正式买卖合同中所确定的合同总价)。该指标与商品房销售面积同口径,由现房销售额和期房销售额两部分组成。

(1)现房销售额:指报告期内销售的已竣工商品房屋的合同总价款。包括现房销售前期预收的定金、预收款、首付款及全部按揭贷款的本金等款项。该指标与现房销售面积同口径。

(2)期房销售额:指报告期内销售的正在建设尚未竣工的商品房屋的合同总价款。包括预售房屋前期预收的定金、预收款、首付款及全部按揭贷款的本金等项。该指标与期房销售面积同口径。

14. **待售面积**:指报告期末已竣工的可供销售或出租的商品房屋建筑面积中,尚未销售或出租的商品房屋建筑面积,包括以前年度竣工和本期竣工的房屋面积,但不包括报告期已竣工的拆迁还建、统建代建、公共配套建筑、房地产公司自用及周转房等不可销售或出租的房屋面积。

5

财政、金融、保险

FIVE

FINANCE, FINANCE AND INSURANCE

简 要 说 明

一、本篇资料的主要内容

本篇资料反映了全市财政收支、金融和保险方面的情况，主要包括财政收入、财政支出、金融机构存贷款、现金收支、保险业务开展等方面的资料。

二、本篇资料的来源

财政部分资料来源于市财政局；金融方面资料来源于中国人民银行潍坊分行；保险方面资料来源于潍坊市保险行业协会。本篇资料由市统计局综合科整理。

5-1 全市历年财政收支情况

（1978－2016年）

单位：万元

年　份	财政总收　入	一般公共预算收入	工　商税收类	农牧业税收类	一般公共预算支出	一般公共服务支出	科教文卫支　出	城乡社区、农林水支出
1978		52192	37935	2136	18070	1943	5172	1832
1980		54535	40742	2444	17134	1227	7399	2884
1985		74965	69360	3334	31363	548	12626	4928
1986		79049	72381	3360	46633	1352	15347	5964
1987		69118	58664	3631	53348	1596	16814	5680
1988		86889	71192	3554	71389	3451	21786	5969
1989		100089	86477	3601	81891	5775	25297	7024
1990		104172	93449	3872	89342	6828	28270	8103
1991		116187	97992	3915	91427	6722	30439	8430
1992		129340	110090	4757	103850	7064	36293	12688
1993		173532	154914	5729	133395	8110	41520	15902
1994	242141	119473	81314	8568	164639	7363	61650	23501
1995	303087	160742	100371	8608	207701	9840	68071	28536
1996	378276	210721	123359	12613	265299	11616	88478	35561
1997	467664	267057	152263	12615	320886	14862	100668	43106
1998	524460	299182	176488	12704	357596	20122	110124	45232
1999	560286	304556	184131	11371	371473	20607	124714	48351
2000	577022	342771	193484	10045	398848	20050	142930	52582
2001	660238	408091	202111	8837	468251	25815	156175	57615
2002	761778	382791	217680	40326	526313	22092	189324	69356
2003	904812	457381	262031	45640	592370	34024	210582	81712
2004	1078078	525808	333915	72451	736213	36104	237730	98295
2005	1416203	707203	482830	78086	953002	48459	278113	113541
2006	1776788	885497	606652	86560	1149328	55283	325993	133210
2007	2244830	1105732	784995	129536	1487856	270244	499579	324172
2008	2599634	1319579	951968	170867	1823495	307235	664087	374727
2009	2994933	1579518	1095228	285212	2277162	342951	778272	497765
2010	3809185	2024316	1457926	292818	2910354	378074	998223	609226
2011	4668133	2539176	1818374	308693	3582607	424708	1351615	696211
2012	5299664	3061228	2136471	327646	4255938	499502	1651777	829061
2013		3839158	2789465	396699	4939637	582728	1914273	935230
2014		4301789	3061560	494929	5277579	567194	2093200	1046086
2015		4845057	3402364	491882	6121550	610302	2399285	1341950
2016		5215369	3478322	501144	6376024	565136	2511173	1357563

注：1. 2006年以前，一般公共服务支出为支农支出，科教文卫支出为文教卫生事业费，城乡社区、农林水支出为行政管理费数据。
2. 2011年及以前，一般公共预算收入指标命名为地方财政收入，2012年、2013年命名为公共财政预算收入。
3. 2011年及以前，一般公共预算支出指标命名为地方财政支出，2012年、2013年命名为公共财政预算支出。
4. 从2014年起，“人口计划生育事务支出”从“一般公共服务支出”调入“科教文卫支出”中的“医疗卫生与计划生育支出”。

5－2 全市财政收支情况

（2016 年）

单位：万元

指标名称	2016 年	2015 年	2016 年比 2015 年增长（%）
一般公共预算收入	**5215369**	**4782442**	**9.1**
增值税	958305	756836	26.6
营业税	543055	689562	－21.2
企业所得税	291664	310342	－6.0
个人所得税	84941	75601	12.4
城建税	222972	212551	4.9
契税	266030	273818	－2.8
专项收入	277743	255148	8.9
一般公共预算支出	6376024	6121550	4.2
一、一般公共服务支出	565136	610302	－7.4
二、外交支出			
三、国防支出	4538	2607	74.1
四、公共安全支出	341817	293096	16.6
五、教育支出	1651986	1599313	3.3
六、科学技术支出	166100	138059	20.3
七、文化体育与传媒支出	88881	87751	1.3
八、社会保障和就业支出	653422	566049	15.4
九、医疗卫生与计划生育支出	604206	574162	5.2
十、节能环保支出	224858	240952	－6.7
十一、城乡社区支出	682782	604733	12.9
十二、农林水支出	674781	737217	－8.5
十三、交通运输支出	212486	190442	11.6
十四、资源勘探信息等支出	192227	244975	－21.5
十五、商业服务业等支出	62416	64949	－3.9
十六、金融支出	21951	26305	－16.6
十七、援助其他地区支出	12886	12391	4.0
十八、国土海洋气象等支出	51263	47775	7.3
十九、住房保障支出	63070	55383	13.9
二十、粮油物资储备支出	9956	7813	27.4
二十一、债务付息支出	86079	12543	586.3
二十二、其他支出	5183	4733	9.5

5－3 各县市区财政收入情况

(2016年)

单位:万元

地区	一般公共预算收入	增值税	营业税	城建税	个人所得税	契税和耕地占用税	企业所得税
总计	**5215369**	**958305**	**543055**	**222972**	**84941**	**492574**	**291664**
市本级	151054	4466			1541		23821
潍城区	200257	36821	22078	10058	4036	14959	6202
寒亭区	172483	41169	21111	8512	3010	16148	9194
坊子区	130924	29636	9954	5143	2680	8386	16572
奎文区	260309	45000	51042	10705	12969	17681	9024
青州市	459890	87114	59032	31388	8106	26036	10358
诸城市	731686	99022	84939	23437	7651	126191	30190
寿光市	946872	131642	102875	32238	8792	98631	34773
安丘市	208027	45057	25759	10169	3786	14522	14487
高密市	480480	80746	39220	16754	5003	52973	17868
昌邑市	299086	70808	15075	14080	3421	6667	21820
临朐县	156966	36199	28584	5577	2871	19473	11726
昌乐县	235929	47746	23156	8933	3732	19262	17699
高新开发区	419067	130967	37269	32510	12795	26156	45419
滨海开发区	330567	65772	16186	12086	3578	40972	18930
峡山生态区	17351	3307	5648	937	232	1681	779
综合保税区	14421	2833	1127	445	738	2836	2802

5－4 各县市区财政支出情况

(2016年)

单位:万元

地区	一般公共预算支出	一般公共服务支出	教育支出	城乡社区事务支出
总计	**6376024**	**565136**	**1651986**	**682782**
市本级	987756	84926	146489	80747
潍城区	169847	22499	49408	23530
寒亭区	212577	24434	62674	18434
坊子区	177890	17535	47562	9214
奎文区	178356	31076	47673	26560
青州市	494229	41843	156125	54742
诸城市	761560	67216	238222	55739
寿光市	971469	60059	249795	163312
安丘市	386841	32423	138461	10288
高密市	518843	56813	163647	39249
昌邑市	366415	27285	86035	75171
临朐县	322766	22145	101267	8719
昌乐县	279521	29768	82596	12541
高新开发区	219705	24295	24964	31961
滨海开发区	226308	14374	27045	69497
峡山生态区	80200	2781	27159	386
综合保税区	21741	5664	2864	2692

5－5　全市历年人民币主要金融统计指标

（1978－2016年）

单位：万元

年份	各项存款余额	单位存款	储蓄存款	各项贷款余额	短期贷款	中长期贷款	票据融资	现金投放(＋)回笼(－)
1978	31153	9358	4825	123284	33942	3882	83794	556
1979	43144	11148	6396	132555	37080	4011	89855	3727
1980	54851	12880	8556	144675	44746	4885	94276	5650
1981	85871	18004	10245	156942	51056	5142	50531	1527
1982	92202	19951	12715	198733	50094	4847	122039	4798
1983	190006	30105	19843	312897	57962	3223	227707	8856
1984	171292	38686	26150	280759	82038	9896	162779	15950
1985	187554	55538	37769	342767	94331	24311	187428	5590
1986	228404	70885	56461	426282	124643	35885	198663	7280
1987	372969	84231	222873	585226	139128	39598	219145	－1659
1988	468469	95267	298126	707352	172003	61873	264100	20209
1989	599672	106366	388278	825558	223406	76444	277929	－14736
1990	796109	141252	516695	1017297	294184	88875	331939	－23689
1991	937548	181104	650827	1224596	346808	108022	372014	－14314
1992	1197979	231475	787124	1486920	404684	131014	417623	－20718
1993	1439326	257890	989876	1730302	461068	145661	495324	－10152
1994	2013802	424007	1427155	2126191	485110	180789	578636	－29987
1995	2692902	567194	1921155	2539778	542965	153055	668551	－164818
1996	3356912	674931	2477681	3025035	596297	277214	805096	－150895
1997	3980040	865829	2872865	3746318	748504	396381	931895	－94989
1998	4363987	777172	3447561	3967719	736680	507728	914827	－321525
1999	4954087	824174	3872654	4139583	736894	524692	931484	－200859
2000	5606076	950894	4244516	4271984	679935	625686	828053	－118163
2001	6465489	1142925	4779337	4764808	857222	845631	901421	－75084
2002	7864484	1641790	5364243	5737030	1103189	1047225	990317	－141859
2003	9022778	1928506	6069642	6517983	1242115	1231130	960011	－295723
2004	10553633	2282331	6962244	7438962	1397190	1403690	961892	－370637
2005	12492611	2620369	8046118	8482885	1403438	1427510	776893	－398996
2006	14255479	2745272	9130194	10317237	1990919	1772369	709178	－557975
2007	16374435	3399218	10387400	12270158	2508208	1930866	690336	－551196
2008	20404631	3899723	13264880	14955651	2596297	2518179	632524	－427635
2009	27389571	6191009	16051074	20426253	3208409	3521576	715931	－415829
2010	32812534	7469351	18437854	25148111	13501226	10788827	856499	－297037
2011	37069256	15400968	20742982	29326941	16545055	11814427	966229	
2012	43672721	18025488	24503729	3985062	20163521	12691889	1122889	
2013	49739085	20243119	27927581	38327038	23221009	14334327	734054	
2014	54081625	20667461	31518158	41625165	24572737	15556721	1391441	
2015	60707328	23396720	35912686	44997809	25587592	17444104	1793432	
2016	69769326	28130736	40019624	47979086	23810586	22074722	2003331	

注：2009年以前，单位存款为企业存款，短期贷款为工业贷款，中长期贷款为农业贷款，票据融资为商业贷款指标。

5－6　全市金融机构信贷收入情况

（2016 年）

单位：万元

指标名称	年末余额（人民币口径）	全国性大型银行	全国性中小型银行	区域性中小型银行	比年初增加
资金来源总计	**67312373**	**33519848**	**10997985**	**34077175**	**6275103**
一. 各项存款	69769326	32412139	10340990	26502838	9061998
1. 单位存款	28130736	12122875	9075572	6932289	4734016
（1）活期存款	12495864	6218450	2944440	3332975	3587651
（2）定期存款	5151192	1934475	1924163	1292554	632533
（3）保证金存款	5486314	1870632	2221845	1393836	－1182795
（4）结构性存款	1103642	249079	618700	235863	210159
2. 个人存款	40019624	19923040	1159922	18936663	4106938
（1）活期储蓄存款	11694185	7315876	485545	3892764	1682500
（2）定期储蓄存款	22572565	7905767	496286	14170512	781016
（3）结构性存款	749822	408514	100034	241274	24833
3. 非存款类金融机构存款	1082332	348430	100755	633146	181010
二. 金融债券	759350	1		759349	49580
三. 应付及暂收款	1814106	521778	91610	1125420	44081

5－6 续表 1

指标名称	年末余额（本外币口径）	全国性大型银行	全国性中小型银行	区域性中小型银行	比年初增加
资金来源总计	**68610505**	**34443150**	**11265776**	**34216602**	**5846139**
一. 各项存款	70948098	33264392	10593840	26576507	8771833
1. 单位存款	29076288	12757556	9313483	7005250	4366679
（1）活期存款	13201090	6723339	3092302	3385449	3899716
（2）定期存款	5286475	1974674	2008272	1303528	134360
（3）保证金存款	5591358	1960224	2227785	1403349	－1363698
（4）结构性存款	1103642	249079	618700	235863	210159
2. 个人存款	40250918	20138874	1174840	18937204	4183646
（1）活期储蓄存款	11827992	7438257	496638	3893097	1719294
（2）定期储蓄存款	22657579	7987488	499371	14170720	811309
（3）结构性存款	752776	410749	100753	241274	26124
3. 非存款类金融机构存款	1082735	348834	100755	633146	181053
二. 金融债券	759350	1		759349	49580
三. 应付及暂收款	1830809	537496	92433	1125582	38973

5－7 全市金融机构信贷支出情况

（2016 年）

单位：万元

指 标 名 称	年末余额（人民币口径）	全国性大型银行	全国性中小型银行	区域性中小型银行	比年初增加
资金运用总计	**67312373**	**33519848**	**10997985**	**34077175**	**6275103**
一. 各项贷款	47979086	22874450	9765690	15338947	2981277
（一）境内贷款	47978360	22874223	9765190	15338947	2981406
1. 短期贷款	23810586	8758924	4116936	10934726	－1789230
（1）个人贷款及透支	4804699	710109	196381	3898208	－393098
其中：个人消费贷款	414603	345595	55974	13035	－98047
（2）单位贷款及透支	19005888	8048815	3920554	7036518	－1396133
其中：经营贷款及透支	17769003	7067052	3753787	6948164	－1339299
固定资产贷款	37005	463	1125	35417	－3129
并购贷款					
贸易融资	1199880	981301	165642	52937	－53704
2. 中长期贷款	22074722	12981128	5488385	3605209	4642843
（1）个人贷款	10032568	7682337	1150945	1199286	1318375
其中：个人消费贷款	9160350	7389851	1043226	727273	1317111
（2）单位贷款	12042154	5298791	4337440	2405923	3324468
其中：经营贷款	3111457	492120	534353	2084984	902974
固定资产贷款	8899100	4775075	3803087	320939	2428304
并购贷款	29800	29800			
贸易融资	1797	1797			－6810
3. 票据融资	2003331	1083930	152443	766958	209899
4. 融资租赁					
5. 各项垫款	89720	50241	7426	32054	－82106
（二）境外贷款	726	227	500		－129
二. 债券投资	4329632	－1378	60	2081204	－712724
三. 库存现金	342380	161373	16481	164525	－47391
四. 应收及预付款	511342	114253	24393	299484	10098
其中：应收利息	279063	58728	14339	133135	12404
五. 投资性房地产					
六. 固定资产	668113	218952	21688	396881	29888

5－7 续表1

指标名称	年末余额（本外币口径）	全国性大型银行	全国性中小型银行	区域性中小型银行	比年初增加
资金运用总计	**68610505**	**34443150**	**11265776**	**34216602**	**5846139**
一. 各项贷款	49059764	23548443	9997189	15514132	1455349
（一）境内贷款	49059038	23548216	9996690	15514132	1455477
1. 短期贷款	24780385	9396446	4313750	11070189	－3278440
（1）个人贷款及透支	4805063	710473	196381	3898208	－393092
其中：个人消费贷款	414968	345959	55974	13035	－98041
（2）单位贷款及透支	19975322	8685973	4117369	7171980	－2885348
其中：经营贷款及透支	18144005	7359298	3826776	6957931	－2490822
固定资产贷款	37005	463	1125	35417	－3129
并购贷款					
贸易融资	1794312	1326212	289468	178632	－391396
2. 中长期贷款	22184984	13017600	5523070	3644314	4608046
（1）个人贷款	10032707	7682475	1150945	1199286	1318369
其中：个人消费贷款	9160489	7389990	1043226	727273	1317105
（2）单位贷款	12152277	5335124	4372125	2445028	3289676
其中：经营贷款	3178052	524030	569038	2084984	873334
固定资产贷款	8903523	4779498	3803087	320939	2389598
并购贷款	29800	29800			
贸易融资	40902	1797		39105	26745
3. 票据融资	2003331	1083930	152443	766958	209899
4. 融资租赁					
5. 各项垫款	90338	50241	7426	32671	－84027
（二）境外贷款	726	227	500		－129
二. 债券投资	4329632	－1378	60	2081204	－712724
三. 库存现金	347871	166088	16939	164845	－46340
三. 应收及预付款	525240	126255	25601	300171	－6451
其中：应收利息	292778	70679	15415	133822	－3912
六. 投资性房地产					
四. 固定资产	668113	218952	21688	396881	29888

5－8 各县市区储蓄存款余额分布表

（2016 年）

单位:万元

地　　区	人民币储蓄存款余额	较年初增加	工商银行	农业银行	中国银行	潍坊银行	建设银行	交通银行	邮政储蓄
总　　计	**40019624**	**4106938**	**3279289**	**6753836**	**1945881**	**2793933**	**3650920**	**748597**	**3544518**
市 辖 区	11967033	1201315	1244446	1496345	651950	2069583	1757879	623882	581473
青 州 市	5008652	480939	356878	1133271	200426	126109	394046	30742	459161
诸 城 市	3995030	399945	323920	824175	206923	106097	292101	16956	373210
寿 光 市	5184224	512330	431447	1107736	176474	94054	278033	22385	485013
安 丘 市	2928247	301746	211121	456023	172510	72984	236086	5714	333717
高 密 市	3155709	413808	244422	569370	154808	75495	208181	23241	329923
昌 邑 市	2880006	213819	170291	513329	107270	114677	169012		433849
临 朐 县	2767091	339370	130342	372711	147084	89395	184589		326663
昌 乐 县	2133632	243665	166421	280876	128436	45539	130994	25678	221510

5－8 续表 1

单位:万元

地　　区	民生银行	兴业银行	浦发银行	招商银行	中信银行	齐商银行	恒丰银行	东营银行	日照银行
总　　计	**193841**	**170116**	**69283**	**216749**	**123348**	**69240**	**100264**	**77897**	**54348**
市 辖 区	75199	75682	26537	142260	77563	14603	68748	63652	40773
青 州 市	32631	17472	9081	8520		25176			
诸 城 市	5227	24031	11922	29040	9977			14245	13575
寿 光 市	43141	20627	21743	36929			12961		
安 丘 市	7133				11839	8989			
高 密 市		21785				20471	18555		
昌 邑 市	17749	10518							
临 朐 县	12763								
昌 乐 县					23969				

5－8 续表 2 单位:万元

地区	本外币储蓄存款余额	较年初增加	工商银行	农业银行	中国银行	潍坊银行	建设银行	交通银行	邮政储蓄
总计	**40250918**	**4183646**	**3322685**	**6761819**	**2070951**	**2793933**	**3682311**	**756344**	**3544764**
市辖区	12105840	1245536	1278319	1499739	713066	2069583	1778752	631399	581676
青州市	5033159	487924	358574	1134181	218648	126109	396673	30841	459161
诸城市	4013184	407613	325340	825153	219047	106097	294337	16988	373210
寿光市	5198477	518083	433713	1108265	184895	94054	280172	22418	485013
安丘市	2934946	304455	212077	456526	176554	72984	237165	5714	333717
高密市	3164504	417256	245581	569956	161294	75495	208622	23241	329923
昌邑市	2886092	215651	171115	513945	110840	114677	169919		433885
临朐县	2776211	341435	130849	373031	154990	89395	184944		326670
昌乐县	2138506	245693	167117	281023	131618	45539	131727	25742	221510

5－8 续表 3 单位:万元

地区	民生银行	兴业银行	浦发银行	招商银行	中信银行	齐商银行	恒丰银行	东营银行	日照银行
总计	**194554**	**171385**	**69338**	**226142**	**124852**	**69240**	**100365**	**77897**	**54348**
市辖区	75470	76725	26592	149683	78421	14603	68849	63652	40773
青州市	32867	17556	9081	9096		25176			
诸城市	5264	24060	11922	29741	10525			14245	13575
寿光市	43226	20685	21743	37623			12961		
安丘市	7188				11901	8989			
高密市		21840				20471	18555		
昌邑市	17764	10518							
临朐县	12773								
昌乐县					24005				

5-9 各县市区金融机构信贷收支情况

（2016年）

单位:万元

地区	人民币各项存款余额	单位存款	个人存款	人民币各项贷款余额
总计	**69769326**	**28130736**	**40019624**	**47979086**
市辖区	27884672	14841624	11967033	18047982
青州市	7273913	2067106	5008652	4341417
诸城市	6305373	2210933	3995030	5055527
寿光市	8359745	3122894	5184224	6941004
安丘市	4094769	1135415	2928247	3160944
高密市	4804391	1635065	3155709	3536238
昌邑市	4019395	1066489	2880006	2148169
临朐县	3774115	979821	2767091	2322333
昌乐县	3252953	1071388	2133632	2425473

5-9续表1

地区	人民币各项贷款余额					
	1.短期贷款	单位贷款及透支	个人贷款及透支	2.中长期贷款	单位贷款	个人贷款
总计	**23810586**	**19005888**	**4804699**	**22074722**	**12042154**	**10032568**
市辖区	7170585	6048991	1121595	9511039	4829280	4681759
青州市	2395086	1776493	618593	1831224	1236448	594775
诸城市	2458450	2057240	401210	2460213	1271068	1189146
寿光市	4367566	3742595	624971	2531282	1790734	740548
安丘市	1636040	1217042	418998	1397742	633444	764298
高密市	1912779	1526151	386628	1538503	738184	800319
昌邑市	1181895	876111	305784	885951	579695	306256
临朐县	1390965	785004	605961	867751	445315	422436
昌乐县	1297220	976259	320960	1051017	517985	533032

5－9 续表 2

地　区	本外币各项存款余额	单　位存　款	个　人存　款	本外币各项贷款余额
总　计	**70948098**	**29076288**	**40250918**	**49059764**
市辖区	28519675	15336746	12105840	18511439
青州市	7342528	2111202	5033159	4498209
诸城市	6387100	2274323	4013184	5074584
寿光市	8571338	3319891	5198477	7256715
安丘市	4127831	1161562	2934946	3176691
高密市	4856185	1678018	3164504	3609555
昌邑市	4045870	1086875	2886092	2169259
临朐县	3798070	994642	2776211	2326450
昌乐县	3299500	1113029	2138506	2436861

5－9 续表 3

地　区	本外币各项贷款余额					
	1. 短期贷　款	单位贷款及透支	个人贷款及透支	2. 中长期贷　款	单　位贷　款	个　人贷　款
总　计	**24780385**	**19975322**	**4805063**	**22184984**	**12152277**	**10032707**
市辖区	7539303	6417491	1121812	9605778	4923881	4681897
青州市	2551878	1933245	618633	1831224	1236448	594775
诸城市	2477508	2076271	401237	2460213	1271068	1189146
寿光市	4667755	4042753	625002	2546804	1806256	740548
安丘市	1651787	1232782	419005	1397742	633444	764298
高密市	1985479	1598837	386642	1538503	738184	800319
昌邑市	1202985	897195	305790	885951	579695	306256
临朐县	1395082	789114	605969	867751	445315	422436
昌乐县	1308608	987636	320972	1051017	517985	533032

5－10 全市保险业基本情况

（2015－2016年）

指 标 名 称	单 位	2016年	2015年	2016年比 2015年增长%
承保额	**亿元**	**26403.5**	**21392.9**	**23.42**
企业财产险	亿元	3444.4	3261.8	5.60
家庭财产险	亿元	1060.4	442.9	139.41
运输工具及责任险	亿元	11200.8	8572.5	30.66
货物运输保险	亿元	940.9	1300.7	－27.66
人身保险（含养老保险）	亿元	3015.6	2599.8	15.99
人身意外伤害险	亿元	6560.3	4582.2	43.17
农业险	亿元	40.9	34.5	18.61
其它险	亿元	140.2	598.4	－76.57
保险业务收入（保费收入）	**万元**	**1860058.1**	**1603861.0**	**15.97**
企业财产险	万元	20676.4	21655.3	－4.52
家庭财产险	万元	3273.7	2586.2	26.59
运输工具及责任险	万元	503819.3	458610.3	9.86
货物运输险	万元	5343.5	5184.6	3.06
人身保险（含养老保险）	万元	1274791.1	1077036.4	18.36
人身意外伤害险	万元	27241.7	20971.5	29.90
农业险	万元	16339.0	408.6	3898.59
其它险	万元	8573.4	17408.0	－50.75
保险业务支出（赔款支出）	**万元**	**585351.4**	**486593.0**	**20.30**
企业财产险	万元	12917.1	8895.5	45.21
家庭财产险	万元	937.4	579.0	61.91
运输工具及责任险	万元	252664.6	230136.7	9.79
货物运输险	万元	3270.1	2549.2	28.28
人身保险（含养老保险）	万元	284816.7	222037.6	28.27
人身意外伤害险	万元	13946.6	12217.2	14.16
农业险	万元	11519.0	218.9	5162.79
其它险	万元	5279.8	9958.9	－46.98
保险密度	元/人	2047.0	1729.0	18.39
保险深度	‰	3.60	3.10	16.13

主要统计指标解释

财政收入:指国家财政参与社会产品分配所取得的收入,是实现国家职能的财力保证。财政收入所包括的内容几经变化,目前主要包括:

(1)税收收入:包括增值税、营业税、企业所得税、个人所得税、资源税、固定资产投资方向调节税、城市维护建设税、房产税、印花税、城镇土地使用税、土地增值税、车船税、耕地占用税、契税、烟叶税、其他税收收入。

(2)非税收入:包括专项收入、行政事业性收费收入、罚没收入、国有资本经营收入、国有资源有偿使用收入、其他收入。

财政支出:国家财政将筹集起来的资金进行分配使用,以满足经济建设和各项事业的需要,主要包括:

(1)一般公共服务支出:反映政府提供一般公共服务的支出。

(2)公共安全:反映政府维护社会公共安全方面的支出,有关事务包括武装警察、公安、国家安全、检察、法院、司法行政、监狱、劳教、国家保密、缉私警察等。

(3)教育支出:反映政府教育事务支出。有关具体教育事务包括教育行政管理、学前教育、小学教育、初中教育、普通高中教育、普通高等教育、初等职业教育、中专教育、技校教育、职业高中教育、高等职业教育、广播电视教育、留学生教育、特殊教育、干部继续教育、教育机关服务等。

(4)科学技术:反映政府用于科学技术方面的支出。

(5)文化体育与传媒:反映政府在文化、文物、体育、广播电视、新闻出版等方面的支出。

(6)社会保障和就业:反映政府在社会保障与就业方面的支出。有关事项包括社会保障与就业管理事务、民政管理事务、财政对社会保险基金的补助、补充全国社会保障基金、行政事业单位离退休、企业改革补助、就业补助、抚恤、退役安置、社会福利、残疾人事业、城市居民最低生活保障、其他城镇社会救济、农村社会救济、自然灾害生活补助、红十字事务等。

(7)医疗卫生支出:反映政府医疗卫生方面的支出。具体包括医疗卫生管理事务支出、医疗服务支出、医疗保障支出、疾病预防控制支出、卫生监督支出、妇幼保健支出、农村卫生支出等。

(8)环境保护:反映政府环境保护支出。具体包括:环境保护管理事务支出、环境监测与监察支出、污染治理支出、自然生态保护支出、天然林保护工程支出、退耕还林支出、风沙荒漠治理支出、退牧还草支出、已垦草原退耕还草支出。

(9)城乡社区事务:反映政府城乡社区事务支出。具体包括:城乡社区管理事务支出、城乡社区规划与管理支出、城乡社区公共设施支出、城乡社区住宅支出、城乡社区环境卫生支出、建设市场管理与监督支出等。

(10)农林水事务:反映政府农林水事务方面的支出。具体包括农业、林业、水利、扶贫支出、农业综合开发支出等。

存款　指企业、机关、团体或居民根据资金必须收回的原则,把货币资金存入银行或其他信贷机构保管并取得一定利息的一种信用活动形式。根据存款对象或性质的不同可划分为企业存款、财政存款、机关团体存款、基本建设存款、储蓄存款、农村存款、委托存款、其他存款等科目。它是银行信贷资金的主要来源。

贷款　指银行或其他信贷机构根据资金必须归还的原则,按一定利率,为企业、个人等提供资金的一种信用活动形式。我国银行贷款分为短期贷款、中期流动资金贷款、中长期贷款、信托贷款、融资租赁、委托贷款、票据融资、各项垫款等。

保险公司 在中国境内的、经过保险监督管理部门批准设立,并依法登记注册的各类商业保险公司。

保险金额 指保险人承担赔偿或者给付保险金责任的最高限额。

保费 指投保人为取得保险人在约定范围内所承担赔偿责任而支付给保险人的费用。

赔款 指保险人根据保险合同的规定,向被保险人支付的赔偿保险责任损失的金额。

给付 包括死伤医疗给付和满期给付。死伤医疗给付是指保险人根据人寿保险及长期健康保险合同的规定,因被保险人在保险期内发生保险责任范围内的保险事故支付给被保险人(或受益人)的金额。满期给付是指被保险人生存期满,保险人按人寿保险合同规定支付给被保险人的满期保险金额。

⑥

价格指数

SIX

PRICE INDEX

简　要　说　明

一、本篇资料的主要内容

本篇资料反映了全市生产、流通、消费等环节价格变动状况，主要包括居民消费、商品零售、工业生产者出厂价格、工业生产者购进价格等价格指数。

二、本篇资料的来源

1、居民消费、商品零售价格指数来源于消费价格统计调查年报，由市统计局社会经济调查队消费价格专业整理提供。

2、工业生产者出厂价格、工业生产者购进价格指数来源于生产价格统计调查年报，由市统计局社会经济调查队生产价格专业整理提供。

6-1 居民消费价格类指数

（2016年）

指标名称	以上年同期为100的指数	指标名称	以上年同期为100的指数	指标名称	以上年同期为100的指数
居民消费价格总指数	**102.4**	淡水鱼	**93.7**	白酒	**102.8**
非食品烟酒价格指数	102.2	海水鱼	104.4	葡萄酒	99.8
食品(原口径)指数	103.0	虾蟹类	101.8	啤酒	99.6
非食品(原口径)指数	102.2	其他水产品及制品	109.1	其他酒类	96.7
服务价格指数	103.0	(9)蛋类	97.0	4.在外餐饮	101.0
工业品价格指数	101.3	鸡蛋	96.3	正餐	99.9
鲜活食品价格指数	104.8	其他蛋及制品	99.2	快餐	102.2
消费品价格指数	102.1	(10)奶类	101.4	地方小吃	104.1
能源价格指数	99.1	鲜奶	101.2	其他在外餐饮	100.5
非食品价格指数	102.1	酸奶	104.4	二、衣着	103.4
扣除食品和能源价格指数	102.3	奶粉	100.3	1.服装	104.2
扣除鲜菜鲜果价格指数	102.4	其他奶制品	100.4	(1)男式服装	105.2
扣除自有住房价格指数	102.7	(11)干鲜瓜果类	97.5	男式西服	103.5
居住(扣自有住房)价格指数	99.0	鲜瓜果	95.7	男式冬衣	106.6
一、食品烟酒	103.0	坚果	98.9	男式夹克衫	104.8
1.食品	103.8	瓜果制品	114.6	男式毛线衣	106.6
(1)粮食	100.0	(12)糖果糕点类	102.8	男式运动装	106.6
大米	101.9	食糖	98.7	男式衬衫T恤	104.3
面粉	100.7	糖果	100.5	男式裤子	103.5
其他粮食	93.3	糕点	104.1	男式内衣	107.5
粮食制品	100.8	其他糖果糕点	100.0	(2)女式服装	104.3
(2)薯类	92.8	(13)调味品	102.8	女式外套	101.6
薯类	92.8	食用盐	110.2	女式冬衣	107.6
(3)豆类	98.2	酱油	102.8	女式毛线衣	106.7
干豆	97.3	食醋	99.7	女式运动装	107.7
豆制品	98.6	调味酱	101.8	女式衬衫T恤	108.0
(4)食用油	98.0	味精	101.2	女式裤子	99.0
食用植物油	97.8	其他调味品	104.3	女式裙子	101.4
食用动物油	117.4	(14)其他食品类	101.8	女式内衣	104.9
(5)菜	108.4	方便食品	101.4	(3)儿童服装	100.2
鲜菜	109.0	淀粉及制品	102.4	婴幼服装	100.5
干菜及菜制品	100.7	膨化食品	102.4	儿童上衣	99.5
(6)畜肉类	112.8	2.茶及饮料	100.4	儿童裤子	99.7
猪肉	119.2	茶叶	99.2	儿童裙子	102.1
牛肉	102.1	固体咖啡	99.6	2.服装材料	101.1
羊肉	89.1	其他固体饮料	100.3	服装材料	101.1
畜肉副产品	117.7	饮用水	102.9	3.其他衣着及配件	100.0
其他畜肉及制品	107.5	果汁饮料	102.8	袜子	100.5
(7)禽肉类	95.7	其他液体饮料	99.2	帽子	99.5
鸡	93.8	3.烟酒	102.6	其他衣着配件	99.2
鸭	98.6	(1)烟草	103.4	4.衣着加工服务费	100.1
其他禽肉及制品	99.1	烟草	103.4	衣着洗涤保养	99.6
(8)水产品	101.6	(2)酒类	101.5	衣着加工	102.3

6-1 续表1

指 标 名 称	以上年同期为100的指数	指 标 名 称	以上年同期为100的指数	指 标 名 称	以上年同期为100的指数
5.鞋类	101.8	(1)家具	102.2	(4)其他家庭日用杂品	99.9
(1)鞋	101.8	柜	102.9	配电附件	102.0
男鞋	102.7	床	101.8	雨具	99.2
女鞋	101.8	桌	102.0	其他日用杂品	99.8
童鞋	99.5	椅	103.9	5.个人护理用品	101.5
(2)鞋类加工服务	105.3	沙发	101.9	(1)化妆品	102.0
鞋类加工服务	105.3	其他家具	100.4	清洁化妆品	101.9
三、居住	99.8	(2)室内装饰品	102.7	护肤化妆品	102.6
1.租赁房房租	102.0	灯具	102.2	彩妆化妆品	100.6
公房房租	100.0	其他室内装饰品	103.4	化妆器具	100.0
私房房租	102.2	2.家用器具	103.0	(2)其他护理用品类	100.9
2.住房保养维修及管理	100.8	(1)大型家用器具	103.7	清洁类护理用品	102.4
(1)住房装潢材料	100.3	洗衣机	103.4	护发美发用品	99.5
木地板	99.4	电冰箱(柜)	106.6	护理器具	99.9
瓷砖	100.2	抽油烟机	102.2	其他护理用品	99.4
水泥	100.5	空调器	104.2	6.家庭服务	102.6
涂料	100.1	热水器	103.6	家政服务	105.1
板材	100.7	炉具灶具	103.1	家庭维修服务	100.0
管材	100.7	微波炉	99.7	五、交通和通信	100.1
厨卫设备	99.9	其他大型家用器具	101.4	1.交通	99.9
门窗	100.8	(2)小家电	98.1	(1)交通工具	99.3
其他住房装潢材料	101.1	厨房小家电	96.2	小型汽车	99.1
(2)物业管理费	100.0	生活小家电	99.8	电动自行车	100.5
物业管理费	100.0	3.家用纺织品	101.7	自行车	99.7
(3)住房装潢维修	101.7	(1)床上用品	101.5	其他交通工具	99.0
装潢维修费	102.1	被子	101.3	(2)交通工具用燃料	97.8
其他住房费用	100.0	床单被套	101.6	汽油	97.8
3.水电燃料	97.1	其他床上用品	102.8	柴油	98.3
(1)水	100.0	(2)窗帘门帘	100.2	其他车用能源	100.0
水	100.0	窗帘门帘	100.2	(3)交通工具使用和维修	100.0
(2)电	100.0	(3)其他家用纺织品	104.7	停车费	100.0
电	100.0	其他家用纺织品	104.7	车辆使用费	100.0
(3)燃气	100.0	4.家庭日用杂品	100.7	交通工具零配件	100.0
管道燃气	100.0	(1)洗涤卫生用品	101.5	车辆修理与保养	100.0
液化石油气	100.0	清洗用品	100.2	(4)交通费	106.2
(4)取暖费	92.2	清洁用具	100.2	市内公共交通	100.0
取暖费	92.2	清洁用纸	105.0	出租汽车	100.0
(5)其他燃料	100.0	(2)厨具餐具茶具	99.7	飞机票	142.3
其他燃料	100.0	厨具	100.9	火车票	100.0
4.自有住房	100.6	餐具	98.3	长途汽车	100.0
自有住房	100.6	茶具	100.0	其他交通费	100.0
四、生活用品及服务	101.9	(3)家用手工工具	101.7	2.通信	100.5
1.家具及室内装饰品	102.3	家用手工工具	101.7	(1)通信工具	102.5

6－1 续表 2

指 标 名 称	以上年同期为 100 的 指 数	指 标 名 称	以上年同期为 100 的 指 数	指 标 名 称	以上年同期为 100 的 指 数
固定电话机	106.0	(3)文化娱乐服务	100.3	病理学诊断	100.0
移动电话机	102.4	电影票	100.0	实验室诊断	100.0
通信工具零配件	101.1	景点门票	100.0	影像学诊断	90.0
(2)通信服务	100.0	有线电视	100.0	临床诊断	100.0
固定电话费	100.0	健身活动	102.1	(3)治疗类	108.3
移动通信费	100.0	其他文娱服务	100.0	临床手术治疗	113.5
上网费	100.0	(4)旅游	114.0	临床非手术治疗	100.0
其他通信服务	100.0	旅行社收费	116.0	(4)康复类	100.0
(3)邮递服务	100.0	其他旅游	100.0	康复医疗	100.0
邮政邮寄	100.0	七、医疗保健	109.3	(5)中医医疗服务类	148.7
快递服务	100.0	1. 药品及医疗器具	100.4	中医治疗	148.7
六、教育文化和娱乐	102.9	(1)中药	101.1	(6)其他医疗服务	100.0
1. 教育	100.7	中药材	101.7	其他医疗服务	100.0
(1)教育用品	99.8	中成药	100.9	八、其他用品和服务	103.6
工具书	100.0	(2)西药	100.4	1. 其他用品类	107.1
教材	100.0	抗微生物药	109.4	(1)首饰手表	112.2
参考资料	99.4	消化系统用药	97.3	金饰品	112.9
其他教育用品	100.0	呼吸系统用药	97.4	银饰品	101.4
(2)教育服务	100.7	解热镇痛药	97.7	铂金饰品	121.6
学前教育	100.0	抗肿瘤药	94.9	手表	100.7
小学初中教育	100.0	激素及影响内分泌药	96.3	(2)其他杂项用品	99.6
高中中职教育	100.0	心血管系统用药	98.2	箱包	99.0
高等教育	102.3	血液系统用药	107.5	母婴用品	100.0
课外教育	100.0	治疗精神障碍药	104.0	眼镜	100.0
专业技能培训	98.6	神经系统用药	91.9	2. 其他服务类	100.2
2. 文化娱乐	106.4	消毒防腐及创伤外科用药	102.2	(1)旅馆住宿	99.3
(1)文娱耐用消费品	98.0	泌尿系统用药	99.6	宾馆住宿	99.2
电视机	101.6	维生素、矿物质类药	97.5	其他住宿	99.5
照相机	99.8	调节水、电解质及酸碱平衡药	112.2	(2)美容美发洗浴	101.2
台式计算机	103.8	(3)滋补保健品	99.6	美容	103.8
笔记本平板	88.8	滋补保健品	99.6	美发	100.0
乐器	99.8	(4)医疗卫生器具	100.0	洗浴	99.1
音响	101.5	医疗卫生器具	100.0	(3)养老服务	100.0
其他文娱耐用消费品	97.7	(5)保健器具	100.2	养老服务	100.0
(2)其他文娱用品	99.5	保健器具	100.2	(4)金融保险	100.0
书报杂志	100.0	2. 医疗服务	115.9	金融服务	100.0
纸张文具	99.5	(1)综合医疗类	181.3	车辆保险	100.0
体育户外用品	99.6	一般医疗服务	228.6	旅行保险	100.0
游戏用品和玩具	99.4	一般治疗操作	100.0	其他保险	100.0
园艺花卉及用品	100.0	护理	271.0	(5)其他服务类	100.0
宠物及用品	98.5	其他综合医疗服务	102.8	中介服务	100.0
其他文化娱乐用品	99.1	(2)诊断类	96.8	其他服务	100.0

6-2 商品零售价格指数

（2016年）

指标名称	以上年同期为100的指数	指标名称	以上年同期为100的指数	指标名称	以上年同期为100的指数
商品零售价格总指数	**101.5**	**海水鱼**	**104.4**	**膨化食品**	**102.4**
一、食品	103.2	虾蟹类	101.8	15.在外餐饮	101.0
1.粮食	100.0	其他水产品及制品	109.1	正餐	99.9
大米	101.9	9.蛋类	97.0	快餐	102.2
面粉	100.7	鸡蛋	96.3	地方小吃	104.1
其他粮食	93.3	其他蛋及制品	99.2	其他在外餐饮	100.5
粮食制品	100.8	10.奶类	101.4	二、饮料、烟酒	102.3
2.薯类	92.8	鲜奶	101.2	1.茶及饮料	100.4
薯类	92.8	酸奶	104.4	茶叶	99.2
3.豆类	98.2	奶粉	100.3	固体咖啡	99.6
干豆	97.3	其他奶制品	100.4	其他固体饮料	100.3
豆制品	98.6	11.干鲜瓜果类	97.6	饮用水	102.9
4.食用油	98.0	鲜瓜果	95.7	果汁饮料	102.8
食用植物油	97.8	坚果	98.9	其他液体饮料	99.2
食用动物油	117.4	瓜果制品	114.6	2.烟草	103.4
5.菜	108.4	12.糖果糕点类	102.8	烟草	103.4
鲜菜	109.0	食糖	98.7	3.酒类	101.5
干菜及菜制品	100.7	糖果	100.5	白酒	102.8
6.畜肉类	112.8	糕点	104.1	葡萄酒	99.8
猪肉	119.2	其他糖果糕点	100.0	啤酒	99.6
牛肉	102.1	13.调味品	102.8	其他酒类	96.7
羊肉	89.1	食用盐	110.2	三、服装、鞋帽	103.6
畜肉副产品	117.7	酱油	102.8	1.服装	104.3
其他畜肉及制品	107.5	食醋	99.7	(1)男士服装	105.2
7.禽肉类	95.7	调味酱	101.8	男式西服	103.5
鸡	93.8	味精	101.2	男式冬衣	106.6
鸭	98.6	其他调味品	104.3	男式夹克衫	104.8
其他禽肉及制品	99.1	14.其他食品类	101.8	男式毛线衣	106.6
8.水产品	101.6	方便食品	101.4	男式运动装	106.6
淡水鱼	93.7	淀粉及制品	102.4	男式衬衫T恤	104.3

6－2 续表 1

指 标 名 称	以上年同期为100的指数	指 标 名 称	以上年同期为100的指数	指 标 名 称	以上年同期为100的指数
男式裤子	103.5	服装材料	101.1	电脑附件	99.8
男式内衣	107.5	2. 床上用品	101.5	打印复印机	99.8
(2)女士服装	104.3	被子	101.3	教学设备	100.2
女式外套	101.6	床单被套	101.6	七、日用品	100.4
女式冬衣	107.6	其他床上用品	102.8	1. 日用百货	101.0
女式毛线衣	106.7	五、家用电器及音像器材	102.0	电动自行车	100.5
女式运动装	107.7	1. 家庭设备	103.2	自行车	99.7
女式衬衫T恤	108.0	洗衣机	103.4	雨具	99.2
女式裤子	99.0	电冰箱(柜)	106.6	护理器具	99.9
女式裙子	101.4	抽油烟机	102.2	清洁用纸	105.0
女式内衣	104.9	空调器	104.2	化妆器具	100.0
(3)儿童服装	100.2	热水器	103.6	2. 厨具餐具茶具	99.7
婴幼服装	100.5	炉具灶具	103.1	厨具	100.9
儿童上衣	99.5	微波炉	99.7	餐具	98.3
儿童裤子	99.7	厨房小家电	96.2	茶具	100.0
儿童裙子	102.1	生活小家电	99.8	3. 清洗用品	100.2
2. 鞋帽袜	101.7	其他大型家用器具	101.4	清洗用品	100.2
(1)鞋	101.8	2. 文娱用耐用消费品	100.8	4. 其他日用品	100.0
男鞋	102.7	电视机	101.6	灯具	102.2
女鞋	101.8	照相机	99.8	箱包	99.0
童鞋	99.5	音响	101.5	母婴用品	100.0
(2)袜子	100.5	其他文娱耐用消费品	97.7	眼镜	100.0
袜子	100.5	3. 专业音像器材	99.3	其他护理用品	99.4
(3)帽子	99.5	专业音响器材	96.5	其他日用杂品	99.8
帽子	99.5	专业声像器材	103.1	八、体育娱乐用品	99.5
3. 其他衣着配件	99.2	六、文化办公用品	96.4	1. 体育户外用品	99.6
其他衣着配件	99.2	纸张文具	99.5	体育户外用品	99.6
四、纺织品	101.5	台式计算机	103.8	2. 娱乐用品	99.4
1. 服装材料	101.1	笔记本平板	88.8	乐器	99.8

6－2续表2

指标名称	以上年同期为100的指数	指标名称	以上年同期为100的指数	指标名称	以上年同期为100的指数
游戏用品和玩具	99.4	十三、中西药品及医疗保健用品	100.4	其他教育用品	100.0
园艺花卉及用品	100.0	1.医疗卫生器具	100.0	2.书报杂志	100.0
宠物及用品	98.5	医疗卫生器具	100.0	书报杂志	100.0
其他文化娱乐用品	99.1	2.中药	101.1	3.计算机办公软件	100.0
九、交通、通信用品	100.5	中药材	101.7	计算机办公软件	100.0
1.交通运输机械	99.9	中成药	100.9	十五、燃料	97.9
小型汽车	99.1	3.西药	100.4	1.煤炭及制品	97.3
大中型客车	100.8	抗微生物药	109.4	原煤	95.0
交通工具零配件	100.0	消化系统用药	97.3	煤制品	100.0
2.通信器材	102.6	呼吸系统用药	97.4	2.石油及制品	98.3
固定电话机	106.0	解热镇痛药	97.7	管道燃气	100.0
移动电话机	102.4	抗肿瘤药	94.9	液化石油气	100.0
其他通信器材	100.2	激素及影响内分泌药	96.3	汽油	97.8
十、家具	102.2	心血管系统用药	98.2	柴油	98.3
柜	102.9	血液系统用药	107.5	十六、建筑材料及五金电料	100.5
床	101.8	治疗精神障碍药	104.0	1.建筑装璜材料	100.3
桌	102.0	神经系统用药	91.9	木地板	99.4
椅	103.9	消毒防腐及创伤外科用药	102.2	瓷砖	100.2
沙发	101.9	泌尿系统用药	99.6	水泥	100.5
其他家具	100.4	维生素、矿物质类药	97.5	涂料	100.1
十一、化妆品	101.7	调节水、电解质及酸碱平衡药	112.2	板材	100.7
清洁化妆品	101.9	4.保健器具及用品	99.7	管材	100.7
护肤化妆品	102.6	保健器具	100.2	厨卫设备	99.9
彩妆化妆品	100.6	滋补保健品	99.6	门窗	100.8
清洁类护理用品	102.4	十四、书报杂志及电子出版物	99.9	其他住房装潢材料	101.1
护发美发用品	99.5	1.教材及参考书	99.8	2.五金水暖	101.1
十二、金银饰品	114.5	工具书	100.0	家用手工工具	101.7
金饰品	112.9	教材	100.0	配电附件	102.0
银饰品	101.4	参考资料	99.4	水暖器材	100.0
铂金饰品	121.6				

6-3 主要工业生产者出厂价格指数

（2016 年）

指标名称	以上月价格为100的平均环比指数	以上年价格为100的同比指数
工业生产者出厂价格总指数	**100.4**	**98.6**
其中:轻工业	100.2	99.8
以农产品为原料	100.2	99.1
以非农产品为原料	100.3	102.7
重工业	100.4	98.0
采掘	101.7	99.4
原料	100.4	95.5
加工	100.4	99.2
其中:生产资料	100.4	98.2
采掘	101.7	99.4
原料	100.5	95.7
加工	100.3	99.1
生活资料	100.3	100.0
食品	100.5	100.0
衣着	99.8	97.7
一般日用品	100.2	100.9
耐用消费品	100.0	100.6
按工业行业大、中类分		
煤炭开采和洗选业	102.3	101.9
非金属矿采选业	101.7	99.1
农副食品加工业	100.5	99.9
食品制造业	100.6	101.8
饮料制造业	99.8	99.3
烟草制品业	100.0	100.0
纺织业	100.0	97.2
纺织服装、鞋、帽制造业	99.8	98.0
木材加工及木、竹、藤、棕、草制品业	100.1	101.5
家具制造业	100.1	100.9
造纸及纸制品业	100.2	100.1
印刷业和记录媒介的复制	100.0	100.8
石油加工、炼焦及核燃料加工业	100.7	84.9
化学原料及化学制品制造业	100.5	98.1

6－3 续表 1

指标名称	以上月价格为100的平均环比指数	以上年价格为100的同比指数
医药制造业	99.7	99.4
化学纤维制造业	101.4	118.3
橡胶制品业	100.1	92.0
塑料制品业	102.7	102.4
非金属矿物制品业	101.8	103.4
黑色金属冶炼及压延加工业	100.6	98.2
有色金属冶炼及压延加工业	100.6	100.5
金属制品业	99.9	99.2
通用设备制造业	99.7	98.9
专用设备制造业	100.0	99.3
交通运输设备制造业	100.0	100.1
电气机械及器材制造业	99.8	97.5
通信设备、计算机及其他电子设备制造业	100.9	109.6
工艺品及其他制造业	100.0	101.9
电力、热力的生产和供应业	99.8	96.4
燃气生产和供应业	100.0	95.1
水的生产和供应业	100.1	103.1
按工业部门分：		
冶金工业	101.3	101.4
电力工业	99.8	96.4
煤炭及炼焦工业	101.5	88.2
石油工业	100.6	84.9
化学工业	100.4	97.9
机械工业	100.0	100.0
建筑材料工业	103.8	107.9
森林工业	100.1	101.1
食品工业	100.4	100.0
纺织工业	100.0	97.2
缝纫工业	99.8	98.0
造纸工业	100.2	100.1
文教艺术用品工业	100.0	100.8
其它工业	100.4	102.8

6－4　主要工业生产者购进价格指数

（2016年）

指　标　名　称	以上月价格为100的平均环比指数	以上年价格为100的同比指数
工业生产者购进价格总指数	**100.8**	**100.0**
（一）燃料、动力类	101.1	96.0
（二）黑色金属材料类	101.9	107.2
其中:钢材	101.9	107.9
其它	101.8	103.0
（三）有色金属材料和电线类	101.4	112.5
（四）化工原料类	100.9	100.0
（五）木材及纸浆类	100.3	97.2
（六）建筑材料及非金属矿类	101.6	101.7
（七）其它工业原材料及半成品类	100.3	101.1
（八）农副产品类	100.3	99.4
（九）纺织原料类	100.2	97.4

6-5 历年主要价格指数表

（以上年为100）（1978-2016年）

年份	商品零售价格指数	居民消费价格指数	食品烟酒类	衣着类	生活用品及服务类	医疗保健用品类
1978	100.2	100.2	100.8	100.1	99.8	101.4
1979	100.9	100.8	102.1	100.7	101.3	103.0
1980	103.2	103.4	104.7	99.8	100.1	100.1
1981	101.4	101.5	101.8	100.5	99.6	100.0
1982	99.9	100.0	99.5	101.0	99.2	100.0
1983	100.3	100.5	99.8	100.6	100.1	101.3
1984	102.2	102.2	101.6	100.9	102.2	108.6
1985	106.3	107.0	108.2	102.1	104.8	100.5
1986	106.0	106.3	106.4	104.4	107.1	112.2
1987	111.2	110.7	115.8	104.8	106.8	106.2
1988	119.6	118.9	124.1	112.8	117.3	107.3
1989	116.3	116.1	113.6	117.6	115.0	117.4
1990	104.3	105.0	104.3	104.8	103.9	117.7
1991	108.1	108.0	112.6	105.3	102.9	97.8
1992	106.1	105.9	109.8	101.8	101.4	100.5
1993	109.1	110.5	109.0	108.9	105.8	108.1
1994	115.0	125.1	130.7	112.8	106.4	121.7
1995	111.8	117.4	121.8	109.0	106.1	111.8
1996	106.8	109.2	111.3	109.0	102.2	101.7
1997	101.5	104.0	103.7	101.1	99.4	107.5
1998	98.5	100.2	97.0	98.9	99.3	123.8
1999	98.4	100.1	96.4	94.5	99.0	101.7
2000	100.5	101.2	99.9	101.0	99.0	96.1
2001	99.9	101.3	99.9	99.3	98.0	107.3
2002	99.1	100.4	101.0	98.5	98.7	101.1
2003	99.9	100.5	103.0	99.0	97.0	98.6
2004	102.6	102.7	108.9	99.4	96.8	101.5
2005	101.0	101.8	104.0	99.6	99.1	100.0
2006	100.5	101.0	102.7	99.0	101.4	100.2
2007	103.3	103.8	110.8	99.0	101.7	100.3
2008	105.2	105.2	113.4	98.8	100.7	101.5
2009	99.9	100.5	102.9	98.8	99.6	100.7
2010	102.2	102.6	108.9	99.1	99.9	101.2
2011	103.1	104.4	110.0	100.1	101.4	100.9
2012	101.0	101.7	102.7	100.9	99.2	100.3
2013	101.3	101.6	103.6	103.5	99.9	99.9
2014	100.7	101.3	101.8	101.4	100.3	100.2
2015	100.1	100.9	101.3	101.0	100.8	100.6
2016	101.5	102.4	103.0	103.4	101.9	109.3

注:2015年及以前,食品烟酒类为食品类指标,生活用品及服务类为家庭设备用品类指标,其他用品和服务类为服务项目类指标。

6－5 续表 1

年　　份	交通和通信类	教育文化和娱乐类	居住类	其他用品和服务类	工业生产者出厂价格指数	工业生产者购进价格指数
1978	100.0	99.7	100	97.7		
1979	99.6	100.1	100	99.9		
1980	100.5	106.6	100	100.4		
1981	100.0	102	100	100		
1982	100.0	98.9	100	100		
1983	100.0	98.7	100	102.8		
1984	98.8	100.1	102.5	105.7		
1985	97.9	100.5	118.9	117.8		
1986	105.2	102.3	104.5	111.4		
1987	107.0	101.4	100	102.6		
1988	117.4	116.3	100.5	108.7		
1989	112.9	120.6	104.4	113.7		
1990	100.6	103.7	106.8	114		
1991	103.4	97.4	101.7	107		
1992	100.6	95.2	100	103.9		
1993	103.1	102.1	157.9	126.9		
1994	106.8	116.5	165.3	123	113.1	114.3
1995	102.3	105.4	126.3	127.6	112.8	113.4
1996	98.8	109.3	118.1	107.8	102.8	106.7
1997	98.4	99	118.2	107.7	99.8	102.2
1998	98.0	98.4	104.5	109.5	93.4	97.2
1999	92.6	102.7	105.7	126.8	95.7	91.8
2000	94.5	96.3	109.1	115.6	98.1	100.9
2001	95.9	108.2	101.1	107.8	99.5	101.5
2002	98.9	98.7	104.1	102.5	99.5	98.9
2003	98.1	98.6	104.5	100	105.1	107.4
2004	97.4	99.6	102.6	100.6	109.1	117.2
2005	98.0	101	106.3	101.3	104.2	106.7
2006	98.0	100.9	101.9	101.3	101.08	101.97
2007	99.2	99.9	102.7	101.3	104.64	105.79
2008	99.7	99.3	105.6	101.1	108.92	112.54
2009	99.0	99.5	99.7	99.4	94.53	92.58
2010	99.1	99.8	100.0	100.0	108.4	108.95
2011	100.3	100.1	106.6	104.4	108.43	107.14
2012	99.8	100.0	104.0	102.8	96.8	97.6
2013	99.5	100.1	100.5	100.4	99.4	96.8
2014	99.6	100.6	102.4	102.0	98.3	98.7
2015	97.2	102.8	101.0	102.0	96.75	96.44
2016	100.1	102.9	99.8	103.6	98.6	100.0

主要统计指标解释

居民消费价格指数　是反映一定时期内居民家庭所购买的生活消费品价格和服务项目价格变动趋势和程度的相对数。是度量消费商品及服务项目的价格水平随时间而变动的重要指标，也是进行宏观经济分析和调控、价格总水平监测以及国民经济核算的重要指标。其变动率在一定程度上反映了通货膨胀（或紧缩）的程度。

商品零售价格指数　是反映一定时期内商品零售价格变动趋势和程度的相对数。商品零售价格的变动直接影响到城乡居民的生活支出和国家的财政收入，影响居民购买力和市场供需的平衡，影响到消费与积累的比例关系。因此，该指数可以从一个侧面对上述经济活动进行观察和分析。

工业生产者出厂价格指数　是反映一定时期内全部工业产品出厂价格总水平的变动趋势和程度的相对数，包括工业企业售给本企业以外所有单位的各种产品和直接售给居民用于生活消费的产品。该指数可以观察出厂价格变动对工业总产值及增加值的影响。

工业生产者购进价格指数　是反映工业企业作为生产投入，而从物资交易市场和能源、原材料生产企业购买原材料、燃料和动力产品时，所支付的价格水平变动趋势和程度的统计指标，是扣除工业企业物质消耗成本中的价格变动影响的重要依据

7

人民生活

SEVEN

PEOPLE' S LIFE

简 要 说 明

一、本篇资料的主要内容

本篇资料反映了全市全体居民、城镇、农村居民的家庭收支、就业、居住、耐用消费品拥有、生产和生活等方面的情况。

二、本篇资料的来源

本篇资料中历年城乡居民收支相关资料来源于城镇住户调查年报和农村住户调查年报，自2013年起，全市实施城乡住户调查一体化改革，居民收支相关资料来源于住户收支与生活状况调查年报，指标名称和口径范围有所调整，由国家统计局潍坊调查队整理提供。

7－1 主要年份城镇居民收入指标

（1985－2016年）

单位:元

年份	家庭总收入	工资性收入	经营性收入	财产性收入	转移性收入	#城市居民可支配收入
1985						737
1986						896
1987						1037
1988						1248
1989						1395
1990						1550
1991						1683
1992						1998
1993						2714
1994						4147
1995						4672
1996						5565
1997						5811
1998						5859
1999						5904
2000						6307
2001						7303
2002	8046	6632	161	77	1176	7538
2003	8900	7277	159	46	1417	8317
2004	9824	7432	283	197	1911	9297
2005	10937	8660	254	184	1838	10318
2006	12705	9627	833	223	2023	11846
2007	14700	11637	866	313	1884	13716
2008	16628	12460	1233	304	2631	15691
2009	18423	13689	1248	330	3158	17267
2010	21094	16131	1294	646	3023	19675
2011	24072	17567	1646	904	3956	22508
2012	27533	19519	2555	1101	4357	25817
2013	30107	21008	2857	1212	5029	28386
2014	33176	22983	3244	1050	5900	30973
2015						31060
2016						33609

7－2 主要年份农村居民收支指标

（1978－2016 年）

单位:元

年　份	农村居民人均可支配收入	农村居民人均消费支出
1978	95	53
1979	135	104
1980	182	146
1981	208	170
1982	301	214
1983	357	254
1984	402	265
1985	435	347
1986	491	347
1987	574	380
1988	653	339
1989	671	508
1990	764	535
1991	863	580
1992	972	623
1993	1238	932
1994	1734	1236
1995	2270	1623
1996	2893	2028
1997	3076	2049
1998	3260	2074
1999	3331	1998
2000	3437	2074
2001	3579	2193
2002	3643	2275
2003	3921	2331
2004	4438	3025
2005	5017	3170
2006	5508	3564
2007	6278	4122
2008	7072	4828
2009	7695	5240
2010	8872	5982
2011	10409	6382
2012	11797	7487
2013	13273	8556
2014	14776	9677
2015	14890	9099
2016	16098	10027

注:2015 年以前为农民人均纯收入,2015 及以后为农村居民人均可支配收入

7-3 调查户和调查人口基本情况

(2016年)

指 标 名 称	单 位	全体居民	城镇居民	农村居民
一、调查户基本情况	--			
(一)调查样本住户数	户	1083	589	494
(二)住户类型	--			
1.家庭居住户	%	100.0	100.0	100.0
2.集体居住户	%			
(三)户主文化程度	--			
1.未上过学	%	0.1	0.1	0.2
2.小学	%	2.5	1.6	3.9
3.初中	%	14.9	9.8	22.7
4.高中	%	6.4	6.9	5.7
5.大学专科	%	2.0	3.2	0.2
6.大学本科	%	2.2	3.6	
7.研究生	%	0.1	0.2	
(四)农业经营户占全部户比例	%	42.5	17.7	72.4
二、期末户均调查人口	**人**	**3.2**	**3.1**	**3.3**
三、期末常住成员情况	--			
(一)户均常住成员	人	3.1	3.1	3.2
其中:在校学生人数	人	0.6	0.6	0.5
(二)性别	--			
1.男性	%	49.9	49.2	50.8
2.女性	%	50.1	50.8	49.2
(三)户口状况	--			
1.农业	%	64.2	50.6	80.2
2.非农业	%	22.9	41.6	1.0
3.其他	%	12.9	7.8	18.8
(四)15岁及以上常住成员受教育程度	--			
1.未上过学	%	1.7	1.3	2.1
2.小学	%	16.7	13.0	21.0
3.初中	%	44.1	35.2	54.6
4.高中	%	20.6	25.5	14.7
5.大学专科	%	7.8	11.1	4.0
6.大学本科	%	8.3	12.5	3.2
7.研究生	%	0.9	1.4	0.3
四、常住从业人员情况	--			
(一)户均常住从业人数	人	2.0	1.7	2.2
(二)就业状况	--			
1.雇主	%	0.5	0.7	0.3
2.公职人员	%	1.4	2.9	
3.事业单位人员	%	5.5	11.0	0.4
4.国有企业雇员	%	2.0	4.2	0.1
5.其他雇员	%	46.9	53.0	41.2
6.农业自营	%	33.6	17.3	48.9
7.非农自营	%	10.1	11.0	9.2
(三)主要从事行业	--			
1.第一产业	%	34.6	18.3	49.8
2.第二产业	%	28.8	27.7	29.8
3.第三产业	%	36.6	54.0	20.5

7－4 全体居民可支配收入和消费支出

（2016年）

指 标 名 称	单 位	2016年	2015年
一、可支配收入	**元/人**	**25483.8**	**23405.1**
（一）工资性收入	元/人	14447.6	13389.3
（二）经营净收入	元/人	5983.9	5429.5
（三）财产净收入	元/人	2026.5	1866.5
（四）转移净收入	元/人	3025.8	2719.8
二、消费支出	**元/人**	**15895.5**	**14484.2**
（一）食品烟酒	元/人	3958.5	3654.6
（二）衣着	元/人	1166.3	1068.4
（三）居住	元/人	3185.8	3020.2
（四）生活用品及服务	元/人	1009.0	927.2
（五）交通通信	元/人	3029.1	2745.2
（六）教育文化娱乐	元/人	1879.2	1636.3
（七）医疗保健	元/人	1389.6	1193.2
（八）其他用品和服务	元/人	278.0	239.1

7－5　城镇居民可支配收入和消费支出

（2016 年）

指　标　名　称	单　　位	2016 年	2015 年
一、可支配收入	**元/人**	**33608.9**	**31059.8**
（一）工资性收入	元/人	18988.1	17547.5
（二）经营净收入	元/人	6786.4	6350.2
（三）财产净收入	元/人	3315.9	3110.4
（四）转移净收入	元/人	4518.4	4051.7
二、消费支出	**元/人**	**20975.6**	**19325.0**
（一）食品烟酒	元/人	4930.8	4613.9
（二）衣着	元/人	1620.3	1544.6
（三）居住	元/人	4169.7	3952.5
（四）生活用品及服务	元/人	1330.7	1269.7
（五）交通通信	元/人	4161.9	3806.3
（六）教育文化娱乐	元/人	2526.5	2196.8
（七）医疗保健	元/人	1874.3	1591.9
（八）其他用品和服务	元/人	361.4	349.3

7－6　农村居民可支配收入和消费支出

（2016 年）

指　标　名　称	单　　位	2016 年	2015 年
一、可支配收入	**元/人**	**16098**	**14890**
（一）工资性收入	元/人	9203	8764
（二）经营净收入	元/人	5057	4405
（三）财产净收入	元/人	537	483
（四）转移净收入	元/人	1302	1238
二、消费支出	**元/人**	**10027**	**9099**
（一）食品烟酒	元/人	2835	2587
（二）衣着	元/人	642	539
（三）居住	元/人	2049	1983
（四）生活用品及服务	元/人	637	546
（五）交通通信	元/人	1721	1565
（六）教育文化娱乐	元/人	1131	1013
（七）医疗保健	元/人	830	750
（八）其他用品和服务	元/人	182	116

7－7　居民家庭能源消费数量和金额

（2016 年）

指 标 名 称	单　位	全体居民	城镇居民	农村居民
一、生活用电	**度/人**	**538.1**	**606.0**	**461.5**
金额	元/人	301.9	336.0	263.5
二、生活用燃料	－			
（一）燃气	－			
1. 罐装液化石油气	公斤/人	9.79	6.86	13.08
金额	元/人	59.03	45.24	74.59
2. 管道液化石油气	立方米/人	0.024	0.046	
金额	元/人	0.140	0.265	
3. 管道煤气	立方米/人	0.001	0.003	
金额	元/人	0.007	0.014	
4. 管道天然气	立方米/人	15.67	28.41	1.29
金额	元/人	41.44	74.89	3.71
（二）燃料用油	－			
1、汽油	升/人	0.04	0.06	0.02
金额	元/人	0.23	0.33	0.12
2、柴油	升/人	0.015	0.028	
金额	元/人	0.089	0.167	
3. 其他油	升/人	0.002		0.005
金额	元/人	0.007		0.015
（三）其他燃料	－			
1. 煤炭	公斤/人	292.97	192.09	406.77
金额	元/人	250.53	176.80	333.71
2. 柴	公斤/人	0.004	0.004	0.003
金额	元/人	0.210	0.212	0.207
3. 草	公斤/人	0.006	0.008	0.003
金额	元/人	0.434	0.668	0.170
4. 沼气	立方米/人			
金额	元/人			
5. 其他	元/人	0.324	0.561	0.056

7－8 居民家庭食品消费数量

（2016年）

指标名称	单位	全体居民	城镇居民	农村居民
一、粮食	**公斤/人**	**140.23**	**126.38**	**156.24**
（一）谷物	公斤/人	132.28	117.77	149.04
1. 大米	公斤/人	8.94	11.83	5.60
2. 面粉	公斤/人	111.35	94.24	131.12
3. 玉米	公斤/人	3.33	1.91	4.98
4. 其他谷物及制品	公斤/人	8.65	9.78	7.35
（二）薯类	公斤/人	1.21	1.27	1.14
1. 红薯	公斤/人	0.86	0.87	0.86
2. 马铃薯	公斤/人	0.00	0.00	0.01
3. 其他薯类及制品	公斤/人	0.34	0.40	0.27
（三）豆类	公斤/人	6.75	7.35	6.06
1. 大豆	公斤/人	0.72	0.66	0.80
2. 其他豆类及制品	公斤/人	6.02	6.69	5.26
二、食用油	**公斤/人**	**9.41**	**11.06**	**7.51**
（一）食用植物油	公斤/人	9.30	10.98	7.36
（二）食用动物油	公斤/人	0.11	0.07	0.16
三、蔬菜及食用菌	**公斤/人**	**104.90**	**115.84**	**92.25**
（一）鲜菜	公斤/人	101.17	111.72	88.98
（二）干菜及菜制品	公斤/人	1.26	1.35	1.16
（三）鲜菌	公斤/人	2.24	2.50	1.94
（四）干菌及制品	公斤/人	0.22	0.27	0.17
四、肉禽及制品	**公斤/人**	**26.03**	**29.12**	**22.46**
（一）肉类	公斤/人	19.53	21.83	16.87
1. 猪肉	公斤/人	12.99	14.23	11.56
2. 牛肉	公斤/人	0.63	0.93	0.28
3. 羊肉	公斤/人	1.13	1.39	0.84
4. 其他肉类及制品	公斤/人	4.77	5.28	4.19

指标名称	单 位	全体居民	城镇居民	农村居民
(二)禽类	公斤/人	6.50	7.29	5.59
1.鸡	公斤/人	4.18	4.70	3.57
2.鸭	公斤/人	0.07	0.10	0.05
3.鹅	公斤/人	0.01	0.01	0.02
4.其他禽类及制品	公斤/人	2.24	2.49	1.95
五、水产品	**公斤/人**	**9.79**	**12.24**	**6.95**
(一)鱼类	公斤/人	5.56	6.54	4.43
(二)虾蟹贝类	公斤/人	2.81	3.82	1.63
(三)藻类	公斤/人	0.26	0.33	0.19
(四)其他水产品及制品	公斤/人	1.16	1.56	0.70
六、蛋类	**公斤/人**	**19.18**	**20.98**	**17.10**
(一)鲜蛋	公斤/人	18.70	20.28	16.87
(二)蛋制品	公斤/人	0.48	0.70	0.23
七、奶类	**公斤/人**	**14.45**	**18.60**	**9.67**
(一)鲜奶	公斤/人	9.52	12.60	5.96
(二)酸奶	公斤/人	2.77	3.96	1.39
(三)奶粉	公斤/人	0.17	0.24	0.08
(四)其他奶制品	公斤/人	2.00	1.79	2.23
八、干鲜瓜果类	**公斤/人**	**69.86**	**78.05**	**60.40**
(一)鲜瓜果	公斤/人	63.78	71.11	55.30
(二)瓜果制品	公斤/人	1.90	2.20	1.56
(三)坚果类	公斤/人	4.18	4.73	3.53
九、糖果糕点类	**公斤/人**	**6.53**	**7.65**	**5.25**
(一)食糖	公斤/人	0.77	0.85	0.67
(二)糖果	公斤/人	0.47	0.53	0.40
(三)糕点	公斤/人	4.65	5.38	3.81
(四)其他糖果糕点	公斤/人	0.64	0.88	0.37

7－9　住房和耐用消费品拥有情况

（2016年）

指标名称	单　位	全　体	城　镇	农　村
一、现住房情况	—			
（一）人均住房建筑面积	平方米/人	40.73	40.86	40.58
（二）按居住空间样式分的户数比重	—			
1.单栋楼房	%	5.80	6.93	4.44
2.单栋平房	%	60.26	32.84	93.07
3.单元房	%	33.95	60.23	2.49
4.筒子楼或连片平房	%			
5.其他	%			
（三）按主要建筑材料分的户数比重	—			
1.钢筋混凝土	%	20.62	35.79	2.46
2.砖混材料	%	48.01	50.98	44.45
3.砖瓦砖木	%	31.09	13.07	52.68
4.竹草土坯	%	0.28	0.16	0.41
5.其他	%			
（三）按房屋来源分的户数比重	—			
1.租赁住房	%	0.40	0.74	
2.自建住房	%	64.98	38.61	96.53
3.购买商品房	%	24.39	43.73	1.24
4.购买房改住房	%	6.59	12.09	
5.购买保障性住房	%	0.18	0.33	
6.拆迁安置房	%	2.09	2.57	1.51
7.继承或获赠住房	%	0.63	0.95	0.24
8.其他	%	0.75	0.98	0.47
（四）住房外道路为硬化路面的户比重	%	96.01	99.54	91.78
二、生活设施状况	—			
（一）饮用水状况	—			
1.是否有管道设施	—			
①管道供水入户	%	99.02	100.00	97.84
②管道供水至公共取水点	%	0.53		1.16
③没有管道设施	%	0.45		1.00
2.主要饮用水来源	—			
①经过净化处理的自来水	%	86.47	89.95	82.30
②受保护的井水和泉水	%	11.70	7.98	16.16
③不受保护的井水和泉水	%			
④江河湖泊水	%	0.25		0.54
⑤其他饮用水来源	%	1.58	2.07	1.00
3.获取饮用水存在的主要困难	—			
①单次取水往返时间超过半小时	%	0.17		0.36

7－9 续表 1

指标名称	单位	全体居民	城镇居民	农村居民
②间断或定时供水	%	1.48		3.26
③当年连续缺水超过 15 天	%	0.17	0.31	
④获取饮用水无困难	%	98.18	99.69	96.38
4. 饮用前家里采取的主要处理措施	—			
①煮沸	%	95.99	95.94	96.04
②加漂白剂/氯等	%	0.89	1.06	0.70
③使用水过滤器	%	1.59	2.55	0.45
④其他处理措施	%	0.11	0.12	0.09
⑤没有任何水处理措施	%	1.42	0.33	2.72
(二)住宅内厕所状况	—			
1. 水冲式卫生厕所	%	50.62	80.23	15.19
2. 水冲式非卫生厕所	%	0.88	1.19	0.50
3. 卫生旱厕	%	10.70	7.93	14.02
4. 普通旱厕	%	37.61	10.65	69.88
5. 无厕所	%	0.18		0.40
(三)主要炊用能源	—			
1. 天然气、煤气、液化石油气	%	61.38	74.95	45.14
2. 煤炭	%	3.68	1.26	6.58
3. 电	%	20.37	14.47	27.43
4. 沼气	%	0.02		0.04
5. 其他	%	14.55	9.32	20.80
三、每百户耐用消费品拥有情况	—			
(一)家用汽车	辆	58.24	67.02	47.71
(二)摩托车	辆	40.77	22.09	63.15
(三)电冰箱(柜)	台	107.21	110.87	102.83
(四)洗衣机	台	99.88	105.52	93.14
(五)热水器	台	88.34	99.80	74.61
其中:太阳能热水器	台	76.81	80.98	71.80
(六)空调	台	96.87	128.62	58.84
(七)彩色电视机	台	111.68	113.47	109.54
(八)摄像机	台	5.09	8.49	1.00
(九)照相机	台	23.93	38.46	6.53
(十)计算机	台	74.59	90.24	55.85
其中:接入互联网的计算机	台	64.26	77.65	48.22
(十一)中高档乐器	架	4.46	7.80	0.46
(十二)固定电话	部	34.44	39.13	28.82
(十三)移动电话	部	240.05	250.10	228.00
其中:接入互联网的移动电话	部	125.11	145.50	100.69

7-10 社区基础设施和居民享有的基本社会服务情况

（2016 年）

指标名称	单 位	全体居民	城镇居民	农村居民
一、社区基础设施情况和基本公共服务	--			
（一）社区通公路的户比重	%	100	100	100
（二）社区能便利地乘坐公共汽车的户比重	%	91.10	96.71	84.37
（三）社区通电的户比重	%	100	100	100
（四）社区通电话的户比重	%	100	100	100
（五）社区能接收有线电视信号的户比重	%	100	100	100
（六）社区饮用水经过了集中净化处理的户比重	%	93.49	93.04	94.03
（七）社区主要饮用水水源无化学污染的户比重	%	100.00	100.00	100.00
（八）社区开通了管道燃气的户比重	%	36.75	63.57	4.63
（九）社区有集中供暖的户比重	%	37.00	61.66	7.46
（十）按进社区道路状况分的户比重	--			
1.水泥或柏油路面	%	97.72	99.62	95.45
2.沙石或石板等硬质路面	%	2.28	0.38	4.55
3.其他	%			
（十一）按社区内主要道路状况分的户比重	--			
1.水泥或柏油路面	%	96.31	98.81	93.32
2.沙石或石板等硬质路面	%	3.26	1.19	5.72
3.其他	%	0.44		0.96
（十二）社区主要道路有路灯的户比重	%	95.65	100.00	90.44
（十三）社区内垃圾能集中处理的户比重	%	100	100	100
（十四）社区有健身器材的户比重	%	86.57	90.54	81.81
（十五）社区有绿化园林景观的户比重	%	66.35	77.40	53.11
（十六）社区有卫生站（室）的户比重	%	95.56	98.41	92.15
（十七）按上幼儿园便利程度分的户比重	--			
1.社区内有，且便利	%	66.46	70.18	62.01
2.社区内无，但入园较便利	%	32.02	27.04	37.99
3.不便利	%	1.52	2.78	
（十八）按上小学便利程度分的户比重	--			
1.社区内有，且便利	%	42.16	42.06	42.28
2.社区内无，但入学较便利	%	57.21	56.78	57.72
3.不便利	%	0.63	1.16	
（十九）社区本年度未发生盗窃或其他刑事案件的户比重	%	91.21	93.36	88.63
（二十）社区有安全保卫的户比重	%	63.99	79.76	45.12
（二十一）行政村拥有合法行医证的医生的户比重	%	90.57	100.00	87.21
（二十二）行政村有合格接生员的户比重	%	9.96	8.58	10.45
二、社会保障	--			
（一）参加医疗保险或享受公费医疗的人数比重	--			
1.新型农村合作医疗	%	54.78	37.98	74.19
2.城镇职工基本医疗保险	%	22.97	38.09	5.49
3.（城镇）居民基本医疗保险	%	20.13	21.47	18.59
4.公费医疗	%	0.01	0.02	
5.商业医疗保险	%	0.85	0.95	0.73
6.其他医疗保险	%	0.48	0.78	0.13
7.没有参加任何医疗保险	%	1.48	2.25	0.59
（二）16 岁及以上人口参加或享受养老保险的人数比重	--			
1.新型农村社会养老保险	%	53.77	35.22	74.04
2.城镇职工基本养老保险	%	28.49	47.94	7.22
3.（城镇）居民社会养老保险	%	16.51	15.14	18.00
4.商业养老保险	%	0.86	0.96	0.75
5.其他养老保险	%	0.19	0.21	0.18
6.没有参加任何养老保险	%	0.77	1.21	0.29

7－11　各县市区居民收入主要指标

（2016 年）

单位:元/人

地　区	居民人均可支配收入（元）	城镇居民人均可支配收入（元）	农村居民人均可支配收入（元）	居民人均可支配收入较上年增长（%）	城镇居民人均可支配收入较上年增长（%）	农村居民人均可支配收入较上年增长（%）
总　计	**25484**	**33609**	**16098**	**8.9**	**8.2**	**8.1**
潍城区	30242	34789	16865	7.8	7.6	8.1
寒亭区	24210	31865	15964	8.5	8.0	8.2
坊子区	23355	31634	15782	8.9	8.0	8.1
奎文区	37771	37771		8.3	8.3	
青州市	23857	32468	16180	8.9	8.2	8.3
诸城市	26842	34222	17210	8.6	8.3	8.7
寿光市	27324	34735	17652	8.8	8.4	8.8
安丘市	21758	29452	15161	8.5	8.0	7.9
高密市	25553	33262	15589	8.7	8.2	8.2
昌邑市	23171	31168	16304	8.7	8.1	8.1
临朐县	21465	29356	14700	9.0	8.0	8.0
昌乐县	22628	30529	15450	9.0	8.1	8.1

7－12　各县市区居民支出主要指标

（2016 年）

单位:元/人

地　区	居民人均可支配支出（元）	城镇居民人均可支配支出（元）	农村居民人均可支配支出（元）	居民人均可支配支出较上年增长（%）	城镇居民人均可支配支出较上年增长（%）	农村居民人均可支配支出较上年增长（%）
总　计	**15896**	**20976**	**10027**	**9.7**	**8.5**	**10.2**
潍城区	19525	22548	10629	8.4	8.0	10.0
寒亭区	15607	20770	10045	9.3	8.3	10.2
坊子区	14520	19459	10003	9.8	8.2	10.3
奎文区	23565	23565		8.6	8.6	
青州市	14735	20061	9986	9.7	8.7	9.5
诸城市	17001	21528	11093	7.3	6.5	8.8
寿光市	16783	19954	12644	11.5	10.4	13.4
安丘市	13985	19205	9509	9.2	8.3	9.0
高密市	16238	21161	9876	9.3	8.4	10.1
昌邑市	14302	18995	10272	9.8	8.5	10.3
临朐县	13683	18525	9532	10.2	8.2	11.2
昌乐县	14519	18849	10586	9.8	8.3	10.0

主要统计指标解释

可支配收入 指调查户在调查期内获得的、可用于最终消费支出和储蓄的总和，即调查户可以用来自由支配的收入。可支配收入既包括现金，也包括实物收入。按照收入的来源，可支配收入包含四项，分别为：工资性收入、经营净收入、财产净收入、转移净收入。计算公式为：

可支配收入＝工资性收入＋经营净收入＋财产净收入＋转移净收入

其中：经营净收入＝经营收入－经营费用－生产性固定资产折旧－生产税净额（生产税－生产补贴）

财产净收入＝财产性收入－财产性支出

转移净收入＝转移性收入－转移性支出

工资性收入 指就业人员通过各种途径得到的全部劳动报酬和各种福利，包括受雇于单位或个人、从事各种自由职业、兼职和零星劳动得到的全部劳动报酬和福利。

经营净收入 指住户或住户成员从事生产经营活动所获得的净收入，是全部经营收入中扣除经营费用、生产性固定资产折旧和生产税之后得到的净收入。

财产净收入 指住户或住户成员将其所拥有的金融资产、住房等非金融资产和自然资源交由其他机构单位、住户或个人支配而获得的回报并扣除相关的费用之后得到的净收入。财产净收入包括利息净收入、红利收入、储蓄性保险净收益、转让承包土地经营权租金净收入、出租房屋净收入、出租其他资产净收入和自有住房折算净租金等。

转移性收入 指国家、单位、社会团体对住户的各种经常性转移支付和住户之间的经常性收入转移。包括政府、非行政事业单位、社会团体对居民转移的养老金或退休金、社会救济和补助、惠农补贴、政策性生活补贴、救灾款、经常性捐赠和赔偿以及报销医疗费等；住户之间的赡养收入、经常性捐赠和赔偿以及农村地区（村委会）在外（含国外）工作的本住户非常住成员寄回带回的收入等。转移性收入不包括住户之间的实物馈赠。

转移性支出 指调查户对国家、单位、住户或个人的经常性或义务性转移支付。包括缴纳的税款、各项社会保障支出、赡养支出、经常性捐赠和赔偿支出以及其他经常转移支出等。

消费支出 指住户用于满足家庭日常生活消费需要的全部支出，包括用于消费品的支出和用于服务性消费的支出。根据用途不同，消费支出可划分为食品烟酒、衣着、居住、生活用品及服务、交通通信、教育文化娱乐、医疗保健、其他用品及服务八大类。根据来源不同，消费支出可划分为现金消费支出、实物消费支出（含自产自用、来自单位、来自政府和其他社会组织）。

食品烟酒 指用于各种食品和烟草、酒类的支出，包括食品和烟酒两个中类。

衣着 指与居民穿着有关的支出，包括服装、服装材料、鞋类、其他衣类及配件、衣着相关加工服务的支出。

居住 指与居住有关的支出，包括房租、水、电、燃料、物业管理等方面的支出，也包括自有住房折算租金。

生活用品及服务 指家庭及个人的各类生活品及家庭服务。包括家具及室内装饰品、家用器具、家用纺织品、家庭日用杂品、个人用品和家庭服务。

交通通信 指用于交通和通信工具及相关的各种服务费、维修费和车辆保险等支出。

教育文化和娱乐 指用于教育和文化娱乐方面的支出。

医疗保健 指用于医疗和保健的药品、用品和服务的总费用。包括医疗器具及药品，以及医疗服务。

其他用品及服务 指无法直接归入上述各类支出的其他用品与服务支出。

就业者负担人数 指家庭人口与就业人口之比。

城镇家庭可支配收入(老口径) 指家庭成员得到可用于最终消费支出和其它非义务性支出以及储蓄的总和,即居民家庭可以用来自由支配的收入。它是家庭总收入扣除交纳的所得税、个人交纳的社会保障支出以及记账补贴后的收入。计算公式为:

可支配收入=家庭总收入-交纳所得税-个人交纳的社会保障支出-记帐补贴

农村居民纯收入 指农村住户当年从各个来源得到的总收入相应地扣除所发生的费用后的收入总和。计算方法:

纯收入=总收入-家庭经营费用支出-税费支出-生产性固定资产折旧

纯收入主要用于再生产投入和当年生活消费支出,也可用于储蓄和各种非义务性支出。“农民人均纯收入”按人口平均的纯收入水平,反映的是一个地区或一个农户农村居民的平均收入水平。

农村居民人均可支配收入与改革前的农民纯收入指标的主要区别是:可支配收入扣除了赠送农村以外亲友支出、农村居民用于购买住房、汽车等生活性贷款的利息支出,以及个人交纳的养老、医疗等社会保障支出,纯收入则不扣。同时,计算农村居民人均收入的分母调整为农村常住人口,调整了外出农民工寄带回收入的归类

⑧

农　业

EIGHT

AGRICULTURE

简要说明

一、本篇资料的主要内容

本篇资料反映了全市农业生产和农村经济的基本情况，主要包括农林牧渔业总产值、增加值、农村劳动力、主要农产品产量、农业机械年末拥有量、农村电气化和农业化学化情况以及农田水利建设等方面的统计资料。

二、本篇资料的来源

8－10 表来源于国家统计局潍坊调查队抽样调查数据。其余资料来源于农村综合统计年报，由市统计局农调队整理提供。

三、本篇资料的统计范围和统计口径

本篇资料的统计范围包括市内所属的各种经济类型、各个系统的全部农林牧渔业生产单位以及各非农行业附属的农林牧渔业生产活动单位。但不包括农业科学试验机构进行的农业生产。

8－1　全市农林牧渔业总产值

（2016 年）　　　　单位:万元

指　标　名　称	2016 年	2015 年	2016 年比 2015 年增长(%)
农林牧渔业总产值	**9859128**	**9360081**	**104.6**
一、农业产值	**5551950**	**5310756**	**104.2**
(一)谷物及其他作物	1471260	1638950	94.0
(二)蔬菜园艺作物	3152295	2800074	109.7
(三)水果、饮料和香料作物	917043	861447	105.7
(四)中药材	11352	10285	101.9
二、林业产值	**73382**	**72122**	**101.9**
(一)林木的培育和种植	47838	46774	102.3
(二)竹木采运	24003	24003	100.0
(三)林产品	1541	1345	114.6
三、牧业产值	**3288507**	**3132371**	**103.8**
(一)牲畜饲养	331247	322183	99.7
(二)猪的饲养	1353904	1262064	103.8
(三)家禽饲养	1352577	1307950	104.7
(四)狩猎和捕捉动物			
(五)其他畜牧业	250779	240174	104.4
四、渔业产值	**528848**	**495600**	**107.1**
(一)海水产品	380830	363937	104.4
(二)内陆水域水产品	148018	131663	114.1
五、农林牧渔服务业	**416441**	**349232**	**119.97**

注:本表系新口径,绝对数按当年价格计算,速度按可比价格计算。

8－2 各县市区农林牧渔业总产值

（2016 年）

单位：万元

地　　区	农林牧渔业总产值	农业产值	林业产值	牧业产值	渔业产值	农林牧渔服务业
总　　计	**9859128**	**5551950**	**73382**	**3288507**	**528848**	**416441**
潍城区	176686	59283	2552	105331	293	9227
寒亭区	329079	207660	1903	93093	13875	12548
坊子区	181605	139170	1830	37685	1078	1842
奎文区	8004	480	56	6722		746
青州市	1126515	878712	4679	207271	1073	34780
诸城市	1380110	471989	4941	854762	11309	37109
寿光市	1948011	1295406	5164	408626	182155	56660
安丘市	947903	650566	15013	239588	10426	32310
高密市	1133798	580367	5331	433014	5004	110082
昌邑市	797954	390121	6926	223999	118236	58672
临朐县	740065	335715	4064	342844	35248	22194
昌乐县	765391	444605	9749	274456	730	35851
高新开发区	4785	3498		1287		
滨海开发区	107358	8465	1046	3904	92384	1559
峡山开发区	211864	85913	10128	55925	57037	2861

注：本表按现行价格计算

8－3 各县市区农业产值

（2016 年）

单位：万元

地　　区	农业产值	一、谷物及其他作物	粮食作物				油　料
				谷　物	豆　类	薯　类	
总　　计	**5551950**	**1471260**	**1028966**	**1012433**	**7902**	**8631**	**134065**
潍城区	59283	25591	22450	22398		52	95
寒亭区	207660	81940	59060	59015	6	39	585
坊子区	139170	50651	35976	35896	44	36	4772
奎文区	480	361	263	263			
青州市	878712	59117	54034	52593	862	579	26
诸城市	471989	248081	163370	159878	2238	1254	29174
寿光市	1295406	163191	121369	120406	311	652	129
安丘市	650566	161239	96190	94056	596	1538	32733
高密市	580367	268619	185203	183527	1661	15	26425
昌邑市	390121	176525	129664	129454	161	49	5615
临朐县	335715	99486	64017	59582	1400	3035	16178
昌乐县	444605	85010	57223	55288	596	1339	14391
高新开发区	3498	3292	2503	2503			
滨海开发区	8465	8378	7087	7071	16		523
峡山生态区	85913	39779	30557	30503	11	43	3419

注：本表按现行价格计算。

8－3 续表 1

地区	一、谷物及其他作物			二、蔬菜园艺作物		
	棉花	烟叶	其他农作物		1、蔬菜及食用菌（含菜用瓜）	2、花卉等其他园艺作物
总计	**31757**	**57154**	**219318**	**3152295**	**3024960**	**127335**
潍城区	2		3044	21262	21234	28
寒亭区	2561		19734	66757	66731	26
坊子区	13	235	9655	79254	79254	
奎文区			98	119	119	
青州市	169		4888	716034	590274	125760
诸城市	662	29213	25662	159155	159149	6
寿光市	15010		26683	995610	995422	188
安丘市	2111	6723	23482	374929	374393	536
高密市	73	6302	50616	256978	256451	527
昌邑市	10223		31023	151744	151708	36
临朐县	472	9432	9387	84132	83904	228
昌乐县	122	4584	8690	204302	204302	
高新开发区			789			
滨海开发区	298		470	18	18	
峡山开发区	41	665	5097	42001	42001	

8－3 续表 2

地区	三、水果、坚果、饮料	1、水果坚果（含果用瓜）	#苹果	#梨	2、坚果	四、中药材
总计	**917043**	**898390**	**95321**	**19269**	**12423**	**11352**
潍城区	12430	12424	8500	576	6	
寒亭区	58963	58612	13041	512	351	
坊子区	9265	9265	345	588		
奎文区						
青州市	103561	102696		87	865	
诸城市	62799	54601	9689	1552	2240	1954
寿光市	136605	136466	10847	1231	139	
安丘市	114046	113627	3134	5491	244	352
高密市	54770	54739	7996	1662	31	
昌邑市	61852	59519	4254	4699	2333	
临朐县	143051	136796	23829	2147	6158	9046
昌乐县	155293	155241	13045	404	52	
高新开发区	206	206				
滨海开发区	69	65			4	
峡山开发区	4133	4133	641	320		

8－4　全市及各县市区林业产值

（2016 年）　　单位：万元

地　　区	林业产值	林木的培育和种植	林产品	竹木采运
总　　计	**73382**	**47838**	**1541**	**24003**
潍城区	2552	2325		227
寒亭区	1903	1538		365
坊子区	1830	1358		472
奎文区	56	38		18
青州市	4679	2493	1541	645
诸城市	4941	887		4054
寿光市	5164	4359		805
安丘市	15013	11929		3084
高密市	5331	3578		1753
昌邑市	6926	4001		2925
临朐县	4064	2712		1352
昌乐县	9749	7967		1782
高新开发区				
滨海开发区	1046	1046		
峡山开发区	10128	3607		6521

注：本表按现行价格计算。

8－5　各县市区牧业产值

（2016 年）　　单位：万元

地　　区	牧业产值	一、牲畜饲养	＃牛	＃羊	＃奶产品
总　　计	**3288507**	**331247**	**106533**	**134418**	**86432**
潍城区	105331	3734	965	378	2389
寒亭区	93093	10287	1129	461	8697
坊子区	37685	6192	3516	1402	1274
奎文区	6722	125	3	51	71
青州市	207271	23483	11257	5674	6185
诸城市	854762	57912	33363	21664	2368
寿光市	408626	22162	4007	12284	4669
安丘市	239588	23684	2725	20229	654
高密市	433014	42843	16464	13296	12608
昌邑市	223999	12223	7510	2714	1110
临朐县	342844	79266	5084	44795	29244
昌乐县	274456	46401	19412	9798	17048
高新开发区	1287	145	5	69	71
滨海开发区	3904	715		681	20
峡山开发区	55925	2074	1091	922	24

注：本表按现行价格计算。

8－5 续表 1

地　　区	二、猪的饲　养	三、家禽饲　养	#肉禽	#禽蛋	四、其他畜牧业
总　　计	**1353904**	**1352577**	**1098459**	**254118**	**250779**
潍　城　区	19490	11972	5563	6409	70135
寒　亭　区	27377	46869	43412	3457	8560
坊　子　区	21568	9925	4560	5365	
奎　文　区	584	148	111	37	5865
青　州　市	76809	105796	81541	24255	1183
诸　城　市	383688	283135	226442	56693	130027
寿　光　市	148899	232983	211151	21832	4582
安　丘　市	110300	99997	87679	12318	5607
高　密　市	267650	110570	77120	33450	11951
昌　邑　市	73340	132013	122470	9543	6423
临　朐　县	96912	161512	103322	58190	5154
昌　乐　县	75516	151247	133463	17784	1292
高新开发区	584	558	171	387	
滨海开发区	2669	520	198	322	
峡山开发区	48519	5332	1256	4076	

8－6 各县市区渔业产值

（2016 年）

单位：万元

地　　区	渔　业产　值	海水产品	#养殖	内陆水域水产品	#养殖
总　　计	**528848**	**380830**	**225468**	**148018**	**121679**
潍　城　区	293			293	59
寒　亭　区	13875	968	968	12907	12907
坊　子　区	1078			1078	642
奎　文　区					
青　州　市	1073			1073	1063
诸　城　市	11309			11309	10059
寿　光　市	182155	171555	55493	10600	10600
安　丘　市	10426			10426	8500
高　密　市	5004			5004	4673
昌　邑　市	118236	115923	103028	2313	1299
临　朐　县	35248			35248	24096
昌　乐　县	730			730	210
高新开发区					
滨海开发区	92384	92384	68979		
峡山开发区	57037			57037	46085

注：本表按现行价格计算。

8－7 全市农林牧渔业增加值

（2016 年）

单位:万元

指标名称	一、总产值	二、中间消耗	1、物质消耗	2、生产服务支出	三、增加值
农林牧渔业	**9859128**	**4856018**	**4271805**	**584213**	**5003110**
1、农业	5551950	2318230	1981724	336506	3233720
2、林业	73382	28400	22481	5919	44982
3、牧业	3288507	2062709	1916944	145765	1225798
4、渔业	528848	280100	232891	47209	248748
5、服务业	416441	166579	117765	48814	249862

8－8 各县市区农林牧渔业增加值

（2016 年）

单位:万元

地区	合计	农业	林业	牧业	渔业	服务业
总计	**5003110**	**3233720**	**44982**	**1225798**	**248748**	**249862**
潍城区	105122	40082	1548	62191	73	1228
寒亭区	125778	75642	299	36390	8762	4685
坊子区	91248	71043	935	18003	542	725
奎文区	4287	199	42	3633		413
青州市	545975	458941	3343	66139	633	16919
诸城市	665086	256815	2399	376490	6695	22687
寿光市	1005423	779012	3553	118841	71872	32145
安丘市	523314	439523	7701	51301	6271	18518
高密市	588305	345002	3305	159734	3796	76468
昌邑市	404905	214281	3825	94293	57134	35372
临朐县	377760	232238	2245	105384	22033	15860
昌乐县	398364	261584	8531	106119	360	21770
高新开发区	2709	2261		448		
滨海开发区	51466	4590	580	2046	43221	1029
峡山生态区	113368	52507	6676	24786	27356	2043

8－9　各县市区农业主要产品生产情况

（2016 年）

地　区	农作物总播种面积（公顷）	一、粮食作物合计			（一）夏收粮食		
		播种面积（公顷）	总产量（吨）	单产（千克/公顷）	播种面积（公顷）	总产量（吨）	单产（千克/公顷）
总　　计	**1077436**	**752331**	**4942265**	**6570**	**356648**	**2281969**	**6399**
潍 城 区	15001	14043	87533	6233	7006	45992	6566
寒 亭 区	49836	41291	289216	7005	20730	143713	6933
坊 子 区	30515	23696	143182	6042	12321	74372	6036
奎 文 区	229	203	1263	6221	102	657	6468
青 州 市	92816	44111	266968	6053	21408	128542	6005
诸 城 市	177992	132536	858339	6476	64108	342549	5343
寿 光 市	151157	86642	645045	7445	42181	311609	7388
安 丘 市	104890	60931	429369	7047	28734	197077	6858
高 密 市	158153	133119	854199	6417	64833	443530	6842
昌 邑 市	100466	84264	578205	6863	39939	267750	6704
临 朐 县	68202	50062	275617	5505	21121	110719	5243
昌 乐 县	81462	41322	283932	6872	14947	100383	6716
高新开发区	1227	1227	6423	5234	432	2999	6942
滨海开发区	6609	6058	35695	5892	2874	17291	6017
峡山生态区	37879	31882	182732	5732	15464	92163	5960
综合保税区	1002	943	4548	4823	450	2624	5835

注：粮食作物指标数据为全面统计汇总数据。

8－9 续表 1

地　区	1. 谷　物			#小　麦		
	播种面积（公顷）	总产量（吨）	单产（千克/公顷）	播种面积（公顷）	总产量（吨）	单产（千克/公顷）
总　　计	**355418**	**2277128**	**6407**	**355418**	**2277128**	**6407**
潍 城 区	7006	45992	6566	7006	45992	6566
寒 亭 区	20730	143713	6933	20730	143713	6933
坊 子 区	12321	74372	6036	12321	74372	6036
奎 文 区	102	657	6468	102	657	6468
青 州 市	21408	128542	6005	21408	128542	6005
诸 城 市	64108	342549	5343	64108	342549	5343
寿 光 市	42181	311609	7388	42181	311609	7388
安 丘 市	28723	197036	6860	28723	197036	6860
高 密 市	63614	438729	6897	63614	438729	6897
昌 邑 市	39939	267750	6704	39939	267750	6704
临 朐 县	21121	110719	5243	21121	110719	5243
昌 乐 县	14947	100383	6716	14947	100383	6716
高新开发区	432	2999	6942	432	2999	6942
滨海开发区	2874	17291	6017	2874	17291	6017
峡山生态区	15464	92163	5960	15464	92163	5960
综合保税区	450	2624	5835	450	2624	5835

8－9 续表 2

地　　区	（二）秋收粮食			1、谷　　物		
	播种面积（公顷）	总产量（吨）	单　　产（千克/公顷）	播种面积（公顷）	总产量（吨）	单　　产（千克/公顷）
总　　计	**395683**	**2660297**	**6723**	**385505**	**2605044**	**6758**
潍 城 区	7038	41541	5903	7017	41326	5889
寒 亭 区	20561	145503	7077	20554	145445	7077
坊 子 区	11375	68810	6050	11334	68576	6051
奎 文 区	102	607	5975	102	607	5975
青 州 市	22703	138426	6098	21211	132845	6263
诸 城 市	68428	515790	7538	66340	505314	7617
寿 光 市	44460	333435	7500	44110	332085	7529
安 丘 市	32197	232293	7215	30567	221309	7241
高 密 市	68286	410669	6014	68143	410239	6021
昌 邑 市	44326	310454	7004	44069	309832	7031
临 朐 县	28942	164898	5697	26189	149426	5706
昌 乐 县	26376	183549	6959	25026	173966	6951
高新开发区	795	3425	4305	795	3425	4305
滨海开发区	3184	18403	5781	3170	18369	5795
峡山生态区	16418	90569	5517	16386	90358	5514
综合保税区	493	1924	3900	493	1924	3900

8－9 续表 3

地　　区	(1)玉　　米			(2)谷　　子		
	播种面积（公顷）	总产量（吨）	单　　产（千克/公顷）	播种面积（公顷）	总产量（吨）	单　　产（千克/公顷）
总　　计	**380158**	**2583179**	**6795**	**4458**	**17758**	**3984**
潍 城 区	7000	41288	5898	17	39	2286
寒 亭 区	20134	142834	7095	420	2610	6216
坊 子 区	11322	68539	6054	9	27	3078
奎 文 区	102	607	5975			
青 州 市	20220	129853	6422	933	2847	3051
诸 城 市	66201	504766	7625	121	490	4050
寿 光 市	43273	327923	7578	273	1223	4476
安 丘 市	29227	215699	7380	1328	5563	4190
高 密 市	67758	408585	6030	327	1392	4257
昌 邑 市	44069	309832	7031			
临 朐 县	25817	148141	5738	326	1151	3528
昌 乐 县	24206	171079	7068	690	2374	3441
高新开发区	795	3425	4305			
滨海开发区	3156	18327	5807	14	43	2958
峡山生态区	16386	90358	5514			
综合保税区	493	1924	3900			

8－9续表4

地区	(3)高　梁			(4)其它作物		
	播种面积（公顷）	总产量（吨）	单　产（千克/公顷）	播种面积（公顷）	总产量（吨）	单　产（千克/公顷）
总　计	**822**	**3642**	**4430**	**21**	**66**	**3167**
潍城区						
寒亭区						
坊子区	3	10	3384			
奎文区						
青州市	58	145	2484			
诸城市				18	56	3131
寿光市	518	2543	4910			
安丘市	9	37	4023	3	10	3383
高密市	58	262	4514			
昌邑市						
临朐县	46	133	2900			
昌乐县	130	512	3942			
高新开发区						
滨海开发区						
峡山生态区						
综合保税区						

8－9续表5

地区	2、豆　类			其中:大豆		
	播种面积（公顷）	总产量（吨）	单　产（千克/公顷）	播种面积（公顷）	总产量（吨）	单　产（千克/公顷）
总　计	**4407**	**13083**	**2969**	**4280**	**12815**	**2994**
潍城区						
寒亭区	4	11	2729	2	8	3536
坊子区	28	108	3786	28	108	3795
奎文区						
青州市	868	2014	2321	863	2005	2324
诸城市	1549	5251	3390	1545	5243	3393
寿光市	263	671	2552	262	670	2553
安丘市	371	1127	3039	324	1026	3168
高密市	132	367	2786	126	362	2885
昌邑市	229	349	1523	229	349	1523
临朐县	608	1800	2961	566	1715	3029
昌乐县	334	1329	3974	315	1277	4059
高新开发区						
滨海开发区	13	34	2555	12	32	2658
峡山生态区	8	23	2936	7	21	2829
综合保税区						

8－9 续表 6

地　　区	3.　薯　类			二、　油　料		
	播种面积（公顷）	总产量（吨）	单　产（千克/公顷）	播种面积（公顷）	总产量（吨）	单　产（千克/公顷）
总　　计	**5771**	**42170**	**7307**	**46700**	**212728**	**4556**
潍 城 区	21	215	10325	23	88	3821
寒 亭 区	4	48	11875	212	927	4364
坊 子 区	13	126	9720	1278	5052	3953
奎 文 区						
青 州 市	624	3567	5717	19	41	2160
诸 城 市	539	5225	9697	11903	55566	4668
寿 光 市	87	679	7812	45	212	4656
安 丘 市	1258	9857	7833	11651	52253	4485
高 密 市	12	64	5502	5950	28504	4791
昌 邑 市	28	274	9795	2015	7955	3947
临 朐 县	2145	13673	6373	5662	17459	3084
昌 乐 县	1015	8254	8130	6556	38623	5892
高新开发区						
滨海开发区				196	828	4218
峡山生态区	25	188	7598	1134	4978	4392
综合保税区				53	240	4500

8－9 续表 7

地　　区	#花生果			油菜籽		
	播种面积（公顷）	总产量（吨）	单　产（千克/公顷）	播种面积（公顷）	总产量（吨）	单　产（千克/公顷）
总　　计	**46547**	**212434**	**4565**	**18**	**49**	**2696**
潍 城 区	22	86	3872	1	2	2400
寒 亭 区	212	927	4364			
坊 子 区	1278	5052	3953			
奎 文 区						
青 州 市	19	41	2184			
诸 城 市	11903	55566	4668			
寿 光 市	45	211	4691			
安 丘 市	11651	52253	4485			
高 密 市	5950	28504	4791			
昌 邑 市	2007	7930	3950	8	26	3250
临 朐 县	5529	17215	3114			
昌 乐 县	6556	38623	5892			
高新开发区						
滨海开发区	196	828	4218			
峡山生态区	1124	4957	4410	9	21	2282
综合保税区	53	240	4500			

8－9 续表 8

地区	三、棉花			四、烟叶合计		
	播种面积（公顷）	总产量（吨）	单产（千克/公顷）	播种面积（公顷）	总产量（吨）	单产（千克/公顷）
总计	**16728**	**20566**	**1230**	**10180**	**28272**	**2777**
潍城区	1	1	975			
寒亭区	1235	1497	1212			
坊子区	18	24	1316	44	171	3861
奎文区						
青州市	87	99	1136			
诸城市	461	946	2054	5790	16808	2903
寿光市	9719	10758	1107			
安丘市	494	1098	2222	855	2444	2858
高密市	71	101	1407	1005	3192	3176
昌邑市	3722	4670	1254			
临朐县	463	713	1539	1632	3474	2129
昌乐县	83	164	1974	734	1861	2537
高新开发区						
滨海开发区	351	425	1212			
峡山生态区	23	71	3087	119	321	2700
综合保税区						

8－9 续表 9

地区	其中:烤烟			五、药材类播种面积（公顷）
	播种面积（公顷）	总产量（吨）	单产（千克/公顷）	
总计	**10180**	**28272**	**2777**	**1401**
潍城区				
寒亭区				
坊子区	44	171	3861	
奎文区				
青州市				
诸城市	5790	16808	2903	92
寿光市				
安丘市	855	2444	2858	24
高密市	1005	3192	3176	
昌邑市				
临朐县	1632	3474	2129	1285
昌乐县	734	1861	2537	
高新开发区				
滨海开发区				
峡山生态区	119	321	2700	
综合保税区				

8－9 续表 10

地　　区	六、蔬菜、瓜类			1、蔬菜(含菜用瓜)		
	播种面积(公顷)	总产量(吨)	单　产(千克/公顷)	播种面积(公顷)	总产量(吨)	单　产(千克/公顷)
总　　计	**243111**	**14820673**	**60963**	**202105**	**12562601**	**62159**
潍　城　区	863	42918	49735	770	38662	50207
寒　亭　区	7097	314457	44306	4861	215718	44379
坊　子　区	5362	351096	65482	4809	317700	66063
奎　文　区	25	344	13511	25	344	13511
青　州　市	42997	2369436	55108	34822	1909687	54842
诸　城　市	26720	1185012	44349	24516	1088140	44384
寿　光　市	54751	4566313	83401	48918	4146672	84768
安　丘　市	30934	1864340	60268	26975	1672072	61986
高　密　市	17984	1076021	59832	16676	998587	59883
昌　邑　市	9933	574922	57882	8741	530865	60734
临　朐　县	8948	363400	40614	6305	240281	38112
昌　乐　县	32767	1852434	56534	20158	1153337	57216
高新开发区						
滨海开发区	4	58	14400	4	58	14400
峡山生态区	4720	259762	55031	4525	250477	55349
综合保税区	5	160	30000			

8－9 续表 11

地　　区	2、瓜类(果用瓜)			#西　瓜			七、其它农作物播种面积(公顷)
	播种面积(公顷)	总产量(吨)	单　产(千克/公顷)	播种面积(公顷)	总产量(吨)	单　产(千克/公顷)	
总　　计	**41006**	**2258071**	**55067**	**27348**	**1541840**	**56378**	**6984**
潍　城　区	93	4256	45834	15	755	49269	70
寒　亭　区	2237	98739	44145	1356	69536	51285	
坊　子　区	553	33396	60428	361	25968	71880	117
奎　文　区							
青　州　市	8175	459749	56241	7683	442088	57540	5603
诸　城　市	2204	96871	43956	931	44665	47996	489
寿　光　市	5833	419641	71937	730	38269	52395	
安　丘　市	3959	192268	48563	2154	118076	54810	
高　密　市	1308	77433	59183	913	59011	64667	24
昌　邑　市	1192	44056	36966	383	19142	49989	532
临　朐　县	2643	123119	46583	2389	110014	46052	149
昌　乐　县	12609	699096	55443	10372	610986	58905	
高新开发区							
滨海开发区							
峡山生态区	195	9286	47651	61	3330	55008	1
综合保税区	5	160	30000				

8-10 国家统计局潍坊调查队抽样调查各县市区粮食作物生产情况

(2016年)

地　　区	全年粮食			(一)夏收粮食		
	播种面积(亩)	单　　产(公斤/亩)	总产量(吨)	播种面积(亩)	单　　产(公斤/亩)	总产量(吨)
总　　计	**10415400**	**414.58**	**4318000**	**5010400**	**415.6**	**2082500**
潍　城　区	166700	407.92	68000	86200	400.2	34500
寒　亭　区	559500	408.40	228500	260200	386.2	100500
坊　子　区	347300	393.03	136500	158500	394.3	62500
奎　文　区	3000	366.67	1100	1500	333.3	500
临　朐　县	541300	351.01	190000	212700	364.4	77500
昌　乐　县	523000	401.53	210000	204100	389.5	79500
青　州　市	590000	380.51	224500	238900	380.9	91000
诸　城　市	2004700	410.54	823000	1031600	395.0	407500
寿　光　市	1267500	461.54	585000	621300	487.7	303000
安　丘　市	805900	407.62	328500	354500	385.0	136500
高　密　市	1952700	426.84	833500	987600	417.2	412000
昌　邑　市	1195900	418.10	500000	613100	439.6	269500
高新开发区	14300	346.15	4950	9000	388.9	3500
滨海开发区	38400	329.43	12650	19600	357.1	7000
峡山生态区	394400	397.69	156850	205600	408.6	84000
综合保税区	10800	365.74	3950	6000	416.7	2500

8-10续表1

地　　区	1.夏收谷物			# 小　　麦		
	播种面积(亩)	单　　产(公斤/亩)	总产量(吨)	播种面积(亩)	单　　产(公斤/亩)	总产量(吨)
总　　计	**4992120**	**414.0**	**2066699.6**	**4992120**	**414.0**	**2066699.6**
潍　城　区	86200	400.2	34500	86200	400.2	34500
寒　亭　区	260200	386.2	100500	260200	386.2	100500
坊　子　区	158500	394.3	62500	158500	394.3	62500
奎　文　区	1500	333.3	500	1500	333.3	500
临　朐　县	212700	364.4	77500	212700	364.4	77500
昌　乐　县	204100	389.5	79500	204100	389.5	79500
青　州　市	238900	380.9	91000	238900	380.9	91000
诸　城　市	1031600	395.0	407500	1031600	395.0	407500
寿　光　市	621300	487.7	303000	621300	487.7	303000
安　丘　市	354500	385.0	136500	354500	385.0	136500
高　密　市	969320	420.1	407199.6	969320	420.1	407199.6
昌　邑　市	613100	439.6	269500	613100	439.6	269500
高新开发区	9000	388.9	3500	9000	388.9	3500
滨海开发区	19600	357.1	7000	19600	357.1	7000
峡山生态区	205600	408.6	84000	205600	408.6	84000
综合保税区	6000	416.7	2500	6000	416.7	2500

8－10 续表 2

地　区	2. 夏杂豆			(二)秋收粮食		
	播种面积（亩）	单　产（公斤/亩）	总产量（吨）	播种面积（亩）	单　产（公斤/亩）	总产量（吨）
总　计	**18280.0**	**262.6**	**4800.4**	**5405000**	**413.6**	**2235500**
潍城区				80500	416.1	33500
寒亭区				299300	427.7	128000
坊子区				188800	391.9	74000
奎文区				1500	400.0	600
临朐县				328600	342.4	112500
昌乐县				318900	409.2	130500
青州市				351100	380.2	133500
诸城市				973100	427.0	415500
寿光市				646200	436.4	282000
安丘市				451400	425.3	192000
高密市	18280.0	262.6	4800.4	965100	436.7	421500
昌邑市				582800	395.5	230500
高新开发区				5300	273.6	1450
滨海开发区				18800	300.5	5650
峡山生态区				188800	385.86	72850
综合保税区				4800	302.1	1450

8－10 续表 3

地　区	1. 秋收谷物			(1) 稻　谷		
	播种面积（亩）	单　产（公斤/亩）	总产量（吨）	播种面积（亩）	单　产（公斤/亩）	总产量（吨）
总　计	**5256575**	**416.3**	**2188121**	**7**	**285.7**	**2**
潍城区	80188	415.8	33340			
寒亭区	299210	427.7	127973			
坊子区	188178	392.1	73788			
奎文区	1500	400.0	600			
临朐县	290760	342.9	99689			
昌乐县	298951	408.3	122058			
青州市	328795	389.1	127928			
诸城市	941837	431.0	405969	7	285.7	2
寿光市	640992	438.1	280830			
安丘市	426959	430.3	183732			
高密市	963042	437.2	421074			
昌邑市	578945	397.1	229924			
高新开发区	5300	273.6	1450			
滨海开发区	18800	300.5	5650			
峡山生态区	188318	385.88	72667			
综合保税区	4800	302.1	1450			

8－10 续表4

地　　区	(2) 玉　　米			(3) 谷　　子		
	播种面积（亩）	单　　产（公斤/亩）	总产量（吨）	播种面积（亩）	单　　产（公斤/亩）	总产量（吨）
总　　计	**5177558**	**418.7**	**2167776**	**66360**	**250.7**	**16635**
潍城区	79935	416.5	33290	253	196.0	50
寒亭区	293205	431.3	126470	6005	250.3	1503
坊子区	188001	392.3	73751	134	205.2	28
奎文区	1500	400.0	600			
临朐县	285177	345.0	98388	4893	238.6	1167
昌乐县	286651	415.7	119172	10350	229.4	2374
青州市	313923	398.0	124936	13996	203.4	2847
诸城市	939747	431.4	405421	1814	270.1	490
寿光市	629127	440.4	277065	4097	298.4	1223
安丘市	406862	437.8	178122	19913	279.3	5563
高密市	957267	438.1	419420	4905	283.8	1392
昌邑市	578945	397.1	229924			
高新开发区	5300	273.6	1450			
滨海开发区	18800	300.5	5650			
峡山生态区	188318	385.88	72667			
综合保税区	4800	302.1	1450			

8－10 续表5

地　　区	(4) 高　　粱			(5)其他谷物		
	播种面积（亩）	单　　产（公斤/亩）	总产量（吨）	播种面积（亩）	单　　产（公斤/亩）	总产量（吨）
总　　计	**12336**	**295.2**	**3641**	**314**	**211.1**	**66.3**
潍城区						
寒亭区						
坊子区	43	225.6	10			
奎文区						
临朐县	690	192.8	133			
昌乐县	1950	262.6	512			
青州市	876	165.5	145			
诸城市				269	208.9	56.2
寿光市	7768	327.3	2542			
安丘市	139	268.3	37	45	224.4	10.1
高密市	870	300.9	262			
昌邑市						
高新开发区						
滨海开发区						
峡山生态区						
综合保税区						

8－10续表6

地　区	2. 豆类			(1) 大豆		
	播种面积（亩）	单产（公斤/亩）	总产量（吨）	播种面积（亩）	单产（公斤/亩）	总产量（吨）
总　计	**65232**	**193.2**	**12602**	**63543**	**194.6**	**12364**
潍城区						
寒亭区	30	250.0	8	30	250.0	8
坊子区	427	253.6	108	427	253.6	108
奎文区						
临朐县	9030	186.3	1682	8403	191.0	1605
昌乐县	4720	270.6	1277	4425	276.9	1225
青州市	12946	154.9	2005	12946	154.9	2005
诸城市	23180	226.2	5243	23122	226.4	5235
寿光市	3905	107.2	419	3905	107.2	419
安丘市	5564	202.6	1127	4855	211.2	1026
高密市	1884	192.3	362	1884	192.3	362
昌邑市	3436	101.5	349	3436	101.5	349
高新开发区						
滨海开发区						
峡山生态区	110	201.82	22	110	201.82	22
综合保税区						

8－10续表7

地　区	(2) 绿豆			(3) 红小豆			3. 薯类（按折粮计算）		
	播种面积（亩）	单产（公斤/亩）	总产量（吨）	播种面积（亩）	单产（公斤/亩）	总产量（吨）	播种面积（亩）	单产（公斤/亩）	总产量（吨）
总　计	**1510**	**138.1**	**208.5**	**179**	**165.4**	**30**	**83193**	**418.0**	**34778**
潍城区							312	514.4	161
寒亭区							60	330.0	20
坊子区							195	530.3	103
奎文区									
临朐县	537	118.8	63.8	90	146.7	13	28810	386.3	11129
昌乐县	295	174.9	51.6				15229	470.5	7165
青州市							9359	381.1	3567
诸城市	49	126.5	6.2	9	188.9	2	8083	530.5	4288
寿光市							1303	576.5	751
安丘市	629	138.2	86.9	80	183.8	15	18877	378.3	7141
高密市							174	366.8	64
昌邑市							419	543.6	228
高新开发区									
滨海开发区									
峡山生态区							372	431.45	161
综合保税区									

8-11 各县市区茶叶、水果生产情况

（2016年）

单位：吨

地区	茶叶产量	水果产量	苹果	梨	葡萄
总计	**398**	**807080**	**249924**	**49701**	**88147**
潍城区		19811	15241	1322	208
寒亭区		47239	34865	1480	9726
坊子区		7130	727	735	4177
奎文区					
青州市		91237	8235	249	201
诸城市	392	65018	31664	4694	1448
寿光市		45260	28506	1766	6616
安丘市	5	97507	8247	8488	1010
高密市		47490	15728	2485	25232
昌邑市		83479	15749	22639	7467
临朐县	1	235677	47468	4193	29488
昌乐县		59647	41194	1168	1859
高新开发区					
滨海开发区		263	93		30
峡山生态区		7324	2208	483	684

8-11 续表1

地区	水果产量					
	桃	杏	红枣	柿子	山楂	其他
总计	**246161**	**6289**	**17839**	**31690**	**88336**	**28994**
潍城区	3024		15			
寒亭区	698	21	279	34	11	126
坊子区	1036	252	24	141	19	20
奎文区						
青州市	51899	1464	125	16797	11120	1146
诸城市	25395	110	247	887	342	233
寿光市	7220		119	9		1024
安丘市	70360	374	312	299	197	8219
高密市	2750		538	11	350	397
昌邑市	14582	477	15711	5175	1521	159
临朐县	52224	3297	424	7788	74144	16651
昌乐县	13386	290	37	489	626	599
高新开发区						
滨海开发区	140					
峡山生态区	3448	5	10	60	7	419

8－11 续表 2

地区	年末实有果园面积（公顷）	#苹果园	#梨园	#葡萄园	#桃园
总计	**35590**	**7814**	**1587**	**2646**	**10498**
潍城区	843	687	46	7	95
寒亭区	1435	978	62	264	40
坊子区	404	31	25	89	200
奎文区					
青州市	8862	189	15	35	3699
诸城市	1953	829	150	97	686
寿光市	977	587	37	154	146
安丘市	3644	241	215	45	2661
高密市	1395	400	120	712	90
昌邑市	2423	435	671	212	457
临朐县	11236	2271	148	900	1771
昌乐县	2075	1082	73	103	475
高新开发区					
滨海开发区	12	7		1	4
峡山生态区	330	76	25	26	176

8－12 各县市区林业生产情况

（2016 年）

单位：公顷

地区	当年造林面积	按主要林种用途分			
		用材林	经济林	防护林	特种用途林
总计	**4288**	**957**	**1504**	**1827**	
潍城区	34	34			
寒亭区	87	20	7	60	
坊子区	75	23	52		
奎文区					
青州市	556		500	56	
诸城市	560	113	287	160	
寿光市	533	394	19	120	
安丘市	856	129	400	327	
高密市	220	73	37	110	
昌邑市	230		90	140	
临朐县	567	140		427	
昌乐县	480	27	73	380	
高新开发区	29		29		
滨海开发区	47			47	
峡山开发区	14	4	10		

8－12 续表 1

地　　区	零星(四旁)植树(万株)	育　　苗面　　积	森林抚育面积(公顷)
总　　计	**1556**	**21104**	**9075**
潍　城　区	40	95	
寒　亭　区	41	633	330
坊　子　区	60	186	100
奎　文　区	40		80
青　州　市	195	722	2010
诸　城　市	260	5490	3805
寿　光　市	300	3506	900
安　丘　市	227	504	100
高　密　市	89	756	150
昌　邑　市	50	7630	200
临　朐　县	120	850	800
昌　乐　县	100	566	500
高新开发区	1		
滨海开发区	20	33	100
峡山开发区	14	133	

8－13　各县市区畜牧业生产情况

(2016 年)

地　　区	大牲畜年末存栏(万头)	#牛	猪年末存栏(万头)	羊年末存栏(万只)	山羊	绵羊	家禽年末存栏(万只)	兔年末存栏(万只)
总　　计	**33.50**	**33.32**	**431.60**	**112.57**	**53.65**	**58.92**	**11352.97**	**60.41**
潍　城　区	0.33	0.33	6.99	1.57	1.25	0.32	142.93	0.02
寒　亭　区	1.05	1.05	11.47	2.63	0.96	1.67	345.60	0.77
坊　子　区	0.46	0.46	8.48	2.70	1.48	1.22	272.54	
奎　文　区			0.20	0.03	0.01	0.02	3.41	
青　州　市	1.47	1.47	27.28	9.15	2.57	6.58	1041.87	
诸　城　市	9.71	9.56	102.17	13.71	10.33	3.38	1814.37	16.29
寿　光　市	0.75	0.75	60.80	13.20	2.25	10.95	1785.50	0.21
安　丘　市	3.20	3.20	41.64	22.60	9.65	12.95	1008.58	11.23
高　密　市	10.12	10.09	78.15	20.11	6.03	14.08	1535.04	14.39
昌　邑　市	0.81	0.81	27.28	2.78	1.12	1.66	1042.06	1.31
临　朐　县	2.57	2.57	29.01	14.63	14.26	0.37	1076.70	12.49
昌　乐　县	2.77	2.77	24.61	6.68	3.40	3.28	993.29	3.46
滨海开发区			1.01	0.69	0.01	0.68	7.72	
峡山生态区	0.21	0.21	12.17	1.92	0.32	1.60	280.36	0.24
综合保税区	0.05	0.05	0.32	0.19	0.02	0.17	3.00	

8－13 续表 1

地　　区	牛出栏（万头）	猪出栏（万头）	羊出栏（万只）	家禽出栏（万只）	兔出栏（万只）
总　　计	**27.19**	**821.47**	**150.11**	**42351.86**	**247.07**
潍 城 区	0.20	11.38	1.17	384.61	0.26
寒 亭 区	0.10	15.11	1.12	1403.48	3.71
坊 子 区	0.49	16.38	2.29	872.83	
奎 文 区		0.32	0.09	8.31	
青 州 市	1.15	42.39	10.82	3224.02	
诸 城 市	9.69	227.59	27.08	6995.04	95.68
寿 光 市	0.17	101.86	14.75	6286.71	0.30
安 丘 市	2.39	83.50	30.48	4326.00	19.96
高 密 市	7.59	162.91	26.06	5207.24	65.80
昌 邑 市	0.69	40.47	2.60	3428.66	5.96
临 朐 县	0.98	46.15	19.57	4602.90	38.79
昌 乐 县	2.49	43.91	10.43	4883.17	15.14
滨海开发区		1.47	0.85	36.69	
峡山开发区	1.24	27.54	2.26	670.28	1.48
综合保税区	0.01	0.49	0.55	21.90	

8－13 续表 2

地　　区	肉类总产量（吨）	#牛肉	#猪肉	#羊肉	#禽肉	#兔肉	奶类产量（吨）	#牛奶
总　　计	**1325345**	**37914**	**625751**	**15185**	**642777**	**3420**	**228447**	**221023**
潍 城 区	13791	270	8628	110	4779	4	4581	4536
寒 亭 区	37041	142	11478	115	25263	43	20693	20693
坊 子 区	25546	722	11367	229	13228		2997	2943
奎 文 区	409	3	245	15	145		180	180
青 州 市	91143	1684	31792	1358	56308		15659	15659
诸 城 市	314538	13560	170696	2708	125911	1531	4286	2619
寿 光 市	169900	250	75525	1723	92398	4	10978	10978
安 丘 市	139776	3275	74586	2743	58933	239	4558	4557
高 密 市	208483	10520	122182	2580	72384	790	43198	41940
昌 邑 市	82642	952	30176	228	51211	75	4972	4928
临 朐 县	102519	1325	34368	1945	64178	567	69195	67799
昌 乐 县	106501	3565	33116	1051	68607	162	45226	42304
滨海开发区	1553		1100	82	371		50	50
峡山开发区	30683	1634	20128	201	8714	6	30	30
综合保税区	820	12	363	97	348		1844	1807

8－13 续表 3

地　区	禽蛋产量（吨）	#鸡蛋	#鸭蛋	#鹅蛋	蚕茧产量（吨）	#桑蚕茧
总　计	**257213**	**243517**	**12601**	**768**	**919**	**919**
潍城区	5224	5187	37		9	9
寒亭区	3475	2925	550			
坊子区	6342	5862	480			
奎文区	40	40				
青州市	21600	21579	1	20		
诸城市	61059	60092	845	121	232	232
寿光市	21544	20887	469			
安丘市	15120	14989	106	25	322	322
高密市	40937	40249	520	168	25	25
昌邑市	12987	11163	1413	281	11	11
临朐县	44365	37610	6642	105	239	239
昌乐县	18948	17994	910	44	80	80
滨海开发区	302	212	90			
峡山开发区	5171	4631	537	3	1	1
综合保税区	99	99				

8－14 各县市区渔业生产情况

（2016 年）

地　区	水产品总产量（吨）	#海水产品	#海水捕捞	海水养殖
总　计	**610023**	**513406**	**187911**	**325495**
潍城区	439			
寒亭区	4075			
坊子区	221			
奎文区				
青州市	612			
诸城市	5156			
寿光市	232050	224040	148500	75540
安丘市	3654			
高密市	5135			
昌邑市	202600	201026	18696	182330
临朐县	21986			
昌乐县	725			
滨海开发区	88340	88340	20715	67625
峡山生态区	45030			

8－14续表1

地　区	淡水产品	#淡水捕捞	淡水养殖	水产养殖面积（公顷）	#海水养殖	淡水养殖
总　计	**96617**	**18553**	**78064**	**95677**	**65526**	**30151**
潍城区	439	353	86	1150		1150
寒亭区	4075		4075	815		815
坊子区	221	3	218			
奎文区						
青州市	612	10	602	350		350
诸城市	5156	714	4442	3659		3659
寿光市	8010		8010	16566	15866	700
安丘市	3654	675	2979	3600		3600
高密市	5135	986	4149	1773		1773
昌邑市	1574	16	1558	28200	28000	200
临朐县	21986	13486	8500	1867		1867
昌乐县	725	59	666	1267		1267
滨海开发区				21660	21660	
峡山生态区	45030	2251	42779	14770		14770

8－15　各县市区灌溉面积

（2016年）

单位:千公顷

地　区	总灌溉面　积	有效灌溉面　积	#当年实灌	林地灌溉面　积	园地灌溉面　积	牧草地面　积
总　计	**606.84**	**530.52**	**489.51**	**31.71**	**43.77**	**0.84**
潍城区	9.44	7.88	7.88	0.54	1.02	
寒亭区	29.09	27.82	27.82	0.08	1.19	
坊子区	37.36	34.08	34.08	2.13	1.15	
奎文区	2.55	2.53	2.53	0.01	0.01	
青州市	56.7	54.7	48.00	0.8	1.2	
诸城市	100.34	83.8	49.49	8.68	7.1	0.76
寿光市	103.66	97.66	97.66	1.79	4.21	
安丘市	61.31	50.5	50.50	4.8	6.01	
高密市	74.46	67.34	67.34	4.02	3.1	
昌邑市	51.35	44.65	44.65	3.03	3.67	
临朐县	39.95	24.15	24.15	3	12.8	
昌乐县	40.63	35.41	35.41	2.83	2.31	0.08

8－15 续表 1

地　　区	节水灌溉面积(千公顷)				机电井数量(眼)	
	合　计	喷　灌 面　积	微　灌 面　积	低压管灌 面　　积	合　计	规模以上 机 电 井
总　　　计	**389.74**	**15.20**	**13.84**	**243.75**	**254920**	**134754**
潍　城　区	4.36	0.28	0.29	3.79	4840	4033
寒　亭　区	10.95	0.06	0.10	8.88	10133	9951
坊　子　区	18.39	0.29	0.31	17.79	21253	9841
奎　文　区	2.53	0.00	0.02	0.84	513	513
青　州　市	40.00	3.67	3.41	27.92	26441	26441
诸　城　市	71.82	2.15	2.13	30.29	14371	3965
寿　光　市	81.03	0.23	2.93	38.70	27247	26945
安　丘　市	37.61	2.09	1.32	34.20	101238	12399
高　密　市	37.44	3.15	0.49	14.97	12489	12489
昌　邑　市	26.45	2.90	1.88	13.25	11395	9452
临　朐　县	24.62	0.19	0.91	18.82	11848	8876
昌　乐　县	34.54	0.19	0.05	34.3	13152	9849

8－15 续表 2

地　　区	水土流失综合治理面积		全部供水工程供水总供水量(万立方米)	
	合　计	其中:小流域 综合治理面积	合　计	规模以上水利工程 供水总供水量合计
总　　　计	**388.77**	**193.92**	**135530.77**	**124207.83**
潍　城　区	5.88	1.00	3555.00	3525.00
寒　亭　区	5.16	2.77	11702.00	11702.00
坊　子　区	13.53	11.57	22581.00	22252.44
奎　文　区	0.62		15.92	11.17
青　州　市	62.96	6.74	14915.00	14065.00
诸　城　市	88.23	75.10	10527.85	9274.10
寿　光　市	8.58	8.58	20957.00	20957.00
安　丘　市	70.77	35.95	10314.00	9373.46
高　密　市	9.37	5.50	13206.00	10277.00
昌　邑　市	7.55		11657.00	9846.66
临　朐　县	85.69	38.56	8529.00	7605.00
昌　乐　县	30.43	8.15	7571.00	5319.00

8－16　各县市区农村基层情况和农业生产条件

（2016 年）

地　区	各县市区农村社会基础设施（个）			
	村委会个数	自来水收益村数	通有线电视村数	通宽带村数
总　计	**6061**	**6061**	**6061**	**6061**
潍城区	169	169	169	169
寒亭区	400	400	400	400
坊子区	270	270	270	270
奎文区				
青州市	997	997	997	997
诸城市	142	142	142	142
寿光市	894	894	894	894
安丘市	800	800	800	800
高密市	752	752	752	752
昌邑市	649	649	649	649
临朐县	319	319	319	319
昌乐县	307	307	307	307
高新开发区	24	24	24	24
滨海开发区	38	38	38	38
峡山生态区	277	277	277	277
综合保税区	23	23	23	23

8－16 续表 1

地　区	各县市区乡村人口与从业人员（万人）				
	乡村户数（万户）	乡村人口数	乡村从业人员数	从业人员按性别分	
				1、男	2、女
总　计	**206.95**	**699.45**	**364.41**	**194.41**	**170.01**
潍城区	5.32	19.10	9.73	5.16	4.57
寒亭区	9.58	30.57	16.54	8.98	7.56
坊子区	7.58	25.48	13.36	7.33	6.03
奎文区					
青州市	20.42	72.52	37.06	19.75	17.31
诸城市	26.32	91.57	46.41	24.83	21.58
寿光市	26.56	92.86	48.26	25.18	23.08
安丘市	23.36	80.49	42.83	23.58	19.25
高密市	22.95	69.72	37.37	19.45	17.91
昌邑市	15.68	50.89	27.53	14.74	12.78
临朐县	23.01	78.93	41.42	22.45	18.97
昌乐县	15.62	54.14	26.06	13.50	12.56
高新开发区	1.55	4.86	2.58	1.45	1.12
滨海开发区	2.03	5.53	2.12	1.04	1.08
峡山生态区	6.57	21.58	12.42	6.59	5.82
综合保税区	0.40	1.21	0.73	0.36	0.37

8－17 各县市区农村电气化和农业化学化情况

（2016 年） 单位:吨

地区	农用化肥施用量（实物量）	氮肥	磷肥	钾肥	复合肥
总计	**1379349**	**313533**	**120154**	**103621**	**842041**
潍城区	9527	1468	105	19	7935
寒亭区	77706	6226	2908	2772	65800
坊子区	40233	3132	605	700	35796
奎文区					
青州市	122818	33017	16929	10006	62865
诸城市	194061	49922	15893	14244	114002
寿光市	273579	73258	39708	35088	125525
安丘市	154768	21885	9381	11867	111635
高密市	170231	25157	9913	6824	128336
昌邑市	142858	36270	9835	9969	86785
临朐县	64587	22423	5979	4545	31641
昌乐县	80933	30059	3980	3117	43777
高新开发区	344	13	1	12	317
滨海开发区	3886	1630	320	128	1809
峡山生态区	43818	9072	4596	4332	25820
综合保税区					

8－17 续表 1 单位:吨

地区	农用化肥施用量（折纯量）	氮肥	磷肥	钾肥	复合肥
总计	**516172**	**98930**	**31589**	**40507**	**345146**
潍城区	2327	499	8	10	1810
寒亭区	32596	1117	799	841	29839
坊子区	13252	797	188	162	12105
奎文区					
青州市	41700	7023	3768	5142	25767
诸城市	73052	12481	2861	6410	51301
寿光市	112385	30795	11107	13784	56699
安丘市	55605	5946	2375	4801	42483
高密市	61136	6138	1328	1542	52127
昌邑市	56882	13780	4220	3927	34953
临朐县	19952	6502	1298	1356	10796
昌乐县	30045	10547	2211	1133	16154
高新开发区	142	3	1	5	133
滨海开发区	1606	714	61	57	775
峡山生态区	15492	2587	1365	1336	10203
综合保税区					

8－17 续表 2

地　　区	农村用电量（万千瓦时）	农用塑料薄膜使用量（吨）	#地膜使用量	地膜覆盖面积（公顷）	农用柴油量（吨）	农药施用量（吨）
总　　计	**638040**	**78024**	**14654**	**217234**	**142175**	**13729**
潍城区	10749	90	6	127	708	118
寒亭区	14696	1807	554	8446	7117	665
坊子区	24579	1106	140	2230	2829	546
奎文区						
青州市	83489	14237	1941	21063	12049	1042
诸城市	261207	4434	1644	32135	29174	1999
寿光市	52395	34683	2881	35785	25508	2274
安丘市	34667	4532	2463	41609	10656	1565
高密市	30100	1698	813	14366	15276	1366
昌邑市	61175	1584	1243	14619	13671	1432
临朐县	34147	3763	928	10762	7235	613
昌乐县	21117	9353	1577	27668	11808	949
高新开发区	153				10	9
滨海开发区	1749	21	21	481	635	80
峡山生态区	7466	715	443	7913	5499	1069
综合保税区	352	1	1	27		

8－18　各县市区主要农业机械年末拥有量

（2016 年）

地　　区	农业机械总值（万元）		农业机械总动力（千瓦）	#柴油发动机动力	汽油发动机动力	电动机动力
	原值	净值				
总　　计	**878499**	**647548**	**9598800**	**6628634**	**121156**	**2849011**
潍城区	9170	6080	131335	131235	100	
寒亭区	21868	17159	419695	232312	6007	181376
坊子区	8100	6395	439828	376123	5146	58559
奎文区	334	228	3026	1929		1097
青州市	105715	68823	1273962	703394	5791	564777
诸城市	148001	111133	1250156	870328	37581	342247
寿光市	118934	86368	1134113	541191	16926	575996
安丘市	119432	96044	1382900	1023410	8140	351350
高密市	110181	90643	1467246	1196333	16002	254911
昌邑市	135804	89995	935965	749930	11353	174682
临朐县	35736	24996	403938	327155	6536	70247
昌乐县	34471	25451	472221	265743	501	205977
高新开发区	1538	1077	2538	1913		625
滨海开发区	2850	1800	89000	47860	6400	34740
峡山生态区	26365	21356	192877	159778	673	32427

注：2016 年农业部调整指标口径。

8－18 续表 1

地　　区	拖　拉　机		大中型拖拉机		小型拖拉机	
	台	千　瓦	台	千　瓦	台	千　瓦
总　　计	**178501**	**3094161**	**55772**	**1915270**	**122729**	**1178891**
潍　城　区	669	24197	567	22965	102	1232
寒　亭　区	987	54979	955	54616	32	363
坊　子　区	4703	97918	2045	70541	2658	27377
奎　文　区	26	809	14	703	12	106
青　州　市	11405	286738	6640	227329	4765	59409
诸　城　市	22881	465637	11004	354696	11877	110941
寿　光　市	15334	243977	4848	141949	10486	102028
安　丘　市	29288	580006	5788	262382	23500	317624
高　密　市	33229	498568	8072	292016	25157	206552
昌　邑　市	24067	464989	8076	284219	15991	180770
临　朐　县	11749	150762	2552	70412	9197	80350
昌　乐　县	17457	118867	2421	61871	15036	56996
高新开发区	99	1476	64	1195	35	281
滨海开发区	2391	33160	901	19360	1490	13800
峡山生态区	4216	72078	1825	51016	2391	21062

8－18 续表 2

地　　区	拖拉机配套农具（部）	1、大中型（部）	2、小型（部）	耕整机（台）	机引犁（台）	播种机（台）	#精少量播种机（台）	地膜覆盖机（台）
总　　计	**278717**	**81348**	**197369**	**30126**	**64638**	**59830**	**28870**	**13583**
潍　城　区	1861	1537	324	384	722	977	470	
寒　亭　区	2972	2854	118	396	402	1619	989	106
坊　子　区	6856	1877	4979	362	656	695	37	81
奎　文　区	16	4	12		7	4	4	
青　州　市	16918	5114	11804	7088	2279	3481	2697	
诸　城　市	61056	15977	45079	4559	10929	14046	8807	2232
寿　光　市	18284	4604	13680	4652	1853	5695	2891	2959
安　丘　市	50037	7035	43002	3400	16000	2850	1500	1950
高　密　市	75486	30953	44533	2279	18064	16913	5882	5620
昌　邑　市	15993	5622	10371	1052	1917	7389	1702	463
临　朐　县	13201	4003	9198	4563	4425	2361	1329	30
昌　乐　县	12906	1121	11785	1254	7093	2759	1932	111
高新开发区	72	63	9	18		17		
滨海开发区	1707	55	1652			350		
峡山生态区	1352	529	823	119	291	674	630	31

8－18 续表 3

地　　区	排灌动力机械		农用水泵（台）	节水灌溉类机械（套）	联合收获机		#玉米联合收获机	
	（台）	（千瓦）			（台）	（千瓦）	（台）	（千瓦）
总　　计	**348790**	**2438537**	**329498**	**54529**	**25256**	**1501516**	**11510**	**696801**
潍城区	16060	51820	12698	22	597	40994	320	27196
寒亭区	29585	179326	34555	1357	653	41750	355	22554
坊子区	15029	93179	14013	145	1288	110768	577	61723
奎文区	164	912			14	1120	7	589
青州市	42838	478286	47012	9924	2400	110675	1061	35471
诸城市	21952	169406	16843	6672	4688	269636	2113	121011
寿光市	54123	365407	57377	3887	2569	106214	1216	54067
安丘市	48700	269457	50100	4000	2577	118755	1317	56713
高密市	58903	381320	39502	21440	5324	339161	2500	177620
昌邑市	21801	164389	18923	4287	2093	96302	1067	44932
临朐县	13860	125902	10124	1385	1152	112590	297	35640
昌乐县	22158	134638	22099	925	1213	86486	348	26914
高新开发区	45	576		145	46	316	23	28
滨海开发区	271	1700	184		105	8900	43	2400
峡山生态区	3301	22219	6068	340	537	57849	266	29943

8－18 续表 4

地　　区	其他收获机械		#马铃薯收获机		花生收获机		蔬菜收获机	
	（台）	（千瓦）	（台）	（千瓦）	（台）	（千瓦）	（台）	（千瓦）
总　　计	**21642**	**66687**	**2723**	**1992**	**6104**	**5860**	**2626**	**13770**
潍城区	848	4780	19	220	14	365	61	1355
寒亭区	172	771	28		3			
坊子区	183	4256			45	665		
奎文区								
青州市	3421	20974	9	567			1659	12090
诸城市	3634	2171	214		2001	624		
寿光市	609	1159	1	20				
安丘市	2786	10804	2		393	436		
高密市	6573	1152	1700		2870	1112	864	40
昌邑市	2521	2569	689	915	562	1654		
临朐县	387	10036	21	158	174	700		
昌乐县	398	5280			9	304	42	285
高新开发区	1	23						
滨海开发区								
峡山生态区	109	2712	40	112	33			

8－19 各县市区主要农业机械化水平

（2016 年）

地 区	一、机耕面积（公顷）	二、机播面积（公顷）	三、机电灌溉面积	四、机械值保面积（公顷）	五、机收面积（公顷）
总 计	**621537**	**962121**	**756264**	**544506**	**885695**
潍城区	7954	14697	14970	13960	14516
寒亭区	25369	48657	30155	20686	46615
坊子区	18203	30423	30515	10983	30198
奎文区	127	204	142		204
青州市	71956	87639	85457	33231	86290
诸城市	84546	177991	110268	104717	152572
寿光市	107638	112677	70141	55138	90870
安丘市	67432	78393	92357	67390	69220
高密市	66528	147419	107400	66680	141241
昌邑市	45617	94937	98827	41347	94122
临朐县	40553	64182	29960	21980	67985
昌乐县	50889	62772	65287	76065	51807
高新开发区	1192	1192	1192	420	1192
滨海开发区	3453	6589	1760	6609	6030
峡山生态区	30079	34348	17833	25300	32833

8－19 续表 1

地 区	# 小 麦			# 玉 米		
	机耕面积（公顷）	机播面积（公顷）	机收面积（公顷）	机耕面积（公顷）	机播面积（公顷）	机收面积（公顷）
总 计	**234238**	**354751**	**354675**	**54795**	**372582**	**366964**
潍城区	6939	7006	7006	20	7000	7000
寒亭区	16397	20730	20730		20134	20134
坊子区	7112	12321	12320	4264	11322	11322
奎文区	102	102	102		102	102
青州市	13071	21408	21365	7877	20220	20149
诸城市	34708	64108	64108	2156	66201	62957
寿光市	36410	42181	42150	10183	40635	43270
安丘市	15915	28723	28723	5577	29227	28200
高密市	39748	63614	63614		67758	65047
昌邑市	24729	39939	39939	4430	44069	44069
临朐县	14985	21003	21001	5315	24121	24113
昌乐县	8850	14947	14947	291	22311	20954
高新开发区	432	432	432	760	760	760
滨海开发区	2874	2874	2874		3156	3156
峡山生态区	11966	15364	15364	13922	15567	15731

8－19 续表 2

地　区	花生机耕面积（公顷）	花生机播面积（公顷）	花生机收面积（公顷）	棉花机耕面积（公顷）	棉花机播面积（公顷）
总　计	**44852**	**44502**	**38954**	**16716**	**15717**
潍城区	22	22	22	1	1
寒亭区	212	212	173	1235	1235
坊子区	1265	1236	1270	18	
奎文区					
青州市	19	19	19	87	87
诸城市	11903	11903	10713	461	461
寿光市	45	45	45	9719	9719
安丘市	10651	10613	7060	494	
高密市	5950	5950	5950	71	71
昌邑市	2007	2007	1873	3722	3722
临朐县	5529	5510	5520	460	
昌乐县	6479	6256	5786	82	55
高新开发区					
滨海开发区	196	196		351	351
峡山生态区	573	533	523	15	15

8－19 续表 3

地　区	保护性耕作面积（公顷）	机械铺膜面积（公顷）	农田机械节水灌溉面积（公顷）
总　计	**132764**	**88986**	**282107**
潍城区	7047		9700
寒亭区	4333	2712	710
坊子区	400	502	263
奎文区			
青州市	10316		65146
诸城市	29400	20597	44008
寿光市	5771	13008	7331
安丘市	12808	7700	30500
高密市	23866	30276	76193
昌邑市	15210	7737	29487
临朐县	12667	2450	8081
昌乐县	9746	2157	9578
高新开发区			430
滨海开发区		547	
峡山生态区	1200	1300	680

8－20　全市历年农业统计主要指标

（1978－2016 年）

年　份	农作物总播种面积（公顷）	其中：粮　食（公顷）	粮　食总产量（吨）	棉　花总产量（吨）	花　生总产量（吨）	烤　烟总产量（吨）	蔬　菜总产量（吨）	水　果总产量（吨）	肉　类总产量（吨）
1978	1142067	967867	2576052	19084	28948	104738	1407642	104640	67407
1979	1140320	966487	3021625	18365	26185	92720	1354076	121855	77512
1980	1128413	961540	2958125	35580	33055	100300	1389787	98810	93760
1981	1134093	945180	2548400	37655	26485	127880	1600246	105030	119395
1982	1129820	898900	3246100	65595	25640	197370	2125075	89925	115436
1983	1147953	908273	3605995	101565	37140	124155	2085266	141750	112530
1984	1168480	921380	3526510	139995	52670	129785	1537606	117045	131870
1985	1155553	889100	3704250	102695	123395	158480	1619564	155805	178230
1986	1156780	909187	4037671	77273	121419	94694	1939546	130082	173102
1987	1127640	882487	4075289	87981	126770	129006	1928187	170017	172613
1988	1139707	887007	4094618	74371	108770	139717	1932102	169477	201436
1989	1095393	851467	3831138	64465	92357	139379	2021848	198889	223582
1990	1114153	874220	4513063	83009	103086	132648	2076120	173089	266583
1991	1153213	880753	4954463	111450	99826	121220	2370447	192496	353400
1992	1114987	855880	4800509	66859	70659	91385	3324004	243444	387535
1993	1128054	855328	5217676	65410	102349	86375	4841499	368164	602706
1994	1114141	823519	5226275	38444	144330	34698	5593696	564427	899118
1995	1090775	830956	5349686	35756	133527	39036	5599233	725226	1150787
1996	1081656	817541	5396197	33927	111327	59839	6581413	836810	1226738
1997	1066947	790281	4466846	25226	74336	73136	7184231	792448	905292
1998	1077942	769215	4922435	34846	140661	51818	8064779	850891	932383
1999	1070068	744450	4472240	17153	133210	51899	8572518	971761	952914
2000	1049187	669701	3676233	16866	165518	45409	10028296	1082144	993943
2001	1004073	602419	3496563	29812	221358	30687	10441937	1071904	1020936
2002	974754	571468	2603469	23920	190416	27925	11099748	789778	1046194
2003	937783	515552	2936454	46199	245606	33295	11600228	1136081	1061586
2004	955538	548905	3312654	51590	253021	24519	11437228	1202414	1200748
2005	1062018	710799	4224025	48723	241275	20448	10328489	1181497	1294608
2006	1089797	752468	4331772	46100	237694	26130	9589947	1064042	1196528
2007	1077377	732747	4479088	51651	295751	31794	9584389	1065020	1279918
2008	1101729	766197	4912014	51596	299164	28969	9746570	1014992	1036966
2009	1117154	786094	5208328	54768	269496	42467	10068822	969616	1146818
2010	1128676	799524	5225762	51153	270749	17886	10898449	923060	1231161
2011	1140758	802862	5336639	50495	250250	29570	11295677	884280	1353419
2012	1140125	803087	5519575	49261	243600	38160	11529898	894946	1424002
2013	1136026	802185	5584670	38507	246587	38841	11655516	914910	1428300
2014	1120320	793158	5382318	35586	213187	27550	12003807	877338	1403568
2015	1109455	780792	5261143	24742	200253	24866	12359023	808114	1338398
2016	1077436	752331	4942265	20566	212434	28272	12562601	807080	1325345

8－20续表1

年份	禽蛋总产量（吨）	水产品总产量（吨）	农业机械总动力（万千瓦）	农用化肥施用量（折纯吨）	农村用电量（万千瓦时）	年末实有农村劳动力（万人）	第一产业	第二产业	第三产业
1978		44832	113	130441	8355	240.84	217.88	15.96	7
1979		41675	127	150228	12914	244.31	221.11	14.2	9
1980		33583	141	160706	18815	247.7	224.43	12.01	11.26
1981		33642	159	189536	29317	254.12	230.27	10.96	12.89
1982		41962	176.29	220120	36828	262	229.2	14.03	18.77
1983	34665	38774	201.57	230799	40239	272.77	231.75	15.54	25.48
1984	67549	34966	231.86	224462	45266	281.45	229.42	20.47	31.56
1985	79755	38609	249.84	223591	48186	298.01	222.12	42.76	33.13
1986	74721	46033	278.51	221655	55553	303.1	219.23	48.05	35.82
1987	91394	50009	293.29	213031	59878	305.66	217.89	53.22	34.55
1988	100375	57399	314.09	222178	69557	313.52	220.69	55.71	37.12
1989	96611	56722	338.18	250841	83271	317.84	227.23	54.75	35.86
1990	100099	59622	343.14	274036	84705	325.96	231.09	56.13	38.74
1991	135700	64889	326.99	316900	95300	334.84	241.98	55.21	37.65
1992	143500	99950	324.19	335471	112391	343	238.52	62.51	41.97
1993	210402	141933	415.4	421046	153983	327.87	196.63	76.38	54.86
1994	238216	200137	415.2	369644	177322	326.69	190.93	79.05	56.71
1995	305667	254524	450.83	438901	208014	320.83	174.67	86.99	59.14
1996	448763	290964	479.96	471361	226577	320.81	168.78	90.7	61.33
1997	362626	445983	523.15	457517	231529	322.52	174.68	87.98	59.86
1998	396381	510532	564.68	483958	219367	323.67	171.17	90.26	62.24
1999	402820	522040	662.58	506910	244519	327.44	174.32	88.51	64.61
2000	404642	529280	708.12	516280	276720	331.81	179.34	88.51	63.96
2001	382289	529613	722.9	519435	290506	328.03	177.75	87.66	62.62
2002	379630	542889	748.3	494590	315958	332.87	175.82	92.77	64.28
2003	381554	581131	764.8	523830	354969	331.44	169.11	98.07	64.26
2004	383048	591069	821.8	545973	413561	336.67	170.23	97.86	68.58
2005	373389	603603	903.96	571878	459574	337.73	166.81	102.04	68.88
2006	288533	644211	942.39	608616	515026	340	165.84	105.06	69.1
2007	287885	680979	991.54	615107	577112	344.42	165.88	108.26	70.28
2008	259444	462015	1082.48	542167	540218	359.26	183.42	101.87	73.97
2009	263177	420153	1157.09	580946	529230	368.26	180.75	108.9	78.61
2010	262002	458006	1230.41	582661	564920	371.64	184.99	111.51	75.14
2011	268711	499724	1301.02	574306	570813	369.86	187.01	111.77	71.08
2012	262443	529725	1322.04	564170	591017	372.69	186.07	113.77	72.85
2013	259855	578559	1360.18	543034	621827	371.65	182.25	115.49	73.91
2014	247638	599860	1371.35	520603	623336	367.36			
2015	256611	601156	1379.9	518171	615285	367.04			
2016	257213	610023	959.88	516172	638040	364.41			

主要统计指标解释

农林牧渔业总产值 指以货币表现的农、林、牧、渔业全部产品和对农林牧渔业生产活动进行的各种支持性服务活动的价值总量，它反映一定时期内农林牧渔业生产总规模和总成果。1957 年以前的农林牧渔业总产值中包括了厩肥和农民自给性手工业（如农民自制衣服、鞋、袜，自己从事粮食初步加工等）。1958 年及以后，林业中增加了村及村以下竹木采伐产值；牧业中取消了厩肥产值；副业中取消了农民自给性手工业产值，增加了村及村以下办的工业产值；渔业中增加了海洋捕捞水产品产值。1980 年及以后，在副业中增加了农民家庭兼营工业商品部分的产值。从 1984 年起村及村以下工业产值划归工业。从 1993 年起取消副业，将野生动物的捕猎划入牧业，野生植物采集和农民家庭兼营商品性工业划归农业。从 2003 年起，执行新的国民经济行业分类标准，农林牧渔业总产值中包括了农林牧渔服务业产值。林业中增加了森林采运业产值。农业中取消了家庭兼营商品性工业产值，将野生林产品的采集划归林业。

农林牧渔业总产值的计算方法通常是按农、林、牧、渔业产品及其副产品的产量分别乘以各自单位产品价格求得；少数生产周期较长，当年没有产品或产品产量不易统计的，则采用间接方法匡算其产值；然后将四业产品产值相加即为农林牧渔业总产值。

粮食产量 指全社会的产量。包括国有经济经营的、集体统一经营的和农民家庭经营的粮食产量，还包括工矿企业办的农场和其他生产单位的产量。粮食除包括稻谷、小麦、玉米、高粱、谷子及其他杂粮外，还包括薯类和豆类。其产量计算方法，豆类按去豆荚后的干豆计算；薯类（包括甘薯，不包括芋头和木薯）1963 年以前按每 4 公斤鲜薯折 1 公斤粮食计算，从 1964 年开始改为按 5 公斤鲜薯折 1 公斤粮食计算。作为蔬菜的薯类（如马铃薯等）按鲜品计算，并且不作粮食统计。其他粮食一律按脱粒后的原粮计算。1989 年以前全国粮食产量数据主要靠全面报表取得，1989 年开始使用抽样调查数据。

棉花产量 指全社会的产量。包括春播棉和夏播棉。产量按皮棉计算。不包括木棉。

油料产量 指全部油料作物的生产量。包括花生、油菜籽、芝麻、向日葵籽、胡麻籽（亚麻籽）和其他油料。不包括大豆、木本油料和野生油料。花生以带壳干花生计算。

水产品产量 指人工养殖的水产品和天然生长的水产品的捕捞量。包括海水的鱼类、虾蟹类、贝类和藻类以及内陆水域的鱼类、虾蟹类和贝类，不包括淡水生植物。水产品产量是通过各级水产和统计部门逐级上报取得数据。1995 年及以前，贝类中牡蛎按鲜肉计算；蚶、蛤、蛏按 5 斤鲜品折 1 斤计算。1996 年以后则统一按鲜品计算。

猪、牛、羊肉产量 指当年出栏并已屠宰、除去头蹄下水后带骨肉（即胴体重）的重量。包括全社会范围内的产量。由于畜牧业产品年报数据与普查数据之间存在一定的差距，根据国家统计局有关文件精神，从 2000 年起，对畜牧业年报数据与普查数据进行衔接。

期初（末）畜禽存栏头（只）数 指报告期初（末）农村各种合作经济组织和国营农场、农民个人、机关、团体、学校、工矿企业、部队等单位以及城镇居民饲养的大牲畜、猪、羊、家禽等畜禽的存栏数。数据上报方式及数据调整情况同猪、牛、羊肉产量。

农作物播种面积 指实际播种或移植有农作物的面积。凡是实际种植有农作物的面积，不论种植在耕地上还是种植在非耕地上，均包括在农作物播种面积中。在播种季节基本结束后，因遭灾而重新改种和补种的农作物面积，也包括在内。它是反映我国耕地面积利用情况的一个重要指标。目前，农作物播种面积主要包括粮食、棉花、油料、糖料、麻类、烟叶、蔬菜和瓜类、药材和其他农作物九大类。

有效灌溉面积 指具有一定的水源，地块比较平整，灌溉工程或设备已经配套，在一般年景下，当年能够进行正常灌溉的耕地面积。在一般情况下，有效灌溉面积应等于灌溉工程或设备已经配备，能够进行正常灌溉的水田和水浇地面积之和。它是反映我国耕地抗旱能力的一个重要指标。

农用化肥施用量 指本年内实际用于农业生产的化肥数量，包括氮肥、磷肥、钾肥和复合肥。化肥施用量要求按折纯量计算数量。折纯量是指把氮肥、磷肥、钾肥分别按含氮、含五氧化二磷、含氧化钾的百分之百成份进行折算后的数量。复合肥按其所含主要成分折算。公式为：

折纯量 = 实物量 × 某种化肥有效成份含量的百分比

农业机械总动力 指主要用于农、林、牧、渔业的各种动力机械的动力总和。包括耕作机械、排灌机械、收获机械、农用运输机械、植物保护机械、牧业机械、林业机械、渔业机械和其他农业机械〔内燃机按引擎马力折成瓦(特)计算、电动机按功率折成瓦(特)计算〕。不包括专门用于乡、镇、村、组办工业、基本建设、非农业运输、科学试验和教学等非农业生产方面用的动力机械与作业机械。这个指标的统计数据主要来源于农机部门。

乡村从业人员 指乡村人口中劳动年龄在16周岁以上实际参加生产经营活动并取得实物或货币收入的人员，包括劳动年龄内经常参加劳动的人员，也包括超过劳动年龄但经常参加劳动的人员，但不包括户口在家的在外学生、现役军人和丧失劳动能力的人，也不包括待业人员和家务劳动者。从业人员按从事主业时间最长(时间相同按收入)分为农林牧渔业从业人员、工业从业人员、建筑业从业人员、交通运输业、仓储及邮电通信业从业人员、批零贸易业、餐饮业从业人员、其他非农行业从业人员。

9

工　业

NINE

INDUSTRY

简 要 说 明

一、本篇资料的主要内容

本篇资料反映了全市工业生产和效益的基本情况，主要包括各县市区工业企业主要经济指标、按登记注册类型分组的工业企业主要经济指标、按行业分组的工业企业主要经济指标、大中型工业企业一览表、历年工业企业单位数及总产值、历年工业主要经济指标、主要工业产品产量和规模以下工业经济指标等方面的内容。

二、本篇资料的来源

本篇资料来源于工业统计年报，由市统计局工业科整理提供。

9－1　各县市区工业企业主要经济指标

（2016年）　　单位：万元

指标名称	全市合计			
	单位数（个）	工业总产值（现价）	主营业务收入	利税总额
总　计	**3812**	**133928579**	**134947340**	**11295089**
一、按登记注册类型分组				
国有经济	12	2134284	2563329	221453
集体经济	16	561311	556269	66848
“三资”经济	304	10619312	10690834	929864
二、按轻重工业分组				
轻工业	1574	48824809	49139172	3829682
重工业	2238	84633771	85338168	7112908
三、按企业规模分组				
大型企业	99	46328621	47186125	3924347
中型企业	392	28213356	28452524	2279987
小型企业	3208	57812093	57705510	4647354
微型企业	113	1104509	1133181	90901

9－1续表1

指标名称	市区小计			
	单位数（个）	工业总产值（现价）	主营业务收入	利税总额
总　计	**696**	**28272703**	**28509994**	**2758209**
一、按登记注册类型分组				
国有经济	5	2081352	2506300	215623
集体经济	4	353704	351832	40270
“三资”经济	89	2394930	2409520	231190
二、按轻重工业分组				
轻工业	198	6462507	6462095	561790
重工业	498	21810196	22047898	2196420
三、按企业规模分组				
大型企业	25	11436426	11158087	1256150
中型企业	87	5943109	6067174	658795
小型企业	559	8562698	8513085	621358
微型企业	25	2330469	2771648	221907

9－1 续表 2

指 标 名 称	潍 城 区			
	单位数（个）	工业总产值（现价）	主营业务收 入	利 税 总 额
总 计	**96**	**3098031**	**3556353**	**272878**
一、按登记注册类型分组				
国有经济	1	1930612	2350000	193000
集体经济	1	180306	178498	20150
“三资”经济	11	92909	100142	8975
二、按轻重工业分组				
轻工业	22	358487	351931	28376
重工业	74	2739545	3204422	244502
三、按企业规模分组				
大型企业	1	180306	178498	20150
中型企业	12	473968	504525	17058
小型企业	79	506895	514813	42032
微型企业	4	1936863	2358517	193638

9－1 续表 3

指 标 名 称	寒 亭 区			
	单位数（个）	工业总产值（现价）	主营业务收 入	利 税 总 额
总 计	**100**	**4429863**	**4353970**	**227844**
一、按登记注册类型分组				
国有经济				
集体经济				
“三资”经济	18	460635	460145	36912
二、按轻重工业分组				
轻工业	44	1834296	1787335	83722
重工业	56	2595568	2566635	144122
三、按企业规模分组				
大型企业	4	709911	692350	23251
中型企业	15	1393994	1337517	93361
小型企业	81	2325959	2324104	111232
微型企业				

9－1 续表 4

指标名称	坊子区			
	单位数（个）	工业总产值（现价）	主营业务收入	利税总额
总　计	**123**	**3030912**	**3065148**	**91520**
一、按登记注册类型分组				
国有经济	1	3163	3571	－56
集体经济				
“三资”经济	11	384111	394648	27342
二、按轻重工业分组				
轻工业	34	987186	952924	54969
重工业	89	2043726	2112223	36551
三、按企业规模分组				
大型企业	6	1824006	1875182	－5733
中型企业	11	534147	522711	55558
小型企业	106	672759	667255	41695
微型企业				

9－1 续表 5

指标名称	奎文区			
	单位数（个）	工业总产值（现价）	主营业务收入	利税总额
总　计	**21**	**289943**	**360501**	**23377**
一、按登记注册类型分组				
国有经济	1	2592	2513	－172
集体经济				
“三资”经济	1	17392	16539	3435
二、按轻重工业分组				
轻工业	6	68460	69554	10228
重工业	15	221483	290947	13149
三、按企业规模分组				
大型企业				
中型企业	7	215200	276024	18752
小型企业	14	74743	84477	4625
微型企业				

9－1 续表 6

指 标 名 称	青 州 市			
	单位数（个）	工业总产值（现价）	主营业务收入	利税总额
总 计	**484**	**15701483**	**15629379**	**1421975**
一、按登记注册类型分组				
国有经济	1	2682	2682	201
集体经济	1	5247	5247	165
“三资”经济	24	1150504	1145705	56897
二、按轻重工业分组				
轻工业	145	3398002	3387603	258131
重工业	339	11833481	11771776	811344
三、按企业规模分组				
大型企业	4	3152353	3111999	136184
中型企业	39	2959903	2956886	208023
小型企业	425	8892522	8864190	708860
微型企业	16	226706	226304	16407

9－1 续表 7

指 标 名 称	诸 城 市			
	单位数（个）	工业总产值（现价）	主营业务收入	利税总额
总 计	**484**	**23140119**	**23479575**	**2128530**
一、按登记注册类型分组				
国有经济				
集体经济	2	64035	63933	7487
“三资”经济	37	2315369	2309754	251664
二、按轻重工业分组				
轻工业	224	10439901	10716754	876175
重工业	260	12700218	12762821	1252355
三、按企业规模分组				
大型企业	19	7426268	7866653	585509
中型企业	89	6422956	6374596	555979
小型企业	376	9290894	9238326	987042
微型企业				

9－1续表8

指标名称	寿光市			
	单位数（个）	工业总产值（现价）	主营业务收入	利税总额
总　计	**486**	**18847335**	**19014177**	**1423644**
一、按登记注册类型分组				
国有经济	1	26703	27734	4011
集体经济	3	38206	35475	5520
“三资”经济	27	888936	906000	84434
二、按轻重工业分组				
轻工业	166	4684079	4796822	392492
重工业	320	14163257	14217355	1031153
三、按企业规模分组				
大型企业	17	11449154	11582335	760254
中型企业	37	3418791	3445486	265737
小型企业	408	3874926	3883211	381571
微型企业	24	104464	103144	16082

9－1续表9

指标名称	安丘市			
	单位数（个）	工业总产值（现价）	主营业务收入	利税总额
总　计	**389**	**5159406**	**5141069**	**263236**
一、按登记注册类型分组				
国有经济				
集体经济	1	2067	2051	198
“三资”经济	51	747988	728002	54054
二、按轻重工业分组				
轻工业	188	2943309	2871383	125487
重工业	201	2216097	2269686	137749
三、按企业规模分组				
大型企业	6	778608	835670	40745
中型企业	23	826762	837244	58879
小型企业	342	3435103	3349952	153773
微型企业	18	118933	118203	9840

9－1 续表 10

指标名称	高密市			
	单位数（个）	工业总产值（现价）	主营业务收入	利税总额
总　计	**495**	**18677842**	**18572355**	**1644706**
一、按登记注册类型分组				
国有经济	1	7438	7199	－275
集体经济				
“三资”经济	24	802981	833615	27610
二、按轻重工业分组				
轻工业	321	10812804	10756307	957937
重工业	174	7865038	7816048	686769
三、按企业规模分组				
大型企业	7	2013531	1938780	287438
中型企业	55	3790159	3816883	268122
小型企业	428	12835164	12777550	1085021
微型企业	5	38988	39142	4126

9－1 续表 11

指标名称	昌邑市			
	单位数（个）	工业总产值（现价）	主营业务收入	利税总额
总　计	**278**	**9692401**	**10081709**	**852777**
一、按登记注册类型分组				
国有经济	3	6050	9507	647
集体经济	1	40827	40880	5523
“三资”经济	14	173732	178791	13665
二、按轻重工业分组				
轻工业	151	3715058	3763845	254952
重工业	127	5977343	6317864	597825
三、按企业规模分组				
大型企业	9	3718177	3884617	345729
中型企业	27	1206139	1305138	107613
小型企业	236	4713890	4836977	396174
微型企业	6	54195	54977	3261

9－1 续表 12

指 标 名 称	临朐县			
	单位数（个）	工业总产值（现价）	主营业务收入	利税总额
总　计	**273**	**4363713**	**4408965**	**235848**
一、按登记注册类型分组				
国有经济	1	10059	9908	1246
集体经济	3	38672	38298	3375
"三资"经济	10	101839	115685	17145
二、按轻重工业分组				
轻工业	83	1259594	1266161	80503
重工业	190	3104118	3142804	155344
三、按企业规模分组				
大型企业	3	672057	673065	56898
中型企业	19	727819	740171	33528
小型企业	244	2877615	2909518	137210
微型企业	7	86221	86211	8212

9－1 续表 13

指 标 名 称	昌乐县			
	单位数（个）	工业总产值（现价）	主营业务收入	利税总额
总　计	**227**	**10073578**	**10110118**	**566165**
一、按登记注册类型分组				
国有经济				
集体经济	1	18553	18553	4310
"三资"经济	28	2043032	2063764	193204
二、按轻重工业分组				
轻工业	98	5109555	5118201	322215
重工业	129	4964023	4991917	243950
三、按企业规模分组				
大型企业	8	3751435	3784919	262440
中型企业	16	2917718	2908946	123312
小型企业	190	3329280	3332701	176345
微型企业	13	75145	83552	4067

9－1 续表 14

指标名称	高新开发区			
	单位数（个）	工业总产值（现价）	主营业务收入	利税总额
总　计	**128**	**7879449**	**7557084**	**973822**
一、按登记注册类型分组				
国有经济				
集体经济				
“三资”经济	25	543791	528491	25548
二、按轻重工业分组				
轻工业	41	1057563	1126792	71897
重工业	87	6821887	6430292	901925
三、按企业规模分组				
大型企业	6	6094717	5752463	828127
中型企业	18	923941	935111	74180
小型企业	99	840275	849402	73862
微型企业	5	20517	20109	－2347

9－1 续表 15

指标名称	滨海开发区			
	单位数（个）	工业总产值（现价）	主营业务收入	利税总额
总　计	**207**	**8717730**	**8795658**	**1101452**
一、按登记注册类型分组				
国有经济	2	144986	150216	22851
集体经济	3	173399	173334	20120
“三资”经济	21	890933	904295	129082
二、按轻重工业分组				
轻工业	38	2025382	2038714	313207
重工业	169	6692348	6756943	788245
三、按企业规模分组				
大型企业	7	2004064	2049827	322111
中型企业	21	2348715	2430433	400752
小型企业	163	3991862	3922375	347973
微型企业	16	373090	393023	30616

9－1 续表 16

指标名称	峡山开发区			
	单位数（个）	工业总产值（现价）	主营业务收入	利税总额
总计	**15**	**150425**	**159869**	**－559**
一、按登记注册类型分组				
国有经济				
集体经济				
“三资”经济	1	2056	2156	－340
二、按轻重工业分组				
轻工业	11	118775	123571	－600
重工业	4	31650	36299	42
三、按企业规模分组				
大型企业				
中型企业	1	21407	29116	－1780
小型企业	14	129018	130754	1221
微型企业				

9－1 续表 17

指标名称	综合保税区			
	单位数（个）	工业总产值（现价）	主营业务收入	利税总额
总计	**6**	**676348**	**661412**	**67875**
一、按登记注册类型分组				
国有经济				
集体经济				
“三资”经济	1	3104	3104	236
二、按轻重工业分组				
轻工业	2	12359	11275	－8
重工业	4	663989	650137	67884
三、按企业规模分组				
大型企业	1	623423	609768	68244
中型企业	2	31737	31737	913
小型企业	3	21188	19907	－1282
微型企业				

9－2　全市工业企业主要经济指标

（2016 年）　　　　单位：万元

指标名称	企业单位数（个）	亏损企业	工业总产值（当年价格）	工业销售产值（当年价格）	出口交货值	产成品	资产总计
总　计	**3812**	**259**	**133928579**	**132304021**	**11038218**	**3651038**	**93812189**
一、按登记注册类型分组：							
内资企业	3508	218	122839268	121328873	8733991	3152328	84967925
国有企业	12	4	2134284	2135874	1179	10648	131699
中央企业	1		1930612	1930612			
地方企业	11	4	203672	205262	1179	10648	131699
集体企业	16		561311	536024	26871	9280	218326
股份合作企业	1		23967	23883		322	7527
联营企业							
国有联营企业							
集体联营企业							
国有与集体联营企业							
其他联营企业							
有限责任公司	638	79	27109327	26743740	1838030	714023	21747261
国有独资公司	8	1	202135	202942		2783	353503
其他有限责任公司	630	78	26907192	26540797	1838030	711240	21393759
股份有限公司	129	15	16384972	16035373	2706317	907688	26220382
私营企业	2711	120	76612068	75840908	4161594	1510367	36639838
私营独资企业	77	2	1498960	1488901	1720	18370	443745
私营合伙企业	7		182639	182214		1739	62074
私营有限责任公司	2518	111	70991036	70289499	3953859	1407289	33955570
私营股份有限公司	109	7	3939433	3880295	206014	82969	2178450
其他企业	1		13338	13072			2891
港、澳、台商投资企业	102	16	5092172	5013548	927434	292287	4509414
合资经营企业（港或澳、台资）	47	4	3561061	3494208	596791	174299	3120253
合作经营企业（港或澳、台资）	2		13110	13077		192	8002
港澳台商独资经营企业	51	12	1222495	1217905	311372	86367	917250
港澳台商投资股份有限公司	2		295506	288358	19271	31430	463909
其他港澳台商投资企业							
外商投资企业	202	25	5527139	5491600	1376794	206423	4334850
中外合资经营企业	113	14	2942030	2922619	745060	117195	2702939
中外合作经营企业	5	2	194902	196287	62976	7250	78648
外资企业	81	9	2333660	2316192	535001	81922	1544659
外商投资股份有限公司	2		54381	54369	33757	56	5018
其他外商投资企业	1		2167	2134			3588
三、在总计中：亏损企业	**259**	**259**	**3571827**	**3534442**	**487368**	**281918**	**4579663**
在总计中：国有控股企业	72	13	15262904	15133541	413313	396935	23502744
在总计中：农村工业	5	1	123328	119978	13215	6881	109609
在总计中：轻工业	1574	106	48824809	48316618	5326542	1207523	30829236
重工业	2238	153	84633771	83517403	5711676	2443515	62982953
在总计中：大型企业	99	6	46328621	45740752	5381575	1632910	47234816
中型企业	392	43	28213356	27845501	2793198	1003930	18276338
小型企业	3321	210	58916602	58247768	2863445	1014198	28301034
微型企业	113	3	1104509	1093689	25126	5879	1409833

9－2 续表 1

指标名称	流动资产合计	固定资产原价	负债合计	主营业务收入	主营业务成本	主营业务税金及附加	销售费用
总　　计	**43626097**	**72780754**	**53414115**	**134947340**	**117036185**	**782407**	**2605090**
一、按登记注册类型分组：							
内资企业	39154640	65972338	48508234	123786506	107882816	732794	2260175
国有企业	42775	133422	79171	2563329	175919	3280	7291
中央企业				2350000			
地方企业	42775	133422	79171	213329	175919	3280	7291
集体企业	103496	198549	91941	556269	484131	2517	12484
股份合作企业	1092	7955	4688	23891	20259	84	619
联营企业							
国有联营企业							
集体联营企业							
国有与集体联营企业							
其他联营企业							
有限责任公司	10480211	14599090	13911299	27238072	24240106	213348	411137
国有独资公司	113283	190284	265768	202862	168158	1178	9312
其他有限责任公司	10366928	14408806	13645531	27035210	24071948	212170	401824
股份有限公司	13113523	10419139	14762515	16369259	13837126	109259	512042
私营企业	15410661	40614124	19656590	77021948	69112573	404304	1316603
私营独资企业	126550	374887	162715	1495512	1287473	5090	47907
私营合伙企业	11381	80352	25399	182386	150830	456	6849
私营有限责任公司	14301794	37493891	18624815	71427699	64186766	386040	1194268
私营股份有限公司	970937	2664994	843661	3916351	3487503	12718	67579
其他企业	2882	59	2031	13739	12703	3	
港、澳、台商投资企业	2142735	3228072	2536665	5147363	4321624	31710	183063
合资经营企业(港或澳、台资)	1480229	2329225	1781430	3573022	2903657	16985	145990
合作经营企业(港或澳、台资)	3937	6624	3329	13326	9402	113	89
港澳台商独资经营企业	452810	598644	520183	1262655	1126073	14544	33387
港澳台商投资股份有限公司	205759	293580	231723	298359	282493	69	3597
其他港澳台商投资企业							
外商投资企业	2328723	3580343	2369216	5543471	4831745	17903	161852
中外合资经营企业	1460870	1976703	1469745	2955014	2554303	9003	85058
中外合作经营企业	45405	132050	56972	196475	180388	537	3788
外资企业	817930	1467548	837425	2335536	2044512	8327	72787
外商投资股份有限公司	1330	4043	2427	54311	50742	32	133
其他外商投资企业	3188		2647	2134	1801	5	86
三、在总计中：亏损企业	**2259443**	**2762205**	**3199561**	**3629324**	**3395289**	**22089**	**101513**
在总计中：国有控股企业	11062568	9623060	14140516	15891817	11629861	159130	275103
在总计中：农村工业	55943	69256	54911	120006	110666	443	4460
在总计中：轻工业	14712519	27703317	16509035	49139172	43703770	211044	1012577
重工业	28913579	45077437	36905080	85338168	73332415	571364	1592513
在总计中：大型企业	23162231	27844308	28518607	47186125	39454516	380631	887472
中型企业	9069612	18856056	10259607	28452524	25185068	142627	579973
小型企业	11394255	26080389	14635902	58838691	52396601	259150	1137645
微型企业	480753	650859	880007	1133181	999390	5269	17624

9－2 续表2

指标名称	管理费用	利润总额	亏损企业亏损总额	利税总额	本年应交增值税	从业人员平均人数
总　计	**3347319**	**7482840**	**168231**	**11295089**	**2755658**	**805891**
一、按登记注册类型分组:						
内资企业	2962003	6759958	95416	10012726	2514150	726935
国有企业	9576	40971	2576	221453	177180	13807
中央企业		24000		193000	169000	10345
地方企业	9576	16971	2576	28453	8180	3462
集体企业	10073	46610		66848	17721	5128
股份合作企业	715	2088		2841	669	76
联营企业						
国有联营企业						
集体联营企业						
国有与集体联营企业						
其他联营企业						
有限责任公司	682399	1349843	34454	2139088	575418	157736
国有独资公司	10783	11359	255	16533	3941	3103
其他有限责任公司	671615	1338485	34199	2122555	571476	154633
股份有限公司	802795	1242368	22304	1656791	304577	130783
私营企业	1456443	4077047	36082	5924656	1438570	419376
私营独资企业	50009	96020	241	129758	28648	6664
私营合伙企业	8014	14800		18791	3535	533
私营有限责任公司	1318778	3722746	34889	5443984	1330463	385753
私营股份有限公司	79642	243481	952	332123	75924	26426
其他企业	2	1030		1050	17	29
港、澳、台商投资企业	199141	330533	53780	481606	119363	35711
合资经营企业(港或澳、台资)	146860	304331	1508	420293	98977	22308
合作经营企业(港或澳、台资)	841	2625		3637	899	145
港澳台商独资经营企业	47081	22347	52272	56279	19388	12798
港澳台商投资股份有限公司	4358	1231		1398	98	460
其他港澳台商投资企业						
外商投资企业	186176	307749	19034	448258	122146	42115
中外合资经营企业	103192	189354	5120	274797	76441	21258
中外合作经营企业	2205	7805	1275	17113	8770	2737
外资企业	79706	108093	12639	152704	35825	17842
外商投资股份有限公司	921	2406		3502	1065	168
其他外商投资企业	152	91		141	46	110
三、在总计中:亏损企业	**183212**	**－168231**	**168231**	**－73617**	**72482**	**61023**
在总计中:国有控股企业	465813	930985	21884	1649722	559369	69169
在总计中:农村工业	2756	2013	280	6036	3580	549
在总计中:轻工业	1133351	2657921	46368	3829682	959192	341882
重工业	2213969	4740319	121862	7112908	1796467	462879
在总计中:大型企业	1340776	2551837	18054	3924347	991713	292852
中型企业	697757	1527473	81497	2279987	608818	194173
小型企业	1308786	3318929	68680	4738256	1155127	317736
微型企业	21642	70762	1143	90901	14807	1112

9－3　全市分行业工业企业主要经济指标

（2016 年）

单位：万元

指标名称	企业单位数（个）	亏损企业	工业总产值（当年价格）	工业销售产值（当年价格）	出口交货值	产成品	资产总计
总　计	**3812**	**259**	**133928579**	**132304021**	**11038218**	**3651038**	**93812189**
煤炭开采和洗选业	1		95533	95830		1172	166373
石油和天然气开采业							
黑色金属矿采选业	3		29925	28264		2296	143780
有色金属矿采选业	3		38672	38079		238	8666
非金属矿采选业	25	3	700951	693312	877	40724	642730
开采辅助活动							
其他采矿业							
农副食品加工业	355	24	12624512	12512988	1050208	294155	6725730
食品制造业	107	6	3540919	3472469	791057	129160	1812205
酒、饮料和精制茶制造业	33	1	835401	826519	2050	31126	654534
烟草制品业	2	1	115794	119443		2199	27757
纺织业	443	39	11725763	11575926	758437	207845	4074248
纺织服装、服饰业	107	9	2820847	2758903	710789	94135	1547034
皮革、毛皮、羽毛及其制品和制鞋业	42	1	745452	742031	120069	3741	215291
木材加工和木、竹、藤、棕、草制品业	42	3	701457	697681	263741	13073	395545
家具制造业	48	1	1254254	1216350	377227	17683	586274
造纸和纸制品业	71	5	3519006	3551758	247834	124880	8490248
印刷和记录媒介复制业	50	3	718594	717194	329	10145	320883
文教、工美、体育和娱乐用品制造业	51	1	2254283	2248936	452250	93941	440993
石油加工、炼焦和核燃料加工业	23	1	8002816	7962346	81969	138777	5700175
化学原料和化学制品制造业	484	47	20304007	20117739	1095552	515475	12625031
医药制造业	87	7	3506376	3465921	361699	93650	2674249
化学纤维制造业	9	2	908940	903302	76665	37463	1161417
橡胶和塑料制品业	214	8	5653900	5573602	935797	253977	3309575
非金属矿物制品业	234	7	3974676	3907648	180426	63154	2494923
黑色金属冶炼和压延加工业	59	1	5023470	4983941	86658	103908	3477122
有色金属冶炼和压延加工业	59	3	2380473	2334108	14887	62254	1026724
金属制品业	156	3	4130524	4091570	79291	130603	2335847
通用设备制造业	341	22	10940885	10753449	425948	338158	13498705
专用设备制造业	297	27	8634870	8299091	478425	467566	5603284
汽车制造业	152	9	6296496	6264665	27176	106584	3674454
铁路、船舶、航空航天和其他运输设备制造业	17	2	1124964	1123278	548	4092	333440
电气机械和器材制造业	125	6	3029528	2998908	139043	67123	1541593
计算机、通信和其他电子设备制造业	69	10	3915698	3872824	2251541	178936	3768105
仪器仪表制造业	24	3	679464	673579	16918	18315	406139
其他制造业	5		44771	46183	10810	2020	34232
废弃资源综合利用业	1		1014	1014		210	3628
金属制品、机械和设备修理业							
电力、热力生产和供应业	46	2	2869373	2856743		1001	3176425
燃气生产和供应业	9		157348	157348		1141	348158
水的生产和供应业	18	2	157628	151080		120	366673

9－3 续表1

指 标 名 称	流动资产合计	固定资产原价	负债合计	主营业务收入	主营业务成本	主营业务税金及附加	销售费用
总计	**43626097**	**72780754**	**53414115**	**134947340**	**117036185**	**782407**	**2605090**
煤炭开采和洗选业	149000	27407	120798	142257	126677	1830	3842
石油和天然气开采业							
黑色金属矿采选业	32665	49532	115242	28264	24829	298	621
有色金属矿采选业	2066	7342	4268	38298	35271	172	172
非金属矿采选业	373084	270979	435122	753287	654264	9679	9134
开采辅助活动							
其他采矿业							
农副食品加工业	3330551	7340103	3545468	12928094	11822279	23708	239596
食品制造业	801504	1752167	922473	3502636	2952117	17106	117070
酒、饮料和精制茶制造业	299087	436547	296051	826626	681029	25490	37070
烟草制品业	5586	41340	6456	119000	106090	484	4099
纺织业	1603807	7127387	1905302	11663834	10632317	49490	117707
纺织服装、服饰业	586403	1916676	697458	2820834	2394433	9390	97462
皮革、毛皮、羽毛及其制品和制鞋业	79657	355232	74086	744537	673079	3307	10386
木材加工和木、竹、藤、棕、草制品业	212697	317462	194600	699356	609333	2866	11371
家具制造业	187185	889600	308489	1254254	1074013	5107	29087
造纸和纸制品业	4622304	2892746	5300715	3680249	3169482	13926	114639
印刷和记录媒介复制业	95777	340412	113537	717988	616418	3102	18645
文教、工美、体育和娱乐用品制造业	271063	486039	299655	2194136	2052810	3071	37128
石油加工、炼焦和核燃料加工业	3080539	2533657	4345992	8105266	7319355	94285	90806
化学原料和化学制品制造业	5613928	9880265	7029764	20527528	18178601	240137	369778
医药制造业	1380828	1575712	1166960	3540896	2989867	27994	98343
化学纤维制造业	562609	724097	886561	925234	829462	7972	12224
橡胶和塑料制品业	1591110	3321649	1967136	5616533	5043052	23925	98967
非金属矿物制品业	1237810	2927056	1299719	3993327	3463629	19581	112983
黑色金属冶炼和压延加工业	1388413	3395829	1916564	5038147	4675058	12784	54936
有色金属冶炼和压延加工业	622498	1054039	672021	2341251	2179082	9815	19678
金属制品业	1116638	2140067	1346165	4152157	3686484	19267	86993
通用设备制造业	6080476	5776823	7050090	10986726	9478925	47729	283415
专用设备制造业	2631607	4519376	3073783	8659762	7463697	31338	287896
汽车制造业	1580611	3359343	2407611	6395815	5742881	44143	87624
铁路、船舶、航空航天和其他运输设备制造业	126790	208960	217720	1117444	1026588	1514	13716
电气机械和器材制造业	714521	1286055	836841	3005934	2672328	10438	66922
计算机、通信和其他电子设备制造业	1968019	1717726	2087026	3583257	3007025	10697	47525
仪器仪表制造业	207595	421989	225792	677011	582521	1775	12847
其他制造业	15127	23312	12861	46033	39393	238	1215
废弃资源综合利用业	3329	471	1612	2546	2170	5	217
金属制品、机械和设备修理业							
电力、热力生产和供应业	788594	3194685	2159803	3336462	782525	7892	1473
燃气生产和供应业	149440	161761	214079	154036	122024	893	7461
水的生产和供应业	113180	306912	156296	158323	127078	962	2044

9－3 续表 2

指 标 名 称	管 理 费 用	利 润 总 额	亏损企业 亏损总额	利 税 总 额	本年应交 增 值 税	从业人员 平均人数
总　　计	**3347319**	**7482840**	**168231**	**11295089**	**2755658**	**805891**
煤炭开采和洗选业	9435	611		5154	2682	1283
石油和天然气开采业						
黑色金属矿采选业	885	3764		4578	516	208
有色金属矿采选业	216	2335		3375	868	346
非金属矿采选业	14686	63855	1820	105996	32463	4964
开采辅助活动						
其他采矿业						
农副食品加工业	217041	511686	6853	670528	135119	81705
食品制造业	118492	257437	7378	362457	87903	22959
酒、饮料和精制茶制造业	36286	47795	126	95531	22246	8021
烟草制品业	7348	1931	2288	6212	3797	748
纺织业	151347	658967	12648	972110	263576	94701
纺织服装、服饰业	88612	210794	1861	291318	71108	33744
皮革、毛皮、羽毛及其制品和制鞋业	11496	41703	56	64550	19540	7424
木材加工和木、竹、藤、棕、草制品业	11733	57859	390	75011	14286	6684
家具制造业	31740	101704	10	144463	36836	8879
造纸和纸制品业	154337	160104	5309	262008	87920	18004
印刷和记录媒介复制业	24528	51799	576	69521	14620	5235
文教、工美、体育和娱乐用品制造业	22734	58530	76	87012	25411	10534
石油加工、炼焦和核燃料加工业	131062	299169	194	569300	175385	12456
化学原料和化学制品制造业	477689	1046382	40255	1693716	403586	84346
医药制造业	118829	259900	5409	384987	96609	18874
化学纤维制造业	35635	22547	2390	58406	27888	7439
橡胶和塑料制品业	108865	256844	9198	392331	111562	37663
非金属矿物制品业	97037	255868	1834	376588	101081	24656
黑色金属冶炼和压延加工业	74160	180171	57	275476	82521	27214
有色金属冶炼和压延加工业	47227	59452	311	100225	30943	12833
金属制品业	93381	228809	286	339284	91192	26228
通用设备制造业	404978	805582	4353	1123132	269783	67091
专用设备制造业	295018	538908	46321	674971	104704	61512
汽车制造业	185361	367276	1696	544348	132737	34414
铁路、船舶、航空航天和其他运输设备制造业	13330	56300	663	75139	17326	3106
电气机械和器材制造业	85211	148137	10721	209758	51170	15640
计算机、通信和其他电子设备制造业	200994	373153	3136	401924	18073	41271
仪器仪表制造业	23616	59483	216	75528	14271	4077
其他制造业	2602	2108		3451	1104	776
废弃资源综合利用业	81	12		27	11	58
金属制品、机械和设备修理业						
电力、热力生产和供应业	28352	172124	1059	379468	199177	16035
燃气生产和供应业	10130	17855		23081	4333	1749
水的生产和供应业	12845	17288	744	21629	3313	1884

9-4 各县市区工业企业主要经济指标

（2016年）

单位:万元

地区	企业单位数（个）	亏损企业	工业总产值（当年价格）	工业销售产值（当年价格）	出口交货值	产成品	资产总计
总计	**3812**	**259**	**133928579**	**132304021**	**11038218**	**3651038**	**93812189**
市区小计	696	89	28272703	27656164	4031185	1037162	27074557
潍城区	96	6	3098031	3062166	156137	60380	1159497
寒亭区	100	16	4429863	4377476	409177	109854	2223863
坊子区	123	8	3030912	2749030	171220	173049	1945159
奎文区	21	8	289943	283517	7084	27307	534203
青州市	484	23	15701483	15600083	369185	345591	8216108
诸城市	484	9	23140119	22944085	2047931	512174	13407587
寿光市	486	15	18847335	18638280	1665040	685906	21176204
安丘市	389	16	5159406	5051846	950098	219766	4302777
高密市	495	10	18677842	18570706	900093	274992	5573465
昌邑市	278	32	9692401	9507331	284147	177730	5499835
临朐县	273	51	4363713	4285928	169690	83096	2454982
昌乐县	227	14	10073578	10049598	620848	314622	6106673
高新开发区	128	20	7879449	7784098	1749114	400044	14232480
滨海开发区	207	24	8717730	8589205	903708	257560	6441916
峡山开发区	15	5	150425	148175	18663	4244	101736
综合保税区	6	2	676348	662496	616082	4725	435702

9－4 续表1

地　　区	流动资产合　　计	固定资产原　　价	负　　债合　　计	主营业务收　　入	主营业务成　　本	主营业务税金及附加
总　　计	**43626097**	**72780754**	**53414115**	**134947340**	**117036185**	**782407**
市区小计	13246921	12622556	15488534	28509994	22555607	176052
潍城区	698931	470623	645261	3556353	1036915	4792
寒亭区	1041535	2038265	1381740	4353970	4002490	15136
坊子区	1152233	696246	1196680	3065148	2663936	9672
奎文区	318515	222121	376437	360501	323215	3930
青州市	3526800	4943291	4173143	15629379	13119576	67413
诸城市	5597657	18056529	7995046	23479575	20691929	95569
寿光市	9842590	14114822	12710611	19014177	16909740	182261
安丘市	2231730	1812922	2721467	5141069	4641458	26019
高密市	2208916	12545416	2316609	18572355	16805263	88941
昌邑市	2473967	4651861	3128704	10081709	9070842	95227
临朐县	1189879	1336304	1334000	4408965	4012046	27500
昌乐县	3307638	2697052	3546000	10110118	9229725	23426
高新开发区	6870976	5036237	7490772	7557084	6233744	39170
滨海开发区	2812061	4021015	4110580	8795658	7574661	103098
峡山开发区	64446	26713	63302	159869	152548	194
综合保税区	288227	111336	223763	661412	568099	60

9－4续表2

地　　区	销售费用	管理费用	利润总额	亏损企业亏损总额	利税总额	本年应交增值税	从业人员平均人数
总　　计	**2605090**	**3347319**	**7482840**	**168231**	**11295089**	**2755658**	**805891**
市区小计	634421	998507	1825929	66465	2758209	755321	209043
潍城区	47344	53461	75545	2760	272878	192533	26291
寒亭区	78906	91542	133984	9651	227844	78714	27125
坊子区	136485	114972	121573	1680	91520	－39809	30091
奎文区	7888	19641	13548	3273	23377	5899	5551
青州市	494858	569398	811609	11157	1421975	275040	65953
诸城市	487469	572541	1491686	9865	2128530	540704	139599
寿光市	285211	406534	983059	7405	1423644	254968	103012
安丘市	107499	122523	179841	1789	263236	56575	45499
高密市	238773	256697	1080983	40588	1644706	474503	110834
昌邑市	71306	134726	598966	16453	852777	158584	52381
临朐县	79095	112337	140199	6252	235848	67890	39053
昌乐县	206458	174058	370567	8257	566165	172074	40517
高新开发区	235754	435059	760336	21872	973822	174182	71530
滨海开发区	117136	254217	654794	23128	1101452	342890	42520
峡山开发区	3622	2746	－1546	2396	－559	793	1725
综合保税区	7286	26870	67695	1705	67875	120	4210

9-5　大中型工业企业一览表

（2016 年）

企业名称	法人代表	注册类型	企业规模
中化弘润石油化工有限公司	董华友	其他有限责任公司	大型
山东昌邑石化有限公司	高志伟	其他有限责任公司	大型
山东寿光鲁清石化有限公司	王学清	私营有限责任公司	大型
潍柴动力股份有限公司	谭旭光	股份有限公司	大型
北汽福田汽车股份有限公司诸城汽车厂	钟明华	股份有限公司	大型
山东晨鸣纸业集团股份有限公司	陈洪国	股份有限公司	大型
歌尔股份有限公司	姜　滨	股份有限公司	大型
鲁丽集团有限公司	薛茂林	私营有限责任公司	大型
诸城市外贸有限责任公司	王金友	私营有限责任公司	大型
福田重工股份有限公司雷沃阿波斯潍坊农业装备分公司	王桂民	股份有限公司	大型
得利斯集团有限公司	郑和平	私营有限股份公司	大型
山东联盟化工集团有限公司	杨志强	私营有限责任公司	大型
山东潍焦集团有限公司	刘良玉	其他有限责任公司	大型
潍坊特钢集团有限公司	于光富	其他有限责任公司	大型
山东寿光巨能控股集团有限公司	田其祥	其他有限责任公司	大型
孚日控股集团股份有限公司	孙日贵	股份有限公司	大型
山东墨龙石油机械股份有限公司	张恩荣	股份有限公司	大型
山东比德文动力科技有限公司	李国欣	其他有限责任公司	大型
山东大地盐化集团	孙文勇	私营有限责任公司	大型
潍坊英轩实业有限公司	李世勇	与港澳台商合资经营	大型
潍坊歌尔电子有限公司	姜　滨	其他有限责任公司	大型
新郎希努尔集团股份有限公司	王桂波	与港澳台商合资经营	大型
山东世纪阳光纸业集团有限公司	王东兴	与港澳台商合资经营	大型
山东海化集团有限公司	方　勇	其他有限责任公司	大型
山东万山集团有限公司	刘文先	私营有限责任公司	大型
山东新龙集团有限公司	李法曾	私营有限责任公司	大型
山东天普阳光生物科技有限公司	史效华	私营有限责任公司	大型
寿光富康制药有限公司	杨维国	与港澳台商合资经营	大型
山东泸河集团有限公司	许传弟	私营有限责任公司	大型
潍柴重机股份有限公司	谭旭光	股份有限公司	大型

9－5 续表 1

企业名称	法人代表	注册类型	企业规模
山东万兴集团有限公司	高云德	私营有限责任公司	大型
豪迈集团股份有限公司	张恭运	股份有限公司	大型
山东银鹰化纤有限公司	李桂荣	其他有限责任公司	大型
山东华建铝业集团有限公司	吴维光	私营有限责任公司	大型
山东景芝酒业股份有限公司	刘全平	股份有限公司	大型
山东潍坊润丰化工股份有限公司	王文才	中外合资经营	大型
华电潍坊发电有限公司	王　涛	其他有限责任公司	大型
山东海化股份有限公司	汤全荣	股份有限公司	大型
山东寿光天成食品集团有限公司	郭洪谦	私营有限责任公司	大型
山东昊华轮胎有限公司	王克强	私营有限责任公司	大型
山东桑莎制衣集团有限公司	王秀玲	私营有限责任公司	大型
诸城市万年食品有限公司	赵根祥	私营有限责任公司	大型
潍坊伊利乳业有限责任公司	高万东	其他有限责任公司	大型
山东万泉食品有限公司	尹炳涛	其他有限责任公司	大型
山东浩信集团有限公司	吕继贤	私营有限责任公司	大型
诸城市洋晨机械制造有限公司	于盛洋	其他有限责任公司	大型
山东大业股份有限公司	窦　勇	私营有限责任公司	大型
山东省天惠食品有限公司	寇孟堂	私营有限责任公司	大型
山东凯马汽车制造有限公司	董宜顺	其他有限责任公司	大型
山东默锐科技有限公司	杨树仁	私营有限责任公司	大型
山东耶莉娅服装集团总公司	袁文和	集体	大型
昌邑市杨金华纺织有限公司	杨金华	私营有限责任公司	大型
昌邑华晨纺织集团有限公司	时述山	其他有限责任公司	大型
山东梅拉德能源动力科技有限公司	舒　欣	其他有限责任公司	大型
山东新和成药业有限公司	胡柏剡	其他有限责任公司	大型
寿光卫东化工有限公司	袁德洪	私营有限责任公司	大型
山东惠发食品有限公司	惠增玉	私营有限股份公司	大型
卡特彼勒(青州)有限公司	杨锞宝	外资企业	大型
山东海王化工股份有限公司	杨春彬	股份有限公司	大型
山东鲁丰集团有限公司	王克学	其他有限责任公司	大型

9－5续表2

企业名称	法人代表	注册类型	企业规模
潍坊市跃龙橡胶有限公司	刘新刚	私营有限责任公司	大型
山东潍坊龙威实业有限公司	袁荫龙	私营有限责任公司	大型
帛方纺织有限公司	毕孝圣	其他有限责任公司	大型
寿光市富士木业有限公司	付士祥	私营有限责任公司	大型
潍坊亚星化学股份有限公司	苏从跃	股份有限公司	大型
潍坊新方矿业有限公司	魏效曙	股份有限公司	大型
山东三工橡胶有限公司	孙乐华	其他有限责任公司	大型
诸城市义和车桥有限公司	陈忠义	私营有限责任公司	大型
山东海天生物化工有限公司	王　刚	其他有限责任公司	大型
山东新郎欧美尔家居置业有限公司	王桂波	与港澳台商合资经营	大型
山东奥宝化工集团有限公司	刘宗满	其他有限责任公司	大型
诸城市爱玲包袋服饰有限公司	纪爱玲	私营有限责任公司	大型
盛瑞传动股份有限公司	刘祥伍	其他有限责任公司	大型
山东星宇手套有限公司	周星余	其他有限责任公司	大型
中粮肉食(山东)有限公司	徐稼农	港澳台商独资	大型
山东佳士博食品有限公司	张　博	私营有限责任公司	大型
潍柴动力(潍坊)铸锻有限公司	徐　宏	股份有限公司	大型
山东浩信机械有限公司	金淑梅	私营有限责任公司	大型
山东硕昌农牧有限公司	张兴娣	其他有限责任公司	大型
潍坊盛瑞零部件有限公司	刘祥伍	私营有限责任公司	大型
山东矿机集团股份有限公司	赵笃学	股份有限公司	大型
潍坊长安铁塔股份有限公司	张淑玲	股份有限公司	大型
山东蓝帆新材料有限公司	刘文静	其他有限责任公司	大型
山东共达电声股份有限公司	赵笃仁	股份有限公司	大型
山东凯加食品股份有限公司	安丰军	中外合作经营	大型
山东同大集团有限公司	孙俊成	其他有限责任公司	大型
诸城市中纺金维纺织有限公司	高　杨	其他有限责任公司	大型
山东高强紧固件有限公司	董超义	私营有限责任公司	大型
山东铭基中慧食品有限公司	吴　彤	与港澳台商合资经营	大型
潍坊六和德惠禽业发展有限公司	陶　煦	其他有限责任公司	大型

9－5 续表 3

企业名称	法人代表	注册类型	企业规模
高密市南洋食品有限公司	田有有	私营有限责任公司	大型
山东英科医疗制品有限公司	刘方毅	私营有限责任公司	大型
诸城恒信基汽车部件有限公司	王宝山	私营有限责任公司	大型
山东华安铁塔有限公司	丁长显	其他有限责任公司	大型
山东高密大昌纺织有限公司	刘德昌	其他有限责任公司	大型
潍坊金丝达实业有限公司	刘国田	私营有限责任公司	大型
山东美林卫浴有限公司	颜国基	港澳台商独资	大型
恒天海龙（潍坊）新材料有限责任公司	申孝忠	私营有限责任公司	大型
国网山东省电力公司潍坊供电公司	王训杰	国有	大型
山东梦金园珠宝首饰有限公司	张秀芹	私营有限责任公司	中型
潍坊龙达锌制品有限公司	王彦龙	私营有限责任公司	中型
山东荣昊专用汽车有限公司	王光文	私营有限责任公司	中型
山东恒涛节能环保有限公司	方夕涛	私营有限责任公司	中型
潍坊绿霸化工有限公司	赵　焱	私营有限责任公司	中型
山东泰丰制动系统科技股份有限公司	张风太	私营有限责任公司	中型
山东泰瑞汽车机械电器有限公司	张　波	私营有限责任公司	中型
潍坊乐港食品股份有限公司	孔凡升	港澳台商投资股份有限公司	中型
山东龙马重工集团有限公司	樊宪国	私营有限责任公司	中型
山东东方宏业化工有限公司	李云涛	私营有限责任公司	中型
潍坊顺福昌橡塑有限公司	郭延顺	私营有限责任公司	中型
寿光市泰丰汽车底盘制造有限公司	张风太	私营有限责任公司	中型
山东瀛洋香精香料有限公司	刘文革	港澳台商独资	中型
青州尧王制药有限公司	李金凤	其他有限责任公司	中型
山东天一化学股份有限公司	李茂桉	其他有限责任公司	中型
潍坊石大昌盛能源科技有限公司	郭明文	其他有限责任公司	中型
山东中铁华盛机械有限公司	刘国庆	私营有限责任公司	中型
潍坊六和饲料有限公司昌邑分公司	刘建波	其他有限责任公司	中型
山东华宝食品股份有限公司	颜炳福	股份有限公司	中型
潍坊柏立化学有限公司	郭希田	外资企业	中型
山东亚盛重工股份有限公司	周　凯	私营有限责任公司	中型

9－5 续表 4

企业名称	法人代表	注册类型	企业规模
山东万山化工有限公司	刘伟全	其他有限责任公司	中型
山东蓝天首饰有限公司	王义善	私营有限责任公司	中型
诸城东晓生物科技有限公司	王松江	中外合资经营	中型
安徽江淮汽车股份有限公司山东分公司	王彦彬	股份有限公司	中型
潍坊开发区华裕实业有限公司	刘玉华	私营有限责任公司	中型
山东齿兴机械制造有限公司	郝兴富	私营有限责任公司	中型
诸城市汉通造纸机械有限公司	王希刚	私营有限责任公司	中型
山东乐化集团有限公司	沈孝业	其他有限责任公司	中型
潍坊市万润化纤有限公司	刘桂芬	私营有限责任公司	中型
山东寿光神润发海洋化工有限公司	王　红	私营有限责任公司	中型
潍坊东方钢管有限公司	吴敬胜	其他有限责任公司	中型
诸城市华欣铸造有限公司	魏本欣	其他有限责任公司	中型
潍坊玉成化工有限公司	杨海洲	私营有限责任公司	中型
山东长盛泰玻璃制品股份有限公司	赵海峰	股份有限公司	中型
山东柠檬生化有限公司	刘海清	与港澳台商合资经营	中型
山东省振泰集团股份有限公司	邱昱华	私营有限责任公司	中型
诸城源发生物科技有限公司	赵玉盛	其他有限责任公司	中型
潍坊盛泰药业有限公司	刘清太	外资企业	中型
寿光福麦斯轮胎有限公司	郭延昌	私营有限责任公司	中型
山东日科化学股份有限公司	赵东日	私营有限股份公司	中型
山东巨环专用汽车有限公司	王　勇	私营有限股份公司	中型
潍坊市华东橡胶有限公司	王绍成	私营有限责任公司	中型
山东益利油漆有限公司	王炳忠	私营有限责任公司	中型
山东银宝轮胎集团有限公司	刘永华	私营有限责任公司	中型
山东隆源液压科技有限公司	高培江	其他有限责任公司	中型
青州市建富齿轮有限公司	张建富	私营有限责任公司	中型
山东振华工业股份有限公司	孙广宝	股份有限公司	中型
潍柴(潍坊)中型柴油机有限公司	张　泉	其他有限责任公司	中型
诸城市浩天药业有限公司	朱理平	私营有限责任公司	中型
高密利华纺织有限公司	陈松华	私营有限责任公司	中型

9－5续表5

企业名称	法人代表	注册类型	企业规模
安丘市鲁安药业有限责任公司	王　军	其他有限责任公司	中型
山东恒安纸业有限公司	许连捷	其他有限责任公司	中型
山东裕源集团有限公司	孟庆升	其他有限责任公司	中型
诸城市恒冶铸造有限责任公司	王忠亮	私营有限责任公司	中型
诸城市鑫昊机械有限公司	任成月	私营有限责任公司	中型
福田雷沃国际重工股份有限公司重型装备工厂	王桂民	股份有限公司	中型
中慧农牧股份有限公司	穆念旺	股份有限公司	中型
潍坊弘润包装材料有限公司	董华友	私营有限责任公司	中型
山东圆友集团有限公司	谢俊德	其他有限责任公司	中型
诸城市顺合木业有限公司	李勋华	私营有限责任公司	中型
山东溢华阀业有限公司	王夕聚	私营有限责任公司	中型
诸城市绿丰园食品有限公司	娄运娟	私营有限责任公司	中型
山东裕源集团有限公司昌邑化工厂	王瑞勇	私营有限责任公司	中型
汇胜集团股份有限公司	葛茂胜	股份有限公司	中型
山东昌邑灶户盐化有限公司	付忠东	其他有限责任公司	中型
山东寿光健元春有限公司	赵世龙	私营有限责任公司	中型
诸城市友谊服饰有限公司	齐艳红	其他有限责任公司	中型
青州市坤伟工贸有限公司	苏建伟	私营有限责任公司	中型
诸城市三维管件有限公司	董继法	私营有限责任公司	中型
山东恒安心相印纸制品有限公司	许连捷	外资企业	中型
潍坊新时代食品有限公司	金海东	私营有限责任公司	中型
颐中(潍坊)实业有限公司	袁晓亮	国有独资公司	中型
寿光中慧生物饲料有限公司	穆念旺	中外合资经营	中型
诸城市吉富源工艺品有限公司	刘洪忠	私营有限责任公司	中型
诸城市科健机械有限公司	张永梅	私营有限责任公司	中型
诸城裕民针织有限公司	王建陵	与港澳台商合资经营	中型
高密市华振纺织有限公司	毛志厚	私营有限责任公司	中型
山东海利尔化工有限公司	宋德明	私营有限责任公司	中型
山东红星百瑞特制造有限公司	张世春	私营有限责任公司	中型
山东望乡食品有限公司	王克武	私营有限责任公司	中型
山东光耀超薄玻璃有限公司	张有良	私营有限责任公司	中型

9－5 续表 6

企业名称	法人代表	注册类型	企业规模
诸城市贝斯特工贸有限公司	王树岗	私营有限责任公司	中型
山东登升劳保用品有限公司	赵　磊	私营有限责任公司	中型
潍坊龙山轮胎有限公司	刘治祥	私营有限责任公司	中型
诸城市桃林食品有限责任公司	宋吉辉	私营有限责任公司	中型
山东精典机电工程有限公司	于金伟	中外合资经营	中型
潍坊华源印染有限公司	韩良宾	私营有限责任公司	中型
潍坊华腾印染织造有限公司	孙占忠	私营有限责任公司	中型
潍坊市宏源防水材料有限公司	郑风礼	私营有限责任公司	中型
山东博润实业有限公司	王金淼	私营有限责任公司	中型
宇骏（潍坊）新能源科技有限公司	李龙达	港澳台商独资	中型
潍坊海洋化工高新技术产业开发区福利塑料编织厂	郝润东	集体	中型
青州市力王电力科技有限公司	唐苑雯	其他有限责任公司	中型
山东丰沃新农农牧科技有限公司	张　帆	其他有限责任公司	中型
诸城市宏达模具有限公司	王文超	其他有限责任公司	中型
诸城市翔和食品有限公司	宋经科	私营有限责任公司	中型
山东国邦药业股份有限公司	竺亚庆	股份有限公司	中型
山东元利科技股份有限公司	刘修华	私营有限股份公司	中型
诸城石龙阀门有限公司	石田伸一	外资企业	中型
潍坊六和饲料有限公司寿光分公司	于怀善	私营有限责任公司	中型
山东锦程工贸有限公司	徐学庆	私营有限责任公司	中型
山东省高密市华裕纺织有限公司	王华田	私营有限责任公司	中型
山东山海玻璃制品有限公司	尚劲松	中外合作经营	中型
通伊欧轮胎（诸城）有限公司	田边伸二	外资企业	中型
山东浪潮华光光电子股份有限公司	郑铁民	股份有限公司	中型
山东兄弟实业集团有限公司	郭秀安	私营有限责任公司	中型
潍坊金正食品股份有限公司	单俊凤	私营有限责任公司	中型
山东天合堂食品股份有限公司	刘士玉	私营有限股份公司	中型
山东华辰生物科技有限公司	姜正军	其他有限责任公司	中型
高密市鑫瑞达劳保用品有限公司	陆　燕	私营有限责任公司	中型
诸城市鹏飞木业有限责任公司	王金伟	私营有限责任公司	中型
诸城威仕达机械有限公司	庄方金	中外合资经营	中型

企业名称	法人代表	注册类型	企业规模
青州惠泽新材料科技有限公司	段文博	私营有限责任公司	中型
诸城市龙兴阀门有限公司	肖增军	私营有限责任公司	中型
山东汇源建材集团有限公司	程效明	私营有限责任公司	中型
潍坊华盛隆印花有限公司	王鹏程	私营有限责任公司	中型
山东青能动力股份有限公司	郭　伟	股份有限公司	中型
山东伟丽纺织有限公司	徐庆涛	私营有限责任公司	中型
诸城市兴旺家居有限公司	周东升	私营有限责任公司	中型
高密市建华纺织有限公司	王志臣	私营有限责任公司	中型
潍坊浩泰机械有限责任公司	吕继贤	私营有限责任公司	中型
寿光市三洋木制品有限公司	桑君德	私营有限责任公司	中型
潍坊尚舜化工有限公司	徐承秋	其他有限责任公司	中型
潍坊千和食品有限公司	材上贞夫	私营有限责任公司	中型
山东中辰电力设备有限公司	张文学	私营有限责任公司	中型
潍坊环宇油漆工业有限公司	魏廷林	私营有限责任公司	中型
潍坊安泰玛钢有限公司	明连安	私营有限责任公司	中型
山东含羞草卫生科技股份有限公司	韩长德	股份有限公司	中型
高密市兴隆毛巾有限公司	孙廷忠	私营有限责任公司	中型
诸城恒威服装有限公司	张新平	其他有限责任公司	中型
高密金利针织有限公司	李金明	私营有限责任公司	中型
诸城市庆丰机械有限公司	宋方杰	私营有限责任公司	中型
青州市康达机械有限公司	董　亮	私营有限责任公司	中型
山东和利农业发展有限公司	惠增玉	私营有限责任公司	中型
潍坊田汇食品有限公司	矫　健	私营有限责任公司	中型
山东美晨科技股份有限公司	郑召伟	股份有限公司	中型
高密美尔亚时装有限公司	黄一鸣	私营有限责任公司	中型
山东汉兴医药科技有限公司	金毅强	其他有限责任公司	中型
昌邑市永富弹簧有限公司	宫召臣	私营有限责任公司	中型
诸城市金祥机械有限公司	庄方金	私营有限责任公司	中型
山东阳光泰利科技有限公司	石　林	其他有限责任公司	中型
青州市盛东机械厂	田玉经	私营独资	中型
诸城市华欣制衣有限公司	臧加华	私营有限责任公司	中型

企业名称	法人代表	注册类型	企业规模
青州市铸威新材料科技有限公司	杨玉光	其他有限责任公司	中型
山东金保罗食品饮料有限公司	潘炳国	私营有限责任公司	中型
山东永昌铝业有限公司	吴绍坤	私营有限责任公司	中型
高密市盛宝纺织有限公司	单宝成	私营有限责任公司	中型
山东新和盛食品集团有限公司	王启升	其他有限责任公司	中型
高密市恒源纺织股份有限公司	陈秀花	私营有限股份公司	中型
潍坊华友亚麻纺织有限公司	张维友	私营有限责任公司	中型
高密市三佳纺织有限公司	逄宗福	私营有限责任公司	中型
青州华艺家电玻璃有限公司	田　红	私营有限责任公司	中型
寿光市东宇鸿翔木业有限公司	孙冠军	私营有限责任公司	中型
诸城晶品机械有限公司	杨泮顺	私营有限责任公司	中型
山东伟盛铝业有限公司	曾　伟	私营有限责任公司	中型
诸城市三福橡胶轮胎有限公司	陶海岩	私营有限责任公司	中型
诸城市柯美木业有限公司	吴德辉	私营有限责任公司	中型
山东正泰希尔专用汽车有限公司	李希春	私营有限责任公司	中型
高密市盛仁纺织有限公司	林炳银	私营有限责任公司	中型
新华制药(寿光)有限公司	杜德平	私营有限责任公司	中型
潍坊恒安散热器集团有限公司	李绍志	其他有限责任公司	中型
潍坊瑞驰汽车系统有限公司	辛少华	其他有限责任公司	中型
潍坊市宇虹防水材料(集团)有限公司	郑爱周	私营有限责任公司	中型
山东普洛得邦医药有限公司	徐新良	其他有限责任公司	中型
山东合力新材料有限公司	李国周	私营有限责任公司	中型
山东科乐收金亿农业机械有限公司	JAN－HENDRIK WERNER E	港澳台商独资	中型
山东菁华农牧发展有限公司	王焕玉	其他有限责任公司	中型
诸城市昊沃机械有限公司	许子福	私营有限股份公司	中型
青州中联水泥有限公司	冯耀银	其他有限责任公司	中型
寿光宏宇化工有限公司	张振贵	私营有限责任公司	中型
潍坊盛瑞铸造有限公司	张述海	私营有限责任公司	中型
山东中柏韩美科技股份有限公司	黄一鸣	与港澳台商合资经营	中型
寿光天惠鸿元食品有限公司	郑坤泉	私营有限责任公司	中型
潍坊海星塑料制品有限公司	郝润东	其他有限责任公司	中型

企业名称	法人代表	注册类型	企业规模
山东帅克机械制造股份有限公司	汤承龙	私营有限责任公司	中型
汶瑞机械(山东)有限公司	蒋　鹏	中外合资经营	中型
山东东城铝业有限公司	吴维孝	私营有限责任公司	中型
山东千榕家纺有限公司	宋国强	私营有限责任公司	中型
高密市三联纺织有限公司	吕清堂	私营有限责任公司	中型
高密市友恒纺织有限公司	郭　洪	私营有限责任公司	中型
山东仙霞服装有限公司	张道义	私营有限责任公司	中型
潍坊青特车桥有限公司	纪爱师	其他有限责任公司	中型
山东海化氯碱树脂有限公司	常炳铎	其他有限责任公司	中型
诸城市银泰绣制品有限责任公司	王锡玲	其他有限责任公司	中型
潍坊恒联浆纸有限公司	李瑞丰	私营有限责任公司	中型
山东海龙博莱特化纤有限责任公司	李月刚	其他有限责任公司	中型
山东泰华食品股份有限公司	郑　华	私营有限股份公司	中型
山东金达双鹏集团有限公司	王德彬	私营有限责任公司	中型
山东盛世泰来橡胶科技有限公司	燕明庆	私营有限责任公司	中型
山东科力华电磁设备有限公司	郭宝华	私营有限责任公司	中型
华丰动力股份有限公司	徐华东	中外合资经营	中型
昌乐盛世热电有限责任公司	王东兴	其他有限责任公司	中型
青岛啤酒(寿光)有限公司	何　艳	其他有限责任公司	中型
山东建美铝业有限公司	曾　强	私营有限责任公司	中型
诸城市亚兴针织制衣有限公司	王亚军	私营有限责任公司	中型
临朐山水水泥有限公司	侯　勇	与港澳台商合资经营	中型
诸城市紫阳陶瓷有限公司	迟令波	私营有限责任公司	中型
安丘山水水泥有限公司	翟　鑫	中外合资经营	中型
山东青州丽绣家纺制品有限公司	邢发永	私营有限责任公司	中型
楼氏电子(潍坊)有限公司	王华东	外资企业	中型
山东伟业铝材有限公司	吴维叶	私营有限责任公司	中型
临朐惠友家纺有限公司	张文林	私营有限责任公司	中型
潍坊瑞鑫电气有限公司	冯树岭	私营有限责任公司	中型
潍坊五洲鼎益铁塔有限公司	李志刚	私营有限责任公司	中型
潍坊浩信康迈机械制件有限公司	MarkWagner	中外合资经营	中型

企业名称	法人代表	注册类型	企业规模
山东鲁能泰山铁塔有限公司	邓持岗	私营有限责任公司	中型
山东拓普包装有限公司	蒋德贵	私营有限责任公司	中型
潍坊恒联特种纸有限公司	徐　建	其他有限责任公司	中型
潍坊美城食品有限公司	郑培文	私营有限责任公司	中型
山东威力天地机械股份有限公司	岳景玉	其他有限责任公司	中型
潍坊港华燃气有限公司	王守春	与港澳台商合资经营	中型
山东万豪纸业集团股份有限公司	尹培农	股份有限公司	中型
山东昌邑海能化学有限责任公司	张迎新	私营有限责任公司	中型
高密市日升毛巾有限公司	孙　艳	私营有限责任公司	中型
高密市盛鑫工贸有限公司	赵　勇	其他有限责任公司	中型
山东鲁星钢管有限公司	吴学纪	中外合资经营	中型
诸城泰盛化工股份有限公司	宋　伟	私营有限责任公司	中型
高密盛泰化纤纺织有限公司	刘恩波	私营有限股份公司	中型
潍坊裕川机械有限公司	刘锦川	与港澳台商合资经营	中型
山东赛斯服装制品有限公司	舒赫印地	外资企业	中型
诸城市杨春水泥有限公司	刘金文	私营有限责任公司	中型
华创机器人制造有限公司	汤承龙	其他有限责任公司	中型
山东亿嘉农化有限公司	褚爱玲	私营有限责任公司	中型
昌邑富民织造股份有限公司	逄新民	私营有限责任公司	中型
高密市红森宝纺织工贸有限公司	杜桂华	其他有限责任公司	中型
山东阳光概念包装有限公司	张洪明	私营有限责任公司	中型
潍坊和盛园食品有限公司	樊　雷	私营有限责任公司	中型
青州市坦博尔服饰股份有限公司	王勇萍	其他有限责任公司	中型
山东四达工贸股份有限公司	窦宝荣	私营有限股份公司	中型
潍坊山水水泥有限公司	李夕琴	其他有限责任公司	中型
潍坊海莱特锥形钢管有限公司	姜占山	中外合资经营	中型
山东信得科技股份有限公司	李朝阳	中外合资经营	中型
山东沃华医药科技股份有限公司	赵炳贤	股份有限公司	中型
山东东虹工贸有限公司	闫志忠	其他有限责任公司	中型
潍坊恒联美林生活用纸有限公司	李瑞丰	港澳台商独资	中型
诸城市迈特鞋业有限公司	赵廷丽	中外合资经营	中型

企业名称	法人代表	注册类型	企业规模
山东兰凤针织有限公司	王培臣	私营有限责任公司	中型
潍坊佳惠客食品有限公司	王立海	私营有限责任公司	中型
山东大北农农牧科技有限责任公司	张立忠	私营有限责任公司	中型
诸城市升荣木业有限公司	孙志强	私营有限责任公司	中型
诸城市曙光车桥有限责任公司	连　江	私营有限责任公司	中型
昌邑市喜辰家用纺织品有限公司	陈阿荣	私营有限责任公司	中型
瑞福油脂股份有限公司	崔瑞福	私营有限股份公司	中型
潍坊元林木业有限公司	李轶男	港澳台商独资	中型
青州市天泰德隆铸造有限公司	吕心尚	私营有限责任公司	中型
诸城元康食品有限公司	李文金	外资企业	中型
山东盛宝玻璃钢有限公司	王丰海	私营有限责任公司	中型
山东开元电机有限公司	岳宁超	私营有限责任公司	中型
高密和利制衣有限公司	张立苹	外资企业	中型
迈赫机器人自动化股份有限公司	王绪平	股份有限公司	中型
诸城市环球木业有限责任公司	孙志刚	私营有限责任公司	中型
海宇股份有限公司	黄祖平	私营有限股份公司	中型
潍坊寒亭渤海水产综合开发中心	孙明辉	国有	中型
潍坊新和盛食品有限公司	温海涛	其他有限责任公司	中型
昌邑市正大制造有限公司	孙素娥	私营有限责任公司	中型
山东莱央子盐场	王星堂	国有	中型
寿光万龙模具制造有限公司	王平金	中外合资经营	中型
山东海化华龙硝铵有限公司	薛佩功	其他有限责任公司	中型
克拉克过滤器(中国)有限公司	SHAUN-尚	外资企业	中型
山东三元乳业有限公司	范学珊	国有独资公司	中型
山东龙光天旭太阳能有限公司	邢作新	私营有限责任公司	中型
诸城金诺针织制衣有限公司	崔　锋	私营有限责任公司	中型
潍坊兰天纺织有限公司	刘　波	其他有限责任公司	中型
山东大有印染织造有限公司	刘须涛	私营有限责任公司	中型
诸城市和生食品有限公司	王　艳	私营有限责任公司	中型
潍坊春江食品有限公司	郭成波	其他有限责任公司	中型
高密市耐拉纺织有限公司	蔡俭文	私营有限责任公司	中型

9－5 续表 12

企 业 名 称	法 人 代 表	注 册 类 型	企业规模
山东永和精密金属有限公司	张绍森	私营有限责任公司	中型
诸城海韵汽车配套有限公司	王启效	其他有限责任公司	中型
福克斯食品有限公司	方　军	外资企业	中型
山东华动铸造有限公司	任兴武	股份有限公司	中型
山东泰吉虎鞋业有限公司	隋宗友	私营有限责任公司	中型
青州市易达汽车零部件有限公司	宋来贵	私营有限责任公司	中型
山东省高密市康泰纺织有限公司	蔡善建	私营有限责任公司	中型
康跃科技股份有限公司	郭晓伟	股份有限公司	中型
诸城宝阳制衣有限公司	王太阳	私营有限责任公司	中型
山东多路驰橡胶股份有限公司	孙卫东	股份有限公司	中型
潍坊富源增压器有限公司	陈序尧	私营有限责任公司	中型
山东恒联新材料股份有限公司	李瑞丰	股份有限公司	中型
青岛啤酒(潍坊)有限公司	王　成	其他有限责任公司	中型
山东省潍坊生建机械有限责任公司	李武广	国有独资公司	中型
潍坊市临朐燃气热力集团有限公司	谭士章	其他有限责任公司	中型
高密市麒祥纺织有限公司	单玉芝	私营有限责任公司	中型
新旭电子(潍坊)有限公司	世岛清广	外资企业	中型
潍坊五洲浩特电气有限公司	董兴欣	其他有限责任公司	中型
山东英利实业有限公司	于敦民	私营有限责任公司	中型
潍坊市贝特工程机械有限公司	刘忠强	私营有限责任公司	中型
诸城市义昌纺织印染有限公司	赵洪涛	私营有限责任公司	中型
昌邑市荣源印染有限公司	付乃波	私营有限责任公司	中型
山东潍坊华润纺织有限公司	韩延波	港澳台商独资	中型
诸城裕泰针织有限公司	王建陵	港澳台商独资	中型
山东雅士股份有限公司	王洪明	股份有限公司	中型
山起重型机械股份公司	徐新民	股份有限公司	中型
山东吧哒香食品有限公司	吉树娟	私营有限责任公司	中型
昌邑市海美塑品有限责任公司	丛梦海	其他有限责任公司	中型
潍坊市凤林鞋业有限公司	张太源	私营有限责任公司	中型
诸城华日粉末冶金有限公司	佐佐木利彦	中外合资经营	中型
山东三和食品有限公司	李　英	其他有限责任公司	中型

9-5续表13

企业名称	法人代表	注册类型	企业规模
山东红旗机电集团有限公司	李成玉	股份有限公司	中型
山东亿佰通机械股份有限公司	谭曙光	私营有限股份公司	中型
高密鲁源纺织有限公司	孙彦民	私营有限责任公司	中型
潍坊智新电子有限公司	赵庆福	股份有限公司	中型
潍坊华港包装材料有限公司	王世宝	与港澳台商合资经营	中型
临朐双利制衣有限公司	周　勇	中外合资经营	中型
昌邑市元宏纺织有限公司	郭　花	私营有限责任公司	中型
山东邦泰散热器有限公司	夏纪运	私营有限责任公司	中型
山东潍坊福田模具有限责任公司	张国勤	其他有限责任公司	中型
潍坊华宝纺织有限公司	刘爱民	私营有限责任公司	中型
山东华特磁电科技股份有限公司	王兆连	股份有限公司	中型
诸城中康农业开发有限公司	王　彬	私营有限责任公司	中型
诸城富维食品有限公司	王　彬	中外合资经营	中型
潍坊雷克兰劳保用品有限公司	克里斯托福 J. 袁	外资企业	中型
昌邑华达织造有限公司	韩良忠	私营有限责任公司	中型
山东红叶地毯有限公司	付少祜	其他有限责任公司	中型
潍坊中传拉链配件有限公司	林於宝	外资企业	中型
昌邑市光大盐化股份有限公司	刘亦光	私营有限责任公司	中型
潍坊市康华生物技术有限公司	杨致亭	私营有限责任公司	中型
山东高密高锻机械有限公司	毛　琳	其他有限责任公司	中型
高密市美登鞋业有限公司	台子旭	私营有限责任公司	中型
潍坊市自来水有限公司	聂作华	其他有限责任公司	中型
潍坊新环境生活用品有限公司	段进喜	中外合资经营	中型
青州保足鞋业有限公司	夏良庆	与港澳台商合资经营	中型
山东新润食品有限公司	郑召辉	其他有限责任公司	中型
安丘盛源热电有限责任公司	付岗伦	其他有限责任公司	中型
山东昌邑廒里盐化有限公司	李东松	其他有限责任公司	中型
诸城三丰源食品有限公司	刘洪芳	中外合资经营	中型
诸城市国信橡胶有限公司	孙炳信	私营有限责任公司	中型
潍坊锦源安博斯针织服装有限公司	李　琦	与港澳台商合资经营	中型
山东鼎泰盛食品工业装备股份有限公司	姜　伟	股份有限公司	中型

企业名称	法人代表	注册类型	企业规模
昌邑昌荣机械有限公司	滕麟群	私营有限责任公司	中型
山东华瑞丰机械有限公司	刁玉臣	私营有限责任公司	中型
山东耶莉娅服饰有限公司	袁文和	与港澳台商合资经营	中型
临朐县第一棉纺织有限责任公司	傅绍山	其他有限责任公司	中型
潍坊鑫荣制衣有限公司	齐晓政	私营有限责任公司	中型
潍坊港峰纺织有限公司	韩立昌	其他有限责任公司	中型
英轩重工有限公司	李世勇	私营有限责任公司	中型
安丘福华食品有限公司	西嶋義文	外资企业	中型
潍柴动力(潍坊)装备技术服务有限公司	徐　宏	其他有限责任公司	中型
安丘德隆寝装用品有限公司	于　娜	中外合资经营	中型
山东秦池酒厂	胡福东	国有	中型
诸城天一巨服装有限公司	李跃进	私营有限责任公司	中型
高密市富源印染有限公司	傅深环	私营有限责任公司	中型
潍坊市欧信电器有限公司	杨进军	私营有限责任公司	中型
山东真又美制衣有限公司	陈　敏	私营有限责任公司	中型
高密思美尔服饰有限公司	陈宪红	其他有限责任公司	中型
潍坊华美精细技术陶瓷股份有限公司	王明峰	股份有限公司	中型
山东亚泰机械有限公司	刘万彦	私营有限责任公司	中型
艾士堡服饰(潍坊)有限公司	杉山元巳	外资企业	中型
寿光童安木业有限公司	孙开文	与港澳台商合资经营	中型
山东青州云门酒业(集团)有限公司	汲英民	私营有限责任公司	中型
潍坊鑫珂海洋生物卫生材料有限公司	段宏伟	中外合资经营	中型
山东高密润达机油泵有限公司	单既明	其他有限责任公司	中型
山东三丰机械有限公司	王在博	其他有限责任公司	中型
青州银龙纺织有限公司	孟庆禄	私营有限责任公司	中型
诸城颐鑫制衣有限公司	周　波	中外合资经营	中型
诸城市广林纺织有限公司	冯兆国	私营有限责任公司	中型
安丘宏顺针织服装有限公司	邹学顺	私营有限责任公司	中型
安丘市富瑞得食品有限公司	乔瑞霞	私营有限责任公司	中型
高密市水业公司	于德升	国有	中型
潍坊信昌达纺织有限公司	刘法声	其他有限责任公司	中型

9－5 续表 15

企业名称	法人代表	注册类型	企业规模
潍坊瑞麦食品有限公司	廖清圳	外资企业	中型
山东金河纺织集团有限公司	郭广海	私营有限责任公司	中型
潍坊千业色纺有限公司	张建民	私营有限责任公司	中型
康诺精工有限公司	郭晓伟	私营有限责任公司	中型
山东仁木食品有限公司	友政克己	外资企业	中型
山东省昌邑市龙池盐化有限公司	王京海	其他有限责任公司	中型
潍坊安德仕时装有限公司	王玉红	港澳台商独资	中型
潍坊海天棉纺有限公司	宋凤起	其他有限责任公司	中型
昌邑市大富印花有限公司	付述民	私营有限责任公司	中型
诸城市嘉旭织造有限公司	郭玉杰	私营有限责任公司	中型
潍坊丰国电子有限公司	李明起	外资企业	中型
山东诸城密州酒业有限公司	董长安	私营有限责任公司	中型
潍柴动力(青州)传控技术有限公司	董　平	私营有限责任公司	中型
山东寿光广汇化工有限公司	肖秀芝	私营有限责任公司	中型
山东省高密市宇瑞纺织有限公司	刘永坤	私营有限责任公司	中型
山东省昌邑市玉海盐化有限公司	刘　伟	其他有限责任公司	中型
潍坊歌尔精密制造有限公司	蒋洪寨	私营有限责任公司	中型
山东寒亭第一盐场	王怀倩	集体	中型
潍坊鲁元建材有限公司	刘全峰	其他有限责任公司	中型
山东新和成氨基酸有限公司	胡柏剡	私营有限责任公司	中型
青州东方圣沣食品有限公司	韩　伟	私营有限责任公司	中型
歌崧光学精密工业有限公司	蒋洪寨	与港澳台商合资经营	中型
潍坊佩特来电器有限公司	鲁楚平	其他有限责任公司	中型
高密市宏正纺织有限公司	王洪山	私营有限责任公司	中型
大洋泊车股份有限公司	李祥啟	股份有限公司	中型
潍坊滨海石油化工有限公司	孙振民	外资企业	中型
诸城市绿桑工艺品有限公司	庄福华	私营有限责任公司	中型
山东鸿明铝业有限公司	曾　波	私营有限责任公司	中型
山东东宇鸿翔柜橱材料有限公司	陈学山	私营有限责任公司	中型
山东艾泰克环保科技股份有限公司	高培海	私营有限股份公司	中型
山东雷奥新能源有限公司	肖永富	私营有限责任公司	中型

9-6 全市历年工业企业单位数及总产值

(1978-2016年)

单位:万元

年份	全部工业企业单位数(个)	#乡及以上工业(个)	全部工业总产值(现价)	#乡及以上工业	乡及以上工业总产值(90年不变价)	#国有	#集体	#乡镇办	#其他
1978		1643	322159	308267	411994	258888	153106	53112	
1979		1743	362922	333928	449566	282223	167343	62118	
1980		1828	399237	359216	478937	294381	184556	66407	
1981		1809	443601	380142	504232	325958	178274	68144	
1982		1816	498311	423413	547550	357617	189933	63444	
1983		1840	497109	418631	587261	381698	205563	66048	
1984		2198	531553	452140	651082	382743	268339	79639	
1985		2283	679112	616074	766155	436745	329410	113083	
1986	48532	2513	845727	695239	863484	472369	391115	158023	
1987	48580	2754	982550	873880	1029838	531259	498579	212921	
1988	54934	2606	1458604	1060469	1267073	628341	628050	331940	10682
1989	49202	2641	1959918	1346100	1425748	674567	741912	411254	9269
1990	50127	2627	2065015	1520395	1542982	840365	694998	363442	7619
1991	56717	2601	2417500	1763240	1811609	977555	821462	434046	12592
1992	61794	2612	3370192	2303726	2346340	1202200	1105967	646631	38173
1993	78753	2761	4994441	3617208	3482818	1230853	1848647	1057672	403818
1994	92179	2414	7843651	5379182	4472397	1174125	2400281	2038423	897991
1995	47460	2799	9714048	5230527	4418306	1486552	2013044	1747008	918710
1996	68110	2356	12009260	6341940	5211349	1658064	2449895	2227695	1103390
1997	63063	2190	12530709	6497130	5552938	1854703	2584963	2468086	1113272
1998	53670	1107	12738114	5765801	5052917	1590973	1598181	1275449	1863763
1999	44417	1151	10662824	6146984	5338564	1387427	1507159	1398795	2443978
2000	43311	1157	11851797	6875342	6084119	857763	1251403	1867911	3974953
2001	43045	1310	12843501	7423562	6571881	819965	917093	1128593	4834823
2002	42643	1435	13988518	9088518	8193077	938607	940212	662232	6314258
2003	45504	1970	17467041	12437041	10270855	1109407	688128	295187	8473320
2004	47449	3406	23820108	18969308	–	–	–	–	–
2005	50988	3833	32049083	27241383	–	–	–	–	–
2006	–	4119	–	34046982	–	–	–	–	–
2007	–	4310	–	43322291	–	–	–	–	–
2008	–	4835	–	53181258	–	–	–	–	–
2009	–	5231	–	60792058	–	–	–	–	–
2010	–	5089	–	75292226	–	–	–	–	–
2011	–	4130	–	91306989	–	–	–	–	–
2012	–	4160	–	104282522	–	–	–	–	–
2013	–	4281	–	116098022	–	–	–	–	–
2014	–	4000	–	125170424	–	–	–	–	–
2015	–	4050	–	127575940	–	–	–	–	–
2016	–	3812	–	133928579	–	–	–	–	–

注:1. 2004年、2008年数据为经济普查数据。

2. 1998年以前,规模以上工业口径为乡及以上工业企业,2011年开始,规模以上工业统计口径从年主营业收入500万元及以上调整为2000万元及以上工业企业。

9－7　全市历年工业主要经济指标

（1978－2016年）

年　份	全部工业增加值(亿元)		乡及乡以上独立核算工业(万元)							
	按现行价格计算	按90年不变价计算	企业单位数(个)	工业增加值(现价)	主营业务收入	利税总额	利润总额	亏损企业亏损额	固定资产原价	工业总产值(现价)
1978	9.78	13.18	1562		232007		19428	4484	122367	293212
1979	10.36	13.93	1509		232475		21634	3714	144661	305904
1980	11.55	15.55	1771		278292		26518	1925	162760	327966
1981	11.84	14.45	1799		310018		25353	2120	187063	360390
1982	11.89	13.16	1875		353819		25074	2146	205113	395656
1983	12.50	14.57	1659		347659		27776	1543	215706	395636
1984	12.94	16.58	1788		405689		29011	1477	236569	438798
1985	17.44	22.98	1836		496039		37763	1756	269422	543154
1986	21.85	28.30	2013		569359		36351	2914	328266	593564
1987	27.02	35.88	2171		656703	95064	45240	3268	415321	758926
1988	39.32	42.75	2258		913925	122412	62485	3186	528833	1017556
1989	50.83	50.54	2229		1111056	132448	61690	5417	689600	1300493
1990	55.80	54.80	2194		1132138	117952	42162	12058	838222	1448332
1991	65.16	61.42	2200		1453646	144048	54289	10165	947622	1694378
1992	77.50	78.93	2217		1804147	171007	68587	11416	1116529	2191493
1993	103.9	100.08	2260	754000	2684452	232544	93033	29740	1449858	3282896
1994	133.02	113.29	2135	938500	3532929	368542	156330	17702	1937823	5065897
1995	166.00	128.53	2360	1143400	4547640	420577	168600	39331	2824848	5052015
1996	198.00	148.12	2109	1380700	5174445	530468	218761	33875	3011371	6168281
1997	224.00	164.28	2018	1542400	5393512	522199	218742	50930	3354457	6400108
1998	239.00	182.59	1107	1484899	5435413	494200	194537	42936	3830642	5765801
1999	259.30	206.33	1151	1582848	5760829	504510	198658	48387	4124875	6146984
2000	295.63	234.39	1157	1814325	6621667	623056	278281	35048	4256014	6875342
2001	329.80	267.91	1310	1997960	7217823	689079	316733	28558	4441516	7423562
2002	379.25	310.78	1435	2449278	8590545	824108	400635	25300	5000342	9088518
2003	470.00	375.11	1970	3382101	12239598	1190162	649657	25688	6300204	12437041
2004	—	—	3406	5043841	18430568	1714239	1008660	35617	8130358	18969308
2005	—	—	3833	7140539	27368968	2403911	1441065	21377	10584372	27241383
2006	—	—	4119	8819509	33913986	2752245	1730238	18782	12327013	34046982
2007			4310	11990278	42713500	3810534	2362484	41558	14991236	43322291
2008			4835	13434551	51534462	4367723	2769530	104115	19154758	53181258
2009			5231	14989847	60701488	5467623	3483055	85290	23516190	60792058
2010			5089	19582713	74867201	7850185	5284331	89882	30335063	75292226
2011			4130	21803296	91457383	7806489	5403928	155821	40700098	91306989
2012			4160		105420515	8326529	5716838	276073	50327199	104282522
2013			4281		114880143	9534105	6471222	246980	56737694	116098022
2014			4000		124530453	10704682	6934428	190224	69630542	125170424
2015			4050		125259554	10500000	6970492	184424	71869144	127575940
2016			3812		134947340	11295089	7482840	168231	72780754	133928579

注:1、2004年数据为经济普查数据。

2、1998年以前,规模以上工业口径为乡及以上工业企业,2011年开始,规模以上工业统计口径从年主营业收入500万元及以上调整为2000万元及以上工业企业。

9-8 主要产品产量

(2015-2016年)

指标名称	计量单位	2016年	2015年
铁矿石原矿	万吨	42.09	127.41
原盐	万吨	867.90	922.32
小麦粉	万吨	109.61	117.42
饲料	万吨	697.20	699.77
其中:配合饲料	万吨	590.26	546.06
混合饲料	万吨	62.56	64.52
精制食用植物油	万吨	28.44	26.75
鲜、冷藏肉	万吨	235.33	216.37
糖果	万吨	0.64	0.60
速冻米面食品	万吨	1.24	1.18
乳制品	万吨	41.07	36.06
其中:液体乳	万吨	41.07	36.06
罐头	万吨	6.92	12.93
酱油	万吨	3.04	2.56
食品添加剂	万吨	113.27	83.99
发酵酒精(折96度,商品量)	万千升	21.21	17.60
饮料酒	万千升	42.16	41.39
其中:白酒(折65度,商品量)	万千升	6.98	7.21
啤酒	万千升	32.83	31.69
葡萄酒	万千升	2.06	2.19
软饮料	万吨	63.85	54.82
其中:碳酸饮料类(汽水)	万吨	1.02	0.99
包装饮用水类	万吨	61.94	53.41
果汁和蔬菜汁饮料类	万吨	0.86	0.39
纱	万吨	72.66	84.99
1、棉纱	万吨	52.56	75.92
2、棉混纺纱	万吨	14.77	4.39
3、化学纤维纱	万吨	5.33	4.68
布	亿米	43.94	42.91
其中:色织布(含牛仔布)	亿米	0.14	0.17

指　标　名　称	计量单位	2016 年	2015 年
其中:1. 棉布	亿米	40.42	38.75
2. 棉混纺布	亿米	2.19	2.33
3. 化学纤维布	亿米	1.33	1.82
印染布	亿米	11.04	10.87
毛机织物(呢绒)	万米	278.14	275.57
蚕丝	吨	490.00	524.40
蚕丝及交织机织物(含蚕丝≥50%)	万米	551.97	608.50
无纺布(无纺织物)	万吨	26.45	17.46
帘子布	万吨	2.27	1.58
服装	万件	28836.79	32079.62
2、梭织服装	万件	7357.29	10438.89
其中:羽绒服	万件	219.50	194.50
西服套装	万件	1018.00	1004.70
衬衫	万件	27.50	27.60
1、针织服装	万件	21479.50	21640.73
皮革鞋靴	万双	3812.16	4754.50
人造板	万立方米	246.99	218.99
其中:胶合板	万立方米	240.23	211.01
纤维板	万立方米	2.06	3.50
刨花板	万立方米	4.70	4.44
人造板表面装饰板	万平方米	441.90	364.35
家具	万件	531.54	564.14
其中:木质家具	万件	462.51	491.30
软体家具	万件	31.22	32.11
纸浆(原生浆及废纸浆)	万吨	106.55	147.87
机制纸及纸板(外购原纸加工除外)	万吨	458.12	479.85
其中:未涂布印刷书写用纸	万吨	56.22	61.63
其中:新闻纸	万吨	30.45	31.71
涂布类印刷用纸	万吨	1.74	5.10
箱纸板	万吨	3.81	3.99

9－8 续表 2

指　标　名　称	计量单位	2016 年	2015 年
纸制品	万吨	48.31	47.49
其中：瓦楞纸箱	万吨	25.09	24.53
单色印刷品	万令	8.54	8.56
多色印刷品	万对开色令	4887.04	4208.09
硫酸（折 100%）	万吨	62.76	74.05
盐酸（氯化氢，含量 31%）	万吨	20.47	22.25
烧碱（折 100%）	万吨	165.01	140.68
其中：离子膜法烧碱（折 100%）	万吨	136.27	119.68
纯碱（碳酸钠）	万吨	350.45	377.72
纯苯	万吨	15.96	16.43
精甲醇	万吨	54.94	48.82
冰乙酸（冰醋酸）	万吨	5.59	5.71
合成氨（无水氨）	万吨	133.68	131.64
农用氮、磷、钾化学肥料总计（折纯）	万吨	73.90	83.03
1、氮肥（折含 N100%）	万吨	73.90	83.03
其中：尿素（折含 N100%）	万吨	73.68	82.80
涂料	万吨	35.48	33.29
初级形态的塑料	万吨	85.72	69.07
聚丙烯树脂	万吨	42.49	35.43
聚氯乙烯树脂	万吨	12.00	10.70
合成橡胶	万吨	0.93	0.84
化学试剂	万吨	41.15	24.36
合成洗涤剂	万吨	13.64	13.30
其中：合成洗衣粉	万吨	13.64	13.30
化学药品原药	万吨	25.94	24.53
中成药	万吨	0.03	0.03
化学纤维用浆粕	万吨	21.48	27.54
化学纤维	万吨	11.96	26.12
其中：人造纤维（纤维素纤维）	万吨	8.30	22.71
其中：粘胶短纤维	万吨	8.30	22.50

指　标　名　称	计量单位	2016 年	2015 年
合成纤维	万吨	3.66	3.41
涤纶纤维	万吨	3.66	3.41
橡胶轮胎外胎	万条	4440.23	4256.79
其中:子午线轮胎外胎	万条	3112.33	2784.97
其中:摩托车充气橡胶轮胎外胎	万条	1142.57	1025.21
塑料制品	万吨	54.28	57.82
其中:塑料薄膜	万吨	20.61	19.74
其中:农用薄膜	万吨	13.00	12.19
日用塑料制品	万吨	8.44	9.32
硅酸盐水泥熟料	万吨	638.34	693.47
其中:窑外分解窑水泥熟料	万吨	595.69	628.44
水泥	万吨	780.23	769.74
其中:强度等级 42.5 水泥(含 R 型)	万吨	243.08	165.66
商品混凝土	万立方米	385.37	344.56
水泥混凝土排水管	千米	80.95	76.50
水泥混凝土电杆	万根	8.27	10.99
石膏板	万平方米	2758.00	2201.00
砖	亿块	10.55	12.42
瓦	亿片	3.63	3.09
天然大理石建筑板材	万平方米	50.50	48.78
沥青和改性沥青防水卷材	万平方米	26010.50	21334.87
钢化玻璃	万平方米	106.86	100.17
中空玻璃	万平方米	12.23	25.91
石墨及炭素制品	万吨	1.24	1.10
生铁	万吨	735.69	745.15
粗钢	万吨	724.65	727.77
铸铁件	万吨	48.88	48.76
铸钢件	万吨	11.09	12.25
钢材	万吨	686.30	673.43
3. 中小型型钢	万吨	226.81	210.62

指　标　名　称	计量单位	2016 年	2015 年
4. 棒材	万吨	273.54	270.75
6. 线材(盘条)	万吨	115.31	118.26
20. 无缝钢管	万吨	38.86	40.95
21. 焊接钢管	万吨	17.70	18.08
22. 其它钢材	万吨	14.09	14.77
铝材	万吨	68.56	61.42
钢丝	万吨	1.63	1.46
锻件	万吨	156.46	154.29
粉末冶金零件	万吨	0.10	0.10
发动机	万千瓦	8089.81	5317.60
其中:汽车用发动机	万千瓦	5735.18	3323.13
金属成形机床	万台	0.03	0.02
起重机	万吨	6.63	6.78
泵	万台	11.33	10.57
气体压缩机	万台	0.01	0.01
阀门	万吨	9.14	9.53
液压元件	万件	172.22	180.89
齿轮	万吨	8.71	8.79
工业电炉	台	49.00	47.00
风机	万台	24.56	23.54
包装专用设备	台	1214.00	1023.00
石油钻井设备	台套	1771.00	1557.00
挖掘、铲土运输机械	台	32338.00	52477.00
其中:挖掘机	台	2006.00	1995.00
装载机	台	29982.00	50234.00
混凝土机械	台	1399.00	2894.00
塑料加工专用设备	台	0.45	3900.00
模具	万套	1.76	1.61
印刷专用设备	吨	100.00	170.00
大型拖拉机	台	15634.00	19986.00

指 标 名 称	计量单位	2016 年	2015 年
中型拖拉机	台	47187.00	56414.00
小型拖拉机	万台	3.57	5.14
收获机械	台	24302.00	46578.00
其中:谷物收获机械	台	20755.00	25323.00
玉米收获机械	台	3547.00	21255.00
环境污染防治专用设备	台(套)	829.00	792.00
其中:大气污染防治设备	台	435.00	328.00
水质污染防治设备	台(套)	394.00	464.00
汽车	万辆	35.52	33.62
载货汽车	万辆	29.91	33.62
改装汽车	万辆	9.16	3.84
低速载货汽车	万辆	2.78	2.85
其中:三轮载货汽车	万辆	2.78	2.85
摩托车整车	万辆	10.22	10.03
电动自行车	万辆	408.55	397.90
交流电动机	万千瓦	304.04	297.88
变压器	万千伏安	283.57	233.17
高压开关板	面	90955.00	104318.00
低压开关板	万面	1.55	1.74
高压开关设备(11 万伏以上)	万台	0.02	0.02
电力电缆	万千米	2.16	2.60
绝缘制品	吨	16790.13	18719.47
锂离子电池	万只(自然只)	126.70	131.90
铅酸蓄电池	万千伏安时	4.15	5.03
灯具及照明装置	万套(台、个)	3.59	12.03
光电子器件	亿只(片、套)	214.18	347.85
其中:发光二极管(LED)	亿只	0.01	0.01
电子元件	亿只	40.20	30.33
工业自动调节仪表与控制系统	万台(套)	0.03	0.03
电工仪器仪表	万台	0.89	0.81
自来水生产量	亿立方米	1.99	1.86

9-9 各县市区规模以下工业单位个数

（2016年）

单位:个

地区	企业个数	工业个体户	工业企业
总计	**61397**	**45217**	**16180**
市区小计	12598	8466	4132
潍城区	3842	2726	1116
寒亭区	3458	2357	1101
坊子区	4008	2918	1090
奎文区	1290	465	825
青州市	6149	3653	2496
诸城市	7324	5013	2311
寿光市	7427	6367	1060
安丘市	5982	4924	1058
高密市	7603	6412	1191
昌邑市	4782	3144	1638
临朐县	5789	4636	1153
昌乐县	3743	2602	1141

9-10 各县市区规模以下工业总产值

（2016年）

单位:万元

地区	工业总产值（当年价格）	工业个体户		工业企业	
		总值	均值	总值	均值
总计	**8136600**	**3548400**	**78.48**	**4588200**	**283.57**
市区小计	1764600	631000	74.53	1133600	274.35
潍城区	546400	227200	78.50	319200	274.22
寒亭区	403900	152300	60.92	251600	223.41
坊子区	531400	215800	77.34	315600	310.00
奎文区	282900	35700	74.61	247200	282.03
青州市	929300	326700	88.09	602600	235.02
诸城市	895700	397900	75.37	497800	220.13
寿光市	847100	477900	70.13	369200	323.47
安丘市	652200	359100	61.78	293100	274.05
高密市	929900	576200	84.66	353700	276.72
昌邑市	967350	321850	95.46	645500	358.05
临朐县	599050	258050	53.40	341000	297.01
昌乐县	551400	199700	69.98	351700	287.40

9－11　各县市区规模以下工业从业人数

（2016年）

单位：人

地　区	从业人数	工业个体户	工业企业
总　　计	**536245**	**232468**	**303777**
市区小计	103464	37555	65909
潍城区	27699	10259	17440
寒亭区	32290	12331	19959
坊子区	31000	11380	19620
奎文区	12475	3585	8890
青州市	57035	25322	31713
诸城市	73404	25651	47753
寿光市	47599	29577	18022
安丘市	76441	26321	50120
高密市	61546	35412	26134
昌邑市	48940	18778	30162
临朐县	46531	20694	25837
昌乐县	21285	13158	8127

主要统计指标解释

工业 指从事自然资源的开采，对采掘品和农产品进行加工和再加工的物质生产部门。具体包括：(1)对自然资源的开采，如采矿、晒盐等（但不包括禽兽捕猎和水产捕捞）；(2)对农副产品的加工、再加工，如粮油加工、食品加工、缫丝、纺织、制革等；(3)对采掘品的加工、再加工，如炼铁、炼钢、化工生产、石油加工、机器制造、木材加工等，以及电力、自来水、煤气的生产和供应等；(4)对工业品的修理、翻新，如机器设备的修理、交通运输工具（如汽车）的修理等。

工业统计调查单位为独立核算法人工业企业。

独立核算法人工业企业指从事工业生产经营活动的单位。独立核算法人工业企业应同时具备以下条件：①依法成立，有自己的名称、组织机构和场所，能够承担民事责任；②独立拥有和使用资产，承担负债，有权与其他单位签订合同；③独立核算盈亏，并能够编制资产负债表。

本年鉴中涉及的企业登记注册类型：

国有企业 国有企业（即原全民所有制工业或国营工业）指企业全部资产归国家所有，并按《中华人民共和国企业法人登记管理条例》规定登记注册的非公司制的经济组织。包括国有企业、国有独资公司和国有联营企业。1957 年以前的公私合营和私营工业，后均改造为国营工业，1992 年改为国有工业，这部分工业的资料不单独分列时，均包括在国有企业内。

国有控股企业 是对混合所有制经济的企业进行的“国有控股”分类。它是指这些企业的全部资产中国有资产（股份）相对其他所有者中的任何一个所有者占资（股）最多的企业。该分组反映了国有经济控股情况。

集体企业 指企业资产归集体所有，并按《中华人民共和国企业法人登记管理条例》规定登记注册的经济组织。是社会主义公有制经济的组成部分。包括城乡所有使用集体投资举办的企业，以及部分个人通过集资自愿放弃所有权并依法经工商行政管理机关认定为集体所有制的企业。

股份合作企业 指以合作制为基础，由企业职工共同出资入股，吸收一定比例的社会资产投资组建，实行自主经营，自负盈亏，共同劳动，民主管理，按劳分配与按股分红相结合的一种集体经济组织。

联营企业 指两个及两个以上相同或不同所有制性质的企业法人或事业单位法人，按自愿、平等、互利的原则，共同投资组成的经济组织。联营企业包括：

国有联营企业指国有企业与国有企业间的联营；

集体联营企业指集体企业与集体企业间的联营；

国有与集体联营企业指国有企业与集体企业间的联营。

有限责任公司 指根据《中华人民共和国公司登记管理条例》规定登记注册，由两个以上，五十个以下的股东共同出资，每个股东以其所认缴的出资额对公司承担有限责任，公司以其全部资产对其债务承担责任的经济组织。

有限责任公司包括国有独资公司以及其他有限责任公司。**股份有限公司** 指根据《中华人民共和国企业法人登记管理条例》规定登记注册，其全部注册资本由等额股份构成并通过发行股票筹集资本，股东以其认购的股份对公司承担有限责任，公司以其全部资产对其债务承担责任的经济组织。

私营企业 指由自然人投资设立或由自然人控股，以雇佣劳动为基础的营利性经济组织。包括按照《公司法》、《合伙企业法》、《私营企业暂行条例》规定登记注册的私营有限责任公司、私营股份有限公司、私营合伙企业和私营独资企业。

港、澳、台商投资企业 指企业注册登记类型中的港、澳、台资合资、合作、独资经营企业和股份有限公司之和。

外商投资企业 指企业注册登记类型中的中外合资、合作经营企业、外资企业和外商投资股份有限公司之和。

"三资"企业系指港、澳、台商投资企业和外资企业的简称。

轻工业 指主要提供生活消费品和制作手工工具的工业。按其所使用的原料不同,可分为两大类:(1)以农产品为原料的轻工业,是指直接或间接以农产品为基本原料的轻工业。

主要包括食品制造、饮料制造、烟草加工、纺织、缝纫、皮革和毛皮制作、造纸以及印刷等工业;(2)以非农产品为原料的轻工业,是指以工业品为原料的轻工业。主要包括文教体育用品、化学药品制造、合成纤维制造、日用化学制品、日用玻璃制品、日用金属制品、手工工具制造、医疗器械制造、文化和办公用机械制造等工业。

重工业 指为国民经济各部门提供物质技术基础的主要生产资料的工业。按其生产性质和产品用途,可以分为下列三类:(1)采掘(伐)工业,是指对自然资源的开采,包括石油开采、煤炭开采、金属矿开采、非金属矿开采等工业;(2)原材料工业,指向国民经济各部门提供基本材料、动力和燃料的工业。包括金属冶炼及加工、炼焦及焦炭、化学、化工原料、水泥、人造板以及电力、石油和煤炭加工等工业;(3)加工工业,是指对工业原材料进行再加工制造的工业。包括装备国民经济各部门的机械设备制造工业、金属结构、水泥制品等工业,以及为农业提供的生产资料如化肥、农药等工业。

根据上述划分原则,修理业中以重工业产品为修理作业对象的划为重工业,反之划为轻工业。

工业总产值

(1)定义:

工业总产值是以货币形式表现的,工业企业在一定时期内生产的工业最终产品或提供工业性劳务活动的总价值量。它反映一定时间内工业生产的总规模和总水平。

(2)计算原则:

工业生产的原则,即凡是企业在报告期生产的经检验合格的产品,不管是否在报告期销售,均包括在内。

最终产品的原则,即凡是计入工业总产值的产品,必须是本企业生产的经检验合格的,不需要再进行任何加工的最终产品。如果企业有中间产品(半成品)对外销售,则对外销售的中间产品应视为企业的最终产品。

工厂法原则,即工业总产值是以工业企业作为基本计算(核算)单位,即按企业的最终产品计算工业总产值。按这种方法计算的工业总产值,不允许同一产品价值在企业内部重复计算,不能把企业内部各个车间(分厂)生产的成果相加,但允许企业间的重复计算。

(3)内容及计算方法:

1995年全国工业普查对工业总产值(原规定)的内容及计算原则和方法做了某些修订,修订后的工业总产值(新规定)包括三项内容:即本期生产成品价值、对外加工费收入、在制品半成品期末期初差额价值三部分。

本期生产成品价值:指企业本期生产,并在报告期内不再进行加工,经检验、包装入库的全部工业成品(半成品)价值合计,包括企业生产的自制设备及提供给本企业在建工程、其他非工业部门和福利部门等单位使用的成品价值。本期生产成品价值为按自备原材料生产的产品的数量乘以本期不含增值税(销项税额)的产品实际销售平均单价计算;会计核算中按成本价格转帐的自制设备和自产自用的成品,按成本价格计算生产成品价值。生产成品价值中不包括用定货者来料加工的成品(半成品)价值。

对外加工费收入:指企业在报告期内完成的对外承接的工业品加工(包括用定货者来料加工产品)的加工费收入和对外工业修理作业所取得的加工费收入。对外加工费收入按不含增值税(销项税额)的价格计算,可根据会计"产品销售收入"科目的有关资料取得。

对于本企业对内非工业部门提供的加工修理、设备安装的劳务收入,如果企业会计核算基础较好,能取得这部分资料,而且这部分价值所占比重较大,应包括在对外加工费收入中。自制半成品在制品期末期初差额价值:指企业报告期在制品期末减期初的差额价值,本指标一般可以从会计核算资料中取得。如果会计产品成本核算中不计算半成品、在制品的成本,则总产值中也不包括这部分价值，反之则包括。

（4）工业总产值统计范围变化和计算方法修订情况：

1984年以前工业总产值不包括村办工业，村办工业总产值划归农业。1984年以后工业总产值包括村办工业。

1995年工业普查对工业总产值计算方法做了修订，即从1995年始按新修订（新规定）方法计算工业总产值。新规定与原规定的区别如下：

全价与加工费的计算原则不同：新规定为凡自备原材料，不论其生产繁简程度如何，一律按全价计算工业总产值；凡来料加工，允许按加工费计算工业总产值。原规定则视生产加工的繁简程度不同，规定哪些行业按全价，哪些行业按加工费计算工业总产值。

自制半成品、在产品期末期初差额价值的计算原则不同：新规定要求，凡会计产品成本核算时计算了成本的差额价值，总产值中就应包括，否则可不包括；原规定则按生产周期六个月的界限区分，凡生产周期六个月以上的企业，总产值计算中应包括这部分差额价值，否则可不包括。

计算价格不同：新规定按不含增值税（销项税额）的价格计算；原规定则按含增值税（销项税额）的价格计算。

流动资产　指企业可以在一年内或者超过一年的一个生产周期内变现或者耗用的资产，包括现金及各种存款、短期投资，应收及预付款项、存货等。

流动资产平均余额　指企业在报告期内全部流动资产的平均余额。

固定资产原价　指企业在建造、购置、安装、改建、扩建、技术改造某项固定资产时所支出的全部货币总额。它一般包括买价、包装费、运杂费和安装费等。

负债合计　指企业所承担的能以货币计量，将以资产或劳务偿付的债务，偿还形式包括货币、资产或提供劳务。负债一般按偿还期长短分为流动负债和长期负债。根据会计“资产负债表”中“负债合计”的年末数填列。

所有者权益　指企业投资人对企业净资产的所有权。企业净资产等于企业全部资产减去全部负债后的余额，包括企业投资人对企业的最初投入的实际到位的资产及资本公积金、盈余公积金和未分配利润。所有者权益合计数小于零，表示企业资不抵债。

主营业务收入　指会计“利润表”中对应指标的本年累计数。未执行2001年《企业会计制度》的企业，用“产品销售收入”的本期累计数代替。主营业务成本　指会计“利润表”中对应指标的本年累计数。未执行2001年《企业会计制度》的企业，用“产品销售成本”的本期累计数代替。主营业务税金及附加 指会计“利润表”中对应指标的本年累计数。未执行2001年《企业会计制度》的企业，用“产品销售税金及附加”的本期累计数代替。

利润总额　指企业生产经营活动的最终成果，是企业在一定时期内实现的盈亏相抵后的利润总额（亏损以“－”号表示），它等于营业利润加上补贴收入加上投资收益加上营业外净收入再加上以前年度损益调整。

本年应交增值税　指企业在报告期内应交纳的增值税额。它等于本年销项税额加上出口退税加上进项税额转出数减去本年进项税额。小规模纳税企业直接按全年计税销售额乘以征收率计算取得。

全部从业人员年平均人数　是指报告期内每天拥有的从业人员人数。其计算公式为：

$$月平均人数 = \frac{报告月内每天实有人数之和}{报告月日历日数}$$

$$年平均人数 = \frac{年内各月平均人数之和}{12}$$

⑩

能　源

TEN

ENERGY

简　要　说　明

本篇资料主要反映了全市能源，主要包括地区主要能源消费品种平衡表、规模以上工业企业能源购进消费库存及各类水资源消费状况等内容。

本篇来源于能源消费与库存年报及水消费年报，由潍坊市统计局工业能源科整理提供。

10－1 工业企业能源购进、消费与库存情况

（2016 年）

指标名称	计量单位	年初库存量	购进量	消费量合计	#工业生产消费	年末库存量
原煤	吨	1510101	20020438	19712021	19684175	1774202
无烟煤	吨	5988	167935	165751	164575	7964
炼焦烟煤	吨	19	1498	1506	1465	11
一般烟煤	吨	1503800	19845858	19539756	19513126	1765863
褐煤	吨	294	5148	5009	5009	364
洗精煤(用于炼焦)	吨	112021	3873184	3833615	3831994	151489
其它洗煤	吨					
煤制品	吨		1155	1135	995	20
焦炭	吨	126545	2198837	2884047	2884047	172941
其它焦化产品	吨	7958	141912	138029	138029	11841
焦炉煤气	万立方米		59452	90275	90259	
高炉煤气	万立方米		5738	435426	435426	
转炉煤气	万立方米			27978	27978	
发生炉煤气	万立方米		4803	4803	4803	
天然气	万立方米		34481	34480	34215	
液化天然气	吨	25	1774	1757	1744	8
煤层气	万立方米					
原油	吨	349902	17722195	17682003	17681999	388503
汽油	吨	309	72377	72432	52097	239
煤油	吨	14	193	204	141	1
柴油	吨	2703	97827	98358	80017	1647
燃料油	吨	9205	1051	1056	1056	9200
液化石油气	吨	1055	82077	83129	83128	3
炼厂干气	吨			28296	28296	
石脑油	吨	20	1047	1048	1048	19
润滑油	吨	2	374	374	374	2
石蜡	吨	12	520	519	519	13
溶剂油	吨					
石油焦	吨		51298	51298	51298	
石油沥青	吨					
其它石油制品	吨	2294	28401	27762	27762	2933
热力	百万千焦		50964770	93061525	92320077	
电力	万千瓦时		2742331	3532629	3503255	
煤矸石(用于燃料)	吨	1	157820	157820	157820	
城市生活垃圾(用于燃料)	吨	12192	323207	243884	243884	16287
生物燃料	吨标准煤		119047	277963	277651	18
余热余压	百万千焦		390467	9024968	9024968	
工业废料(用于燃料)	吨			890024	890024	
其他燃料	吨标准煤	602	293808	300063	300046	19
能源合计	吨标准煤			56891694	56748009	

10-2 能源加工转换与回收利用

(2016年)

能源名称	计量单位	工业生产消费量	加工转换投入合计	火力发电	供热
原煤	吨	17416264	14757455	9139373	5618082
无烟煤	吨	125994			
炼焦烟煤	吨				
一般烟煤	吨	17290270	14757455	9139373	5618082
褐煤	吨				
洗精煤(用于炼焦)	吨	3831994	3831994		
其它洗煤	吨				
煤制品	吨				
焦炭	吨	2246148			
其它焦化产品	吨	138029			
焦炉煤气	万立方米	30823	4669		4669
高炉煤气	万立方米	429688	175908	175908	
转炉煤气	万立方米	27978			
发生炉煤气	万立方米				
天然气	万立方米	4615			
液化天然气	吨	295			
煤层气	万立方米				
原油	吨	17681201	17680853		
汽油	吨	389			
煤油	吨				
柴油	吨	19350	1448	919	530
燃料油	吨	361	32	10	22
液化石油气	吨	80022	80022		
炼厂干气	吨	28296	28296	4854	23442
石脑油	吨				
润滑油	吨	274			
石蜡	吨				
溶剂油	吨				
石油焦	吨				
石油沥青	吨				
其它石油制品	吨	7166	7150		
热力	百万千焦	47069856			
电力	万千瓦时	1446032			
煤矸石(用于燃料)	吨	157809	157809	63045	94764
城市生活垃圾(用于燃料)	吨	243884	243884	243884	
生物燃料	吨标准煤	269145	269145	158634	110511
余热余压	百万千焦	9024968	8834959	8834959	
工业废料(用于燃料)	吨	890024	890024	544948	345075
其他燃料	吨标准煤	285661	155930	55728	100201
能源合计	吨标准煤	49448217	41024951	7705920	4464178

10－2 续表 1

能源名称	计量单位	工业生产消费量		能源加工转换产出	回收利用
		加工转换投入合计			
		炼焦	炼油及煤制油		
原煤	吨				
无烟煤	吨				
炼焦烟煤	吨				
一般烟煤	吨				
褐煤	吨				
洗精煤(用于炼焦)	吨	3831994			
其它洗煤	吨				
煤制品	吨				
焦炭	吨			2714700	
其它焦化产品	吨			163759	
焦炉煤气	万立方米			49491	
高炉煤气	万立方米				429688
转炉煤气	万立方米				27978
发生炉煤气	万立方米				
天然气	万立方米				
液化天然气	吨				
煤层气	万立方米				
原油	吨		17680853		
汽油	吨			4192993	
煤油	吨				
柴油	吨			5139172	
燃料油	吨			18471	
液化石油气	吨		80022	1078491	
炼厂干气	吨			28296	
石脑油	吨				
润滑油	吨				
石蜡	吨				
溶剂油	吨				
石油焦	吨				
石油沥青	吨			2140978	
其它石油制品	吨		7150	3736152	
热力	百万千焦			111771706	
电力	万千瓦时			2552216	
煤矸石(用于燃料)	吨				
城市生活垃圾(用于燃料)	吨				
生物燃料	吨标准煤				
余热余压	百万千焦				10365629
工业废料(用于燃料)	吨				
其他燃料	吨标准煤				
能源合计	吨标准煤	3448795	25406058	33500894	922581

10-3 产 值 能 耗 分 组 表

（2016 年）

指 标 名 称	综合能源消费量（吨标准煤）	现价工业总产值（万元）	产 值 单 耗（吨标准煤/万元）
全部工业企业	**22324534**	**133217623**	**0.17**
一、按工业行业门类分			
（一）轻工业	4914179	48584369	0.10
（二）重工业	17410355	84633254	0.21
（三）采矿业	41009	871150	0.05
06. 煤炭开采和洗选业	11242	95533	0.12
07. 石油和天然气开采业			
08. 黑色金属矿采选业	3403	29925	0.11
09. 有色金属矿采选业	2455	38672	0.06
10. 非金属矿采选业	23910	707020	0.03
11. 开采辅助活动			
12. 其他采矿业			
（四）制造业	19118614	129175864	0.15
13. 农副食品加工业	514582	12643217	0.04
14. 食品制造业	712594	3522195	0.20
15. 酒、饮料和精制茶制造业	47843	837395	0.06
16. 烟草制品业	1957	115794	0.02
17. 纺织业	781384	11761039	0.07
18. 纺织服装、服饰业	92786	2825478	0.03
19. 皮革、毛皮、羽毛及其制品和制鞋业	14301	738959	0.02
20. 木材加工和木、竹、藤、棕、草制品业	9065	693112	0.01
21. 家具制造业	34253	1248107	0.03
22. 造纸和纸制品业	1910785	3510148	0.54
23. 印刷和记录媒介复制业	22533	708708	0.03
24. 文教、工美、体育和娱乐用品制造业	16547	2261757	0.01
25. 石油加工、炼焦和核燃料加工业	2685152	8011315	0.34
26. 化学原料和化学制品制造业	5487122	20412089	0.27
27. 医药制造业	324565	3460235	0.09
28. 化学纤维制造业	250678	715568	0.35
29. 橡胶和塑料制品业	412013	5615527	0.07
30. 非金属矿物制品业	897242	3967549	0.23
31. 黑色金属冶炼和压延加工业	3408993	5024770	0.68
32. 有色金属冶炼和压延加工业	203851	2381593	0.09
33. 金属制品业	162668	4134105	0.04
34. 通用设备制造业	504828	10918041	0.05
35. 专用设备制造业	248074	8591963	0.03
36. 汽车制造业	209730	6284493	0.03
37. 铁路、船舶、航空航天和其他运输设备制造业	13228	1121411	0.01
38. 电气机械和器材制造业	66871	3018775	0.02
39. 计算机、通信和其他电子设备制造业	55136	3923077	0.01
40. 仪器仪表制造业	26874	682670	0.04
41. 其他制造业	2189	44136	0.05
42. 废弃资源综合利用业	770	2639	0.29
43. 金属制品、机械和设备修理业			
（五）电力、热力、燃气及水生产和供应业	3164911	3170608	1.00
44. 电力、热力生产和供应业	3127252	2850486	1.10

10－4 分县市区万元产值能耗表

（2016 年）

地　　区	综合能源消费量（吨标准煤）	现价工业总产值（万元）	单位产值能耗（吨标准煤/万元）
总　计	**22324534**	**133217623**	**0.17**
潍城区	261462	3089702	0.08
寒亭区	306059	3109231	0.10
坊子区	210686	2957546	0.07
奎文区	51263	280437	0.18
临朐县	832945	4341826	0.19
昌乐县	1524254	10046648	0.15
青州市	1620156	15186346	0.11
诸城市	1913453	23127609	0.08
寿光市	5902895	18847495	0.31
安丘市	737057	5140930	0.14
高密市	944048	18655268	0.05
昌邑市	2174517	9715239	0.22
高新开发区	3685309	7906751	0.47
滨海开发区	2039156	8895801	0.23
经济开发区	108551	1086110	0.10
峡山生态区	8507	149302	0.06
综合保税区	4217	681382	0.01

10－5 各县市区万元 GDP 能耗

（2016 年）

地　　区	2012 年比 2011 年上升或下降（±%）	2013 年比 2012 年上升或下降（±%）	2014 年比 2013 年上升或下降（±%）	2015 年比 2014 年上升或下降（±%）	2016 年比 2015 年上升或下降（±%）
总　计	**-4.75**	**-4.89**	**-5.13**	**-7.72**	**-7.22**
潍城区	-4.72	-4.55	-4.85	-7.18	-6.59
寒亭区	-4.74	-4.58	-5.06	-7.23	-6.00
坊子区	-4.71	-4.54	-5.03	-7.17	-5.72
奎文区	-4.73	-4.51	-4.06	-4.12	-4.83
青州市	-4.95	-4.91	-5.19	-7.75	0.07
诸城市	-4.20	-4.71	-4.52	-8.31	-8.15
寿光市	-4.84	-4.85	-5.22	-8.50	-3.64
安丘市	-4.68	-4.51	-4.91	-7.22	-5.82
高密市	-4.72	-4.55	-4.61	-5.41	-7.22
昌邑市	-4.98	-4.97	-5.25	-7.96	-7.60
临朐县	-4.63	-4.59	-5.03	-7.92	-6.91
昌乐县	-4.81	-4.93	-5.12	-7.98	-6.17
高新开发区	-4.92	-4.95	-5.18	-7.73	-5.24
滨海开发区	-4.99	-5.37	-5.39	-8.63	-8.30

注：本表使用等价折标系数折算标准煤。2011 年起，地区生产总值按 2010 年价格计算。

10－6 各县市区万元GDP电耗

（2016年） 单位：千瓦时/万元

地区	2012年		2013年		2014年	
	指标值	比2011年上升或下降（±%）	指标值	比2012年上升或下降（±%）	指标值	比2013年上升或下降（±%）
总计	**952.3**	**－1.54**	**955.7**	**0.35**	**943.6**	**－1.27**
潍城区	1284.5	8.54	1214.4	－1.35	1044.8	－13.97
寒亭区	1284.5	8.54	1214.4	－1.35	1044.8	－13.97
坊子区	1284.5	8.54	1214.4	－1.35	1044.8	－13.97
奎文区	1284.5	8.54	1214.4	－1.35	1044.8	－13.97
青州市	578.5	－7.32	545.4	－5.72	546.9	0.27
诸城市	433.5	－14.06	425.3	－1.88	390.4	－8.22
寿光市	1191.9	4.00	1288.6	8.12	1543.7	19.80
安丘市	818.8	－0.17	814.6	－0.52	780.7	－4.16
高密市	719.3	2.06	710.7	－1.20	702.2	－1.20
昌邑市	1205.5	0.24	1176.0	－2.45	1127.2	－4.15
临朐县	1015.6	14.05	971.9	－4.30	953.4	－1.91
昌乐县	818.6	1.39	788.5	－3.67	748.3	－5.10
高新开发区	1284.5	8.54	1214.4	－1.35	1044.8	－13.97
滨海开发区	1284.5	8.54	1214.4	－1.35	1044.8	－13.97

10－6 续表1

地区	2015年		2016年	
	指标值	比2014年上升或下降（±%）	指标值	比2015年上升或下降（±%）
总计	**880.2**	**－6.72**	**815.1**	**－2.99**
潍城区	1026.4	－1.76	881.1	－5.30
寒亭区	1026.4	－1.76	881.1	－5.30
坊子区	1026.4	－1.76	881.1	－5.30
奎文区	1026.4	－1.76	881.1	－5.30
青州市	501.5	－8.31	532.2	7.27
诸城市	361.0	－7.52	391.2	5.75
寿光市	1380.6	－10.57	1246.3	－7.27
安丘市	721.4	－7.60	686.7	－2.14
高密市	633.9	－9.72	603.7	1.41
昌邑市	1059.6	－5.99	968.3	－8.59
临朐县	866.1	－9.16	797.1	－0.78
昌乐县	695.4	－7.07	684.3	－0.67
高新开发区	1026.4	－1.76	881.1	－5.30
滨海开发区	1026.4	－1.76	881.1	－5.30

10-7 煤炭平衡表

（2016年）

单位:万吨

项　　目	2012年	2013年	2014年	2015年	2016年
一.可供量	**3266.2**	**2424.7**	**2380.1**	**2508.6**	**2514.1**
生产量	103.4	66.1	64.8	72.0	
外省(区、市)调入量	3158.8	2367.7	2309.7	2395.3	2546.9
进口量					
本省(区、市)调出量(-)			0.3	1.6	
出口量(-)					
年初年末库存差额	4.0	-9.1	5.9	42.9	-32.8
年初库存量	209.8	200.2	204.2	198.8	202.5
年末库存量(-)	205.7	209.4	198.3	156.0	235.3
二.消费量	**3266.2**	**2424.7**	**2380.1**	**2508.6**	**2514.1**
消费量分组一	3266.2	2424.7	2380.1	2508.6	2514.1
1.农.林.牧.渔业	91.0	3.2	3.2	2.7	2.7
2.工业	2983.1	2281.9	2226.5	2367.9	2381.1
3.建筑业	9.8	9.7	9.8	9.8	3.8
4.交通运输.仓储和邮政业	1.5	1.5	7.0	3.0	4.7
5.批发、零售业和住宿、餐饮业	27.5	7.4	9.4	9.4	8.9
6.其他	25.6	23.6	27.6	21.6	19.4
7.生活消费	127.7	97.5	96.7	94.3	93.6
消费量分组二	3266.2	2424.7	2380.1	2508.6	2514.1
1.终端消费	1488.5	807.7	769.4	756.3	655.1
#工业	1205.4	664.9	615.8	615.6	522.1
2.用于加工转换	1777.7	1617.0	1610.6	1752.3	1859.0
火力发电	865.2	790.0	809.0	793.7	913.9
供热	582.1	549.9	544.1	578.2	561.8
洗煤损耗					
炼焦	330.4	277.1	257.6	380.4	383.2
炼油及煤制油					
制气					
型煤加工损耗					
3.损失量	0.0	0.0	0.0	0.0	0.0
三.平衡差额	**0.0**	**0.0**	**0.0**	**0.0**	**0.0**

10-8 电力平衡表

（2016年）

单位:亿千瓦时

项目	2012年	2013年	2014年	2015年	2016年
一.可供量	**361.3**	**401.0**	**431.8**	**434.5**	**455.0**
生产量	201.0	220.7	243.0	234.4	276.8
火力发电	195.2	207.1	228.2	214.1	249.6
水力发电、核发电、其它发电	5.9	13.6	14.8	20.3	27.2
外省(区、市)调入量	271.4	301.7	313.0	312.2	327.4
进口量					
本省(区、市)调出量(-)	111.1	121.4	124.2	112.1	149.2
出口量(-)					
二.消费量	**361.3**	**401.0**	**431.8**	**434.5**	**455.0**
消费量分组一	361.3	401.0	431.8	434.5	455.0
1.农.林.牧.渔业	13.3	14.9	17.4	19.2	20.0
2.工业	273.3	305.6	331.7	328.7	339.9
3.建筑业	4.0	4.1	4.0	3.7	4.9
4.交通运输.仓储和邮政业	4.7	4.8	5.4	4.3	4.9
5.批发、零售业和住宿、餐饮业	10.7	12.1	11.7	11.6	12.2
6.其他	15.7	16.9	17.4	20.3	22.4
7.生活消费	39.6	42.6	44.3	46.7	50.6
消费量分组二	361.3	401.0	431.8	434.5	455.0
1.终端消费	361.3	401.0	431.8	434.5	455.0
#工业	273.3	305.6	331.7	328.7	339.9
2.输配电损失量					
三.平衡差额	**0.0**	**0.0**	**0.0**	**0.0**	**0.0**

10－9 综合能源平衡表

（2016年）　　单位:万吨标准煤

按等价值计算	2012年	2013年	2014年	2015年	2016年
一.可供量	**3691**	**3176.4**	**3287.6**	**3285.6**	**3290.4**
一次能源生产量	145	196.3	253.4	126.3	82.7
外省(区、市)调入量	3927	3992.1	4453.6	4895.6	5680.5
进口量	617				
我轮.机在外国加油量					
本省(区、市)调出量(－)	1032	1030.6	1414.1	1756.2	2471.0
出口量(－)					
外轮.机在我国加油量(－)					
年初年末库存差额	33	18.6	－5.3	19.8	－1.8
年初库存量	246	213.3	197.0	203.1	295.0
年末库存量(－)	213	194.6	202.3	183.3	296.8
二.消费量	**3691**	**3176.4**	**3287.6**	**3285.6**	**3290.4**
在总量中:	3691	3176.4	3287.6	3285.6	3290.4
1.农.林.牧.渔业	140	84.1	87.9	91.6	92.0
2.工业	2759	2457.9	2542.6	2520.9	2505.9
3.建筑业	54	39.4	42.5	42.4	42.3
4.交通运输.仓储和邮政业	196	123.0	126.9	132.6	140.3
5.批发、零售业和住宿、餐饮业	128	78.6	83.2	84.0	85.7
6.其他	108	93.0	98.7	99.4	105.1
7.生活消费	306	300.2	305.8	314.7	319.2
在总量中:	3691	3176.4	3287.6	3285.6	3290.4
1.终端消费	3573	2913.6	3009.1	3004.5	3003.3
#工业	2642	2195.2	2264.1	2239.7	2218.8
2.加工转换损失	117	262.8	278.4	281.1	287.1
火力发电损失	－6	－10.7	－23.9		
供热损失	94	86.5	80.9	70.3	67.0
洗选煤损失	0	－18.7			
炼焦损失	18	41.3	20.8	26.9	42.1
炼油及煤制油损失	84	230.7	270.6	290.9	273.7
制气损失					
天然气液化损失					
煤制品加工损失					
回收能	－72	－66.5	－70.0	－107.0	－95.8
3.损失量	0	0.0	0.0	0.0	0.0
三.平衡差额	**0**	**0.0**	**0.0**	**0.0**	**0.0**

主要统计指标解释

购进量 能源使用企业能源购进量，指能源使用单位在报告期内外购的、用于本企业消费的各种一次能源和二次能源。

能源消费量 指能源使用单位在报告期内实际消费的一次能源或二次能源的数量。

工业生产能源消费 指工业企业为进行工业生产活动所消费的能源。

能源加工、转换投入 能源加工、转换是为了特定的用途，将一种能源（一般为一次能源），经过一定的工艺，加工或转换成另外一种能源（二次能源）。

综合能源消费量 指报告期内工业企业在工业生产活动中实际消费的各种能源的总和净值。计算综合能源消费量时，需要先将使用的各种能源折算成标准燃料后再进行计算。

能源库存量 本制度中所涉及的能源库存量是指企业能源库存量，它是企业在报告期的某时间点所拥有的各种能源数量。

⑪

交　通

ELEVEN

TRAFFIC

简 要 说 明

一、本篇资料的主要内容

本篇资料反映了全市交通运输业发展的基本状况，主要包括全市公路情况、全市营业性公路运输工具拥有量、全市水上运输情况、全市客货运量及周转量等方面的内容。

二、本篇资料的来源

本片资料主要来源于潍坊市交通局，由市统计局工业科整理提供。

11－1 各县市区公路基本情况

（2016 年）

单位：公里

地区	公路通车里程	按道路类型分						按技术等级分
		国道	省道	县道	乡道	专用路	村道	高速公路
总计	**26881.6**	**1030.6**	**1164.1**	**2275.5**	**3491.5**	**137.5**	**18782.4**	**427.7**
潍城区	635.0	40.0	18.5	68.5	137.5		370.5	16.5
寒亭区	1036.9	45.4	48.4	116.0	137.2	7.5	682.5	7.7
坊子区	958.2	60.6	44.1	104.6	93.9	2.8	652.3	43.1
奎文区	110.1	23.5		20.2	6.6	5.7	54.2	5.3
青州市	2876.0	140.7	122.0	213.1	412.6	12.6	1975.1	56.8
诸城市	3182.1	177.6	125.2	285.1	322.6	3.3	2268.4	62.1
寿光市	3346.6	94.5	199.9	174.6	630.9	40.0	2206.8	56.2
安丘市	3537.5	41.0	111.8	334.2	375.8		2674.7	0.0
高密市	2864.7	72.8	84.3	336.3	283.7		2087.7	31.3
昌邑市	1985.6	130.2	68.0	167.0	292.4	34.3	1293.7	67.4
临朐县	2561.3	131.0	146.0	137.5	316.0		1830.9	55.0
昌乐县	2038.0	38.6	120.4	170.0	235.6		1473.5	10.4
高新开发区	249.8			34.4	25.3	0.7	189.4	
滨海开发区	711.6	16.0	57.0	58.3	83.3	30.5	466.5	16.0
峡山生态区	788.1	19.0	18.6	55.8	138.4		556.5	

11－1 续表 1

单位：公里

地区	按技术等级分					按路面类型分		
	一级路	二级路	三级路	四级路	等外路	有铺装路面	简易铺装路面	未铺装路面
总计	**1579.8**	**2433.4**	**2607.8**	**19832.8**		**21966.7**	**339.9**	**4575.1**
潍城区	59.2	69.4	66.1	423.8		429.4	18.6	187.1
寒亭区	86.9	63.4	87.2	791.6		688.3	53.6	295.0
坊子区	72.5	61.9	50.9	729.9		719.3		238.9
奎文区	40.5	16.0	15.2	33.1		98.2		11.8
青州市	171.1	292.7	294.7	2060.7		2742.9	7.3	125.9
诸城市	146.2	320.7	447.6	2205.4		2722.4		459.7
寿光市	291.7	276.6	341.3	2380.9		2331.8	164.8	850.0
安丘市	119.8	164.3	375.9	2877.5		2663.5	24.8	849.2
高密市	101.8	286.3	153.4	2292.0		2632.8	0.7	231.2
昌邑市	163.7	146.7	282.1	1325.8		1595.9	24.2	365.5
临朐县	95.5	152.4	177.1	2081.4		2357.0	11.5	192.8
昌乐县	124.3	157.1	143.9	1602.3		1543.7	17.0	477.3
高新开发区	9.3	77.7	31.2	131.6		213.7	3.2	32.9
滨海开发区	56.4	300.4	82.1	256.8		641.6	12.4	57.6
峡山生态区	41.0	47.8	59.2	640.1		586.0	2.0	200.1

11－2 各县市区营业性公路运输工具拥有量

（2016 年）

地区	车辆总数		货运汽车			
	汽车总辆数	汽车总吨位	总数		大型货车	
	辆数	吨位	辆数	吨位	辆数	吨位
总计	**90596**	**999220**	**56034**	**447110**	**35304**	**410068**
潍城区	4723	44730	3297	22931	1296	20675
寒亭区	2633	33279	1807	19576	1105	18011
坊子区	3081	33583	2687	31963	1895	30378
奎文区	3959	45557	2522	23508	1787	22113
青州市	11628	112353	7886	51104	3361	43419
诸城市	8410	63517	6420	36284	4306	32694
寿光市	19233	274380	6273	59816	5248	57493
安丘市	8422	85892	5822	44222	3947	40451
高密市	7486	92893	3654	31473	3169	30458
昌邑市	4454	53171	3178	29937	1329	26515
临朐县	6191	56361	4724	31941	2862	28427
昌乐县	4310	47080	2653	22747	2026	21431
高新开发区	2107	15675	2107	15675	1314	13877
滨海开发区	1396	18341	441	3525	314	3323
峡山生态区	869	7976	869	7976	684	7639
市直	1694	14432	1694	14432	661	13164
交运公司						
联运公司						
长远公司						
公交公司						

11－2 续表 1

地区	货运汽车						
	中型货车		小型货车		牵引车	挂车	
	辆数	吨位	辆数	吨位	辆数	辆数	吨位
总计	**3988**	**13766**	**16742**	**23276**	**17271**	**17291**	**552110**
潍城区	143	490	1858	1766	724	702	21799
寒亭区	107	375	595	1190	414	412	13703
坊子区	117	401	675	1184	335	59	1620
奎文区	96	325	639	1070	737	700	22049
青州市	1075	3720	3450	3965	1796	1946	61249
诸城市	346	1148	1768	2442	1105	885	27233
寿光市	341	1246	684	1077	6433	6527	214564
安丘市	441	1539	1434	2232	1340	1260	41670
高密市	143	500	342	515	1919	1913	61420
昌邑市	298	1057	1551	2365	392	884	23234
临朐县	197	710	1665	2804	720	747	24420
昌乐县	131	450	496	866	865	792	24333
高新开发区	420	1344	373	454			
滨海开发区	15	50	112	152	491	464	14816
峡山生态区	29	98	156	239			
市直	89	313	944	955			
交运公司							
联运公司							
长远公司							
公交公司							

11－2 续表 2

地　　区	线路客车(含旅游)							
	总　　数		大型客车		中型客车		小型客车	
	辆　数	客　位	辆　数	客　位	辆　数	客　位	辆　数	客　位
总　　计	**2611**	**75881**	**1135**	**43059**	**1476**	**32822**		
潍　城　区	142	5204	106	4388	36	816		
寒　亭　区	15	298			15	298		
坊　子　区	5	122			5	122		
奎　文　区	196	7025	135	5595	61	1430		
青　州　市	209	5445	11	405	198	5040		
诸　城　市	131	4423	110	4023	21	400		
寿　光　市	165	5170	108	3905	57	1265		
安　丘　市	300	7526	59	2179	241	5347		
高　密　市	245	6921	63	2426	182	4495		
昌　邑　市	156	3589	36	1224	120	2365		
临　朐　县	332	7699	56	1986	276	5713		
昌　乐　县	171	3578	9	339	162	3239		
高新开发区	27	1131	27	1131				
滨海开发区	14	313	3	97	11	216		
峡山生态区								
市　　直								
交运公司	252	9377	222	8774	30	603		
联运公司	156	5091	102	3751	54	1340		
长远公司	88	2836	88	2836				
公交公司	7	133			7	133		

11－2 续表 3

地　　区	出租客车		拖拉机		其它机动车	
	辆　数	客　位	辆　数	吨　位	辆　数	吨　位
总　　计	**4893**	**24465**				
潍　城　区						
寒　亭　区						
坊　子　区						
奎　文　区						
青　州　市	497	2485				
诸　城　市	372	1860				
寿　光　市	376	1880				
安　丘　市	292	1460				
高　密　市	332	1660				
昌　邑　市	211	1055				
临　朐　县	249	1245				
昌　乐　县	257	1285				
高新开发区						
滨海开发区	61	305				
峡山生态区	25	125				
市　　直	2221	11105				
交运公司						
联运公司						
长远公司						
公交公司	4893	24465				

11－3　全市水上运输情况

（2016 年）

指标名称	单位	数量
一、运输船舶		
1、货船	艘	82
总吨	吨位	516405
总载重量	吨位	805486
净载重量	吨位	801144
功率	千瓦	190199
2、驳船	艘	
净载重量	吨位	
二、港口情况		
港口码头泊位数	个	33
港口吞吐量	万吨	3704
其中:沿海港口吞吐量	万吨	3704

11－4　全市交通运输业客、货运情况

（2016 年）

指标名称	计量单位	数量
一、公路运输		
客运量	万人	5972
旅客周转量	万人公里	453994
货运量	万吨	23680
货物周转量	万吨公里	5174722
二、水上运输		
货运量	万吨	1619
货物周转量	万吨公里	1154576
三、航空运输		
起落架次	次	6498
民用航空客运量	万人次	54.08
民用航空货运量	万吨	2.22
客座率	%	
载运率	%	

11－5　各县市区公路客、货运输情况

（2016 年）

地　　区	客运量（万人）	旅客周转量（万人公里）	货运量（万吨）	货物周转量（万吨公里）
总　　计	**5972**	**453994**	**23680**	**5174722**
潍 城 区	226	17300	907	197706
寒 亭 区	49	3769	1040	230020
坊 子 区	21	1706	844	180300
奎 文 区	258	19582	1165	257800
青 州 市	510	38927	2938	646026
诸 城 市	412	30958	1612	354656
寿 光 市	475	35658	4789	1053421
安 丘 市	589	45064	2211	481553
高 密 市	610	46300	2606	572800
昌 邑 市	423	32300	1056	223300
临 朐 县	610	46430	1566	340500
昌 乐 县	289	22115	1355	295585
高新开发区			222	47300
滨海开发区	34	2523	340	72000
峡山生态区			209	45200
交 运 公 司	694	53148		
联 运 公 司	372	28057		
长 远 公 司	216	16157		
市 直 其 它	184	14000	820	176555

主要统计指标解释

公路里程　指在一定时期内实际达到《公路工程[WTBZ]技术标准JTJ01－88》规定的等级公路，并经公路主管部门正式验收交付使用的公路里程数。包括大中城市的郊区公路以及通过小城镇街道部分的公路里程和桥梁、渡口的长度，不包括大中城市的街道、厂矿、林区生产用道和农业生产用道的里程。两条或多条公路共同经由同一路段，只计算一次，不得重复计算里程长度。该指标可以反映公路建设的发展规模，也是计算运输网密度等指标的基础资料。

货(客)运量　指在一定时期内，各种运输工具实际运送的货物(旅客)数量。该指标是反映运输业为国民经济和人民生活服务的数量指标，也是制定和检查运输生产计划、研究运输发展规模和速度的重要指标。货运按吨计算，客运按人计算。货物不论运输距离长短、货物类别，均按实际重量统计。旅客不论行程远近或票价多少，均按一人一次客运量统计；半价票、小孩票也按一人统计。

货物(旅客)周转量　指在一定时期内，由各种运输工具运送的货物(旅客)数量与其相应运输距离的乘积之总和。该指标可以反映运输业生产的总成果，也是编制和检查运输生产计划，计算运输效率、劳动生产率以及核算运输单位成本的主要基础资料。计算货物周转量通常按发出站与到达站之间的最短距离，也就是计费距离计算。计算公式为：

货物(旅客)周转量＝Σ(货物(旅客)运输量×运输距离)

沿海主要港口货物吞吐量　指经水运进出沿海主要港区范围，并经过装卸的货物数量，包括邮件及办理托运手续的行李、包裹以及补给运输船舶的燃、物料和淡水。货物吞吐量按货物流向分为进口、出口吞吐量，按货物交流性质分为外贸货物吞吐量和国内贸易货物吞吐量。货物吞吐量的货类构成及其流向，是衡量港口生产能力大小的重要指标。

⑫

贸 易 业

TWELVE

TRADE INDUSTRY

简 要 说 明

一、本篇资料的主要内容

本篇资料分为批零住餐业和规模以上服务业两部分。批零住餐服务业主要反映全市市场发展情况、批发和零售业、住宿和餐饮业经营情况和效益情况等，主要包括批发和零售业商品流转情况及财务状况、住宿和餐饮业经营情况及财务状况、社会消费品零售总额、亿元以上商品交易市场成交情况、成品油企业能源商品销售情况等内容。规模以上服务业反映全市规模以上服务业经济发展情况。信息化及电子商务反映全市全部规模以上企业信息技术的应用和电子商务的开展情况，进而衡量企业应用电子商务对其 经营绩效的影响。

二、本篇资料的来源

批零住餐业部分除特别注明外，其余均来自限额以上批发和零售业、住宿和餐饮业年报资料和定期报表统计资料。由市统计局贸易外经科整理提供。

规模以上服务业部分来源于规模以上服务业统计年报，由市统计局服务业科整理提供。

信息化及电子商务部分来源于信息化及电子商务年报，由市统计局服务业科整理提供。

12－1　社会消费品零售总额

（2016 年）

指　标　名　称	绝　对　量	同比增长（%）
社会消费品零售总额	**25148523**	**10.4**
#按销售单位所在地分		
城镇	17423956	9.4
其中:城区	14103707	8.6
乡村	7724567	12.7
#按消费形态分		
餐饮收入	2435606	12.7
商品零售	22712917	10.1
#按限上限下分		
限额以上	9225156	6.8
限额以下	15923367	14.2

12－2　各县市区社会消费品零售总额

（2016 年）

地　　区	社会消费品零售总额（万元）	增　长（%）
总　　计	**25148523**	**10.4**
潍　城　区	1915316	10.1
寒　亭　区	928950	10.4
坊　子　区	768100	11.0
奎　文　区	2092038	9.2
青　州　市	2465583	10.2
诸　城　市	2882139	10.4
寿　光　市	3152636	10.3
安　丘　市	1828626	12.6
高　密　市	2163825	12.0
昌　邑　市	1882649	11.6
临　朐　县	1586544	11.3
昌　乐　县	1457911	12.3
高新开发区	1520930	10.2
滨海开发区	239029	14.2
峡山生态区	264247	10.6

12－3 全市历年贸易业主要指标

（1978－2016年）

年　　份	社会消费品零售总额（万元）	速　　度（%）
1978	73015	
1979	82499	13.0
1980	103190	25.1
1981	120165	16.5
1982	127471	6.1
1983	149587	17.4
1984	177006	18.3
1985	227152	28.3
1986	253842	11.8
1987	303366	19.5
1988	394316	30.0
1989	423810	7.5
1990	447798	5.7
1991	538164	20.2
1992	665170	23.6
1993	958510	44.1
1994	1327633	38.5
1995	1691006	27.4
1996	1987947	17.6
1997	2156922	8.5
1998	2342632	8.6
1999	2504040	6.9
2000	2658539	6.2
2001	2884515	8.5
2002	3205273	11.1
2003	3679654	14.8
2004	4269135	16.0
2005	4935783	15.6
2006	5741255	16.3
2007	6750011	17.6
2008	8312456	23.1
2009	9884876	18.9
2010	12148004	18.3
2011	14259608	17.3
2012	16135627	14.6
2013	18303940	13.4
2014	20601093	12.6
2015	22774509	10.6
2016	25148523	10.4

注：本表中2009年数据为老口径数据。

12－4 限额以上批发和零售业法人企业基本情况

（2016年）

指标名称	法人企业数（个）	从业人员期末人数（人）	其中:女性	法人所属产业活动单位数（个）	批发和零售业	其他
总计	**1548**	**86218**	**43114**	**3039**	**1565**	**1474**
一、批发业	**921**	**32371**	**11745**	**1504**	**608**	**896**
农、林、牧产品批发	67	2067	754	68	1	67
谷物、豆及薯类批发	12	413	69	12		12
种子批发	10	426	147	11	1	10
饲料批发	9	167	79	9		9
棉、麻批发	3	145	50	3		3
林业产品批发	13	322	132	13		13
牲畜批发	7	220	72	7		7
其他农牧产品批发	13	374	205	13		13
食品、饮料及烟草制品批发	259	12434	4344	264	8	256
米、面制品及食用油批发	11	1365	543	11		11
糕点、糖果及糖批发	1	25	12	1		1
果品、蔬菜批发	209	5161	2460	211	4	207
肉、禽、蛋、奶及水产品批发	20	1062	357	20		20
盐及调味品批发	7	278	77	10	4	6
营养和保健品批发	1	11	4	1		1
酒、饮料及茶叶批发	3	536	127	3		3
烟草制品批发	1	3896	725	1		1
其他食品批发	6	100	39	6		6
纺织、服装及家庭用品批发	55	2039	1094	55		55
纺织品、针织品及原料批发	37	1162	673	37		37
服装批发	9	468	134	9		9
化妆品及卫生用品批发	5	87	45	5		5
家用电器批发	3	301	233	3		3
其他家庭用品批发	1	21	9	1		1
文化、体育用品及器材批发	27	1181	403	27		27
文具用品批发	5	739	150	5		5
首饰、工艺品及收藏品批发	18	402	242	18		18
其他文化用品批发	4	40	11	4		4

指标名称	法人企业数（个）	从业人员期末人数（人）	其中:女性	法人所属产业活动单位数（个）	批发和零售业	其他
医药及医疗器材批发	24	2377	1367	145	123	22
西药批发	15	1436	876	136	123	13
中药批发	4	595	345	4		4
医疗用品及器材批发	5	346	146	5		5
矿产品、建材及化工产品批发	365	7313	2422	818	470	348
煤炭及制品批发	21	410	116	21		21
石油及制品批发	29	651	151	29		29
非金属矿及制品批发	4	111	21	4		4
金属及金属矿批发	57	951	299	57		57
建材批发	59	1165	357	59		59
化肥批发	44	1451	565	301	269	32
农药批发	8	332	174	201	196	5
农用薄膜批发	3	55	22	3		3
其他化工产品批发	140	2187	717	143	5	138
机械设备、五金产品及电子产品批发	96	4146	1143	99	6	93
农业机械批发	28	811	293	28		28
汽车批发	17	1294	271	19	4	15
汽车零配件批发	10	984	200	10		10
五金产品批发	5	86	26	5		5
电气设备批发	5	233	88	5		5
其他机械设备及电子产品批发	31	738	265	32	2	30
贸易经纪与代理	3	44	16	3		3
贸易代理	3	44	16	3		3
其他批发业	25	770	202	25		25
再生物资回收与批发	15	384	115	15		15
其他未列明批发业	10	386	87	10		10
内资企业	918	31895	11472	1500	607	893
国有企业	8	1166	277	11	4	7
集体企业	5	310	86	40	37	3
有限责任公司	155	11755	3637	236	85	151

12－4 续表 2

指 标 名 称	法人企业数（个）	从业人员期末人数（人）	其中：女性	法人所属产业活动单位数（个）	批发和零售业	其 他
国有独资公司	1	3896	725	1		1
其他有限责任公司	154	7859	2912	235	85	150
股份有限公司	8	402	78	8		8
私营企业	697	17252	6941	1160	481	679
私营独资企业	9	135	61	16	8	8
私营有限责任公司	675	16449	6607	1131	473	658
私营股份有限公司	13	668	273	13		13
其他企业	45	1010	453	45		45
港、澳、台商投资企业	2	371	242	2		2
港澳台商独资企业	2	371	242	2		2
外商投资企业	1	105	31	2	1	1
中外合作经营企业	1	105	31	2	1	1
国有控股	22	6666	1755	103	83	20
集体控股	12	734	198	47	37	10
私人控股	858	22366	8851	1324	487	837
港澳台商控股	2	371	242	2		2
其他	27	2234	699	28	1	27
独立门店	766	21542	8158	1010	262	748
连锁总店	7	979	681	317	314	3
连锁门店	1	15	3	1		1
其他	147	9835	2903	176	32	144
大型	13	9025	2816	169	158	11
中型	193	10431	3966	449	266	183
小型	680	12296	4727	851	184	667
微型	35	619	236	35		35
二、零售业	**627**	**53847**	**31369**	**1535**	**957**	**578**
综合零售	74	21352	14970	352	297	55
百货零售	47	18676	12964	241	202	39
超级市场零售	15	2376	1887	62	52	10
其他综合零售	12	300	119	49	43	6
食品、饮料及烟草制品专门零售	53	2291	1257	66	15	51

指标名称	法人企业数（个）	从业人员期末人数（人）	其中：女性	法人所属产业活动单位数（个）	批发和零售业	其他
粮油零售	3	17	7	3		3
糕点、面包零售	4	154	85	6	3	3
果品、蔬菜零售	14	940	433	14		14
肉、禽、蛋、奶及水产品零售	18	337	138	18		18
酒、饮料及茶叶零售	9	207	89	9		9
烟草制品零售	1	109	72	12	12	
其他食品零售	4	527	433	4		4
纺织、服装及日用品专门零售	35	2341	1705	41	9	32
纺织品及针织品零售	12	201	109	12		12
服装零售	10	1937	1509	14	5	9
鞋帽零售	2	31	10	3	2	1
化妆品及卫生用品零售	2	20	10	2		2
厨房用具及日用杂品零售	1	9	3	1		1
其他日用品零售	8	143	64	9	2	7
文化、体育用品及器材专门零售	33	3309	1614	36	5	31
文具用品零售	3	50	20	3		3
图书、报刊零售	4	218	141	5	2	3
音像制品及电子出版物零售	1	13		1		1
珠宝首饰零售	19	560	438	21	3	18
工艺美术品及收藏品零售	5	2463	1013	5		5
其他文化用品零售	1	5	2	1		1
医药及医疗器材专门零售	27	4367	2769	371	355	16
药品零售	24	4221	2756	368	355	13
医疗用品及器材零售	3	146	13	3		3
汽车、摩托车、燃料及零配件专门零售	266	10861	4382	504	243	261
汽车零售	207	9382	3688	212	8	204
汽车零配件零售	8	135	41	8		8
摩托车及零配件零售	7	84	38	7		7
机动车燃料零售	44	1260	615	277	235	42
家用电器及电子产品专门零售	51	1579	821	76	31	45
家用视听设备零售	10	283	164	16	8	8

12－4 续表4

指标名称	法人企业数（个）	从业人员期末人数（人）	其中:女性	法人所属产业活动单位数（个）	批发和零售业	其他
日用家电设备零售	26	958	502	34	10	24
计算机、软件及辅助设备零售	6	168	28	9	2	7
通信设备零售	6	146	118	14	11	3
其他电子产品零售	3	24	9	3		3
五金、家具及室内装饰材料专门零售	57	6927	3559	58	2	56
五金零售	36	5321	2948	36		36
家具零售	14	1506	569	15	2	13
木质装饰材料零售	2	49	25	2		2
陶瓷、石材装饰材料零售	2	25	12	2		2
其他室内装饰材料零售	3	26	5	3		3
货摊、无店铺及其他零售业	31	820	292	31		31
互联网零售	1	61	43	1		1
生活用燃料零售	21	561	144	21		21
其他未列明零售业	9	198	105	9		9
内资企业	622	53213	31060	1530	957	573
集体企业	14	399	183	34	25	9
股份合作企业	1	39	36	1		1
联营企业	1	25	17	1		1
国有联营企业	1	25	17	1		1
有限责任公司	162	13924	7960	462	316	146
国有独资公司	2	45	13	2		2
其他有限责任公司	160	13879	7947	460	316	144
股份有限公司	20	12918	8534	365	348	17
私营企业	421	25839	14302	664	268	396
私营独资企业	27	410	184	30	5	25
私营合伙企业	3	21	5	3		3
私营有限责任公司	383	24983	13827	615	253	362
私营股份有限公司	8	425	286	16	10	6
其他企业	3	69	28	3		3
港、澳、台商投资企业	4	517	268	4		4
与港澳台商合资经营企业	3	246	88	3		3

指 标 名 称	法 人 企业数 （个）	从业人员 期末人数 （人）	其中:女性	法人所属 产业活动 单位数 （个）	批发和 零售业	其 他
港澳台商独资企业	1	271	180	1		1
外商投资企业	1	117	41	1		1
中外合资经营企业	1	117	41	1		1
国有控股	8	1272	830	264	259	5
集体控股	27	12457	8297	220	201	19
私人控股	529	34941	19607	831	333	498
港澳台商控股	2	426	227	2		2
外商控股	2	168	61	2		2
其他	59	4583	2347	216	164	52
独立门店	556	30344	15948	989	463	526
连锁总店	16	15573	11053	436	430	6
连锁门店	7	1110	594	15	9	6
其他	48	6820	3774	95	55	40
大型	16	25903	16278	437	428	9
中型	149	18865	11005	511	385	126
小型	346	8342	3819	471	144	327
微型	116	737	267	116		116
有店铺零售	613	52672	30876	1363	798	565
食杂店	3	302	270	3		3
便利店	5	375	268	5		5
超市	29	2044	1529	82	59	23
大型超市	20	16069	11225	192	178	14
百货店	36	4328	2871	98	73	25
专业店	220	12999	6344	639	434	205
专卖店	266	10364	4943	310	54	256
家居建材商店	11	547	252	11		11
购物中心	7	5086	2916	7		7
厂家直销中心	16	558	258	16		16
无店铺零售	14	1175	493	172	159	13
邮购	1	8	6	1		1
网上商店	3	83	54	3		3

12-5 全市限额以上批发和零售业法人企业财务状况

（2016 年） 单位:万元

指标名称	资产总计	负债合计	所有者权益	主营业务收入	主营业务成本	主营业务税金及附加	销售费用
总计	**10740701.9**	**8006421.7**	**2734280.2**	**22703609.7**	**20452038.9**	**171491.6**	**671350.6**
一、批发业	**6995836.3**	**5056017.9**	**1939818.4**	**15076497.5**	**13575947.4**	**146892.2**	**354615.4**
农、林、牧产品批发	420935.3	292583.8	128351.5	676469.6	566651.8	2626.3	18945.0
谷物、豆及薯类批发	215025.5	179596.6	35428.9	231406.0	194297.5	358.5	5818.2
种子批发	79621.4	24004.2	55617.2	61190.9	47234.0	206.8	4636.6
饲料批发	51040.2	53119.1	-2078.9	140707.5	134084.5	57.1	2069.7
棉、麻批发	12114.7	10428.6	1686.1	35000.3	29163.0	86.1	788.6
林业产品批发	21149.0	8325.3	12823.7	59516.2	44691.3	885.3	1855.3
牲畜批发	17489.7	9516.0	7973.7	39232.6	28733.6	576.2	1497.4
其他农牧产品批发	24494.8	7594.0	16900.8	109416.1	88447.9	456.3	2279.2
食品、饮料及烟草制品批发	1418422.9	631201.0	787221.9	3498497.2	2919425.7	111672.3	110154.1
米、面制品及食用油批发	210553.2	127214.9	83338.3	518243.3	499312.3	135.6	5257.2
糕点、糖果及糖批发	935.8	2584.6	-1648.8	2001.0	1818.7	6.8	8.6
果品、蔬菜批发	504281.7	139211.6	365070.1	1735677.5	1499167.1	14528.5	36037.3
肉、禽、蛋、奶及水产品批发	407301.3	245597.0	161704.3	315686.8	245074.2	2522.3	9988.3
盐及调味品批发	28567.2	21432.0	7135.2	40516.1	30671.3	155.6	4903.2
营养和保健品批发	296.5	129.9	166.6	5511.5	4799.8	0.5	55.9
酒、饮料及茶叶批发	17679.0	12310.9	5368.1	129950.1	110142.7	441.1	15254.1
烟草制品批发	234375.0	78071.0	156304.0	724009.0	507169.0	93583.0	37556.0
其他食品批发	14433.2	4649.1	9784.1	26901.9	21270.6	298.9	1093.5
纺织、服装及家庭用品批发	290695.4	198135.1	92560.3	792756.4	680076.1	5865.9	16976.4
纺织品、针织品及原料批发	196477.7	120503.9	75973.8	571247.7	476682.7	5166.1	7521.5
服装批发	33068.4	17578.2	15490.2	101735.2	86948.6	541.7	3639.3
化妆品及卫生用品批发	5455.3	1965.5	3489.8	16218.7	14792.7	33.3	195.4
家用电器批发	49991.5	54289.4	-4297.9	94678.8	93199.6	109.0	5459.4
其他家庭用品批发	5702.5	3798.1	1904.4	8876.0	8452.5	15.8	160.8
文化、体育用品及器材批发	1085068.6	1048465.3	36603.3	1944463.3	1900432.5	2115.7	26234.4
文具用品批发	1045378.5	1035212.1	10166.4	1708093.7	1675598.4	743.2	24485.5
首饰、工艺品及收藏品批发	37808.6	12811.0	24997.6	210133.5	199860.6	1323.3	1574.4
其他文化用品批发	1881.5	442.2	1439.3	26236.1	24973.5	49.2	174.5

12－5 续表1

指标名称	资产总计	负债合计	所有者权益	主营业务收入	主营业务成本	主营业务税金及附加	销售费用
医药及医疗器材批发	271454.8	236125.5	35329.3	581407.6	538636.8	1024.9	22160.4
西药批发	171328.3	152838.5	18489.8	326811.2	302430.9	673.1	11709.5
中药批发	47865.0	42833.2	5031.8	102657.6	95141.3	132.2	5506.9
医疗用品及器材批发	52261.5	40453.8	11807.7	151938.8	141064.6	219.6	4944.0
矿产品、建材及化工产品批发	2561499.4	2068768.9	492730.5	5544048.7	5172924.5	14931.4	78539.3
煤炭及制品批发	147140.8	110811.5	36329.3	394099.2	372040.0	1218.5	4334.6
石油及制品批发	981849.7	858095.8	123753.9	1785480.7	1717847.9	2335.7	4878.6
非金属矿及制品批发	5025.0	2531.2	2493.8	14631.4	12691.9	48.7	678.6
金属及金属矿批发	810207.0	675284.8	134922.2	1399513.5	1333484.1	903.4	25762.2
建材批发	188656.9	150810.4	37846.5	385359.1	337536.5	1573.7	10625.6
化肥批发	185205.0	112363.5	72841.5	556080.8	503003.5	3665.6	8644.8
农药批发	14340.9	11650.5	2690.4	59816.5	56111.8	97.0	2035.4
农用薄膜批发	933.8	164.0	769.8	13862.7	12563.7	26.2	201.1
其他化工产品批发	228140.3	147057.2	81083.1	935204.8	827645.1	5062.6	21378.4
机械设备、五金产品及电子产品批发	712511.0	448129.8	264381.2	1738665.4	1554163.9	4940.6	76290.5
农业机械批发	75852.2	48391.4	27460.8	169352.3	145589.9	838.5	11795.3
汽车批发	116041.9	56338.2	59703.7	499418.8	466052.5	1304.5	26418.2
汽车零配件批发	407118.2	278361.5	128756.7	729017.4	642028.5	1642.5	31366.7
五金产品批发	5858.9	3054.3	2804.6	30859.0	26911.5	121.8	586.4
电气设备批发	12630.4	11598.2	1032.2	94946.2	85725.7	227.9	2455.2
其他机械设备及电子产品批发	95009.4	50386.2	44623.2	215071.7	187855.8	805.4	3668.7
贸易经纪与代理	2948.0	1393.2	1554.8	15311.2	13829.2	52.5	447.7
贸易代理	2948.0	1393.2	1554.8	15311.2	13829.2	52.5	447.7
其他批发业	232300.9	131215.3	101085.6	284878.1	229806.9	3662.6	4867.6
再生物资回收与批发	178994.9	112908.7	66086.2	199820.0	169436.9	1683.3	2447.9
其他未列明批发业	53306.0	18306.6	34999.4	85058.1	60370.0	1979.3	2419.7
内资企业	6951691.6	5006284.1	1945407.5	15001608.4	13504668.8	146830.4	349707.1
国有企业	224752.5	182590.7	42161.8	290854.6	252416.6	910.9	23398.5
集体企业	9551.4	9583.1	－31.7	19895.3	16893.5	251.5	510.0
有限责任公司	3504855.6	2902440.9	602414.7	6961395.0	6410846.2	100993.0	151226.2

指 标 名 称	资 产 总 计	负 债 合 计	所有者 权 益	主营业务 收 入	主营业务 成 本	主营业务 税 金 及附加	销 售 费 用
国有独资公司	234375.0	78071.0	156304.0	724009.0	507169.0	93583.0	37556.0
其他有限责任公司	3270480.6	2824369.9	446110.7	6237386.0	5903677.2	7410.0	113670.2
股份有限公司	126526.8	105048.7	21478.1	396824.0	360722.4	1089.1	23546.7
私营企业	3036090.9	1787721.1	1248369.8	7076451.6	6246335.2	43061.3	143726.2
私营独资企业	15686.3	2998.9	12687.4	47995.5	41496.2	297.7	1316.9
私营有限责任公司	2823789.0	1643118.5	1180670.5	6786192.9	6014058.1	39912.1	140671.2
私营股份有限公司	196615.6	141603.7	55011.9	242263.2	190780.9	2851.5	1738.1
其他企业	49914.4	18899.6	31014.8	256187.9	217454.9	524.6	7299.5
港、澳、台商投资企业	32553.7	34708.3	－2154.6	67438.9	65334.1	61.0	1978.2
港、澳、台商独资经营企业	32553.7	34708.3	－2154.6	67438.9	65334.1	61.0	1978.2
外商投资企业	11591.0	15025.5	－3434.5	7450.2	5944.5	0.8	2930.1
中外合作经营企业	11591.0	15025.5	－3434.5	7450.2	5944.5	0.8	2930.1
国有控股	1214705.9	920119.5	294586.4	3169567.8	2798019.7	96787.4	112291.0
集体控股	276955.6	232532.7	44422.9	444884.6	417664.7	401.7	4525.1
私人控股	5156307.2	3648648.9	1507658.3	10643618.3	9616824.3	47819.4	202028.6
港澳台商控股	32553.7	34708.3	－2154.6	67438.9	65334.1	61.0	1978.2
其他	315313.9	220008.5	95305.4	750987.9	678104.6	1822.7	33792.5
独立门店	4302740.0	2911555.4	1391184.6	10095268.4	9145891.3	41725.3	221240.6
连锁总店	44795.3	37462.7	7332.6	156262.9	145175.7	257.0	6616.3
连锁门店	629.0	9.8	619.2	5123.6	4873.6	6.9	50.2
其他	2647672.0	2106990.0	540682.0	4819842.6	4280006.8	104903.0	126708.3
大型	2099145.2	1668290.1	430855.1	3990949.2	3590392.0	98795.7	135184.4
中型	2271056.4	1627994.4	643062.0	5002817.6	4467898.9	25070.9	132688.7
小型	2458331.6	1660472.0	797859.6	5556744.6	5012439.9	22247.3	83668.4
微型	167303.1	99261.4	68041.7	525986.1	505216.6	778.3	3073.9
二、零售业	**3744865.6**	**2950403.8**	**794461.8**	**7627112.2**	**6876091.5**	**24599.4**	**316735.2**
综合零售	1084882.2	893173.9	191708.3	2072058.7	1850482.0	7963.3	135213.3
百货零售	901670.6	740694.9	160975.7	1805695.7	1612447.9	7362.9	123019.3
超级市场零售	158830.9	134818.9	24012.0	165531.6	144777.3	398.2	11156.7
其他综合零售	24380.7	17660.1	6720.6	100831.4	93256.8	202.2	1037.3
食品、饮料及烟草制品专门零售	72438.3	36181.5	36256.8	135956.0	115885.9	818.0	5141.8

指标名称	资产总计	负债合计	所有者权益	主营业务收入	主营业务成本	主营业务税金及附加	销售费用
粮油零售	528.3	139.0	389.3	20446.1	20026.1	3.5	335.3
糕点、面包零售	3200.8	2154.3	1046.5	8249.0	6130.0	69.5	613.8
果品、蔬菜零售	28285.8	16459.6	11826.2	41509.1	34510.6	262.4	1285.8
肉、禽、蛋、奶及水产品零售	14595.7	7787.6	6808.1	32026.4	25825.6	254.6	635.0
酒、饮料及茶叶零售	3714.4	1315.0	2399.4	9815.5	7342.1	110.1	494.5
烟草制品零售	4908.8	4736.5	172.3	14036.4	13909.4	28.0	703.3
其他食品零售	17204.5	3589.5	13615.0	9873.5	8142.1	89.9	1074.1
纺织、服装及日用品专门零售	78966.5	48391.4	30575.1	106242.9	84406.7	511.0	10876.8
纺织品及针织品零售	8791.1	5871.5	2919.6	23518.7	20247.3	177.9	312.8
服装零售	61347.0	41349.6	19997.4	66299.2	51874.9	236.2	9296.0
鞋帽零售	417.4	280.6	136.8	1237.1	946.3	28.6	72.1
化妆品及卫生用品零售	358.9	261.8	97.1	1302.8	1098.2	1.0	32.0
厨房用具及日用杂品零售	122.7	30.2	92.5	993.5	762.8	8.7	5.4
其他日用品零售	7929.4	597.7	7331.7	12891.6	9477.2	58.6	1158.5
文化、体育用品及器材专门零售	76991.4	46955.8	30035.6	102742.2	87140.1	1844.4	4622.2
文具用品零售	8168.5	7031.3	1137.2	8245.0	7564.3	29.8	210.0
图书、报刊零售	23967.2	17545.0	6422.2	14682.7	11178.2	37.8	1041.2
音像制品及电子出版物零售	201.6	112.3	89.3	804.9	541.8	27.1	48.7
珠宝首饰零售	36466.4	18246.6	18219.8	47929.4	39469.3	1722.9	2914.2
工艺美术品及收藏品零售	8050.2	3983.1	4067.1	30093.3	27591.2	18.3	396.4
其他文化用品零售	137.5	37.5	100.0	986.9	795.3	8.5	11.7
医药及医疗器材专门零售	888424.5	801375.5	87049.0	1291646.7	1203205.0	1664.9	23665.2
药品零售	882461.3	796369.2	86092.1	1283934.3	1197602.6	1646.9	23608.6
医疗用品及器材零售	5963.2	5006.3	956.9	7712.4	5602.4	18.0	56.6
汽车、摩托车、燃料及零配件专门零售	1158010.4	875986.8	282023.6	2973057.9	2733390.2	7802.6	100223.6
汽车零售	1002674.1	841304.8	161369.3	2202584.7	2029234.0	6184.7	67371.4
汽车零配件零售	6471.8	2660.2	3811.6	10695.8	9301.8	30.4	202.6
摩托车及零配件零售	4836.9	1805.2	3031.7	6802.5	5648.4	43.4	413.4
机动车燃料零售	144027.6	30216.6	113811.0	752974.9	689206.0	1544.1	32236.2
家用电器及电子产品专门零售	117287.7	83632.7	33655.0	328818.6	289768.7	1743.3	11541.7
家用视听设备零售	37218.5	35862.1	1356.4	65123.4	58289.3	323.8	4156.4

指 标 名 称	资 产 总 计	负 债 合 计	所有者 权 益	主营业务 收 入	主营业务 成 本	主营业务 税 金 及附加	销 售 费 用
日用家电设备零售	69817.4	41795.5	28021.9	235939.9	209085.0	1241.1	6108.3
计算机、软件及辅助设备零售	7489.2	4816.8	2672.4	9159.6	6628.3	109.8	727.2
通信设备零售	2137.0	732.7	1404.3	16288.0	13748.0	31.6	492.2
其他电子产品零售	625.6	425.6	200.0	2307.7	2018.1	37.0	57.6
五金、家具及室内装饰材料专门零售	160164.7	100284.0	59880.7	420883.4	354282.2	1476.2	15255.8
五金零售	101789.6	55159.6	46630.0	331032.7	282501.3	846.2	8063.6
家具零售	54849.7	43707.5	11142.2	66988.1	53294.4	427.4	5249.8
木质装饰材料零售	566.4	421.4	145.0	13507.3	11303.3	155.0	1499.6
陶瓷、石材装饰材料零售	1097.5	385.0	712.5	5695.7	4165.0	6.4	289.0
其他室内装饰材料零售	1861.5	610.5	1251.0	3659.6	3018.2	41.2	153.8
货摊、无店铺及其他零售业	107699.9	64422.2	43277.7	195705.8	157530.7	775.7	10194.8
互联网零售	673.3	168.6	504.7	1245.0	1061.9	2.4	71.2
生活用燃料零售	91635.5	55764.1	35871.4	131810.4	111986.4	547.4	2554.6
其他未列明零售业	15391.1	8489.5	6901.6	62650.4	44482.4	225.9	7569.0
内资企业	3669561.1	2897611.0	771950.1	7453612.9	6720729.7	24297.6	307247.4
集体企业	34821.7	27282.9	7538.8	118034.4	108541.2	205.3	1254.9
股份合作企业	2031.0	827.8	1203.2	2926.3	2300.2	183.7	266.0
联营企业	349.8	286.2	63.6	3595.5	3231.7	5.8	42.4
国有联营企业	349.8	286.2	63.6	3595.5	3231.7	5.8	42.4
有限责任公司	1673444.9	1466851.0	206593.9	2563863.9	2363564.8	5690.0	83524.5
国有独资公司	2256.8	3379.1	－1122.3	3965.0	3723.0	4.0	150.4
其他有限责任公司	1671188.1	1463471.9	207716.2	2559898.9	2359841.8	5686.0	83374.1
股份有限公司	768221.3	601360.9	166860.4	2088158.4	1899501.9	6176.8	120287.5
私营企业	1187393.4	799218.3	388175.1	2671924.1	2339669.3	11937.2	101645.3
私营独资企业	17487.4	9098.0	8389.4	73757.1	62352.4	580.7	2633.1
私营合伙企业	1183.2	578.9	604.3	4375.3	3539.9	6.9	110.0
私营有限责任公司	1125287.1	758525.8	366761.3	2559786.1	2246377.3	11264.8	97457.5
私营股份有限公司	43435.7	31015.6	12420.1	34005.6	27399.7	84.8	1444.7
其他企业	3299.0	1783.9	1515.1	5110.3	3920.6	98.8	226.8
港、澳、台商投资企业	61489.4	44172.7	17316.7	98406.4	86110.8	210.8	6548.3
合资经营企业（港或澳、台资）	48484.6	36100.0	12384.6	79307.8	70871.2	138.3	3196.9

指 标 名 称	资产总计	负债合计	所有者权益	主营业务收入	主营业务成本	主营业务税金及附加	销售费用
港、澳、台商独资经营企业	13004.8	8072.7	4932.1	19098.6	15239.6	72.5	3351.4
外商投资企业	13815.1	8620.1	5195.0	75092.9	69251.0	91.0	2939.5
中外合资经营企业	13815.1	8620.1	5195.0	75092.9	69251.0	91.0	2939.5
国有控股	130573.2	26887.0	103686.2	718470.1	665785.6	1076.6	32516.8
集体控股	544675.1	491439.9	53235.2	1417541.0	1265673.2	5517.5	97080.9
私人控股	2555400.7	1986416.3	568984.4	4536446.8	4056412.2	16357.2	149902.8
港澳台商控股	40567.8	25948.0	14619.8	45235.9	35949.7	179.7	3849.4
外商控股	30290.4	22413.9	7876.5	122815.7	113990.1	119.7	5303.8
其他	443358.4	397298.7	46059.7	786602.7	738280.7	1348.7	28081.5
独立门店	2726361.0	2143985.5	582375.5	5477155.6	4959517.6	17635.3	185112.3
连锁总店	797890.6	649689.7	148200.9	1577999.8	1412919.5	5679.5	113759.1
连锁门店	36218.6	32314.7	3903.9	38591.2	29411.0	324.5	4539.7
其他	184395.4	124413.9	59981.5	533365.6	474243.4	960.1	13324.1
大型	1910951.9	1550604.8	360347.1	3813628.8	3491313.0	8075.3	167271.0
中型	1201005.6	992296.2	208709.4	2289000.4	2075702.0	7040.0	95737.2
小型	573309.3	374764.3	198545.0	1326387.2	1143151.1	7967.1	49713.1
微型	59598.8	32738.5	26860.3	198095.8	165925.4	1517.0	4013.9
有店铺零售	3651028.0	2927736.0	723292.0	7061781.6	6351383.1	23929.9	294332.5
食杂店	2277.7	1544.7	733.0	10603.2	8472.2	162.2	465.1
便利店	15308.0	14094.1	1213.9	31077.1	28889.6	63.1	255.8
超市	77902.5	39069.9	38832.6	134119.3	116678.1	750.0	8039.6
大型超市	831889.0	681759.8	150129.2	1743944.2	1572321.1	5869.4	113330.3
百货店	273482.5	230314.6	43167.9	401166.2	342975.9	1948.8	20992.7
专业店	1614714.8	1354979.9	259734.9	2821824.5	2567447.5	8736.4	84338.6
专卖店	723459.6	541712.4	181747.2	1572545.7	1414069.9	5452.4	58614.6
家居建材商店	14032.6	13226.8	805.8	39044.3	33863.4	292.9	1847.0
购物中心	64561.5	29447.8	35113.7	256181.7	223221.7	361.1	5221.6
厂家直销中心	33399.8	21586.0	11813.8	51275.4	43443.7	293.6	1227.2
无店铺零售	93837.6	22667.8	71169.8	565330.6	524708.4	669.5	22402.7
邮购	893.9	774.6	119.3	2593.5	2573.4	2.8	13.2
网上商店	1874.8	725.1	1149.7	2821.9	2078.6	4.2	83.9

12－5 续表6

指标名称	管理费用	财务费用	营业利润	利润总额	应交所得税	应付职工薪酬(本年货方累计发生额)	应交增值税
总　计	**449789.9**	**143349.0**	**897601.1**	**897621.6**	**93320.8**	**429646.1**	**222769.6**
一、批发业	**244219.2**	**74851.5**	**685383.7**	**688573.7**	**65690.8**	**197942.3**	**132855.1**
农、林、牧产品批发	18654.3	8195.7	57851.4	57142.0	5125.2	12917.4	5679.5
谷物、豆及薯类批发	9559.4	3982.7	17628.3	18334.2	194.8	3159.4	281.4
种子批发	2186.0	676.0	2523.7	2111.4	307.7	3529.0	407.0
饲料批发	1641.1	1317.1	1324.7	1336.7	365.3	921.0	256.6
棉、麻批发	1142.6	293.7	3764.0	3764.5	641.6	663.6	773.8
林业产品批发	1201.7	512.1	10370.5	10104.1	466.6	1487.7	750.9
牲畜批发	1096.7	456.4	6872.3	6872.3	295.8	1212.2	723.4
其他农牧产品批发	1826.8	957.7	15367.9	14618.8	2853.4	1944.5	2486.4
食品、饮料及烟草制品批发	120299.2	12268.9	225832.7	225741.1	18067.0	74743.8	51011.1
米、面制品及食用油批发	2930.4	467.0	10377.0	10429.6	2321.8	5371.7	463.2
糕点、糖果及糖批发	150.5	-0.4	21.1	20.9	3.2	114.7	56.3
果品、蔬菜批发	31836.7	4637.8	149996.8	146480.1	3490.4	22794.5	4893.6
肉、禽、蛋、奶及水产品批发	18982.7	7347.5	31938.7	32043.5	3672.1	4850.9	1697.1
盐及调味品批发	3280.0	37.4	1549.3	1627.8	383.3	2950.5	1058.7
营养和保健品批发	102.8	135.8	416.7	416.7		23.5	
酒、饮料及茶叶批发	2943.3	221.4	947.4	1069.3	260.7	2911.3	3233.1
烟草制品批发	59658.0	-861.0	27045.0	30113.0	7529.0	35212.7	39348.0
其他食品批发	414.8	283.4	3540.7	3540.2	406.5	514.0	261.1
纺织、服装及家庭用品批发	7190.0	5623.2	77281.9	75684.2	5885.0	11154.8	7883.6
纺织品、针织品及原料批发	3634.7	4982.5	73363.1	72134.6	3924.7	5670.7	6176.0
服装批发	2727.6	-6.5	7891.9	7606.7	1782.1	3522.3	1154.5
化妆品及卫生用品批发	452.4	30.6	714.3	711.2	44.2	407.6	234.9
家用电器批发	219.1	605.8	-4767.3	-4768.3	54.1	1467.4	318.2
其他家庭用品批发	156.2	10.8	79.9		79.9	86.8	
文化、体育用品及器材批发	4269.9	-623.5	8760.5	6324.3	1942.9	12685.3	3389.1
文具用品批发	2934.1	-901.8	2025.5	2112.1	1668.5	10765.5	3136.9
首饰、工艺品及收藏品批发	1042.1	196.4	6071.7	3545.5	219.5	1719.4	218.3
其他文化用品批发	293.7	81.9	663.3	666.7	54.9	200.4	33.9

12－5 续表7

指标名称	管理费用	财务费用	营业利润	利润总额	应交所得税	应付职工薪酬(本年货方累计发生额)	应交增值税
医药及医疗器材批发	10344.5	3036.2	7991.4	8603.4	1715.1	10992.2	8402.7
西药批发	6277.2	1537.1	4264.5	4729.1	861.5	6988.7	5190.7
中药批发	2480.6	72.6	1058.7	1132.9	275.9	2367.0	960.2
医疗用品及器材批发	1586.7	1426.5	2668.2	2741.4	577.7	1636.5	2251.8
矿产品、建材及化工产品批发	46672.8	41712.5	195119.9	197185.7	22654.9	35126.2	31498.6
煤炭及制品批发	2156.2	3773.2	10687.0	11086.2	719.3	1734.7	5634.6
石油及制品批发	7898.9	16019.5	37398.1	35645.2	6316.7	3396.2	5882.3
非金属矿及制品批发	544.0	－22.0	681.1	680.4	151.8	602.1	450.0
金属及金属矿批发	8454.6	10461.6	20986.5	22934.2	3758.3	4612.3	5845.0
建材批发	8834.2	3748.9	24600.0	24402.6	1910.9	5727.2	3151.5
化肥批发	5617.3	2805.6	32555.6	35708.2	2582.1	6193.7	1299.0
农药批发	729.5	229.8	608.9	625.6	178.6	1322.0	182.5
农用薄膜批发	184.3		887.4	887.6		206.8	
其他化工产品批发	12253.8	4695.9	66715.3	65215.7	7037.2	11331.2	9053.7
机械设备、五金产品及电子产品批发	30429.9	933.8	73706.7	78901.5	7869.5	35845.6	16542.6
农业机械批发	2651.1	453.6	7103.5	7425.8	1197.3	4735.6	838.8
汽车批发	4922.7	40.8	5861.8	5863.6	403.3	7255.4	2227.2
汽车零配件批发	16297.6	－1702.2	38460.9	42813.4	4130.6	18756.3	9994.8
五金产品批发	730.6	328.7	2180.0	2184.2	361.9	315.6	387.1
电气设备批发	630.2	97.5	5823.7	5865.4	534.8	1419.7	1372.8
其他机械设备及电子产品批发	5197.7	1715.4	14276.8	14749.1	1241.6	3363.0	1721.9
贸易经纪与代理	111.3	21.2	582.1	849.3	214.3	200.5	248.0
贸易代理	111.3	21.2	582.1	849.3	214.3	200.5	248.0
其他批发业	6247.3	3683.5	38257.1	38142.2	2216.9	4276.5	8199.9
再生物资回收与批发	3675.3	3208.7	19367.9	18896.2	1507.0	1905.9	6836.9
其他未列明批发业	2572.0	474.8	18889.2	19246.0	709.9	2370.6	1363.0
内资企业	242073.5	74396.2	691204.3	694346.8	65655.7	194662.3	132478.3
国有企业	10401.4	4050.3	1484.1	2527.0	420.9	8904.7	4494.8
集体企业	913.6	197.2	1380.2	1377.3	341.1	1467.5	204.4
有限责任公司	109240.3	29421.4	161636.7	171293.2	28755.1	98571.3	72557.3

指 标 名 称	管 理 费 用	财 务 费 用	营 业 利 润	利 润 总 额	应 交 所得税	应付职工 薪酬（本年 货方累计 发生额）	应 交 增值税
国有独资公司	59658.0	－861.0	27045.0	30113.0	7529.0	35212.7	39348.0
其他有限责任公司	49582.3	30282.4	134591.7	141180.2	21226.1	63358.6	33209.3
股份有限公司	1161.2	2506.8	7966.3	8030.1	1042.5	2049.9	1663.9
私营企业	113287.7	36476.8	496645.6	489806.7	33866.3	79297.8	52989.7
私营独资企业	1260.0	365.9	3258.8	3258.8	410.6	724.5	692.2
私营有限责任公司	108477.4	35223.2	450924.8	443631.0	31286.1	76012.5	48376.8
私营股份有限公司	3550.3	887.7	42462.0	42916.9	2169.6	2560.8	3920.7
其他企业	7069.3	1743.7	22091.4	21312.5	1229.8	4371.1	568.2
港、澳、台商投资企业	1459.3	－17.6	491.7	556.1	35.1	1368.5	376.8
港、澳、台商独资经营企业	1459.3	－17.6	491.7	556.1	35.1	1368.5	376.8
外商投资企业	686.4	472.9	－6312.3	－6329.2		1911.5	
中外合作经营企业	686.4	472.9	－6312.3	－6329.2		1911.5	
国有控股	82688.8	12325.3	67634.9	72422.4	16452.6	58774.6	55450.9
集体控股	3995.3	8364.0	10315.9	10317.2	399.7	3021.4	1648.7
私人控股	140207.6	52415.6	585288.7	580860.5	47824.2	110406.6	65519.9
港澳台商控股	1459.3	－17.6	491.7	556.1	35.1	1368.5	376.8
其他	15868.2	1764.2	21652.5	24417.5	979.2	24371.2	9858.8
独立门店	145322.1	41873.0	507310.3	504532.3	39000.6	114280.0	63977.6
连锁总店	2075.1	560.4	1773.8	1773.0	459.6	4852.7	1273.1
连锁门店	40.1	6.7	146.1	146.1		65.6	23.2
其他	96781.9	32411.4	176153.5	182122.3	26230.6	78744.0	67581.2
大型	96261.6	6588.9	69248.7	76477.5	12684.0	78212.6	56061.7
中型	72422.3	35237.4	268307.9	270951.0	21170.8	61381.3	38036.7
小型	73464.8	32878.7	333123.8	326848.4	28260.3	56062.0	36372.4
微型	2070.5	146.5	14703.3	14296.8	3575.7	2286.4	2384.3
二、零售业	**205570.7**	**68497.5**	**212217.4**	**209047.9**	**27630.0**	**231703.8**	**89914.5**
综合零售	94682.7	14864.4	34028.4	34325.7	6151.7	85488.0	12574.2
百货零售	84717.2	12303.6	26249.0	26421.3	5434.9	74966.5	10567.1
超级市场零售	7879.6	2392.0	2533.0	2798.7	695.5	9351.3	1814.9
其他综合零售	2085.9	168.8	5246.4	5105.7	21.3	1170.2	192.2
食品、饮料及烟草制品专门零售	5322.4	2163.4	7868.0	8058.2	749.0	10483.0	1277.8

指标名称	管理费用	财务费用	营业利润	利润总额	应交所得税	应付职工薪酬(本年货方累计发生额)	应交增值税
粮油零售	23.8	2.1	55.3	55.3	1.1	69.5	1.6
糕点、面包零售	408.0	189.3	838.4	838.4	13.9	686.5	25.5
果品、蔬菜零售	1709.1	910.2	2831.0	2919.1	206.8	3740.5	244.2
肉、禽、蛋、奶及水产品零售	775.6	387.4	4140.9	4364.9	444.1	1554.9	392.7
酒、饮料及茶叶零售	765.1	36.9	1081.0	1048.7	70.3	612.1	289.4
烟草制品零售	1240.4	12.4	-620.5	-620.9		1138.9	226.4
其他食品零售	400.4	625.1	-458.1	-547.3	12.8	2680.6	98.0
纺织、服装及日用品专门零售	4390.7	1186.8	7847.9	7925.3	635.8	8946.2	1467.2
纺织品及针织品零售	479.1	63.9	2237.7	2237.7	268.5	735.7	303.1
服装零售	3068.2	856.0	3944.9	4069.5	235.4	7148.6	1075.9
鞋帽零售	99.5	24.7	65.9	65.9		176.1	0.4
化妆品及卫生用品零售	34.4	0.2	137.0	137.0	44.4	71.7	0.1
厨房用具及日用杂品零售	17.2	45.6	153.8	150.4	5.1	72.5	6.2
其他日用品零售	692.3	196.4	1308.6	1264.8	82.4	741.6	81.5
文化、体育用品及器材专门零售	2508.5	1404.9	5335.9	5404.9	624.5	16061.6	858.4
文具用品零售	175.1	193.7	72.1	188.6	8.6	172.8	41.8
图书、报刊零售	709.4	637.3	1110.0	1310.6	22.9	842.9	9.6
音像制品及电子出版物零售	66.9	24.2	96.2	96.2		50.7	
珠宝首饰零售	1145.4	406.5	2353.7	2176.5	418.2	2108.5	667.8
工艺美术品及收藏品零售	395.7	82.0	1609.7	1549.9	174.8	12849.9	132.5
其他文化用品零售	16.0	61.2	94.2	83.1		36.8	6.7
医药及医疗器材专门零售	23462.0	13745.4	26241.7	26333.9	4157.7	19443.3	11770.4
药品零售	22734.4	13673.7	24823.7	25098.8	4131.5	18872.3	11180.5
医疗用品及器材零售	727.6	71.7	1418.0	1235.1	26.2	571.0	589.9
汽车、摩托车、燃料及零配件专门零售	45409.3	23416.4	65575.4	64194.7	9649.4	53749.7	47239.7
汽车零售	38865.9	22001.8	40103.9	39663.2	5789.7	45306.0	36549.9
汽车零配件零售	217.3	52.2	891.5	792.3	72.7	1179.0	179.6
摩托车及零配件零售	256.4	51.4	389.5	344.0	26.1	294.3	41.3
机动车燃料零售	6069.7	1311.0	24190.5	23395.2	3760.9	6970.4	10468.9
家用电器及电子产品专门零售	5984.0	2324.2	18493.5	18266.9	1715.1	6575.5	3163.1
家用视听设备零售	1613.1	372.1	1082.0	930.8	76.7	1579.6	714.4

指标名称	管理费用	财务费用	营业利润	利润总额	应交所得税	应付职工薪酬（本年货方累计发生额）	应交增值税
日用家电设备零售	2798.8	1577.6	15452.6	15475.1	1259.2	3771.7	2069.3
计算机、软件及辅助设备零售	1132.9	265.7	295.7	296.7	9.0	592.7	141.4
通信设备零售	368.0	107.3	1540.9	1540.4	357.6	541.8	230.7
其他电子产品零售	71.2	1.5	122.3	23.9	12.6	89.7	7.3
五金、家具及室内装饰材料专门零售	12854.7	5243.6	34168.0	33368.1	2094.6	27196.6	9370.9
五金零售	6450.9	4607.7	28616.2	28420.6	1231.2	20787.0	8907.1
家具零售	5655.2	473.8	4231.4	3745.0	708.3	6011.5	225.3
木质装饰材料零售	233.4	1.1	314.9	197.1	44.5	150.7	2.0
陶瓷、石材装饰材料零售	364.8	145.4	725.1	725.1	85.1	140.6	167.2
其他室内装饰材料零售	150.4	15.6	280.4	280.3	25.5	106.8	69.3
货摊、无店铺及其他零售业	10956.4	4148.4	12658.6	11170.2	1852.2	3759.9	2192.8
互联网零售	34.5	2.6	72.4	72.4	18.1	217.4	45.3
生活用燃料零售	5903.0	1551.5	9826.3	8338.1	1380.4	2517.7	1622.0
其他未列明零售业	5018.9	2594.3	2759.9	2759.7	453.7	1024.8	525.5
内资企业	202693.4	67022.1	206682.0	204177.2	26846.8	228661.8	89433.6
集体企业	3016.8	180.8	6001.4	4412.1	16.3	1509.7	116.7
股份合作企业	9.3	12.5	154.6	154.4	38.6	157.4	76.0
联营企业	120.5	2.1	193.0	192.9		78.5	48.5
国有联营企业	120.5	2.1	193.0	192.9		78.5	48.5
有限责任公司	61183.8	28745.6	35436.2	37362.3	6886.0	65609.9	35878.4
国有独资公司	151.7	－7.7	－56.4	－55.6		155.1	
其他有限责任公司	61032.1	28753.3	35492.6	37417.9	6886.0	65454.8	35878.4
股份有限公司	71315.2	5699.5	26062.6	25637.6	6295.6	47417.8	12429.9
私营企业	66867.2	32298.2	138234.1	135817.8	13610.3	113357.3	40741.4
私营独资企业	1386.4	1119.3	6024.5	5917.0	546.5	1794.7	826.0
私营合伙企业	86.8	42.1	589.6	589.5	6.9	64.2	47.9
私营有限责任公司	63814.8	30179.0	129048.8	126583.5	12875.1	109697.1	39673.2
私营股份有限公司	1579.2	957.8	2571.2	2727.8	181.8	1801.3	194.3
其他企业	180.6	83.4	600.1	600.1		531.2	142.7
港、澳、台商投资企业	2294.8	1150.5	2938.9	2322.6	783.2	2302.0	360.9
合资经营企业（港或澳、台资）	2294.7	1067.7	2586.7	1955.4	691.4	1478.0	327.2

12－5续表11

指 标 名 称	管 理 费 用	财 务 费 用	营 业 利 润	利 润 总 额	应 交 所得税	应付职工 薪酬(本年 货方累计 发生额)	应 交 增值税
港、澳、台商独资经营企业	0.1	82.8	352.2	367.2	91.8	824.0	33.7
外商投资企业	582.5	324.9	2596.5	2548.1		740.0	120.0
中外合资经营企业	582.5	324.9	2596.5	2548.1		740.0	120.0
国有控股	5466.3	60.9	16901.2	16236.2	3389.4	7523.1	9635.8
集体控股	73620.4	4904.3	13934.2	12797.3	2710.6	42223.4	1277.2
私人控股	110059.9	55233.7	175291.8	172328.8	19437.7	158106.2	69977.8
港澳台商控股	1594.5	364.5	3689.1	3132.9	783.2	1670.8	335.9
外商控股	1071.3	1041.4	2438.8	2333.1		1193.2	120.0
其他	13758.3	6892.7	－37.7	2219.6	1309.1	20987.1	8567.8
独立门店	117403.4	51116.4	161986.8	158019.3	21567.3	136753.2	69919.1
连锁总店	72994.9	10122.4	19396.4	21053.1	4275.7	64098.7	10149.9
连锁门店	3645.4	287.0	3141.9	3256.1	448.9	4156.6	103.7
其他	11527.0	6971.7	27692.3	26719.4	1338.1	26695.3	9741.8
大型	100228.2	28338.3	77420.8	80323.3	11142.4	113169.1	34221.7
中型	63702.1	24594.4	38952.5	36029.9	6876.2	78072.7	36983.9
小型	36940.1	14055.0	75922.0	73189.7	7780.0	36977.4	16767.3
微型	4700.3	1509.8	19922.1	19505.0	1831.4	3484.6	1941.6
有店铺零售	201691.1	68014.2	198204.6	195566.4	24394.9	227775.0	83338.7
食杂店	231.4	176.2	1096.1	906.6	43.9	760.2	98.0
便利店	571.1	493.5	804.0	780.4	24.2	1231.8	364.5
超市	5418.1	1725.6	4156.0	4243.0	765.3	9349.8	1455.2
大型超市	76800.4	10612.0	24187.4	26074.9	5505.6	66594.8	9483.2
百货店	18071.3	4390.3	18285.1	16669.1	766.9	15020.3	3172.0
专业店	55499.5	30760.2	75352.8	74264.9	9676.1	63737.9	33898.4
专卖店	37806.6	14938.1	49245.1	47759.5	6931.7	47521.7	26394.2
家居建材商店	986.4	150.5	1904.1	1603.3	213.8	1919.8	208.8
购物中心	4766.5	3924.0	19247.0	19118.8	44.7	19238.2	7507.7
厂家直销中心	1539.8	843.8	3927.0	4145.9	422.7	2400.5	756.7
无店铺零售	3879.6	483.3	14012.8	13481.5	3235.1	3928.8	6575.8
邮购	42.4	3.1	－41.4	－41.3	3.0	29.3	5.4
网上商店	124.1	2.7	528.4	363.1	18.1	281.0	45.3

12－6 限额以上批发零售法人企业商品购进、销售和库存

（2016 年）

单位：万元

指标名称	商品购进额	商品销售额	批发额	零售额	期末商品库存额
总计	**22602587.3**	**25247462.9**	**16575378.2**	**8672084.7**	**1410774.2**
一、批发业	**14266242.2**	**16086513.0**	**15171364.9**	**915148.1**	**726119.5**
农、林、牧产品批发	622275.1	669002.7	646757.8	22244.9	138507.1
谷物、豆及薯类批发	250870.7	211623.8	204487.4	7136.4	116388.9
种子批发	52301.7	62311.9	62002.6	309.3	4524.1
饲料批发	99472.1	142476.1	140749.6	1726.5	6528.7
棉、麻批发	32276.8	35980.8	34197.3	1783.5	366.7
林业产品批发	56415.9	62446.4	55898.9	6547.5	2083.9
牲畜批发	36361.3	40808.5	39308.2	1500.3	2844.2
其他农牧产品批发	94576.6	113355.2	110113.8	3241.4	5770.6
食品、饮料及烟草制品批发	3068460.2	3709683.9	3295374.9	414309.0	103463.3
米、面制品及食用油批发	521796.7	532535.7	532533.4	2.3	7056.1
糕点、糖果及糖批发	2056.0	2001.0	2001.0		433.5
果品、蔬菜批发	1477786.3	1911212.6	1577637.5	333575.1	14661.3
肉、禽、蛋、奶及水产品批发	299164.5	318358.2	307281.2	11077.0	11401.1
盐及调味品批发	33015.0	35433.9	35433.9		1220.6
营养和保健品批发	5012.5	5511.5	5511.5		44.5
酒、饮料及茶叶批发	151135.5	151588.5	84974.7	66613.8	83.5
烟草制品批发	551089.0	724000.9	724000.9		68206.0
其他食品批发	27404.7	29041.6	26000.8	3040.8	356.7
纺织、服装及家庭用品批发	650195.3	828347.6	746914.5	81433.1	16101.0
纺织品、针织品及原料批发	450275.9	590462.4	514151.8	76310.6	8367.3
服装批发	89229.3	103002.9	99924.7	3078.2	4011.8
化妆品及卫生用品批发	16453.6	16550.7	15036.7	1514.0	293.4
家用电器批发	85440.9	109455.6	108925.3	530.3	3427.3
其他家庭用品批发	8795.6	8876.0	8876.0		1.2
文化、体育用品及器材批发	2199852.1	2260020.5	2124390.9	135629.6	76735.6
文具用品批发	1966510.1	2019138.7	1944585.7	74553.0	65227.0
首饰、工艺品及收藏品批发	209691.5	214377.1	153370.5	61006.6	11303.2
其他文化用品批发	23650.5	26504.7	26434.7	70.0	205.4

12－6 续表1

指标名称	商品购进额	商品销售额	批发额	零售额	期末商品库存额
医药及医疗器材批发	551859.1	628092.1	598682.4	29409.7	50933.1
西药批发	316453.2	357670.6	328779.2	28891.4	30855.8
中药批发	108808.1	115503.1	115169.9	333.2	11975.8
医疗用品及器材批发	126597.8	154918.4	154733.3	185.1	8101.5
矿产品、建材及化工产品批发	5247332.5	5798465.5	5714782.7	83682.8	230131.6
煤炭及制品批发	300304.4	411280.3	390093.6	21186.7	31187.1
石油及制品批发	1586422.3	1804614.8	1789152.9	15461.9	70167.1
非金属矿及制品批发	12536.8	14482.7	14482.7		40.5
金属及金属矿批发	1464420.2	1525584.5	1506929.9	18654.6	39305.9
建材批发	384935.6	416847.6	403287.2	13560.4	11084.6
化肥批发	541460.3	566678.9	561405.2	5273.7	15161.8
农药批发	61134.6	60191.4	55664.0	4527.4	8973.2
农用薄膜批发	12043.1	12452.1	12237.9	214.2	100.9
其他化工产品批发	884075.2	986333.2	981529.3	4803.9	54110.5
机械设备、五金产品及电子产品批发	1682707.8	1889181.6	1791882.1	97299.5	97960.5
农业机械批发	153906.5	177374.1	163012.3	14361.8	5027.5
汽车批发	505504.0	523686.1	502102.0	21584.1	22933.9
汽车零配件批发	697828.5	840602.1	793673.6	46928.5	62359.8
五金产品批发	28978.9	32847.4	26613.4	6234.0	1022.1
电气设备批发	88024.3	96953.7	95275.6	1678.1	159.2
其他机械设备及电子产品批发	208465.6	217718.2	211205.2	6513.0	6458.0
贸易经纪与代理	16531.6	16945.2	14136.5	2808.7	195.7
贸易代理	16531.6	16945.2	14136.5	2808.7	195.7
其他批发业	227028.5	286773.9	238443.1	48330.8	12091.6
再生物资回收与批发	147517.2	201086.2	172910.2	28176.0	8019.6
其他未列明批发业	79511.3	85687.7	65532.9	20154.8	4072.0
内资企业	14182650.0	16001525.7	15086710.8	914814.9	714223.3
国有企业	312994.6	283632.8	212277.4	71355.4	107561.0
集体企业	14048.6	20112.0	20112.0		422.1
有限责任公司	6577218.0	7500816.8	7248167.6	252649.2	349671.2

12－6 续表2

指 标 名 称	商品购进额	商品销售额	批发额	零售额	期末商品库存额
国有独资公司	551089.0	724000.9	724000.9		68206.0
其他有限责任公司	6026129.0	6776815.9	6524166.7	252649.2	281465.2
股份有限公司	349520.2	394400.0	377728.3	16671.7	17834.0
私营企业	6698054.2	7540648.2	6981693.2	558955.0	235663.9
私营独资企业	49109.5	51948.6	44190.9	7757.7	461.4
私营有限责任公司	6440187.7	7236294.5	6727687.0	508607.5	218813.8
私营股份有限公司	208757.0	252405.1	209815.3	42589.8	16388.7
其他企业	230814.4	261915.9	246732.3	15183.6	3071.1
港、澳、台商投资企业	76919.1	77537.1	77203.9	333.2	8653.8
港澳台商独资企业	76919.1	77537.1	77203.9	333.2	8653.8
外商投资企业	6673.1	7450.2	7450.2		3242.4
中外合作经营企业	6673.1	7450.2	7450.2		3242.4
国有控股	2892747.7	3257133.2	3168892.1	88241.1	289985.4
集体控股	432086.7	453526.7	440683.0	12843.7	21667.8
私人控股	10136071.0	11478847.9	10709648.9	769199.0	389683.4
港澳台商控股	76919.1	77537.1	77203.9	333.2	8653.8
其他	728417.7	819468.1	774937.0	44531.1	16129.1
独立门店	9963124.4	10986991.1	10215234.0	771757.1	488394.9
连锁总店	170754.7	174544.8	154668.9	19875.9	16061.9
连锁门店	4695.0	6597.4	3652.1	2945.3	96.5
其他	4127668.1	4918379.7	4797809.9	120569.8	221566.2
大型	4087533.5	4420578.3	4233075.1	187503.2	165534.2
中型	4629965.8	5412668.3	4888088.6	524579.7	387678.1
小型	5017021.2	5703590.2	5502523.6	201066.6	168911.5
微型	531721.7	549676.2	547677.6	1998.6	3995.7
二、零售业	**8336345.1**	**9160949.9**	**1404013.3**	**7756936.6**	**684654.7**
综合零售	2758671.2	3122611.7	405042.7	2717569.0	204101.5
百货零售	2509694.1	2847645.5	381737.3	2465908.2	190258.0
超级市场零售	156446.2	169261.3	686.9	168574.4	10613.8
其他综合零售	92530.9	105704.9	22618.5	83086.4	3229.7
食品、饮料及烟草制品专门零售	110088.3	138258.7	10841.0	127417.7	6005.5

12－6 续表 3

指标名称	商品购进额	商品销售额	批发额	零售额	期末商品库存额
粮油零售	20445.8	20653.7		20653.7	177.9
糕点、面包零售	7774.8	8588.7		8588.7	281.7
果品、蔬菜零售	27205.5	40688.2	6878.3	33809.9	1456.0
肉、禽、蛋、奶及水产品零售	24026.8	32845.2	400.0	32445.2	1919.0
酒、饮料及茶叶零售	8927.5	10339.7	3562.7	6777.0	257.1
烟草制品零售	11558.8	14036.4		14036.4	1240.3
其他食品零售	10149.1	11106.8		11106.8	673.5
纺织、服装及日用品专门零售	96873.3	109070.9	22993.2	86077.7	16631.5
纺织品及针织品零售	24137.4	24720.2	4017.4	20702.8	2344.3
服装零售	59713.2	66275.1	12802.9	53472.2	13680.0
鞋帽零售	1369.7	1326.9		1326.9	101.9
化妆品及卫生用品零售	953.7	1197.7	99.5	1098.2	39.9
厨房用具及日用杂品零售	1065.3	1018.8		1018.8	56.0
其他日用品零售	9634.0	14532.2	6073.4	8458.8	409.4
文化、体育用品及器材专门零售	98455.7	103627.2	9315.0	94312.2	18520.0
文具用品零售	7796.6	8415.4	3315.0	5100.4	247.5
图书、报刊零售	14771.1	14682.7		14682.7	3942.3
音像制品及电子出版物零售	973.7	923.0		923.0	75.9
珠宝首饰零售	47675.9	48227.9	6000.0	42227.9	12634.7
工艺美术品及收藏品零售	26197.7	30340.1		30340.1	1573.0
其他文化用品零售	1040.7	1038.1		1038.1	46.6
医药及医疗器材专门零售	1357587.1	1507582.6	625754.0	881828.6	111548.5
药品零售	1351177.4	1501096.0	625174.9	875921.1	110575.7
医疗用品及器材零售	6409.7	6486.6	579.1	5907.5	972.8
汽车、摩托车、燃料及零配件专门零售	2950674.1	3156567.7	204298.2	2952269.5	287594.1
汽车零售	2139641.2	2329423.7	109395.6	2220028.1	275531.0
汽车零配件零售	9994.5	10900.9		10900.9	500.3
摩托车及零配件零售	7208.7	7501.1	615.9	6885.2	723.0
机动车燃料零售	793829.7	808742.0	94286.7	714455.3	10839.8
家用电器及电子产品专门零售	317409.1	344563.5	7557.3	337006.2	27212.2
家用视听设备零售	63929.3	73001.9	1285.0	71716.9	15216.9

12－6 续表4

指标名称	商品购进额	商品销售额	批发额	零售额	期末商品库存额
日用家电设备零售	228126.0	242897.7	6225.2	236672.5	10894.3
计算机、软件及辅助设备零售	8525.4	9739.9		9739.9	533.3
通信设备零售	14700.1	16594.6	47.1	16547.5	490.3
其他电子产品零售	2128.3	2329.4		2329.4	77.4
五金、家具及室内装饰材料专门零售	457306.0	479740.4	96221.3	383519.1	9227.2
五金零售	319305.7	335839.6	89074.0	246765.6	6435.1
家具零售	112183.5	117310.6	1211.0	116099.6	2357.7
木质装饰材料零售	15923.2	15744.1	5913.9	9830.2	198.9
陶瓷、石材装饰材料零售	6426.7	6708.9		6708.9	160.4
其他室内装饰材料零售	3466.9	4137.2	22.4	4114.8	75.1
货摊、无店铺及其他零售业	189280.3	198927.2	21990.6	176936.6	3814.2
互联网零售	1124.5	1319.7		1319.7	18.7
生活用燃料零售	127724.4	134716.3	10387.2	124329.1	2602.9
其他未列明零售业	60431.4	62891.2	11603.4	51287.8	1192.6
内资企业	8162376.6	8980601.6	1404013.3	7576588.3	665030.1
集体企业	126730.3	139902.2	23772.5	116129.7	5465.5
股份合作企业	3244.0	2300.2		2300.2	1661.9
联营企业	2727.0	3308.4		3308.4	277.3
国有联营企业	2727.0	3308.4		3308.4	277.3
有限责任公司	2644701.8	2906867.3	752734.0	2154133.3	244268.1
国有独资公司	3987.1	4049.1		4049.1	858.4
其他有限责任公司	2640714.7	2902818.2	752734.0	2150084.2	243409.7
股份有限公司	2690997.8	2706839.0	457015.1	2249823.9	142135.3
私营企业	2689313.8	3216742.7	168106.7	3048636.0	270693.5
私营独资企业	70705.5	76702.5	9107.1	67595.4	2849.4
私营合伙企业	4313.4	4375.7	1021.0	3354.7	53.5
私营有限责任公司	2582670.1	3101511.0	155128.3	2946382.7	262026.3
私营股份有限公司	31624.8	34153.5	2850.3	31303.2	5764.3
其他企业	4661.9	4641.8	2385.0	2256.8	528.5
港、澳、台商投资企业	99231.8	105628.2		105628.2	13727.1
与港澳台商合资经营企业	77916.8	86529.6		86529.6	3714.1

指标名称	商品购进额	商品销售额	批发额	零售额	期末商品库存额
港澳台商独资企业	21315.0	19098.6		19098.6	10013.0
外商投资企业	74736.7	74720.1		74720.1	5897.5
中外合资经营企业	74736.7	74720.1		74720.1	5897.5
国有控股	766156.2	781192.9	82381.2	698811.7	12897.8
集体控股	2043269.0	2043756.7	402003.1	1641753.6	125191.9
私人控股	4594755.1	5309049.4	790132.4	4518917.0	437767.3
港澳台商控股	48328.9	46091.8		46091.8	10036.4
外商控股	122639.6	128808.8		128808.8	9577.2
其他	761196.3	852050.3	129496.6	722553.7	89184.1
独立门店	5494654.8	5949435.0	843620.2	5105814.8	529253.2
连锁总店	2241704.1	2579662.3	398712.5	2180949.8	137102.4
连锁门店	83234.5	82723.5		82723.5	3187.7
其他	516751.7	549129.1	161680.6	387448.5	15111.4
大型	4609688.0	5091642.1	1135537.5	3956104.6	223642.0
中型	2220324.2	2452646.9	138080.0	2314566.9	360295.7
小型	1319453.5	1411988.6	117783.3	1294205.3	91497.6
微型	186879.4	204672.3	12612.5	192059.8	9219.4
有店铺零售	7755951.8	8572935.6	1327737.1	7245198.5	676762.6
食杂店	8414.4	11473.9		11473.9	158.2
便利店	30971.1	30884.7	23124.2	7760.5	941.1
超市	140274.8	152246.3	5729.3	146517.0	30150.7
大型超市	2466815.8	2794596.1	369943.1	2424653.0	130470.7
百货店	415032.7	434247.5	35939.2	398308.3	68945.5
专业店	2846059.7	3153077.7	723717.6	2429360.1	281719.7
专卖店	1524577.7	1644509.8	64206.2	1580303.6	157231.9
家居建材商店	40780.3	42973.6	7147.3	35826.3	1055.1
购物中心	245689.7	256688.4	73520.6	183167.8	4174.8
厂家直销中心	37335.6	52237.6	24409.6	27828.0	1914.9
无店铺零售	580393.3	588014.3	76276.2	511738.1	7892.1
邮购	2820.5	2534.2	2000.0	534.2	290.6
网上商店	2325.8	2887.1	579.1	2308.0	155.7

12－7　限额以上住宿和餐饮业法人企业基本情况

（2016年）

单位：万元

指标名称	法人企业数（个）	从业人员期末人数（人）	其中：女性	法人所属产业活动单位数（个）	住宿和餐饮业	其他
总　计	**251**	**16944**	**9693**	**50**	**46**	**4**
一、住宿业	**77**	**8706**	**5209**	**24**	**21**	**3**
旅游饭店	53	7172	4183			
一般旅馆	21	1438	988	24	21	3
其他住宿业	3	96	38			
内资企业	77	8706	5209	24	21	3
国有企业	1	40	10			
有限责任公司	29	4501	2590	18	15	3
国有独资公司	1	500	262			
其他有限责任公司	28	4001	2328	18	15	3
股份有限公司	4	452	198			
私营企业	43	3713	2411	6	6	
私营独资企业	1	34	25			
私营有限责任公司	42	3679	2386	6	6	
国有控股	4	786	416			
集体控股	3	1195	551			
私人控股	61	5446	3449	6	6	
其他	9	1279	793	18	15	3
独立门店	64	7525	4424	5	5	
连锁总店	1	220	191	13	10	3
连锁门店	6	732	459	6	6	
其他	6	229	135			
中型	22	5806	3465	19	16	3
小型	53	2886	1735	5	5	
微型	2	14	9			
五星	4	1489	841			
四星	16	3455	2041			
三星	15	1235	732	13	10	3

指 标 名 称	法人企业数（个）	从业人员期末人数（人）	其中：女性	法人所属产业活动单位数（个）	住宿和餐饮业	其 他
二星	3	243	129			
其他	39	2284	1466	11	11	
二、餐饮业	**174**	**8238**	**4484**	**26**	**25**	**1**
正餐服务	163	7961	4347	24	23	1
快餐服务	11	277	137	2	2	
内资企业	173	8000	4376	26	25	1
国有企业	5	372	218			
集体企业	1	42	20	2	2	
有限责任公司	66	4012	2145	7	7	
其他有限责任公司	66	4012	2145	7	7	
股份有限公司	5	224	126			
私营企业	95	3300	1833	17	16	1
私营独资企业	7	264	136			
私营有限责任公司	85	2909	1615	10	9	1
私营股份有限公司	3	127	82	7	7	
其他企业	1	50	34			
港、澳、台商投资企业	1	238	108			
与港澳台商合资经营企业	1	238	108			
国有控股	9	929	399			
集体控股	5	242	159	5	5	
私人控股	136	5059	2730	21	20	1
其他	24	2008	1196			
独立门店	157	7082	3930	19	18	1
连锁总店	2	43	20	7	7	
连锁门店	2	254	12			
其他	13	859	522			
中型	7	1295	736			
小型	157	6847	3697	26	25	1
微型	10	96	51			

12－8　限额以上住宿和餐饮业法人单位经营情况

（2016 年）　　单位：万元

指标名称	营业额	其中：使用银行卡支付的营业额	客房收入	其中：通过公共网络实现的客房收入	其中：通过非自营平台实现的客房收入	餐费收入	其中：通过公共网络实现的餐费收入
总计	**239359.6**	**28016.4**	**63051.0**	**1726.8**	**577.1**	**155320.5**	**7024.0**
一、住宿业	**123596.9**	**12513.8**	**46118.6**	**1129.5**	**372.7**	**62819.8**	**1976.1**
旅游饭店	99680.0	8464.3	32580.9	1051.2	370.9	52826.3	1976.1
一般旅馆	22634.4	4049.5	12297.8	78.3	1.8	9962.5	
其他住宿业	1282.5		1239.9			31.0	
内资企业	123596.9	12513.8	46118.6	1129.5	372.7	62819.8	1976.1
国有企业	718.8		98.9			545.5	
有限责任公司	61443.8	3769.2	21431.1	343.6		33146.8	226.9
国有独资公司	8044.5		2494.7	273.4		3917.9	210.5
其他有限责任公司	53399.3	3769.2	18936.4	70.2		29228.9	16.4
股份有限公司	5745.9	112.6	1492.1	50.1		3723.2	52.0
私营企业	55688.4	8632.0	23096.5	735.8	372.7	25404.3	1697.2
私营独资企业	322.1		94.7			227.4	
私营有限责任公司	55366.3	8632.0	23001.8	735.8	372.7	25176.9	1697.2
国有控股	11924.9		3784.6	273.4		5768.4	210.5
集体控股	9298.6		2775.9			5642.7	
私人控股	81292.6	11796.2	31428.5	853.6	372.7	40344.5	1765.6
其他	21080.8	717.6	8129.6	2.5		11064.2	
独立门店	102113.6	9045.9	34096.0	1053.0	372.7	53699.1	1976.1
连锁总店	2529.7		494.1			1750.9	
连锁门店	14719.1	3017.7	9129.4	76.5		5538.4	
其他	4234.5	450.2	2399.1			1831.4	
中型	82102.9	6897.1	26973.1	627.0	250.0	44028.1	1870.6
小型	40842.7	5616.7	18494.2	502.5	122.7	18791.7	105.5
微型	651.3		651.3				
五星	14093.2	1525.7	4255.9	251.5	250.0	8320.9	715.1
四星	56237.9	1251.4	17495.6	390.0		29211.0	277.4
三星	16626.5	843.9	4295.8	83.9	29.8	9721.5	15.8

12－8 续表1

指标名称	营业额	其中:使用银行卡支付的营业额	客房收入	其中:通过公共网络实现的客房收入	其中:通过非自营平台实现的客房收入	餐费收入	其中:通过公共网络实现的餐费收入
二星	2923.5	982.0	349.3			2574.2	894.5
其他	33715.8	7910.8	19722.0	404.1	92.9	12992.2	73.3
二、餐饮业	**115762.7**	**15502.6**	**16932.4**	**597.3**	**204.4**	**92500.7**	**5047.9**
正餐服务	110315.8	15477.0	16932.4	597.3	204.4	87053.8	5047.9
快餐服务	5446.9	25.6				5446.9	
内资企业	112379.4	14048.7	15638.1	597.3	204.4	90545.0	5047.9
国有企业	7449.2	953.7	1236.8			5781.5	1170.0
集体企业	481.6					481.6	
有限责任公司	50725.5	7704.1	9490.9	242.8	120.0	38764.9	481.8
其他有限责任公司	50725.5	7704.1	9490.9	242.8	120.0	38764.9	481.8
股份有限公司	4101.2		148.9			3765.6	1972.9
私营企业	49075.6	5390.9	4761.5	354.5	84.4	41205.1	1423.2
私营独资企业	4968.3	325.5	546.4			4355.0	
私营有限责任公司	41775.9	5065.4	3967.1	354.5	84.4	35433.0	1423.2
私营股份有限公司	2331.4		248.0			1417.1	
其他企业	546.3					546.3	
港、澳、台商投资企业	3383.3	1453.9	1294.3			1955.7	
与港澳台商合资经营企业	3383.3	1453.9	1294.3			1955.7	
国有控股	14376.2	2184.8	1654.9			11389.5	3142.9
集体控股	1849.9	304.7	241.4	0.1		1500.9	
私人控股	70212.4	8354.1	7354.7	540.9	184.4	58989.5	1874.0
其他	29324.2	4659.0	7681.4	56.3	20.0	20620.8	31.0
独立门店	99658.1	14622.9	14715.4	597.3	204.4	78960.6	4982.3
连锁总店	453.6		32.4			421.2	
连锁门店	2088.5					2087.9	
其他	13562.5	879.7	2184.6			11031.0	65.6
中型	24267.3	5226.7	6214.0	120.0	20.0	17142.9	151.0
小型	88832.4	10275.9	10718.4	477.3	184.4	72830.4	4896.9
微型	2663.0					2527.4	

12－8 续表2

（2016年） 单位：万元

指标名称	其中：通过非自营平台实现的餐费收入	商品销售额收入	其他收入	客房数（间）	床位数（个）	餐位数（位）	年末餐饮营业面积（平方米）
总计	**1552.3**	**10624.7**	**10363.4**	**83928**	**94258**	**133735**	**553139**
一、住宿业	**711.2**	**5576.7**	**9081.8**	**79016**	**85846**	**46430**	**226963**
旅游饭店	711.2	5228.7	9044.1	75883	80516	40690	173078
一般旅馆		336.4	37.7	2834	4808	5390	47585
其他住宿业		11.6		299	522	350	6300
内资企业	711.2	5576.7	9081.8	79016	85846	46430	226963
国有企业		61.4	13.0	19	27	380	650
有限责任公司		2154.9	4711.0	72754	75343	25802	100954
国有独资公司		272.2	1359.7	289	459	1220	3000
其他有限责任公司		1882.7	3351.3	72465	74884	24582	97954
股份有限公司		28.4	502.2	394	707	2910	16122
私营企业	711.2	3332.0	3855.6	5849	9769	17338	109237
私营独资企业				80	150	800	2319
私营有限责任公司	711.2	3332.0	3855.6	5769	9619	16538	106918
国有控股		635.0	1736.9	586	952	2220	4850
集体控股			880.0	68915	69099	8440	15359
私人控股	711.2	4555.5	4964.1	7863	13083	29115	169354
其他		386.2	1500.8	1652	2712	6655	37400
独立门店	711.2	5272.7	9045.8	76556	81663	40468	182203
连锁总店		284.7		130	205	1030	15800
连锁门店		15.3	36.0	1873	3087	4325	11230
其他		4.0		457	891	607	17730
中型	702.9	3324.9	7776.8	73834	77013	28958	100311
小型	8.3	2251.8	1305.0	5116	8733	17472	126652
微型				66	100		
五星	702.9		1516.4	69077	69400	10146	21325
四星		3268.0	6263.3	3450	5517	17592	58374
三星	5.7	1760.8	848.4	1238	2281	6393	39528

12－8 续表 3

指 标 名 称	其中:通过非自营平台实现的餐费收入	商品销售额收入	其他收入	客房数(间)	床位数(个)	餐位数(位)	年末餐饮营业面积(平方米)
二星				165	314	2810	7895
其他	2.6	547.9	453.7	5086	8334	9489	99841
二、餐饮业	**841.1**	**5048.0**	**1281.6**	**4912**	**8412**	**87305**	**326176**
正餐服务	841.1	5048.0	1281.6	4912	8412	84802	320332
快餐服务						2503	5844
内资企业	841.1	5048.0	1148.3	4582	7890	86703	317390
国有企业		179.3	251.6	112	220	20022	27488
集体企业						226	900
有限责任公司	116.4	2061.6	408.1	2778	4557	34488	135783
其他有限责任公司	116.4	2061.6	408.1	2778	4557	34488	135783
股份有限公司	300.0	184.9	1.8	69	109	1948	13811
私营企业	424.7	2622.2	486.8	1623	3004	29689	137808
私营独资企业		40.2	26.7	76	130	2640	7225
私营有限责任公司	424.7	1941.9	433.9	1467	2723	26529	124953
私营股份有限公司		640.1	26.2	80	151	520	5630
其他企业						330	1600
港、澳、台商投资企业			133.3	330	522	602	8786
与港澳台商合资经营企业			133.3	330	522	602	8786
国有控股	300.0	881.0	450.8	275	476	23372	41488
集体控股		3.9	103.7	123	215	2394	14310
私人控股	510.1	3341.2	527.0	2472	4443	48040	208406
其他	31.0	821.9	200.1	2042	3278	13499	61972
独立门店	775.5	4807.8	1174.3	4441	7717	73684	287720
连锁总店				10	15	286	1480
连锁门店			0.6			1802	3466
其他	65.6	240.2	106.7	461	680	11533	33510
中型	31.0	492.9	417.5	1123	1728	5910	33943
小型	810.1	4419.5	864.1	3789	6684	79997	282133
微型		135.6				1398	10100

12-9 限额以上住宿和餐饮业法人企业财务状况

（2016 年）　　单位：万元

指标名称	资产总计	负债合计	所有者权益	主营业务收入	主营业务成本	主营业务税金及附加
总计	**556967.7**	**386155.7**	**170812.0**	**234322.8**	**114216.6**	**6474.4**
一、住宿业	**242029.4**	**200666.7**	**41362.7**	**119647.7**	**48372.5**	**3011.0**
1. 按住宿业行业小类分						
旅游饭店	212868.3	176639.7	36228.6	95788.5	37632.2	2235.4
一般旅馆	26071.6	21609.4	4462.2	22637.7	10237.1	727.6
其他住宿业	3089.5	2417.6	671.9	1221.5	503.2	48.0
2. 按登记注册类型分						
内资企业	242029.4	200666.7	41362.7	119647.7	48372.5	3011.0
国有企业	2712.3	2378.9	333.4	665.1	316.4	10.7
有限责任公司	112754.1	99418.4	13335.7	57744.6	21442.8	1358.2
国有独资公司	14701.3	6938.0	7763.3	6412.6	1962.4	126.0
其他有限责任公司	98052.8	92480.4	5572.4	51332.0	19480.4	1232.2
股份有限公司	25755.1	25346.8	408.3	5745.9	2268.8	97.3
私营企业	100807.9	73522.6	27285.3	55492.1	24344.5	1544.8
私营独资企业	126.2	1683.9	-1557.7	322.1	137.6	16.5
私营有限责任公司	100681.7	71838.7	28843.0	55170.0	24206.9	1528.3
3. 按控股情况分						
国有控股	31156.0	20273.7	10882.3	10067.0	3300.0	178.2
集体控股	6903.8	16165.2	-9261.4	9198.9	2674.9	321.2
私人控股	168681.7	130230.1	38451.6	79299.7	34421.4	1964.7
其他	35287.9	33997.7	1290.2	21082.1	7976.2	546.9
4. 按经营形式分						
独立门店	228215.7	190929.9	37285.8	98256.9	39560.3	2365.9
连锁总店（总部）	3449.7	3756.9	-307.2	2529.7	1491.3	122.0
连锁门店	7025.3	4928.7	2096.6	14678.7	4440.6	339.4
其他	3338.7	1051.2	2287.5	4182.4	2880.3	183.7
5. 按单位规模分						
中型	133397.5	124529.7	8867.8	79430.9	28211.5	1910.7
小型	108280.2	76070.2	32210.0	39569.8	19700.7	1072.7
微型	351.7	66.8	284.9	647.0	460.3	27.6
6. 按星级分						
五星	19468.2	12893.5	6574.7	11757.5	4061.3	319.9
四星	125494.9	118110.0	7384.9	53880.7	19785.1	1202.3
三星	42454.6	34191.4	8263.2	17619.5	9202.3	471.8

12－9 续表1

指 标 名 称	资 产 总 计	负 债 合 计	所有者 权 益	主营业务 收 入	主营业务 成 本	主营业务 税金及附加
二星	6777.7	6642.8	134.9	2923.5	1450.0	120.2
其他	47834.0	28829.0	19005.0	33466.5	13873.8	896.8
二、餐饮业	**314938.3**	**185489.0**	**129449.3**	**114675.1**	**65844.1**	**3463.4**
1.按餐饮业行业小类分						
正餐服务	311663.1	184336.7	127326.4	109313.3	61915.8	3376.6
快餐服务	3275.2	1152.3	2122.9	5361.8	3928.3	86.8
2.按登记注册类型分						
内资企业	291517.5	151145.5	140372.0	111369.7	64974.1	3408.3
国有企业	9417.9	6088.4	3329.5	7429.2	6700.6	268.5
集体企业	55.7	28.9	26.8	481.6	359.4	10.4
有限责任公司	110849.4	94247.7	16601.7	51198.3	25974.8	1459.9
其他有限责任公司	110849.4	94247.7	16601.7	51198.3	25974.8	1459.9
股份有限公司	2113.5	2778.2	－664.7	4099.4	2580.8	156.1
私营企业	168968.8	47900.1	121068.7	47614.9	29103.1	1485.2
私营独资企业	3481.1	874.2	2606.9	5230.3	3696.7	133.0
私营有限责任公司	164227.6	46618.9	117608.7	40082.6	23802.8	1191.0
私营股份有限公司	1260.1	407.0	853.1	2302.0	1603.6	161.2
其他企业	112.2	102.2	10.0	546.3	255.4	28.2
港、澳、台商投资企业	23420.8	34343.5	－10922.7	3305.4	870.0	55.1
与港澳台商合资经营企业	23420.8	34343.5	－10922.7	3305.4	870.0	55.1
3.按控股情况分						
国有控股	17753.0	11232.0	6521.0	14355.6	10931.2	440.5
集体控股	2839.4	3081.4	－242.0	1889.7	1059.0	71.1
私人控股	196819.3	75860.3	120959.0	69261.6	41041.7	2096.3
其他	97526.6	95315.3	2211.3	29168.2	12812.2	855.5
4.按经营形式分						
独立门店	172088.0	147905.4	24182.6	98587.3	56738.6	3133.7
连锁总店(总部)	632.9	54.5	578.4	439.3	217.1	10.8
连锁门店	3825.4	561.8	3263.6	2087.9	1121.4	29.2
其他	138392.0	36967.3	101424.7	13560.6	7767.0	289.7
5.按单位规模分						
中型	81877.6	84347.3	－2469.7	24125.6	10397.7	707.7
小型	231083.3	99586.6	131496.7	87960.6	53472.3	2686.3
微型	1977.4	1555.1	422.3	2588.9	1974.1	69.4

12-9 续表 2

指标名称	销售费用	管理费用	营业利润	利润总额	应付职工薪酬（本年货方累计发生额）	应交增值税
总　计	**62245.3**	**47957.8**	**-3054.0**	**-3253.3**	**62301.5**	**3001.7**
一、住宿业	**38597.2**	**27351.9**	**-892.8**	**-3780.7**	**32269.4**	**1433.3**
1. 按住宿业行业小类分						
旅游饭店	32734.3	22128.4	-1670.5	-4566.6	26656.0	1234.7
一般旅馆	5455.7	5133.5	693.5	711.7	5272.0	190.6
其他住宿业	407.2	90.0	84.2	74.2	341.4	8.0
2. 按登记注册类型分						
内资企业	38597.2	27351.9	-892.8	-3780.7	32269.4	1433.3
国有企业	281.6	51.4	-24.2	-23.8	173.0	9.7
有限责任公司	18177.7	15898.6	162.0	-3422.3	17454.4	789.5
国有独资公司	1639.1	2900.8	6.5	20.7	2925.8	128.7
其他有限责任公司	16538.6	12997.8	155.5	-3443.0	14528.6	660.8
股份有限公司	2333.0	927.7	-43.7	-42.6	1511.2	84.5
私营企业	17804.9	10474.2	-986.9	-292.0	13130.8	549.6
私营独资企业		159.4	8.1	8.1	65.9	
私营有限责任公司	17804.9	10314.8	-995.0	-300.1	13064.9	549.6
3. 按控股情况分						
国有控股	2776.5	4190.8	-410.2	-395.1	4185.2	146.4
集体控股	4003.5	2909.6	-736.9	-4401.6	3541.5	49.5
私人控股	25504.1	14945.0	-226.1	647.4	19495.2	891.2
其他	6313.1	5306.5	480.4	368.6	5047.5	346.2
4. 按经营形式分						
独立门店	31949.7	23342.2	-1864.5	-4766.1	27831.2	1244.7
连锁总店（总部）		1117.6	-239.1	-240.3	463.1	44.1
连锁门店	6300.0	2692.2	795.7	820.6	3094.6	95.5
其他	347.5	199.9	415.1	405.1	880.5	49.0
5. 按单位规模分						
中型	27650.4	20743.7	-255.4	-3714.5	22695.0	998.5
小型	10927.5	6524.9	-671.5	-100.3	9513.3	418.6
微型	19.3	83.3	34.1	34.1	61.1	16.2
6. 按星级分						
五星	3883.5	2748.5	464.1	-3298.3	4939.3	153.7
四星	18297.9	13363.8	-333.7	-193.1	14432.0	823.0
三星	4623.2	3185.7	-562.6	7.4	3558.7	152.8

指标名称	销售费用	管理费用	营业利润	利润总额	应付职工薪酬（本年贷方累计发生额）	应交增值税
二星	933.5	423.4	－15.3	－15.3	617.7	36.6
其他	10859.1	7630.5	－445.3	－281.4	8721.7	267.2
二、餐饮业	**23648.1**	**20605.9**	**－2161.2**	**527.4**	**30032.1**	**1568.4**
1. 按餐饮业行业小类分						
正餐服务	23129.3	20238.1	－2582.0	107.9	29135.0	1434.5
快餐服务	518.8	367.8	420.8	419.5	897.1	133.9
2. 按登记注册类型分						
内资企业	21450.4	19341.5	－169.8	1753.8	28647.5	1544.6
国有企业	35.6	341.6	2.1	－93.8	1071.5	2.6
集体企业	88.7	24.2	－1.1	－1.1	144.1	
有限责任公司	13901.2	11931.5	－2666.8	－2110.2	14240.9	938.9
其他有限责任公司	13901.2	11931.5	－2666.8	－2110.2	14240.9	938.9
股份有限公司	1257.0	559.8	－454.9	－444.9	876.7	25.9
私营企业	6157.8	6252.8	2931.2	4403.8	12069.2	577.2
私营独资企业	203.7	376.0	705.1	703.9	971.1	86.3
私营有限责任公司	5800.7	5674.7	2048.8	3605.0	10695.3	488.0
私营股份有限公司	153.4	202.1	177.3	94.9	402.8	2.9
其他企业	10.1	231.6	19.7		245.1	
港、澳、台商投资企业	2197.7	1264.4	－1991.4	－1226.4	1384.6	23.8
与港澳台商合资经营企业	2197.7	1264.4	－1991.4	－1226.4	1384.6	23.8
3. 按控股情况分						
国有控股	3463.1	1952.1	－550.0	－170.7	3532.5	254.7
集体控股	403.6	317.9	－38.8	－18.6	673.4	16.9
私人控股	10263.9	9802.9	3308.6	4789.6	17825.5	832.9
其他	9517.5	8533.0	－4881.0	－4072.9	8000.7	463.9
4. 按经营形式分						
独立门店	18898.8	17482.7	－167.0	665.9	24881.1	1214.6
连锁总店（总部）	201.5	24.1	－14.6	－14.5	118.9	
连锁门店	1388.9	285.9	－738.1	－375.0	1018.3	286.6
其他	3158.9	2813.2	－1241.5	251.0	4013.8	67.2
5. 按单位规模分						
中型	7682.1	6122.5	－3604.9	－2826.6	5625.2	346.4
小型	15845.3	14338.4	1199.5	3105.6	24182.9	1202.4
微型	120.7	145.0	244.2	248.4	224.0	19.6

12－10 各县市区限额以上批发和零售业法人基本情况

（2016年）

地区	法人企业数（个）	从业人员期末人数（人）	其中:女性	法人所属产业活动单位数（个）	批发和零售业	其他
总计	**1548**	**86218**	**43114**	**3039**	**1565**	**1474**
潍城区	51	5836	3860	77	32	45
寒亭区	39	2474	1185	89	51	38
坊子区	42	1414	502	77	36	41
奎文区	57	5894	3161	147	97	50
青州市	129	9345	4739	179	47	124
诸城市	189	9321	4164	264	86	178
寿光市	419	12554	6187	956	559	397
安丘市	125	3338	1349	135	13	122
高密市	182	6340	3005	279	99	180
昌邑市	89	2393	1052	146	61	85
临朐县	50	5719	2947	97	54	43
昌乐县	93	2429	1262	97	6	91
高新开发区	46	18406	9333	459	416	43
滨海开发区	32	646	326	32		32
峡山生态区	5	109	42	5		5

12－11 各县市区限额以上批发和零售业法人企业财务状况

（2016年）

单位:万元

地区	资产总计	负债合计	所有者权益	主营业务收入	主营业务成本	主营业务税金及附加	销售费用
总计	**10740701.9**	**8006421.7**	**2734280.2**	**22703609.7**	**20452038.9**	**171491.6**	**671350.6**
潍城区	366614.0	282153.3	84460.7	647615.9	580643.8	2076.6	36567.3
寒亭区	815994.4	655849.8	160144.6	897087.5	826897.2	1758.5	14533.9
坊子区	122399.4	85956.7	36442.7	369158.7	337669.1	1064.8	15239.5
奎文区	756941.3	700882.0	56059.3	1210942.5	1133986.1	1851.2	50086.6
青州市	680116.9	448749.2	231367.7	1951264.7	1789545.8	2841.0	52700.1
诸城市	1292063.4	803704.9	488358.5	2393224.4	2100753.4	9132.6	70305.2
寿光市	2630315.2	2008473.1	621842.1	5005478.4	4679534.6	9169.5	112538.8
安丘市	146966.7	91284.6	55682.1	623633.7	559549.4	2006.0	23686.3
高密市	513358.4	344693.9	168664.5	1235992.0	990617.4	14309.0	31169.8
昌邑市	290944.8	110397.6	180547.2	672981.6	487576.9	9337.2	16616.0
临朐县	157524.6	126135.6	31389	356758	323955.1	806.7	11191.9
昌乐县	361090.2	250541.8	110548.4	1032664.9	917468.9	14541.3	11117.4
高新开发区	2485972	1992449.5	493522.5	6063368.2	5494676	102294.7	218479.3
滨海开发区	118618.8	104430.3	14188.5	234366.8	220922.6	279.2	6947.4
峡山生态区	1781.8	719.4	1062.4	9072.4	8242.6	23.3	171.1

12－11 续表1

地　区	管理费用	财务费用	营业利润	利润总额	应交所得税	应付职工薪酬（本年贷方累计发生额）	应交增值税
总　计	**449789.9**	**143349.0**	**897601.1**	**897621.6**	**93320.8**	**429646.1**	**222769.6**
潍城区	16727.0	6768.8	10709.1	10935.0	1504.4	21841.8	19558.4
寒亭区	12889.0	8177.6	33414.6	33946.4	6966.0	12187.6	6929.6
坊子区	6384.5	1429.3	6448.0	7783.5	212.6	8277.1	1328.7
奎文区	23380.0	12629.0	－6087.1	－3361.8	1334.8	28875.6	8522.3
青州市	27935.1	15058.9	63689.5	63719.9	3176.3	38638.5	13988.1
诸城市	56800.0	18520.7	144911.0	145362.6	23751.3	54917.5	31988.2
寿光市	65513.2	20558.6	129963.5	130836.6	13117.0	67739.0	33094.1
安丘市	10254.4	2311.5	26726.7	26703.5	3362.6	14700.9	5532.7
高密市	22737.0	14801.5	164238.5	162064.0	12302.2	29862.1	16321.2
昌邑市	28409.4	5240.0	129950.5	130740.6	2647.6	9408.1	8394.3
临朐县	9148	1529.3	13426.2	12028.1	1301.5	27587.4	2968.8
昌乐县	7050.2	5361.6	77530	70824.8	917.5	9973.9	5989.1
高新开发区	157454.6	28965.6	102426.5	106403.5	22394.3	102170.1	65451.8
滨海开发区	4894.7	1883.8	－454.8	－381.9	326.2	3081.7	2674.3
峡山生态区	212.8	112.8	708.9	16.8	6.5	384.8	28

12－12　各县市区限额以上批发零售法人企业商品购进、销售和库存

（2016年）

单位：万元

地　区	商品购进额	商品销售额			期末商品库存额
			批发额	零售额	
总　计	**22602587.3**	**25247462.9**	**16575378.2**	**8672084.7**	**1410774.2**
潍城区	643177.9	676423.8	181803.0	494620.8	98125.3
寒亭区	493019.1	541779.4	346282.9	195496.5	51220.4
寒亭区	262648.0	299154.4	133688.0	165466.4	33975.9
奎文区	1153680.8	1313761.3	619158.4	694602.9	135386.2
青州市	2026075.8	2078322.8	1589441.8	488881.0	170953.0
诸城市	2152201.6	2468416.4	1674531.7	793884.7	137022.9
寿光市	5229236.8	5927615.5	4633567.3	1294048.2	221155.6
安丘市	640528.4	653510.4	412201.2	241309.2	18182.0
高密市	1235681.8	1355754.0	879918.4	475835.6	52771.0
昌邑市	698640.0	733610.4	419786.0	313824.4	30679.3
临朐县	326700.8	371680.7	132611.8	239068.9	17149.1
昌乐县	692786.5	1123672.3	866322.7	257349.6	46658.1
高新开发区	6434279.9	6987730.1	4002450.0	2985280.1	380529.8
滨海开发区	511654.8	622885.6	#VALUE!	64630.0	32508.3
峡山生态区	8545.0	9669.4	7237.0	2432.4	311.3

12－13　分县市区限额以上住宿餐饮业法人经营情况表

（2016 年）

单位：万元

地　　区	法　人 企业数 （个）	从业人员 期末人数 （人）	营业额 （万元）	其中：使用 银行卡支付 的营业额	客房收入 （万元）	其中：通过 公共网络实现 的客房收入	其中：通过 非自营平台实 现的客房收入	餐费收入 （万元）
总　　计	**251**	**16944**	**239360**	**28016**	**63051**	**1727**	**577**	**155321**
潍　城　区	23	1453	15979	3406	5626	15		10255
寒　亭　区	20	1682	28660	2931	8266	264	130	20152
坊　子　区	18	1731	27315	4125	12457	101		11599
奎　文　区	14	938	12941	1188	2706	98		8667
青　州　市	27	1415	17062	3742	6161	261	93	9840
诸　城　市	18	894	12862	2218	2095	138	99	9807
寿　光　市	31	1162	20128	2131	4194	3	3	14596
安　丘　市	9	621	9871	1000	1862			7142
高　密　市	192	9074	130526	15503	18957	597	204	104886
昌　邑　市	19	817	8286	1272	1483			6783
临　朐　县	21	2379	27099	2547	8229	740	250	14786
昌　乐　县	14	1016	21719	423	4068			13114
高新开发区	18	1161	12568	2325	791	105	3	10975
滨海开发区	14	1402	15389	1499	3831	3		9737

12－13 续表 1

地　　区	其中：通过 公共网络实现 的餐费收入	其中：通过 非自营平台实 现的餐费收入	商品销售 额收入 （万元）	其他收入 （万元）	客房数 （间）	床位数 （个）	餐位数 （位）	年末餐饮 营业面积 （平方米）
总　　计	**7024**	**1552**	**10625**	**10363**	**83928**	**94258**	**133735**	**553139**
潍　城　区	16		59	39	1517	2424	6931	61107
寒　亭　区	1634	231	193	48	1773	3232	15466	54311
坊　子　区	122		176	3083	2519	4047	7158	38608
奎　文　区	499	116	71	1496	728	1290	5602	20284
青　州　市	63	1	535	526	1942	3288	12429	71066
诸　城　市	207	137	508	452	841	1472	8042	20758
寿　光　市	134	63	1170	168	958	1514	7612	37548
安　丘　市			583	284	305	530	4184	28675
高　密　市	5048	841	5271	1411	5265	8950	94848	355207
昌　邑　市				20	558	874	6029	29554
临　朐　县	926	703	1265	2819	70133	71157	14980	28821
昌　乐　县	1170		3766	772	982	1590	25456	56138
高新开发区	2251	300	668	134	382	703	5413	55492
滨海开发区	2	2	1408	413	1150	1901	10356	39620

12－14　各县市区限额以上住宿和餐饮业法人企业财务状况

（2016 年）　　单位:万元

指标名称	资产总计	负债合计	所有者权益	主营业务收入	主营业务成本	主营业务税金及附加
总计	**556967.7**	**386155.7**	**170812**	**234322.8**	**114216.6**	**6474.4**
潍城区	41172.1	42037.8	－865.7	15980.7	7614.6	432
寒亭区	23235.6	28776.9	－5541.3	10049.6	4471.9	176
坊子区	12398.4	14936.6	－2538.2	5274.9	2615.1	265.5
奎文区	53125.6	53210	－84.4	28881.4	9468.8	895.4
青州市	49591.5	36905.2	12686.3	16214.5	7342	486.6
诸城市	59836.3	27523.7	32312.6	26784.3	14224.4	804.9
寿光市	48227.4	46716.5	1510.9	22223	11916.5	532.9
安丘市	21777.1	17628.4	4148.7	10649.5	6911.1	422.6
高密市	15233.3	12018.1	3215.2	19601.5	10365.9	379.1
昌邑市	11540.1	9347.5	2192.6	5409	2717.3	226.3
临朐县	26453.6	22524.5	3929.1	11793.5	4833.4	428.4
昌乐县	11852.8	11740.5	112.3	8317.4	4982.2	174.2
高新开发区	159869.7	46312.4	113557.3	31782.8	13505.3	853.1
滨海开发区	22601.5	16066.2	6535.3	20679.3	12809.4	395.1
峡山生态区	52.7	411.4	－358.7	681.4	438.7	2.3

12－13 续表 1

指标名称	销售费用	管理费用	营业利润	利润总额	应付职工薪酬（本年货方累计发生额）	应交增值税
总计	**62245.3**	**47957.8**	**－3054**	**－3253.3**	**62301.5**	**3001.7**
潍城区	4542	4166.8	－1575.7	－1406.4	4999.9	164.8
寒亭区	2608.8	2890.4	－883	－973.9	2365.6	68.5
坊子区	938.5	1016.6	－292	－282.4	1159.2	4.8
奎文区	9996.4	6834.8	815.2	984.4	7554.5	332.7
青州市	5059.3	4762	－2191.2	－2124.7	4539.2	253
诸城市	5767.1	3794.8	1628.2	1648.9	5469.5	731.7
寿光市	5667.2	4190.7	－1125.4	－344.6	5892.6	172.1
安丘市	1359.8	1772.5	－283.4	－279	2897.8	61.1
高密市	4570.6	2248.7	1365.5	1382.4	4821.2	179.9
昌邑市	508.2	1954	－76	－67.3	1057.1	63.1
临朐县	4692	1885.2	－437.4	－424.3	2993.2	318.1
昌乐县	1528.2	1097	91.7	－102.1	2065.8	48.1
高新开发区	9125.3	8093.1	－195.7	－1874.1	11795.8	289.9
滨海开发区	5639.9	3126.5	238.1	742.7	4330.1	296.1
峡山生态区	242	124.7	－132.9	－132.9	360	17.8

12－15　全市规模以上服务业企业主要经济指标

（2016 年）　　单位:万元

地　　区	单位数（个）	固定资产原　　价	本　　年折　　旧	资　　产总　　计	所有者权益合计	营　　业收　　入
合　　计	**984**	**4725889**	**269442**	**10935801**	**4986264**	**3778214**
道路运输业	384	719483	73859	1162610	467457	1409971
水上运输业	17	359412	19858	459393	259713	73035
管道运输业	2	111618	12430	194463	58205	48124
装卸搬运和运输代理业	31	107370	6011	181638	52115	146892
仓储业	41	130772	6892	483376	206230	247475
邮政业	4	37759	1778	39717	2669	79399
电信、广播电视和卫星传输服务	8	1536462	82983	860690	311475	575279
互联网和相关服务	5	1547	100	18663	3692	7649
软件和信息技术服务业	38	46834	4332	174224	87390	154601
物业管理	93	19100	1648	89180	32265	82230
房地产中介服务	2	647	44	767	710	3686
自有房地产经营活动	6	65012	3615	203452	124646	25294
其他房地产业	1	226	19	246	159	481
租赁业	12	11456	1369	50219	22857	24230
商务服务业	80	306303	11425	2730291	1134154	199347
专业技术服务业	58	33121	2398	136352	51946	105137
科技推广和应用服务业	80	89499	7961	234422	119458	153854
水利管理业	5	486014	3849	1059728	470980	14662
公共设施管理业	47	265268	11454	2163632	1203284	216688
居民服务业	4	903	85	2020	1536	5819
机动车、电子产品和日用产品修理业	9	6368	311	29935	8152	14117
其他服务业	4	1352	187	1961	1328	5420
教育	22	16916	1440	21774	6818	19176
卫生	6	323188	12020	492859	288770	116480
社会工作	3	1167	101	2285	1680	1832
新闻和出版业	2	874	40	10256	8529	5225
广播、电视、电影和影视录音制作业	9	39444	2752	79927	34930	15915
文化艺术业	1	287	8	337	287	610
体育	2	1274	92	1289	－530	3326
娱乐业	8	6214	384	50097	25358	22260

12－15 续表 1

地　区	营　业 成　本	营业税金 及附加	销　售 费　用	管　理 费　用	其　中: 税　金	财　务 费　用
合　计	**2805102**	**33329**	**149406**	**320046**	**12124**	**59891**
道路运输业	1135435	12874	23863	77124	5493	11656
水上运输业	52496	510	2658	8543	461	4800
管道运输业	34616	317		3234	595	4792
装卸搬运和运输代理业	123791	622	1045	12532	139	4287
仓储业	206309	1148	4130	13852	669	980
邮政业	65363	209	39	12578	436	212
电信、广播电视和卫星传输服务	356270	1206	65850	18594	738	－357
互联网和相关服务	5562	13	165	1032	8	161
软件和信息技术服务业	107002	1114	9480	23663	180	1836
物业管理	48747	2102	3551	15082	235	1826
房地产中介服务	3094	48	41	59	3	8
自有房地产经营活动	14975	206	633	1388	73	2029
其他房地产业	372	33	7	9		7
租赁业	19960	234	584	972	28	1908
商务服务业	131014	4337	8118	32206	916	20622
专业技术服务业	67096	1928	4049	23056	564	443
科技推广和应用服务业	108370	1437	4838	11616	562	2065
水利管理业	12162	291	66	2341	23	186
公共设施管理业	143702	3136	12315	18877	532	442
居民服务业	3577	102	235	655	11	80
机动车、电子产品和日用产品修理业	9901	174	677	1216	61	111
其他服务业	3947	69	374	302	3	16
教育	13197	215	376	4274	60	141
卫生	110048		0	22499	67	1145
社会工作	1175	6	3	473		4
新闻和出版业	872	140	1130	2130	2	－4
广播、电视、电影和影视录音制作业	7435	187	1512	7238	9	125
文化艺术业	377	25	48	48	12	0
体育	1888	22	436	104	18	43
娱乐业	16352	625	3184	4351	223	327

12－15 续表 2

地　　区	营　业 利　润	利　润 总　额	应　交 所得税	应付职工薪酬（本年贷方累计发生额）	应　交 增值税	从事服务业活动的从业人员平均人数（人）
合　　计	**451256**	**495766**	**75140**	**567666**	**94783**	**100391**
道路运输业	170435	173852	25834	161856	34960	29149
水上运输业	4028	5028	815	12765	2019	1283
管道运输业	5449	6760	406	1778	1295	200
装卸搬运和运输代理业	4635	5659	1289	21483	1468	3816
仓储业	20884	25933	3844	20330	2469	3154
邮政业	920	1466	48	40054	1035	3377
电信、广播电视和卫星传输服务	111988	111984	21135	35856	26313	3263
互联网和相关服务	716	716	149	848	76	264
软件和信息技术服务业	11619	13574	1333	34701	5867	8709
物业管理	11240	11460	1825	25295	1226	8637
房地产中介服务	435	435	105	92	5	23
自有房地产经营活动	6064	6088	402	1192	14	284
其他房地产业	53	53	7	74	12	25
租赁业	367	518	235	1766	521	345
商务服务业	44874	45718	6449	48386	3348	11463
专业技术服务业	8723	9408	1549	26817	2922	5176
科技推广和应用服务业	25949	26514	4052	16112	2458	3601
水利管理业	－383	4074	724	3751	469	549
公共设施管理业	37044	46749	3805	52978	6410	8149
居民服务业	1171	1171	79	1431	56	324
机动车、电子产品和日用产品修理业	2044	2043	81	1206	179	323
其他服务业	703	703	105	1135	83	285
教育	968	1619	65	5395	183	1281
卫生	－17221	－5302		38539		3877
社会工作	175	214	28	721		212
新闻和出版业	1087	1113	287	2893	264	729
广播、电视、电影和影视录音制作业	－378	339	70	5594	550	950
文化艺术业	112	112	4	210		45
体育	832	853	27	413	199	101
娱乐业	－3279	－3086	389	3997	384	797

12－16　各县市区规模以上服务业主要经济指标

（2016 年）

单位：千元

地　　区	单位数（个）	固定资产原　　价	本　　年折　　旧	资　　产总　　计	所有者权益合计	营　　业收　　入
总　　　计	**984**	**4725889**	**269442**	**10935801**	**4986264**	**3778214**
潍　城　区	14	24789	1947	70083	20331	43224
寒　亭　区	45	39261	3742	124086	58401	100607
坊　子　区	22	10281	638	282783	164605	148315
奎　文　区	40	916562	53876	687474	85514	347981
青　州　市	79	153518	8358	694175	120959	164035
诸　城　市	91	220230	17532	274096	135940	250528
寿　光　市	273	956787	75022	2112416	919894	1130476
安　丘　市	96	66707	4787	101283	43523	134083
高　密　市	72	117310	3974	175956	124980	207649
昌　邑　市	51	75489	7194	150899	75167	153139
临　朐　县	25	22517	1416	78879	23603	23101
昌　乐　县	49	41343	4724	77396	44665	105051
高新开发区	104	1252093	59210	3582197	1893075	767160
滨海开发区	21	351641	23986	1474146	810826	191313

12－16 续表 1

地　　区	营　　业成　　本	营业税金及附加	销　　售费　　用	管　　理费　　用	其　中：税　　金	财　　务费　　用
总　　　计	**2805102**	**33329**	**149406**	**320046**	**12124**	**59891**
潍　城　区	30671	279	737	9740	122	1693
寒　亭　区	72078	2102	2384	6864	331	2121
坊　子　区	133656	348	2082	9962	43	－1695
奎　文　区	253872	2009	19277	45536	1878	3690
青　州　市	112403	3221	8458	18777	695	2529
诸　城　市	190291	1432	2905	23084	740	817
寿　光　市	883019	9464	26681	71359	1673	19947
安　丘　市	102606	2248	4841	8877	265	851
高　密　市	143850	2481	3839	9070	737	1544
昌　邑　市	95279	2289	7951	13108	492	1083
临　朐　县	15740	571	541	4389	134	225
昌　乐　县	86110	1024	845	3721	179	564
高新开发区	520731	4589	67293	76097	3572	19502
滨海开发区	154736	1062	1555	17300	1251	6850

12－16 续表 2

地　　区	营　业 利　润	利　润 总　额	应　交 所得税	应付职工薪酬（本年贷方累计发生额）	应　交 增值税	从事服务业活动的从业人员平均人数（人）
总　　计	**451256**	**495766**	**75140**	**567666**	**94783**	**100391**
潍 城 区	－147	501	308	8167	571	1625
寒 亭 区	14392	14586	3251	15002	2635	3569
坊 子 区	4801	5022	2329	6242	797	1018
奎 文 区	16974	18901	847	106369	12956	15403
青 州 市	18969	20130	2909	24433	2414	6219
诸 城 市	31999	32379	7779	52118	6620	10196
寿 光 市	120667	123013	21261	142611	26552	22627
安 丘 市	14309	15501	2098	13767	1766	3351
高 密 市	47176	47361	2690	16240	1989	3368
昌 邑 市	33494	34561	3346	50788	6815	7785
临 朐 县	1628	1619	313	4612	438	1343
昌 乐 县	12545	13397	1186	7639	1921	1381
高新开发区	125378	149161	24504	100981	25571	19825
滨海开发区	9876	15987	1769	16231	3377	2347

12－17　各县市区规模以上服务业分行业主要经济指标

（2016 年）

单位：万元

指　标　名　称	全市合计				
	单位个数（个）	固定资产原　价	资　产	营　业 收　入	营　业 利　润
总　　计	**984**	**4725889**	**10935801**	**3778214**	**451256**
交通运输、仓储和邮政业	479	1466414	2521197	2004895	206351
信息传输、软件和信息技术服务业	51	1584843	1053577	737529	124323
房地产业	102	84984	293645	111691	17792
租赁和商务服务业	92	317759	2780510	223578	45241
科学研究和技术服务业	138	122620	370774	258991	34672
水利、环境和公共设施管理业	52	751283	3223360	231350	36662
居民服务、修理和其他服务业	17	8622	33915	25356	3918
教育	22	16916	21774	19176	968
卫生和社会工作	9	324355	495144	118312	－17046
文化、体育和娱乐业	22	48093	141906	47336	－1625

12－17 续表 1

指 标 名 称	潍 城 区				
	单位个数（个）	固定资产原 价	资 产	营 业收 入	营 业利 润
总 计	**14**	**24789**	**70083**	**43224**	**－147**
交通运输、仓储和邮政业	8	12820	25492	19327	46
信息传输、软件和信息技术服务业	1	236	11283	4488	343
房地产业	1	42	6296	559	－126
租赁和商务服务业					
科学研究和技术服务业					
水利、环境和公共设施管理业					
居民服务、修理和其他服务业					
教育	1	2	88	32	1
卫生和社会工作	2	11626	26547	17501	－417
文化、体育和娱乐业	1	63	376	1317	6

12－17 续表 2

指 标 名 称	寒 亭 区				
	单位个数（个）	固定资产原 价	资 产	营 业收 入	营 业利 润
总 计	**45**	**36445**	**106899**	**91301**	**14514**
交通运输、仓储和邮政业	15	13747	18579	26984	4416
信息传输、软件和信息技术服务业					
房地产业	4	2419	5563	7595	1542
租赁和商务服务业	4	983	32952	8403	－234
科学研究和技术服务业	17	13616	41532	40077	7963
水利、环境和公共设施管理业	1	391	2019	2188	3
居民服务、修理和其他服务业	2	615	1034	3360	318
教育					
卫生和社会工作					
文化、体育和娱乐业	2	2234	4334	2580	220

12－17 续表3

指标名称	坊子区				
	单位个数（个）	固定资产原价	资产	营业收入	营业利润
总计	**22**	**10281**	**282783**	**148315**	**4801**
交通运输、仓储和邮政业	13	7367	177752	131628	9377
信息传输、软件和信息技术服务业	1	342	11411	2442	606
房地产业					
租赁和商务服务业	1	11	60399	6326	880
科学研究和技术服务业	4	603	738	6372	259
水利、环境和公共设施管理业					
居民服务、修理和其他服务业					
教育	1	1647	1646	417	－28
卫生和社会工作					
文化、体育和娱乐业	2	312	30838	1131	－6293

12－17 续表4

指标名称	奎文区				
	单位个数（个）	固定资产原价	资产	营业收入	营业利润
总计	**40**	**916562**	**687474**	**347981**	**16974**
交通运输、仓储和邮政业	6	151113	272510	111614	－3556
信息传输、软件和信息技术服务业	2	746325	312632	187546	19954
房地产业	12	3327	32487	8070	－1495
租赁和商务服务业	8	6473	23101	21449	772
科学研究和技术服务业	8	3932	15536	12520	620
水利、环境和公共设施管理业					
居民服务、修理和其他服务业	1	2894	20908	990	－18
教育	1	398	701	448	3
卫生和社会工作	1	390	698	444	112
文化、体育和娱乐业	1	1712	8903	4900	582

12－17 续表 5

指 标 名 称	青州市				
	单位个数（个）	固定资产原价	资产	营业收入	营业利润
总计	**79**	**153518**	**694175**	**164035**	**18969**
交通运输、仓储和邮政业	31	66584	144849	76381	8766
信息传输、软件和信息技术服务业	1	126	455	613	－1
房地产业	16	3183	9715	14850	2174
租赁和商务服务业	3	7355	118307	10277	613
科学研究和技术服务业	12	11553	54559	29087	5132
水利、环境和公共设施管理业	7	48757	307107	21130	－194
居民服务、修理和其他服务业	2	1193	1489	2004	141
教育	3	4344	4956	1755	103
卫生和社会工作					
文化、体育和娱乐业	4	10423	52739	7937	2236

12－17 续表 6

指 标 名 称	诸城市				
	单位个数（个）	固定资产原价	资产	营业收入	营业利润
总计	**91**	**220230**	**274096**	**250528**	**31999**
交通运输、仓储和邮政业	51	115100	139737	204642	24344
信息传输、软件和信息技术服务业					
房地产业	9	3682	6423	6318	946
租赁和商务服务业	6	72688	84342	11094	1032
科学研究和技术服务业	10	7118	10069	11647	2945
水利、环境和公共设施管理业	9	17436	26573	12343	2584
居民服务、修理和其他服务业	3	1301	3066	1938	99
教育	2	2252	3388	1559	50
卫生和社会工作					
文化、体育和娱乐业	1	654	497	986	0

12－17 续表 7

指 标 名 称	寿光市				
	单位个数（个）	固定资产原价	资产	营业收入	营业利润
总 计	**273**	**956787**	**2112416**	**1130476**	**120667**
交通运输、仓储和邮政业	195	588213	850137	854164	95878
信息传输、软件和信息技术服务业	5	6882	15280	14129	424
房地产业	14	63827	205194	32858	5922
租赁和商务服务业	21	142761	689469	61699	8767
科学研究和技术服务业	19	27626	117588	47837	3615
水利、环境和公共设施管理业	4	4016	5984	7415	857
居民服务、修理和其他服务业	3	1059	1698	3628	854
教育	4	3167	5539	7259	－575
卫生和社会工作	4	95512	187865	90839	5224
文化、体育和娱乐业	4	23724	33662	10648	－300

12－17 续表 8

指 标 名 称	安丘市				
	单位个数（个）	固定资产原价	资产	营业收入	营业利润
总 计	**96**	**66707**	**101283**	**134083**	**14309**
交通运输、仓储和邮政业	51	35278	61505	70046	6464
信息传输、软件和信息技术服务业	3	899	1071	3074	243
房地产业	8	2752	4279	10600	1427
租赁和商务服务业	3	2234	4320	10903	1952
科学研究和技术服务业	14	6034	7972	15723	2001
水利、环境和公共设施管理业	14	14270	17484	20108	2314
居民服务、修理和其他服务业	1	253	485	1397	84
教育	1	416	528	434	54
卫生和社会工作					
文化、体育和娱乐业	1	4570	3640	1799	－231

12－17 续表 9

指 标 名 称	高 密 市				
	单位个数（个）	固定资产原 价	资 产	营 业收 入	营 业利 润
总 计	**72**	**117310**	**175956**	**207649**	**47176**
交通运输、仓储和邮政业	28	57080	86191	139360	34786
信息传输、软件和信息技术服务业	3	556	2026	4240	782
房地产业	6	2211	2410	2577	758
租赁和商务服务业	8	2490	8566	14856	2941
科学研究和技术服务业	14	4355	20136	23939	3798
水利、环境和公共设施管理业	6	48194	50630	10095	2211
居民服务、修理和其他服务业	3	766	3460	8631	1074
教育	4	1659	2538	3951	825
卫生和社会工作					
文化、体育和娱乐业					

12－17 续表 10

指 标 名 称	昌 邑 市				
	单位数（个）	固定资产原 价	资 产	营 业收 入	营 业利 润
总 计	**51**	**75489**	**150899**	**153139**	**33494**
交通运输、仓储和邮政业	23	21243	40922	42416	11423
信息传输、软件和信息技术服务业					
房地产业	9	3005	9768	14540	4545
租赁和商务服务业	4	659	7084	5546	2195
科学研究和技术服务业	5	2166	4064	7400	3019
水利、环境和公共设施管理业	4	45845	85272	74225	9510
居民服务、修理和其他服务业	2	542	1775	3409	1366
教育	3	1066	879	2701	535
卫生和社会工作					
文化、体育和娱乐业	1	963	1136	2902	901

12－17 续表 11

指 标 名 称	临 朐 县				
	单位数（个）	固定资产原价	资 产	营业收入	营业利润
总 计	**25**	**22517**	**78879**	**23101**	**1628**
交通运输、仓储和邮政业	14	16138	28269	14097	522
信息传输、软件和信息技术服务业					
房地产业	3	194	2889	732	－3
租赁和商务服务业	2	249	1412	1933	432
科学研究和技术服务业	2	477	5384	1578	7
水利、环境和公共设施管理业	2	3493	39414	4140	670
居民服务、修理和其他服务业					
教育	2	1966	1511	621	0
卫生和社会工作					
文化、体育和娱乐业					

12－17 续表 12

指 标 名 称	昌 乐 县				
	单位数（个）	固定资产原价	资 产	营业收入	营业利润
总 计	**49**	**41343**	**77396**	**105051**	**12545**
交通运输、仓储和邮政业	23	20464	47453	65489	5664
信息传输、软件和信息技术服务业					
房地产业	7	16	677	1511	561
租赁和商务服务业	11	8521	13713	20417	3676
科学研究和技术服务业	6	10835	12138	10070	1130
水利、环境和公共设施管理业					
居民服务、修理和其他服务业					
教育					
卫生和社会工作					
文化、体育和娱乐业	2	1506	3415	7564	1515

12－17 续表 13

指标名称	高新开发区				
	单位数（个）	固定资产原价	资产	营业收入	营业利润
总计	**104**	**1252093**	**3582197**	**767160**	**125378**
交通运输、仓储和邮政业	9	22724	99744	80653	3259
信息传输、软件和信息技术服务业	34	828247	690604	511982	99606
房地产业	13	327	7946	11483	1542
租赁和商务服务业	16	69689	892208	43555	22730
科学研究和技术服务业	25	33522	79400	50254	3377
水利、环境和公共设施管理业	2	78828	1529896	54133	17091
居民服务、修理和其他服务业					
教育					
卫生和社会工作	2	216827	280034	9529	－21966
文化、体育和娱乐业	3	1930	2366	5571	－262

12－17 续表 14

指标名称	滨海开发区				
	单位数（个）	固定资产原价	资产	营业收入	营业利润
总计	**21**	**351641**	**1474146**	**191313**	**9876**
交通运输、仓储和邮政业	12	333290	509984	158674	4799
信息传输、软件和信息技术服务业	1	1230	8815	9015	2365
房地产业					
租赁和商务服务业	5	3646	844638	7119	－515
科学研究和技术服务业	1	655	1355	1320	505
水利、环境和公共设施管理业	2	12819	109354	15185	2722
居民服务、修理和其他服务业					
教育					
卫生和社会工作					
文化、体育和娱乐业					

12－18　分行业企业信息化及电子商务情况

（2016年）

指　标　名　称	企业数（个）	期末使用计算机数（台）	企业拥有网站数（个）	有电子商务交易活动		电子商务销售额（万元）
				企业数（个）	比　重（%）	
总　　计	**7751**	**244579**	**4555**	**629**	**8.10**	**5275372**
采矿业	30	430	13			
制造业	3662	143663	2827	325	8.90	3365799
电力、热力、燃气及水生产和供应业	73	5583	32	2	2.70	
建筑业	484	12051	223	19	3.90	320
批发和零售业	1547	35241	636	121	7.80	1694754
交通运输、仓储和邮政业	478	8752	120	16	3.30	17248
住宿和餐饮业	250	4164	131	75	30.00	9226
信息传输、软件和信息技术服务业	51	13929	57	21	41.20	178854
房地产业	827	10727	349	23	2.80	1266
租赁和商务服务业	92	2205	46	9	9.80	4267
科学研究和技术服务业	136	2912	59	9	6.60	2096
水利、环境和公共设施管理业	51	1122	23	3	5.90	292
居民服务、修理和其他服务业	17	107	4			
教育	22	427	7	1	4.50	
卫生和社会工作	9	2360	12			
文化、体育和娱乐业	22	906	16	5	22.70	1250

12－18 续表 1

指标名称	对境外国家和地区的销售（万元）	电子商务采购额（万元）	对境外国家和地区的采购（万元）	信息化投入（万元）	期末从业人员数（个）	企业专职从事信息技术工作的人员（个）
总　　计	**470961**	**4979254**	**59760**	**113165**	**1242538**	**26745**
采矿业				67	5697	80
制造业	449912	3991590	58989	65768	781213	13498
电力、热力、燃气及水生产和供应业		66		1869	19764	315
建筑业		1358		7856	194281	2333
批发和零售业	19894	918989	770	10285	86186	3185
交通运输、仓储和邮政业		1236		4702	42907	1147
住宿和餐饮业	238	143		1357	16944	477
信息传输、软件和信息技术服务业	89	61453		10026	12479	3024
房地产业	14	256	1	4639	28772	1471
租赁和商务服务业		2945		715	11276	242
科学研究和技术服务业	814	1136		983	8488	508
水利、环境和公共设施管理业		29		644	25114	146
居民服务、修理和其他服务业				52	958	52
教育		11		59	1310	79
卫生和社会工作				3716	4508	51
文化、体育和娱乐业		42		427	2641	137

12－19　各县市区企业信息化及电子商务情况

（2016 年）

指 标 名 称	企业数（个）	期末使用计算机数（台）	企业拥有网站数（个）	有电子商务交易活动 企业数（个）	有电子商务交易活动 比重（%）	电子商务销售额（万元）
总　　计	**7751**	**244579**	**4555**	**629**	**8.12**	**5275372**
潍 城 区	253	11390	208	37	14.62	22439
寒 亭 区	271	6807	203	19	15.78	20921
坊 子 区	235	12701	187	13	5.53	1128871
奎 文 区	284	13665	187	26	9.15	109433
青 州 市	793	12699	449	27	3.40	171930
诸 城 市	932	27230	449	133	14.27	831444
寿 光 市	1359	27861	678	95	6.99	108480
安 丘 市	682	8582	347	18	2.64	15197
高 密 市	864	17633	547	50	5.79	69989
昌 邑 市	483	6806	160	46	9.52	777245
临 朐 县	424	6912	263	27	6.37	13094
昌 乐 县	420	8019	314	42	10.00	91763
高新开发区	418	70736	313	70	16.75	1864346
滨海开发区	294	9916	214	23	7.82	48210
综合保税区	8	3002	6			
峡山生态区	31	620	30	3	9.68	2010

12－19 续表 1

指 标 名 称	对境外国家和地区的销售（万元）	电子商务采购额（万元）	对境外国家和地区的采购（万元）	信息化投入（万元）	期末从业人员数（个）	企业专职从事信息技术工作的人员（个）
总　　计	**470961**	**4979254**	**59760**	**113165**	**1242538**	**26745**
潍 城 区	5897	39474	3001	3270	48532	919
寒 亭 区	205	1320		2762	41746	784
坊 子 区	161731	963734		5624	35182	1415
奎 文 区	1218	46437	2	5344	39909	1433
青 州 市	25040	347417	1224	5686	109084	1811
诸 城 市	117297	1528444	15971	13777	199648	2637
寿 光 市	89508	30351	22379	9598	180794	3049
安 丘 市		8913		5505	64993	2007
高 密 市	10886	30266	1656	11216	135433	2523
昌 邑 市	1782	123594	570	5457	84094	1317
临 朐 县	252	20248		2402	55919	1785
昌 乐 县	38035	16603	13437	5349	51077	1573
高新开发区	4336	1815328	1520	29518	135583	4323
滨海开发区	14774	5364		5818	52721	930
综合保税区				1101	4895	106
峡山生态区		1761		738	2928	133

主要统计指标解释

社会消费品零售总额 指批发和零售业、住宿和餐饮业以及其他行业直接售给城乡居民和社会集团的消费品零售额。其中,对居民的消费品零售额,是指售予城乡居民用于生活消费的商品金额;对社会集团的消费品零售额,是指售给机关、社会团体、部队、学校、企事业单位、居委会或村委会等,公款购买的用作非生产、非经营使用与公共消费的商品金额。

社会消费品零售总额包括:售给城乡居民作为生活消费用的商品金额和修建房屋用的建筑材料,以及售给来华的外国人、华侨、港澳台同胞的消费品金额。

不包括:城市居民间或居民委托信托商店卖出的商品;

售给农业、工业、建筑业等行业用于生产的商品。

1. 批发和零售业零售额:指专门从事商品专卖业务的、各种经济类型的批发和零售业企业、产业活动单位和个体户,直接售给居民和社会集团的消费品零售额。

2. 住宿和餐饮业零售额:指专门从事提供食宿服务、进行食品烹饪调制的住宿和餐饮业企业、产业活动单位和个体户,直接向居民和社会集团出售主食、菜肴、烟酒饮料和其他商品取得的餐费收入和商品销售额,包括各行业企业或单位附设的对外营业的旅馆、火车餐车、轮船餐厅、机场餐厅的零售额,不包括机关、团体、学校、企事业单位不对外营业的职工食堂所出售的餐费收入。

3. 其他行业零售额:指批发和零售业、住宿和餐饮业法人企业、产业活动单位、个体户以外的其他行业的法人企业、产业活动单位或个体户,从事生活消费用品零售活动或者提供食宿服务所取得的商品销售额和餐费收入。

批发零售业商品购、销、存总额 指各种登记注册类型的批发、零售业企业(单位)以本企业(单位)为总体的,从国内、国外市场购进的商品总量,销售和出口的商品总量、库存商品总量等情况。该指标可以反映商品流转过程中商品的购进、销售、库存之间的比例关系和存在的问题。

商品购进总额 指从本企业(单位)以外的单位和个人购进(包括从境外直接进口)作为转卖或加工后转卖的商品总额。它反映批发零售贸易业从国内、国外市场上购进商品的总量。商品购进总额包括:(1)从工农业生产者购进的商品;(2)从出版社、报社的出版发行部门购进的图书、杂志和报纸;(3)从各种登记注册类型的批发零售贸易企业(单位)购进的商品;(4)从其他单位购进的商品,如从机关、团体、企业等单位购进的剩余物资,从餐饮业、服务业购进的商品,从海关、市场管理部门购进的缉私和没收的商品,从居民手中收购的废旧商品等;(5)从国(境)外直接进口的商品。不包括企业(单位)为自身经营用和未通过买卖行为而收入的商品以及销售退回、商品升溢等。

商品销售总额 指对本企业(单位)以外的单位和个人出售(包括对境外直接出口)的商品总额。它反映批发零售贸易业在国内市场上销售商品以及出口商品的总量。商品销售总额包括:(1)售给城乡居民和社会集团消费用的商品;(2)售给工业、农业、建筑业、运输邮电业、批发零售贸易业、餐饮业、服务业等作为生产、经营使用的商品;(3)售给批发零售贸易业作为转卖或加工后转卖的商品;(4)对国(境)外直接出口的商品。不包括出售本企业(单位)自用的废旧包装用品、未通过买卖行为付出的商品、经本单位介绍,由买卖双方直接结算,本单位只收取手续费的业务、购货退出的商品以及商品损耗和损失等。

批发零售业库存 指报告期末各种登记注册类型的批发零售贸易企业(单位)已取得所有权的商品。它反映批发零售贸易企业(单位)的商品库存情况和对市场商品供应的保证程度。期末库存包括:(1)存放在批发零售贸易业经营单位(如门市部、批发站、经营处)仓库、货场、货柜和货架中的商品;(2)挑选、整理、包装中的商品;(3)已记入购进而尚未运到本单位的商品,即发货单或银行承兑凭证已到而货未到的部分;(4)寄放他处的商品,如因购货方拒绝承付而暂时存放在购货方的商品和已办完加工成品收回手续而未提回的商品;(5)委托其他单位代销(未作销售或调出)尚未售出的商品;(6)代其他单位购进尚未交付的商品。不包括所有权不属于本单位的商品、拨付除批发零售贸易业以外的其他行业所属独立核算加工厂等加工生产尚未收回成品的商品、代国家物资储备部门保管的商品等。

库存总额采用的计算价格是:农副产品采购单位按购进价计算;批发单位按进货价计算;零售单位按核算价格计算,即按什么价格核算就按什么价格计算。

住宿餐饮业营业额 指住宿和餐饮业法人企业、产业活动单位在经营活动中因提供服务或销售商品等取得的收入,包括客房收入、餐费收入、商品销售收入和其他收入。客房收入指住宿和餐饮业法人企业、产业活动单位在经营活动中因提供住宿服务取得的客房收入。餐费收入指住宿和餐饮业法人企业、产业活动单位因为顾客提供就餐服务取得的收入,包括经烹饪、调制加工后出售的各种食品,如主食、炒菜、凉拌菜等的收入。商品销售收入指住宿和餐饮业法人企业、产业活动单位伴随服务而出售商品所取得的收入。其他收入指营业收入中除客房收入、餐费收入、商品销售收入以外的其他收入,包括娱乐、健身和商务服务等。

亿元商品交易市场成交额 指年成交额达到亿元以上,经工商部门批准、专门从事商品批发、零售业务活动的市场。其市场所有摊位成交总额称为商品交易市场成交额。

连锁企业(或称连锁店、连锁公司) 指在核心企业或总店的领导下,由分散的、经营同类商品或服务的企业或活动单位,采取共同方针,实行集中采购和分散销售的有机结合,通过规范化经营,实现规模效益的经济联合组织形式。一般连锁店应由若干个分店组成。其经营特征:(1)经营同类商品;(2)使用统一商号;(3)统一采购配送,采购与销售

相分离(部分商品可根据物流合理和保质保鲜原则,由供应商直接送货到门店,其余均由总部统一配送)。

连锁门店包括下列三种形式:

直营连锁:也叫正规连锁。连锁门店均由总部独资或控股开设,在总部的直接领导下统一经营。总部采取纵深似的管理方式,直接下令掌管所有的零售门店,零售门店也必须完全接受总部指挥。他是大型垄断商业资本通过吞并、兼并或独资、控股等途径,发展壮大自身实力和规模的一种形式。

特许连锁:各连锁门店(被特许人)通过合同形式,取

得使用总部(特许人)商标、商号、经营技术和销售总部开发的商品的特许权,各加盟连锁门店为独立法人,在总部指导下统一经营。

自由连锁:也称自愿连锁。连锁公司的门店均为独立法人,各自的资产所有权关系不变,在公司总部的指导下共同经营。各成员店使用共同的店名,与总部订阅有关购、销、宣传等方面的合同,并按合同开展经营活动。在合同规定的范围之外,各成员店可以自由活动。根据自愿原则,各成员店可自由加入连锁体系,也可自由退出。

特许连锁加上自由连锁等于加盟连锁。

规模以上服务业统计范围:行政区划范围内所有从事服务业行业生产经营或业务活动的全部法人单位和其他视同法人单位。规模以上服务业统计为辖区内年末从业人员 50 人及以上,或年营业收入 1000 万元及以上服务业法人单位。

1、农、林、牧、渔服务业(大类)

2、交通运输、仓储和邮政业

3、信息传输、计算机服务和软件业

4、房地产中介、物业管理

5、租赁和商务服务业

6、科学研究、技术服务和地质勘查业

7、水利、环境和公共设施管理业

8、居民服务和其他服务业

9、教育

10、卫生、社会保障和社会福利业

11、文化、体育和娱乐业

12、公共管理和社会组织

信息化及电子商务统计范围辖区内规模以上工业、资质建筑业、房地产业、限额以上批发和零售业、限额以上住宿和餐饮业、规模以上重点服务业企业。

全年电子商务销售金额:指报告期内企业(单位)借助网络订单而销售的商品和服务总额。借助网络订单指通过网络接收订单,付款和配送可以不借助于网络。

全年电子商务采购金额:指报告期内企业(单位)借助网络订单而采购的商品和服务总额。借助网络订单指通过网络发送订单,付款和配送可以不借助于网络。

⑬

对外经贸、旅游

THIRTEEN

FOREIGN TRADE AND TOURISM

简 要 说 明

一、本篇资料的主要内容

本篇资料反映了全市外经外贸、旅游和开发区的基本情况，主要包括进出口、利用外资、对外承包工程和劳务合作、旅游业基本情况、经济开发区和高新技术开发区等方面的内容。

二、本篇资料的来源

进、出口数据、利用外资、对外承包工程和劳务合作等资料来源于市商务局；旅游资料来源于省旅游局；开发区资料来源于市统计局开发区统计年报。本篇资料由市统计局贸易外经处整理提供。

13－1 全市利用外资基本情况

（2016 年）　　单位：万元

指标名称	合同项目个数（个）	合同外资金额	实际到账外资金额
总　计	**45**	**912354**	**708143**
第一产业	1	30756	91881
第二产业	20	659573	541068
第三产业	24	222025	75194

13－2 各县市区实际到账外资金额情况

（2016 年）　　单位：万元

地区	2016 年	同比增长（%）
总　计	**912354**	**－16.8**
潍城区	68947	48.9
寒亭区	62319	411.7
坊子区	57741	59.3
奎文区	66645	－67.6
青州市	43579	－37.1
诸城市	106519	－6.1
寿光市	133693	－2.2
安丘市	72016	－0.3
高密市	106407	－4.3
昌邑市	121030	119.5
临朐县	291	－99.1
昌乐县	6436	－71.3
高新开发区	－2342	－105.4
滨海开发区	65805	－25.3
峡山生态区	3175	155.5
综合保税区	93	

13－3　全市对外贸易主要市场情况

（2016 年）　　单位：万元

国别（地区）	进出口总值	出口总值	进口总值
总　计	**12489554**	**8220182**	**4269372**
亚洲	**6139782**	**3695356**	**2444426**
日本	1380480	1141343	239137
东盟	1695849	910507	785342
韩国	663668	383059	280609
印度	398217	313046	85171
香港	95739	93992	1747
阿联酋	239074	145272	93802
非洲	**744742**	**526754**	**217988**
南非	135388	80062	55326
欧洲	**2122284**	**1420355**	**701929**
欧盟	1569644	1206682	362962
俄罗斯	451519	134161	317358
拉丁美洲	**1029520**	**665768**	**363752**
北美洲	**1939052**	**1558366**	**380686**
美国	1759731	1454730	305001
大洋洲	**439125**	**278642**	**160483**
澳大利亚	396275	239654	156621

13－4　对外承包工程和劳务合作情况

（1991－2016 年）

年　份	合同金额（万美元）	营业额（万美元）	外派劳务人数（人）
1991	39	17	54
1992	70	38	115
1993	510	212	508
1994	2347	435	1001
1995	3148	1163	1301
1996	3550	2979	1321
1997	5039	3478	1433
1998	4554	3260	1216
1999	5200	3600	1320
2000	6482	5171	1425
2001	12181	5256	1702
2002	18477	6306	1703
2003	16641	4578	2537
2004	28378	17378	5056
2005	22512	24477	4714
2006	143857	33025	5224
2007	158290	40223	5748
2008	175098	82984	5842
2009	289669	113435	5797
2010	420835	169680	5872
2011	145085	216425	6098
2012	38287.5	18889	5050
2013	14297	12575	5532
2014	63789	15755	5711
2015	5501	17008	5797
2016	13896	19839	6113

13－5　全市接待港澳台胞、外国旅游者人数

（2010—2016年）　　　　单位：人

指标名称	2010年	2011年	2012年	2013年	2014年	2015年	2016年
总　　计	**221860**	**288998**	**348103**	**335035**	**327298**	**334041**	**348116**
一、香港	**17114**	**22359**	**26901**	**25437**	**25256**	**25976**	**27081**
二、澳门	**3549**	**4980**	**5835**	**5933**	**6101**	**6666**	**7444**
三、台湾	**19921**	**25760**	**31278**	**29663**	**28721**	**29253**	**30299**
四、外国人	**181276**	**235899**	**284089**	**274002**	**267192**	**272181**	**283282**
1. 日本	38092	40982	37363	30224	20151	18473	18530
2. 菲律宾	2870	3691	3958	3414	3167	3081	3079
3. 新加坡	3716	6699	7860	6811	6772	6295	6299
4. 泰国	418	893	1811	2276	1442	1415	1458
5. 印尼	924	1218	2203	2213	2036	1834	1798
6. 马来西亚	2839	3705	5423	4687	4407	4157	4157
7. 韩国	86950	121258	133926	129257	127054	127212	132628
8. 美国	9258	11787	16306	16375	16250	16084	16000
9. 加拿大	1754	2161	4615	3815	3672	3565	3708
10. 英国	2410	3015	6997	6410	6208	5951	5762
11. 德国	1687	2103	6766	5898	5905	5668	5524
12. 法国	1782	2204	4706	4535	4311	4098	4103
13. 意大利	1416	1709	3213	2403	2256	2158	2129
14. 瑞士	419	451	565	491	256	218	236
15. 瑞典	246	261	530	484	339	288	280
16. 荷兰	266	296	293	222	103	81	79
17. 西班牙	349	391	719	735	563	490	483
18. 俄罗斯	2910	3618	6769	6460	6325	5770	5650
19. 澳大利亚	2055	2541	4358	4032	3694	3495	3484
20. 新西兰	691	796	1340	1260	1004	907	916
21. 其他国家	20224	26120	34368	42000	12324	15869	13688

13-6 全市国际旅游情况

（1990-2016年）

年份	接待旅游人数（人次）	外国人	华侨	港澳台胞	旅游外汇收入（万元）	旅游外汇收入（万美元）
1990	7294	3805	494	2995	456.0	95.4
1991	8554	5394	291	2869	319.6	60.1
1992	9986	5565	300	4121	460.0	83.3
1993	10593	5179	636	4778	573.0	99.5
1994	11137	7204	565	3368	1261.1	146.3
1995	13086	9153	507	3426	1812.0	217.0
1996	15024	11426	508	3090	3639.8	438.0
1997	17380	11513	872	4995	3987.5	481.0
1998	19466	9520	715	9231	3560.0	430.0
1999	21516	9758	476	11282	4371.8	528.0
2000	24098	11895		12203	4876.9	589.0
2001	27086	11957		15129	6833.1	831.3
2002	30472	13768		16704	7584.0	916.0
2003	21455	12004		9451	5302.2	638.8
2004	30848	19453		11395	7474.9	903.1
2005	35840	24587		11253	8443.2	1055.4
2006	43052	33178		9874	10336	1292.0
2007	74159	58844		15315	27000	3606.9
2008	131771	105923		25848	49000	7081.0
2009	172530	139230		33300	84000	12253.9
2010	221860	181276		40584	107600	16238.3
2011	288998	235899		53099	131000	20534.8
2012	348103	284089		64014	160000	25300.0
2013	335035	274002		61033	143600	23200.0
2014	327298	267192		60106	133000	21630.2
2015	334041	272181		61895	137200	21975.7
2016	348116	283282		64834	150900	22500.0

注:2000年后取消华侨分组。

13－7　全市国内旅游抽样调查历史数据

（2010 年－2016 年）

指标名称	单位	2010 年	2011 年	2012 年	2013 年	2014 年	2015 年	2016 年
国内旅游人数	万人	2945.46	3602.62	4221.20	4701.75	5163.10	5596.22	6080.29
1.过夜旅游者人数	万人	1957.87	2386.96	2774.71	3137.61	3600.37	3899.34	3900.9
（1）旅游住宿设施国内旅游人数	万人	1882.64	2295.96	2671.65	3021.07	3466.64	3754.45	3670
（2）住亲友家去景点的国内旅游人数	万人	75.23	91.00	103.06	116.54	133.73	144.89	230.9
2.不过夜旅游者（一日游）人数	万人	987.59	1215.66	1446.49	1564.14	1562.73	1696.88	2179.39
旅游景点接待一日游人数	万人	987.59	1215.66	1427.35	1543.45	1562.73	1696.88	2090.5
1.本地一日游人数	万人	291.62	368.95	452.33	489.12	463.98	499.81	700
2.外地一日游人数	万人	695.97	846.71	994.16	1054.33	1098.75	1197.07	1390.5
国内旅游人均花费	元	804.46	838.54	873.26	907.56	941.68	988.08	1035.05
其中：旅游住宿设施国内旅游者人均花费	元	1083.62	1129.96	1182.99	1214.15	1221.27	1250	1300
住亲友家去景点的国内旅游者人均花费	元	602.69	622.33	647.90	660.24	668.86	678.6	700
一日游旅游者人均花费	元	287.68	304.34	318.28	333.48	344.98	360	540
国内旅游收入	万元	2369510	3020950	3686000	4267125	4862261	5529521	6293400
1.接待过夜旅游者收入	万元	2085400	2650975	3217000	3745519	4323152	4908429	5269000
（1）旅游住宿设施接待国内旅游者收入	万元	2040060	2594343	3150440	3668024	4233706	4810708	5169000
（2）住亲友家去景点的国内旅游者旅游花费	万元	45340	56632	66560	77495	89446	97721	100000
2.接待不过夜旅游者（一日游）收入	万元	284110	369975	469000	521606	539109	621092	1024400

主要统计指标解释

国内旅行社 指负责经营招徕、组团、接待国内旅客的旅游业务，以及不对外招徕，负责经营接待国际旅行社或其它涉外部门组织的外国人、华侨、港澳同胞和台湾同胞来中国、归国或回内地的旅游业务的旅行社。

星级饭店 指已评定星级的饭店。

14

教育、科技

FOURTEEN

EDUCATION SCIENCE AND TECHNOLOGY

简　要　说　明

本篇资料反映了全市教育、科技发展基本情况。教育部分主要包括高等教育、中等教育、初等教育、成人高等教育、职业教育、幼儿园等方面的基本情况。科技部分主要包括规模以上工业科技活动和全社会科技活动情况。

教育部分由市教育局提供,科技部分由省社科处反馈。

本篇资料由潍坊市统计局社会科整理提供。

14－1 各级各类学校基本情况

（2016年）

单位：人

指标名称	学校数（所）	毕业生数	招生数	在校学生数	教职工数	
					合计	其中：专任教师
一、高等教育	**15**	**58409**	**75779**	**213426**	**12149**	**9221**
（一）研究生		380	455	1298		
（二）普通高等教育	14	43922	59527	169985	12063	9158
1、按学校性质分	14	43922	59527	169985	12063	9158
本科院校	4	17935	20536	66166	5470	3968
高职（专科）院校	10	25987	38991	103819	6593	5190
2、按学生性质分	14	43922	59527	169985		
本科	4	11988	12548	48685		
专科	10	31934	46979	121300		
（三）成人高等教育		14107	15797	42143		
教育学院						
普通高等学校举办		14107	15797	42143		
（四）民办的其他高等教育机构	1				86	63
二、中等职业教育	**47**	**42642**	**43952**	**120986**	**7824**	**6229**
（一）中等职业学校	34	33614	30160	86796	5682	4573
普通中等专业学校	26	17875	17917	49001	3812	2965
成人中等专业学校	2	5623	2143	8035	132	107
调整后中职学校	6	7995	8102	22199	1738	1501
职业高中学校		2121	1998	7561		
（二）技工学校	13	9028	13792	34190	2142	1656
三、基础教育	**2934**	**323415**	**315429**	**1254747**	**110375**	**97414**
（一）普通中学	325	152916	143254	422951	45018	40949
高中	55	63474	56886	173059	18496	16299
初中	270	89442	86368	249892	26522	24650
（二）职业初中						
（三）工读学校						
（四）小学	823	88236	88102	594515	40097	38757
（五）特殊教育学校	12	216	279	1607	536	460
（六）幼儿园	1774	82047	83794	235674	24724	17248
（七）成人基础教育						

14－2　潍坊高等学校分校情况

（2016 年）

单位：人

指标名称	毕业生数	招生数	在校生数	教职工数	专任教师
高校合计	**58409**	**75779**	**213426**	**12149**	**9221**
潍坊医学院	9293	9809	35084	1594	1229
潍坊学院	13348	14129	43997	2036	1382
潍坊科技学院	6403	8752	21027	1384	1025
山东师范大学历山学院	945	2940	6910	456	332
潍坊职业学院	4758	5991	16249	960	787
山东科技职业学院	4644	5279	14515	767	608
山东畜牧兽医职业学院	2111	3053	8958	646	509
山东交通职业学院	3001	4347	11594	854	672
山东信息职业技术学院	2047	3617	9723	627	472
山东经贸职业学院	2780	3308	9536	483	383
潍坊工商职业学院	1807	3110	8834	496	356
潍坊工程职业学院	3174	5332	13246	554	442
潍坊护理职业学院	3625	4009	8981	927	741
山东海事职业学院	473	2103	4772	279	220
潍坊科技专修学院	0	0	0	86	63

14－3　全市及各县市区普通中学情况

（2016 年）

单位：所、人

地区	普通高中				普通初中			
	学校数	毕业生数	招生数	在校生数	学校数	毕业生数	招生数	在校生数
总计	**55**	**63474**	**56886**	**173059**	**270**	**89442**	**86368**	**249892**
市辖区	14	12325	12985	37370	61	19462	18785	54722
潍城区	1	1654	1541	4522	13	3520	3137	9536
寒亭区	4	2611	3323	9113	14	5200	4761	14438
坊子区	5	4298	4745	13922	15	5159	5741	15678
奎文区	4	3762	3376	9813	19	5583	5146	15070
临朐县	6	5333	4081	13488	21	6682	6263	19363
昌乐县	4	6063	6623	18862	8	6589	6978	19460
青州市	5	6275	5787	17544	33	10015	8596	25610
诸城市	5	7459	6907	21090	29	11366	12684	33989
寿光市	7	8577	7374	22381	37	12899	10464	31645
安丘市	5	6616	4650	15523	31	7827	8281	23196
高密市	6	6720	5063	16509	29	9286	9379	27624
昌邑市	3	4106	3416	10292	21	5316	4938	14283

14－4 全市及各县市区职业中学、小学情况

（2016 年）　　单位:所、人

地　区	中职学校				小　学			
	学校数	毕业生数	招生数	在校生数	学校数	毕业生数	招生数	在校生数
总　　计	**34**	**33614**	**30160**	**86796**	**823**	**88236**	**88102**	**594515**
市辖区	16	12085	10061	28735	186	19753	22193	142187
潍城区	9	4546	5158	12142	38	3997	4628	29326
寒亭区	2	725	794	1202	59	4291	4720	30863
坊子区	2	49	68	190	64	5403	4827	36834
奎文区	3	6765	4041	15201	25	6062	8018	45164
临朐县	1	1499	1080	3594	71	6352	10204	55978
昌乐县	1	748	563	1983	42	5458	5771	39041
青州市	4	4688	4897	12612	91	8766	8908	49731
诸城市	2	2223	2292	6221	115	12884	8819	75248
寿光市	2	5307	5044	14655	100	12524	11061	66840
安丘市	2	1647	1639	4266	56	8052	7279	66214
高密市	4	4389	3548	11641	111	9396	9095	66275
昌邑市	2	1028	1036	3089	51	5051	4772	33001

14－5 全市及各县市区中、小学教职工情况

（2016 年）　　单位:人

地　区	普通中学		职业高中		小　学	
	教职工数	专任教师	教职工数	专任教师	教职工数	专任教师
总　　计	**45018**	**40949**	**5682**	**4573**	**40097**	**38757**
市辖区	10430	9187	1299	847	9295	8908
潍城区	1665	1418	797	534	1785	1683
寒亭区	3024	2756	145	83	2295	2214
坊子区	2945	2590	18	15	2677	2562
奎文区	2796	2423	339	215	2538	2449
临朐县	3700	3609	324	244	3552	3501
昌乐县	3742	3380	240	200	3119	3042
青州市	4575	4186	628	522	3711	3637
诸城市	5170	4839	863	745	4878	4664
寿光市	5898	5206	968	870	4679	4537
安丘市	4403	3879	395	306	4158	3898
高密市	4521	4241	553	480	4398	4314
昌邑市	2579	2422	412	359	2307	2256

14－6 科技综合情况表

（2015－2016 年）

指标名称	2015 年	2016 年
科技活动人员情况		
科技活动人员（人）	68299	67745
其中：大学本科及以上学历	26620	43943
研究与试验发展（R&D）人员情况		
科技活动单位数（个）	5019	3967
其中：有 R&D 活动单位	658	795
R&D 人员（人）	39081	41684
其中：女性	10363	11576
其中：研究人员	15576	17580
其中：全时人员	26587	28671
非全时人员	12494	13013
博士毕业	579	680
硕士毕业	3332	3527
本科毕业	11395	22646
其他学历	23775	14831
R&D 人员折合全时当量（人年）	24277.6	25583.5
其中：研究人员	9617.9	10776.9
其中：基础研究	399.6	316.5
应用研究	2040	1933.5
试验发展	21838	23333.6
研究与试验发展（R&D）经费情况		
R&D 经费内部支出（万元）	1337722.4	1441328.2
其中：基础研究	6777.2	7409.1
应用研究	63573	42966.1
试验发展	1267372.2	1390953
其中：日常性支出	1129402.2	1233997.4
#人员劳务费	275253.9	316354.8
资产性支出	208320.2	207330.8
#仪器和设备	202807.9	202990.1
政府资金	39301.4	36354.3
企业资金	1280534.6	1380430.3
境外资金	1452.5	1503.3

14－6 续表1

指 标 名 称	2015年	2016年
其他资金	16433.9	23040.3
R&D 经费外部支出(万元)	64726	73395.3
其中:对国内研究机构支出	21478.4	23641.5
对国内高等学校支出	7593.3	10504.8
对国内企业支出	21919.9	25560.8
对境外支出	13734.4	13688.2
研究与试验发展(R&D)产出情况		
专利申请数(件)	7046	5831
其中:发明专利	2269	2585
专利授权数(件)	895	100
其中:发明专利	48	31
有效发明专利数(件)	3960	5392
专利所有权转让及许可数(件)	170	37
专利所有权转让及许可收入(万元)	23.8	250.8
集成电路布图设计登记数(件)	0	0
植物新品种权授予数(项)	6	1
形成国家或行业标准数(项)	174	134
发表科技论文(篇)	4148	3476
出版科技著作(种)	247	211
研究机构情况		
机构数(个)	547	567
R&D 人员(人)	16191	16277
其中:博士毕业	357	412
硕士毕业	1932	2249
R&D 经费支出(万元)	568093.7	543316.7
科研用仪器设备原价(万元)	435896.1	534980.2
其中:进口	119373.1	121542.2

主要统计指标解释

普通高等学校 指按照国家规定的设置标准和审批程序批准举办的，通过全国普通高等学校统一招生考试，招收高中毕业生为主要培养对象，实施高等教育的全日制大学、独立设置的学院和高等专科学校、高等职业学校和其他机构。

大学、独立设置的学院主要实施本科层次以上教育，高等专科学校、高等职业学校实施专科层次教育，其他机构是承担国家普通招生计划任务不计校数的机构。包括普通高等学校分校和批准筹建的普通高等学校等。

成人高等学校 指按照国家规定的设置标准和审批程序批准举办的，通过全国成人高等学校统一招生考试，招收具有高中毕业或同等学历的在职从业人员为主要培养对象，利用函授、业余、脱产等多种形式对其实施高等学历教育的学校。包括职工高等学校、农民高等学校、管理干部学院、教育学院、独立函授学院、广播电视大学、其他机构等。其他机构是承担国家成人招生计划任务不计校数的机构。

小学学龄儿童净入学率 指调查范围内已入小学学习的学龄儿童占校内外学龄儿童总数（包括弱智儿童，不包括盲聋哑儿童）的比重。计算公式为：

$$\text{小学学龄儿童净入学率} = \frac{\text{已入学的小学学龄儿童数}}{\text{校内外小学学龄儿童总数}} \times 100\%$$

科技活动：是指在自然科学、农业科学、医药科学、工程与技术科学、人文与社会科学领域（简称科学技术领域）中与科技知识的产生、发展、传播和应用密切相关的有组织的活动。为核算科技投入的需要，科技活动可分为研究与试验发展（R&D）、研究与试验发展成果应用及相关的科技服务三类活动。本报表制度规定，独立的研究机构、情报文献机构和全日制普通高等学校统计 R&D 及其成果应用和科技服务三类活动，其他企事业单位的科技活动只统计 R&D 及其成果应用两类活动。

研究与试验发展（R&D）：是指在科学技术领域，为增加知识总量、以及运用这些知识去创造新的应用而进行的系统的创造性的活动，包括基础研究、应用研究、试验发展三类活动。

基础研究：是指为了获得关于现象和可观察事实的基本原理的新知识（揭示客观事物的本质、运动规律，获得新发现、新学说）而进行的实验性或理论性研究，它不以任何专门或特定的应用或使用为目的。其成果以科学论文和科学著作为主要形式。

应用研究：是指为获得新知识而进行的创造性研究，主要针对某一特定的目的或目标。应用研究是为了确定基础研究成果可能的用途，或是为达到预定的目标探索应采取的新方法（原理性）或新途径。其成果形式以科学论文、专著、原理性模型或发明专利为主。

试验发展：是指利用从基础研究、应用研究和实际经验所获得的现有知识，为产生新的产品、材料和装置，建立新的工艺、系统和服务，以及对已产生和建立的上述各项作实质性的改进而进行的系统性工作。其成果形式主要是专利、专有技术、具有新产品基本特征的产品原型或具有新装置基本特征的原始样机等。在社会科学领域，试验发展是指把通过基础研究、应用研究获得的知识转变成可以实施的计划（包括为进行检验和评估实施示范项目）的过程。人文科学领域没有对应的试验发展活动。

研究与试验发展（R&D）成果应用：是指为使试验发展阶段产生的新产品、材料和装置，建立的新工艺、系统和服务以及作实质性改进后的上述各项能够投入生产或实际应用，解决所存在的技术问题而进行的系统性的工作。

科技服务：是指和研究与试验发展活动相关并有助于科学技术知识的产生、传播和应用的活动，包括：为扩大科技成果的适用范围而进行的示范推广工作；为用户提供信息和文献服务的系统性工作；为用户提供可行性报告、技术方案、建议及进行技术论证等技术咨询工作；自然、生物现象的日常观测、监测，资源的考察和勘探；有关社会、人文、经济现象的通用资料的收集，以及这些资料的常规分析与整理；对社会公众的科学普及活动；为社会和公众提供的测试、标准化、计量、质量控制和专利服务。

单位数：指本制度综合范围内的调查单位个数。对于各级各类国有独立核算的科学研究与技术开发机构、科技情报与文献机构以一个机构为一个调查单位；对于全日制普通高校以一个学校为一个调查单位；对于其他企业事业单位则以填报单位为一个调查单位。

有科技活动的单位数：指在本制度综合范围内有科研和技术开发项目（课题）活动，并在当年有科技活动经费支出的单位数。

从事科技活动人员：指调查单位在报告年度直接从事科技活动、以及专门从事科技活动管理和为科技活动提供直接服务的人员。累计从事科技活动的实际工作时间占全年制度工作时间10%以下（不包含10%）的人员，不统计。

直接从事科技活动的人员包括在独立核算的科学研究与技术开发机构、高等学校、各类企业及其他事业单位内设的研究室、实验室、技术开发中心及中试车间（基地）等机构中从事科技活动的研究人员、工程技术人员、技术工人及其它人员；虽不在上述机构工作，但编入科技活动项目（课题）组的人员；科技信息与文献机构中的专业技术人员；从事论文设计的研究生等。

专门从事科技活动管理和为科技活动提供直接服务的人员包括独立核算的科学研究与技术开发机构、科技信息与文献机构、高等学校、各类企业及其他事业单位主管科技工作的负责人，专门从事科技活动的计划、行政、人事、财务、物资供应、设备维护、图书资料管理等工作的各类人员，但不包括保卫、医疗保健人员、司机、食堂人员、茶炉工、水暖工、清洁工等为科技活动提供间接服务的人员。

科技活动经费筹集额合计：指调查单位在报告期从各种渠道筹集到的计划用于科技活动的经费，包括政府资金、企业资金、事业单位资金、金融机构贷款、国外资金和其他资金等。

政府资金：指调查单位在报告期从各级政府部门获得的计划用于科技活动的经费，包括科学事业费、科技三项费、科研基建费、科学基金、教育等部门事业费中计划用于科技活动的经费以及政府部门预算外资金中计划用于科技活动的经费等。

企业资金：指报告期本企业从自有资金中提取或接受其他企业委托的、科研院所和高校等事业单位接受企业委托获得的，计划用于科研和技术开发的经费。不包括来自政府、金融机构及国外的计划用于科技活动的资金。

事业单位资金：指独立的科研院所、高等学校等事业单位在报告期从事业收入（不包括来自企业委托科研项目的收入）、经营收入、专项收入、其他收入中安排用于科技活动的资金，以及企业单位从事业单位获得的用于科研和技术开发活动的经费。不包括转拨经费以及来自政府、金融机构和国外的计划用于科技活动的经费。

金融机构贷款：指调查单位在报告期从各类金融机构获得的用于科技活动的贷款。

国外资金：指中国境外的企业、大学、国际组织、民间组织、金融机构及外国政府在报告期提供给在中国境内注册的各类单位用于科技活动的经费。

其他资金：指开展科技活动的单位从上述渠道以外获得的用于科技活动的经费，如来自民间非营利机构的资助和个人捐赠等。

科技活动经费支出总额合计：指调查单位在报告期实际支出的全部科技活动费用，包括来自科研渠道的经费、教育事业费、基本建设投资、技术改造投资等实际用于科技活动支出的费用。科技活动经费支出分为内部支出和外部支出。

科技经费内部支出：指调查单位在报告期用于内部开展科技活动实际支出的费用，包括外协加工费。科技活动经费内部支出按用途分为经常性支出和基本建设支出两类。

经常费支出：指调查单位在报告期为开展科技活动使用非基建项目资金支付的科技活动人员劳务费、设备购置费和其他日常支出。其他日常支出包括因开展科研活动而发生的各项管理费用和购买非资产性的材料、物资费用等。具体包括原料、材料、辅料、元器件、零配件、低值易耗品的费用（包括包装、运输、储存及各种杂费等);房屋租金、水电费、燃料费、维修费;科研项目前期论证费、调研差旅费、资料费、计算机服务费、印刷费、邮寄费、专题技术及学术会议费、成果鉴定费;办公费、行政管理费、人事及财务管理费等。提供间接服务人员(如司机、保安人员、炊事人员、医疗保健人员等)的劳务费按其为科技活动提供服务的时间比例分摊计入本项支出。

人员劳务费:指报告期内调查单位以货币或实物形式直接或间接支付给科技活动人员的劳动报酬及各种费用,包括各种形式的工资、补助工资、津贴、价格补贴、奖金、福利、失业保险、养老保险、医疗保险、工伤保险、人民助学金等。为科技活动提供间接服务人员的劳务费不计入此项。

科研基建支出:指调查单位在报告期内为开展科技活动,使用基本建设费进行建造、购置、安装、改建、扩建固定资产,以及进行设备改造和大修理等实际支出的费用。

固定资产购建:指调查单位在报告期内为开展科技活动,使用非基建费进行固定资产购置,以及使用基本建设费进行建造、购置、安装、改建、扩建固定资产和进行设备改造、大修理等实际支出的费用总额。固定资产指长期使用而不改变原有的实物形态且单位价值在规定标准以上的主要物资设备,如科研仪器设备、图书资料、实验材料和标本,以及其他设备和家具、房屋和建筑物等。

设备购置:指调查单位在报告期内为进行科技活动,使用非基建费支出的固定资产购置费,如科研仪器设备、图书资料、实验材料和标本,以及其他设备和家具、房屋和建筑物等。

科技经费外部支出:指调查单位在报告年度委托其他单位或与其他单位合作开展科技活动而转拨给其他单位的科技经费,不包括外协加工费。

有 R&D 活动的单位数:指在本制度综合范围内有 R&D 项目(课题)活动,并在当年有 R&D 活动经费支出的单位数。

R&D 人员折合全时当量:由参加 R&D 项目人员的全时当量及应分摊在 R&D 项目的管理和直接服务人员的全时当量两部分相加计算。R&D 项目人员的全时当量由参加基础研究、应用研究、试验发展三类项目人员的全时当量相加计算;应分摊在 R&D 项目上的管理和直接服务人员的全时当量按 R&D 项目人员的全时当量占全部科技项目人员全时当量的比重计算。

R&D 人员折合全时当量中的全时人员:指在报告年度从事 R&D 活动的工作时间占全年工作时间的 90% 以上(含 90%)的专职人员。

R&D 人员折合全时当量中的基础研究人员:由参加基础研究项目人员的全时当量及应分摊在这类项目上的管理和直接服务人员的全时当量两部分相加计算。

R&D 人员折合全时当量中的应用研究人员:由参加应用研究项目人员的全时当量及应分摊在这类项目上的管理和直接服务人员的全时当量两部分相加计算。

R&D 人员折合全时当量中的试验发展研究人员:由参加试验发展项目人员的全时当量及应分摊在这类项目上的管理和直接服务人员的全时当量两部分相加计算。

R&D 经费内部支出:指调查单位在报告期用于内部开展 R&D 活动(基础研究、应用研究、试验发展)的实际支出。包括用于 R&D 项目(课题)活动的直接支出,以及间接用于 R&D 活动的管理费、服务费、与 R&D 有关的基本建设支出以及外协加工费等。不包括生产性活动支出、归还贷款支出以及与外单位合作或委托外单位进行 R&D 活动而转拨给对方的经费支出。

R&D 经费内部支出中的经常费支出:包括 R&D 活动人员的劳务费、非基建费支出的设备购置费及其它日常支出。

R&D 人员劳务费:指以货币或实物形式直接或间接支付给 R&D 活动人员的劳动报酬,R&D 人员劳务费的计算项与全部科技活动人员劳务费的计算项相同。无论是 R&D 项目经费支出的劳务费还是非 R&D 项目经费支出的 R&D 人员的劳务费(含工资)均应计算在内。

基础研究支出:指报告期调查单位内部基础研究项目的实际经费支出,以及应分摊在这类项目上的管理和直接服务费用的支出。应分摊的管理和直接服务费用按基础研究项目支出占全部科技项目支出的比重计算。

应用研究支出:指报告期调查单位内部应用研

究项目的实际经费支出，以及应分摊在这类项目上的管理和直接服务费用的支出。应分摊的管理和直接服务费用按应用研究项目支出占全部科技项目支出的比重计算。

试验发展支出：指报告期调查单位内部试验发展项目的实际经费支出，以及应分摊在这类项目上的管理和直接服务费用的支出。应分摊的管理和直接服务费用按试验发展项目支出占全部科技项目支出的比重计算。

R&D 经费内部支出中的固定资产购建：指调查单位在报告期内为开展 R&D 活动，使用非基建费进行固定资产购置，以及使用基本建设费进行建造、购置、安装、改建、扩建固定资产和进行设备改造、大修理等实际支出的费用总额。

R&D 设备购置：指调查单位在报告期内为进行 R&D 活动，使用非基建费支出的固定资产购置费，包括从事业支出、生产经营支出和其他专项支出中列支的固定资产购置费。

R&D 经费外部支出：指报告期调查单位委托外单位或与外单位合作进行 R&D 活动而拨给对方的经费。不包括外协加工费。

专利申请数：指调查单位在报告期内向专利行政部门提出专利申请并被受理的件数。

发明专利申请数：指调查单位在报告期内向专利行政部门提出发明专利申请并被受理的件数。

拥有发明专利数：指调查单位作为专利权人在报告期拥有的、经国内外专利行政部门授权且在有效期内的发明专利件数。

发表科技论文：指在学术刊物上以书面形式发表的最初的科学研究成果。应具备以下三个条件：(1)首次发表的研究成果；(2)作者的结论和试验能被同行重复并验证；(3)发表后科技界能引用。

出版科技著作：指经过正式出版部门编印出版的论述科学技术问题的理论性论文集或专著以及大专院校教科书、科普著作。但不包括翻译国外的著作。由多人合著的科技著作，由第一作者所在单位统计。

项目(课题)数：指调查单位在报告期当年立项并开展研究工作、以前年份立项仍继续进行研究的科技项目(课题)数，包括当年完成和年内研究工作已告失败的科技项目(课题)，但不包括委托外单位进行的科技项目(课题)数。

项目(课题)参加人员折合全时当量：指调查单位在报告期实际参加科技项目(课题)活动人员折合的全时当量。

项目(课题)经费内部支出：指调查单位内部在报告期进行项目(课题)研究和试制等的实际支出。包括劳务费、其他日常支出、固定资产购建费、外协加工费等，不包括委托或与外单位合作进行项目(课题)研究而拨付给对方使用的经费。

机构数：指本制度综合范围内，独立或非独立的、从事科学研究和技术开发活动的机构数。

机构中从事科技活动人员：指报告期独立研究机构及非独立科技机构内直接从事科技活动，以及专门从事科技活动管理和为科技活动提供直接服务工作时间占全部工作时间的 10% 及以上的人员。

机构科技经费内部支出：指报告期独立研究机构与非独立科技机构用于内部开展科技活动实际支出的费用。

机构 R&D 经费支出：指报告期独立研究机构与非独立科技机构用于内部开展 R&D 活动实际支出的费用。

机构年末固定资产原价：指独立及非独立科技机构在报告期末实际拥有或占有的固定资产帐面原价(不包括闲置不用的固定资产)，即上述机构在建造、购置、安装、改建、扩建、技术改造某项固定资产以及进行固定资产大修理等所支付的货币总额。

仪器设备：指独立及非独立科技机构年末固定资产原值中科研仪器设备的帐面原价(不包括闲置不用的科研仪器设备)。

15

社会、环境

FIFTEEN

SOCIETY AND ENVIRONMENT

简 要 说 明

本篇资料反映了全市社会发展和环境方面的基本情况。社会发展部分主要包括文化事业、卫生、城市建设、社会保险等方面的资料。文化部分主要包括文化、文物、广播、电视、档案、报纸杂志出版、图书出版等方面的发展状况。卫生部分主要包括卫生机构及其人员、床位数、县及县以上医院诊疗人次数、入院人数、治愈率、死亡率及好转率等基本情况。环境保护部分主要包括工业废水、废气、固体废物等工业污染物排放及处理情况和工业污染治理项目建设情况等方面的资料。城市建设部分主要反映了全市基础设施基本情况,包括市政设施、设施水平、供水、公共交通、园林绿化、燃气供热和建设用地等方面的资料。

环境保护资料来源于市环境保护局;湿地和造林资料来源于市林业局; 土地利用情况来源于市国土资源局;水资源资料来源于市水文局; 卫生部分的资料来源于市卫生局;社会保险方面的资料来源于市人力资源和社会保障局提供;体育部分的资料来源于市体育局;民政部分的资料来源于市民政局;司法部分的资料来源于市司法局;教育部分中,技工学校的资料来源于市劳动和社会保障局,其他资料来源于市教育局;文化部分中,艺术事业、图书馆事业、群众文化事业的资料来源于市文化局,广播电视资料来源于市广播电视局,新闻出版有关资料来源于市新闻出版局,档案馆有关资料来源于市档案局,科技部分资料来源于市科学技术局,气候数据来源于市气象局。

本篇资料由潍坊市统计局社会科、能源科、综合科共同整理提供。

15－1 社 会 发 展 基 本 情 况

（2015－2016 年）

指 标 名 称	计 量 单 位	2015 年	2016 年
一、环境保护	—		
1、人均公园绿地面积	平方米	17.97	18.07
2、废水排放总量	万吨	56732.4	53917.5
3、二氧化硫排放总量	万吨	12.2	6.8
4、工业废水排放达标率	%		
5、城市生活垃圾无害化处理率	%	100	100
6、城市污水处理厂集中处理率	%	93.97	95.29
7、环境污染治理投资总额占地区生产总值比重	%	1.48	2.16
8、人均耕地面积	亩	1.29	1.28
9、化学需氧量(COD)排放量	万吨	16.2	6.0
10、烟(粉)尘排放量	万吨	6.7	5.7
11、林木绿化率	%		18.14
12、人均水资源量	立方米	165.7	209.6
13、城市建成区绿化覆盖率		40.83	41.91
14、农村安全饮用水普及率	%	97.5	98.3
二、人口状况	—		
1、年末常住人口	万人	927.7	935.7
其中:女性	万人	460	460.55
2、乡村人口所占比重	%	44.2	41.85
3、0－14 岁人口	万人	141.4	143.28
其中:女性	万人	67	37.8
4、15－64 岁人口	万人	667	667.77
其中:女性	万人	328.5	326.15
5、65 岁以上人口	万人	119.3	124.65
其中:女性	万人	64.4	66.59
6、人口出生率	‰	9.69	16.25
7、人口自然增长率	‰	4.02	10.86
8、离婚对数	对	15204	15454
9、平均预期寿命	岁	77.7	77.7
10、6 岁及以上人口人均受教育年限	年	8.96	8.83
11、城镇化率	%	55.8	58.15
12、15 岁及以上人口文盲率	%	5.06	4.95
三、主要经济指标	—		
1、地区生产总值	亿元	5170.53	5522.68
2、人均地区生产总值	元	55824	59275

15－1 续表1

指标名称	计量单位	上年	本年
3、第三产业增加值	亿元	2224.63	2487.59
4、居民消费水平	元	20147	22021
5、社会消费品零售总额	亿元	2277.5	2514.9
6、全社会固定资产投资总额	亿元	4516.7	5112.53
7、地方财政一般预算收入	亿元	484.5	521.5
8、地方财政一般预算支出	亿元	612.2	637.6
9、进出口贸易差额	亿美元	70.59	395.08
四、居民生活	—		
1、城镇居民家庭人均可支配收入	元	31060	33609
2、农村居民家庭人均纯收入	元	14890	16098
3、城乡居民储蓄存款余额	亿元	3606.7	4025.09
4、居民消费价格指数(上年为100)	%	100.9	102.4
5、城镇居民人均住房建筑面积	平方米	41.5	40.9
6、农村居民人均居住面积	平方米	40.9	40.6
7、城镇居民家庭恩格尔系数	%	23.9	23.5
8、农村居民家庭恩格尔系数	%	28.4	28.3
9、城镇居民家庭每百户拥有家用汽车	辆	67	67
10、农村居民家庭每百户拥有生活用汽车	辆	37	47.7
11、互联网普及率	%	73.4	80.34
12、私人机动车保有量	万辆	272.74	238.32
其中:私人汽车保有量	万辆	165.29	182.88
五、劳动就业	—		
1、就业人员数	万人	500.37	573
其中:女性	万人	233.66	267.58
2、城镇单位就业人员数	万人	133.33	185.31
3、第三产业就业人员的比重	%	32.2	32.7
4、城镇登记失业率	%	2.93	2.9
5、专业技术人员数	万人	68.1	72.5
其中:女性	万人	30.76	32.75
6、劳动争议案件数	件	4245	4151
7、城镇新增就业人员	万人	12.26	12.66
8、城镇登记失业人员	万人	3.84	3.91
六、社会服务与保障	—		
1、民政事业费支出	亿元	18	19.24
2、离休、退休、退职人员数	人	435548	476522

指 标 名 称	计量单位	上 年	本 年
3、离休、退休、退职人员保险福利费用	万元	1380387	1512570
4、城市居民最低生活保障人数	人	17292	13093
5、农村居民最低生活保障人数	人	147159	128234
6、享受低保人员数占救济总人数的比例	%	36	37
7、城镇最低生活保障支出	元	76698000	65454000
8、农村最低生活保障支出	元	326772000	314538000
9、民政具有法人资格提供住宿机构数	个	126	126
10、民政具有法人资格提供住宿机构的床位数	张	23226	26087
11、民政具有法人资格提供住宿机构收养人数	人	9075	9882
12、城镇便民、利民服务网点数	个	6570	1909
13、城镇社区服务机构数	个	1079	1028
14、城镇职工基本养老保险参保人数	万人	182.28	188.36
15、城乡居民社会养老保险参保人数	万人	474	472.45
16、农村社会养老保险参保人数	万人	451	449.14
17、城镇职工基本医疗保险参保人数	万人	164	166.64
18、城镇居民基本医疗保险参保人数	万人	654	656.32
19、失业保险参保人数	万人	92.7	94.11
20、参加工伤保险的人数	人	1292087	1314082
21、参加生育保险的人数	人	8358515	865113
22、养老、失业、医疗、工伤、生育保险基金当年支出额	亿元	242.7	277.85
23、社区服务中心	个	70	69
24、离婚办理	对	15204	15454
25、粗离婚率	‰	1.64	1.65
26、每千老年人口养老床位数	张	31	29.6
27、社会服务事业费支出占地方支出比重	%	2.94	3.02
七、卫生保健	—		
1、政府卫生支出	亿元		
2、卫生总费用	亿元		
其中:个人现金卫生支出	亿元		
3、卫生机构总收入	万元	1657290	1890451.8
其中:业务(事业)收入	万元	1444077.3	1651981.7
4、卫生机构总支出	万元	1594699.4	1836999.1
其中:业务(事业)支出	万元	1291454.7	1516371.8
5、专业卫生人员数	人	81125	81645

指 标 名 称	计 量 单 位	上 年	本 年
其中:其他技术人员	人	3594	3444
管理人员	人	2036	2329
工勤人员	人	3945	4231
卫生技术人员	人	59417	60759
#执业医师	人	23456	23852
6、每千人口执业(助理)医师	人	2.53	2.55
7、每千人口注册护士	人	2.69	2.77
8、医疗卫生机构数	个	7649	7706
其中:医院	个	150	163
卫生院	个	149	152
乡镇卫生院	个		
卫生防疫防治机构	个	18	18
社区卫生服务中心(站)	个	188	185
9、医疗卫生机构床位数	张	49059	50651
其中:医院	张	34106	35751
卫生院	张	10561	10515
10、医院病床使用率	%	81.58	84.4
11、卫生机构诊疗人次数	人次	58167987	60183706
其中:医院	人次	15670759	16731416
12、健康检查人数	人	2781647	2728710
13、本年入院人数	人	1534344	1705399
14、本年出院人数	人	1516691	1691437
15、新生儿死亡率	‰	2.09	2.56
16、传染病发病率(甲乙丙类法定报告)	1/10 万	191.38	198.62
17、孕产妇死亡率	1/10 万	7.27	7.41
18、5 岁以下儿童死亡率	‰	3.95	4.05
19、已改水受益人口占农村人口百分比	%	98.2	98.5
20、农村卫生厕所普及率	%	91.75	90.46
21、每千人口医院卫生院床位数	张	4.81	4.94
22、甲乙类法定报告传染病发病率	1/10 万	71.03	71.45
23、饮用自来水人口占农村人口百分比	%	98.2	98.5
24、每千人口卫生技术人员	人	6.4	6.5
25、门诊病人次均医药费用	元	129.2	142
26、城乡居民医疗保健支出占消费性支出比重	%	8.2	8.7

15－1 续表4

指 标 名 称	计 量 单 位	上 年	本 年
八、教育科技	—		
1、教育经费总投入	亿元	184.81	193.5
2、国家财政性教育经费	亿元	160.63	165.7
3、公共财政教育支出	亿元	159.94	165.6
4、地区国家财政性教育经费占地区生产总值比例	%	3.11	3
5、地区公共财政教育经费占地区公共财政支出比例	%	26.13	25.93
6、研究生在校生数	万人	0.1222	0.1298
其中:女	万人	0.0758	0.0842
7、普通本专科在校生数	万人	15.6703	16.9985
8、成人本专科在校生数	万人	4.0859	4.2143
其中:女生	万人	2.7257	2.8898
9、技工学校数	个	14	14
10、技工学校毕业生数	万人	1.1	1.1
11、技工学校在校生数	万人	3.2	3.4
其中:高级班	万人	1.6	1.8
12、技工学校教职工数	人	2247	2181
其中:专任教师数	人	1601	1511
13、技工学校招生数	万人	1.3	1.4
其中:当年培养的高级班人数	万人	0.6	0.7
14、高中阶段在校生数	万人	30.5	29.4
其中:女生	万人	14.45	13.95
中等职业教育学生数	万人	12.51	12.1
15、普通初中在校学生数	万人	25.2	24.99
其中:女生	万人	11.99	11.92
16、普通小学在校学生数	万人	59.17	59.45
其中:女生	万人	27.7	27.74
17、小学学龄儿童净入学率	%	100	100
18、学前三年毛入园率	%	98.7	98.5
19、高中阶段毛入学率	%	97.75	98.2
20、高等学校普通本专科在校学生数	万人	15.79	17.13
其中:女生	万人	8.4	9.13
研究生	万人	0.12	0.13
21、城镇居民人均教育支出	元	1351	1706
22、R&D 经费支出合计	亿元	119.7	144.1

15－1 续表 5

指 标 名 称	计 量 单 位	上 年	本 年
23、研究与试验发展经费支出与地区生产总值之比	%	2.50	2.61
24、每万人口发明专利拥有量	件	3.6	4.62
九、文化体育	—		
1、文化部门文化产业单位本年收入合计	千元	124216	212536
其中：财政补助收入	千元	124116	207435
上级补助收入	千元		
事业收入	千元		
经营收入	千元		
2、文化部门文化产业单位本年支出合计	千元	129735	206882
其中：事业支出	千元		
经营支出	千元		
支出合计中的从业人员劳动报酬	千元	28654	28966
3、文化馆（群众艺术馆）机构数	个	13	13
4、文化馆（群众艺术馆）人数	人	291	278
5、文化站机构数	个	118	118
6、文化站人数	人	405	422
7、艺术表演团体机构数	个	6	79
8、艺术表演团体人数	人	361	1629
9、艺术表演场所机构数	个	2	16
10、艺术表演场所人数	人	55	266
11、公共图书馆机构数	个	12	12
12、公共图书馆人数	人	191	189
13、博物馆机构数	个	26	34
其中：免费开放馆数	个	22	30
14、博物馆人数	人	281	283
15、艺术表演团体演出场次数	场次	4230	2959
16、公共图书馆总藏量	万册	386.895	422.43
17、订销报刊杂志累计份数	万份	10264.87	10030.13
18、电台数量	座	12	12
19、电台节目套数	套	13	15
20、电台自办节目时间	时：分	44995	36785
21、制作广播剧数量	部		
22、广播综合人口覆盖率	%	96.78	98.05
23、电视台数量	座	12	12

指 标 名 称	计 量 单 位	上 年	本 年
24、电视台节目套数	套	29	24
25、电视台自办节目时间	时:分	52607	53515
26、电视台制作电视剧数量	部		
27、电视综合人口覆盖率	%	98.52	98.35
28、有线电视入户率	%	78.4	79.55
其中:农村	%	46.52	45.34
29、有线广播电视用户数	万户	156.92	142.58
其中:数字电视用户数	万户	156.92	142.58
30、广播、电视制作及播出机构数	个	24	24
31、广播、电视制作及播出人员数	人	3256	3429
32、广播、电视制作及播出本年收入	万元	29283.24	27544.86
其中:财政拨款	万元	7952.54	8443.92
广告收入	万元	16543.21	14621.29
网络收入	万元	1866	2039
33、等级裁判员	人	508	496
34、等级运动员	人	182	144
35、体育场地数	个	9	9
36、各类体育场地数量	个	6162	6970
其中:全民健身设施中心	个	8	8
乡镇体育健身场所	个	119	119
村级农民体育健身场所	个	6035	6843
37、体育事业费收入	万元	10916.9	14519.7
其中:财政拨款	万元	10361.5	13838
事业收入	万元	11.7	11.4
经营收入	万元		
38、国民体质监测达标率	%	90	90
39、全民健身晨晚练站点数	个	2000	2388
40、举办全民健身活动次数	次	600	636
41、参加全民健身活动人数	人	40000	42000
42、本年体育彩票发行额	万元	107200	139300
43、电脑体育彩票销售点个数	个	952	1114
44、档案馆数	个	16	16
其中:国家综合档案馆	个	12	12
45、每万人口拥有公共文化机构数	个	0.17	今年没此指标

15－1 续表 7

指 标 名 称	计 量 单 位	上 年	本 年
46、文化体育与传媒经费占地方财政支出比重	%	1.4	1.4
47、每百户城镇居民家庭拥有的计算机数	台	87.9	90.2
48、农村居民人均文教、娱乐用品及服务支出	元	1013	1131
十、新闻出版	—		
1、各类新闻出版单位机构数	个	1359	1395
其中：新华社山东分社	个		
各新闻单位派驻记者站	个	15	15
出版社	个		
报社	个	7	7
杂志社	个	4	4
图书发行企业网点	个	493	497
印刷企业	个	840	872
印刷物资供销企业	个		
2、各类新闻出版单位人员数	人	27285	27542
其中：新华社山东分社新闻采编组稿通联人员数	人		
各新闻单位派驻记者站新闻采编组稿通联人员数	人	93	99
出版社	人		
报社	人	942	957
杂志社	人	26	26
图书发行企业网点	人	1972	1960
印刷企业	人	24252	24500
印刷物资供销企业	人		
3、报纸出版种数	种	7	7
4、报纸出版总印数	万份	9800	9563
5、杂志出版种数	种	4	4
6、杂志出版总印数	万份	5	5
7、图书出版种数	种		
8、图书出版总印数	万册		
十一、社会治安	—		
1、公检法司支出占地方财政支出的比重	%	4.3	5
2、人民警察数	人	8415	8516
3、执业律师人数	人	1364	1522
4、律师事务所	个	129	156
5、律师人数	人	1364	1522

指 标 名 称	计 量 单 位	上 年	本 年
其中:专职律师	人	1302	1453
6、办理法律援助案件数	件	6819	6580
7、交通事故死亡人数	人	297	288
8、火灾事故死亡人数	人	1	1
9、交通事故损失额	万元	556.86	528.39
10、火灾事故直接经济损失	万元	2363.93	1710.39
11、火灾事故发生数	起	1716	1367
12、火灾事故受伤人数	人	3	
13、人口火灾发生率	%	0.019	0.015
14、刑事案件立案数	起	20599	20255
15、治安案件查处数	起	59610	54010
16、未成年人刑事案件作案成员占全部刑事案件作案成员的比重	%	0.9	0.6
17、刑事案件破案率	%	72.8	72.72
18、公共安全支出占地方财政支出的比重	%	4.8	5.4
19、工矿商贸事故死亡人数	人	12	15
20、道路交通万车死亡率	人/万车	1.04	1.12
21、各类安全生产事故起数	起	624	1528
其中:工矿商贸事故	起	5	9
交通事故	起	198	152
火灾事故	起	421	1367
22、人民法院审结案件数	件	75550	74835
其中:刑事案件	件	6279	5962
十二、社会参与及其他	—		
1、省级人大代表人数	人	78	81
其中:女性	人	20	19
2、省级政协委员人数	人	36	37
其中:女性	人	9	9
3、基层地方妇联组织数	个	7014	7014
4、基层工会组织数	个	15435	15538
5、工会会员人数	万人	227.2	246.2
6、县处级公务员人数	人	1427	1399
其中:女性	人	134	140
7、专利申请数	件	18571	20895
8、专利授权数	件	11055	10150
9、社会组织单位数	个	3544	4039

15－2 全市主要年份文化事业基本情况

（1997－2016 年）

单位：个、人

年份	文化（艺术）馆		文化站		艺术表演团体	
	机构数（个）	人数（人）	机构数（个）	人数（人）	机构数（个）	人数（人）
1997	13	303	231	287	10	489
1998	13	260	253	289	10	489
1999	13	263	253	289	10	496
2000	13	309	253	289	10	512
2001	13	309	253	289	10	510
2002	13	316	253	289	10	514
2003	13	316	252	280	9	514
2004	12	239	187	282	10	579
2005	13	228	180	304	9	487
2006	13	251	186	319	9	511
2007	13	253	116	302	9	509
2008	13	294	119	286	9	503
2009	14	292	121	290	8	472
2010	13	252	118	309	9	488
2011	13	248	118	316	7	406
2012	13	264	118	365	7	406
2013	13	298	118	409	6	358
2014	13	288	118	418	9	406
2015	13	291	118	405	6	361
2016	13	278	118	422	79	1629

15－3 各县市区卫生技术人员数

（2016 年）

单位：人

地区	卫生技术人员	医生	乡村医生和卫生员数	乡村医生	卫生员
总计	**60759**	**23852**	**11950**	**10505**	**377**
潍城区	3795	1400	359	270	
寒亭区	2275	1031	486	321	50
坊子区	1989	928	777	659	63
奎文区	11523	4503	210	157	5
青州市	6620	2622	1826	1529	62
诸城市	5997	2401	1193	1145	31
寿光市	6355	2324	1020	915	30
安丘市	4922	2014	1326	1261	32
高密市	4815	1940	979	953	4
昌邑市	2644	1096	964	857	2
临朐县	5936	2017	1711	1437	89
昌乐县	3888	1576	1099	1001	9

15－4　各县市区卫生机构及床位数

（2016 年）

地　　区	卫生机构数（个）	医　院	床位数（张）	医　院床 位 数
总　计	**7706**	**163**	**50651**	**35751**
潍 城 区	427	16	3368	2363
寒 亭 区	455	7	2098	1214
坊 子 区	456	6	1836	996
奎 文 区	426	39	9330	8866
青 州 市	951	17	5017	3353
诸 城 市	794	21	5568	3948
寿 光 市	711	12	5308	3577
安 丘 市	537	6	4268	2515
高 密 市	754	11	4077	2445
昌 邑 市	567	3	1898	990
临 朐 县	998	7	4065	2413
昌 乐 县	630	18	3818	3071

15－5　全市县及以上医院工作情况

（2013－2016 年）

指 标 名 称	单　位	2013 年	2014 年	2015 年	2016 年
机构数	个	**138**	**148**	**150**	**163**
诊疗人次数	万人次	1344	1494	1567	1673
#门诊急诊人次数	万人次	1308	1461	1545	1643
#死亡人数	人	2301	2293	2052	2353
观察室收容病人数	万人次	12.8	12.9	12.9	12.7
#死亡人数	人	148	128	49	39
健康检查人数	万人	78.12	87.3	89.5	89.2
本年入院人数	人	997769	1053043	1098191	1225861
本年出院人数	人	1001072	1042593	1087549	1209342
本年住院病人手术人次数	人次	215019	240863	248557	286844
年底实有病床数	张	33483	33093	34106	35751
实际开放总床日数	万床日	1190	1167	1220	1243
平均开放病床数	张	32524	31969	33434	34080
实际占用总床日数	万床日	930	959	995	1054
出院者占用总床日数	万床日	900	942	971	1027
病床周转次数	次	30.8	32.6	32.5	35.5
病床工作日	日	285.9	300	297.8	309.3

15－6　城市建设基本情况

（2015 年－2016 年）

指　标　名　称	单　位	2015 年	2016 年
城市供水综合生产能力	万吨/日	225.88	220.29
供水管道总长度	公里	4803.43	4831.64
全年供水总量	万吨	52632.08	50648.99
其中:生活用水量	万吨	17032.55	12447.38
人均日生活用水量	升		
节约用水量	万吨	4358	4389
年末实有公共交通运营车辆	辆	3789	5007
公交运营线路长度	公里	7694.2	9747.1
全年公共交通客运总量	万人次	25000.1	25917.1
年末实有出租汽车数	辆	4902	4893
煤气供气总量	万立方米	2611	1220
其中:家庭用量	万立方米		
家庭用煤气人口	万人		
液化石油气供气总量	吨	39555.3	34050
其中:家庭用量	吨	33459	32126
家庭用液化气人口	万人	98.88	95.72
集中供热能力:蒸汽	吨/小时	4154	4064
热水	兆瓦/小时	3135.03	3380.28
集中供热总量:蒸汽	万吉焦/年	2854.95	2845.85
热水	万吉焦/年	1947.21	2228.35
集中供热面积	万平方米	9120.79	9733.01
年末市政道路长度	公里	5799.08	5975.83
市政道路面积	万平方米	11095.66	11343.11
路灯盏数	万盏	289923	288238
排水管道长度	公里	6551.67	6798.31
污水年排放量	万立方米	44738	43095
污水年处理量	万立方米	43017	42601
污水年处理率	%	96.15	98.85
园林绿化覆盖面积	公顷	30017.5	30682.44
其中:建成区	公顷	21655.76	22023.5
园林绿地面积	公顷	26297.76	26782.63
公共绿地面积	公顷	7909.91	8041.88
公园个数	个	85	92
公园面积	公顷	3983.5	4112.1
建成区绿化覆盖率	%	42.23	42.25
人均公共绿地面积	平方米	21.25	8.45
公厕数量	座	551	586
生活垃圾清运量	万吨	138.49	153.8
垃圾粪便无害化处理厂	座	9	11
无害化日处理能力	吨/日	4240	5290

15－7 全市婚姻登记情况

（2015－2016年）

指 标 名 称	单 位	2015年	2016年
一、国内登记结婚			
准予登记结婚	对	60753	56176
#恢复结婚	对	1036	1095
初婚人数	人	97430	85270
再婚人数	人	24076	27082
男性	人	11328	12744
女性	人	12748	14338
二、涉外登记结婚			
准予登记结婚	对	67	69
准予结婚登记人数	人	134	138
国内公民	人	67	69
男性	人	23	26
女性	人	44	43
港澳同胞	人	3	4
台湾同胞	人	11	10
华侨	人	4	2
外国人	人	49	53
三、离婚登记			
民政部门受理离婚申请	对	15454	16220
#涉外婚姻	对	15	13
法院受理离婚案件	件		
准予登记离婚总数	对		
民政部门办理离婚	对	15454	16220
#涉外婚姻	对	15	13

15-8 各县市区企业养老保险在职参保人数

（2015-2016 年）　　单位：人

地　区	2015 年	2016 年
总　计	**1167061**	**1187088**
市　直	169431	166093
潍城区	41212	41513
寒亭区	37756	38064
坊子区	44500	44806
奎文区	42356	44192
青州市	103241	104042
诸城市	117333	119154
寿光市	117036	117991
安丘市	75127	75797
高密市	114666	115591
昌邑市	66341	67141
临朐县	67682	68186
昌乐县	63570	64075
高新开发区	69826	81148
滨海开发区	35213	37013
峡山生态区	1771	2282

15-9 各县市区城镇职工基本医疗保险参保人数

（2015-2016 年）　　单位：人

地　区	2015 年	2016 年
总　计	**1641818**	**1666443**
市　直	288992	288436
潍城区	63429	63974
寒亭区	47020	47433
坊子区	65138	65675
奎文区	62326	64878
青州市	138322	139424
诸城市	168996	170596
寿光市	160683	162444
安丘市	110273	111209
高密市	134543	135958
昌邑市	88822	90907
临朐县	98009	98713
昌乐县	87135	87845
高新开发区	76692	84689
滨海开发区	44466	46564
峡山生态区	6972	7698

15－10 各县市区生育保险参保人数

（2015－2016年）

单位：人

地　　区	2015年	2016年
总　　计	**838515**	**865113**
市　　直	126050	123344
潍城区	27542	28292
寒亭区	25196	25762
坊子区	32084	32892
奎文区	28735	30829
青州市	83315	81885
诸城市	110023	112229
寿光市	80983	83086
安丘市	45987	47309
高密市	64192	66302
昌邑市	41203	42603
临朐县	48533	49636
昌乐县	35880	36936
高新开发区	58571	72035
滨海开发区	29055	30395
峡山生态区	1166	1578

15－11 各县市区工伤保险参保人数

（2015－2016年）

单位：人

地　　区	2015年	2016年
总　　计	**1292087**	**1314082**
市　　直	209930	203647
潍城区	49582	50282
寒亭区	39275	39786
坊子区	50900	51603
奎文区	47820	49135
青州市	106535	105136
诸城市	133833	135839
寿光市	133691	135693
安丘市	87582	88902
高密市	109858	111871
昌邑市	77662	79042
临朐县	79676	80778
昌乐县	59820	60838
高新开发区	65566	79469
滨海开发区	35552	36601
峡山生态区	4805	5460

15－12 各县市区失业保险参保人数

(2015－2016年)　　单位:人

地区	2015年	2016年
总计	**927015**	**941148**
市直	140843	141004
潍城区	30513	30513
寒亭区	17816	18335
坊子区	33935	31714
奎文区	32517	32544
青州市	76000	73500
诸城市	111608	112716
寿光市	107391	110090
安丘市	55893	56855
高密市	80114	79483
昌邑市	43070	43516
临朐县	54976	55520
昌乐县	51801	52302
高新开发区	56545	68960
滨海开发区	33993	34096

15－13 各县市区享受最低生活保障人数

(2016年)　　单位:人

地区	2016年		
	合计	城市	农村
全市	**141327**	**13093**	**128234**
潍城区	4960	2052	2908
寒亭区	4025	251	3774
坊子区	9087	2236	6851
奎文区	1719	1719	
青州市	12026	1174	10852
诸城市	20297	795	19502
寿光市	15024	318	14706
安丘市	21425	872	20553
高密市	16586	1006	15580
昌邑市	7602	460	7142
临朐县	8730	624	8106
昌乐县	15073	699	14374
高新开发区	833	833	
滨海开发区	279		279
峡山生态区	2662	28	2634
综合保税区	180		180
经济区	819	26	793

15-14 各县市区养老机构及人员数

（2016年） 单位:个、人

地区	机构数	人员数
总计	**114**	**14806**
市级	3	551
潍城区	12	1240
寒亭区	3	349
坊子区		1033
奎文区	20	1569
青州市	12	1935
诸城市	24	1746
寿光市	5	1084
安丘市	18	1894
高密市	5	1562
昌邑市	3	634
临朐县	1	435
昌乐县	5	390
高新开发区	2	299
滨海开发区	1	85
峡山生态区		

15－15 全 市 环 境 基 本 情 况

（2015－2016 年）

指 标 名 称	计量单位	2016 年	2015 年
一、水环境	—		
1. 降水量	毫米	578.1	460.4
2. 水资源总量	亿立方米	19.61	10.99
其中：地表水资源量	亿立方米	9.97	6.00
地下水资源量	亿立方米	11.21	4.99
地表水和地下水资源重复量	亿立方米	1.57	1.51
3. 人均水资源量	立方米/人	218.49	122.45
4. 用水总量	亿立方米	12.89	13.39
其中：农业用水	亿立方米	7.19	7.65
工业用水	亿立方米	2.50	2.69
生活用水	亿立方米	2.53	2.55
生态环境补水	亿立方米	0.67	0.51
5. 废水排放总量	万吨	53917.48	56732.43
其中：工业废水排放量	万吨	23805.44	27402.19
城镇生活污水排放量	万吨	30074.14	29311.30
集中式治理设施污水排放量	万吨	37.90	18.94
6. 化学需氧量排放量	吨	59799.6	161748.8
其中：工业废水中化学需氧量排放量	吨	9654.2	18934.3
农业化学需氧量排放量	吨	25307.8	117075.5
城镇生活污水中化学需氧量排放量	吨	24824.6	25460.1
集中式治理设施化学需氧量排放量	吨	13.0	279.0
7. 氨氮排放量	吨	6618.5	15548.5
其中：工业废水中氨氮排放量	吨	763.9	1917.5
农业氨氮排放量	吨	293.5	7866.1
城镇生活污水中氨氮排放量	吨	5560.0	5735.1
集中式治理设施氨氮排放量	吨	1.2	29.8
二、大气环境	—		
1. 二氧化硫排放量	吨	68452	122062
其中：工业二氧化硫排放量	吨	52588	106599
城镇生活二氧化硫排放量	吨	15863	15461
集中式治理设施二氧化硫排放量	吨	0	2
2. 氮氧化物排放量	吨	102512	108565
其中：工业氮氧化物排放量	吨	53105	59942
城镇生活氮氧化物排放量	吨	2053	2001
机动车氮氧化物排放量	吨	47352	46620
集中式治理设施氮氧化物排放量	吨	3	3

15－15 续表 1

指　标　名　称	计量单位	2016 年	2015 年
3. 烟粉尘排放量	吨	56588	66505
其中:工业烟(粉)尘排放量	吨	43934	55380
城镇生活烟尘排放量	吨	8633	7012
机动车烟尘排放量	吨	4018	4112
集中式治理设施烟尘排放量	吨	2	1
三、固体废物	—		
1. 一般工业固体废物产生量	万吨	1326.51	1167.37
2. 一般工业固体废物综合利用量	万吨	1245.87	1081.17
其中:综合利用往年贮存量	万吨	11.70	10.07
3. 一般工业固体废物处置量	万吨	34.87	18.37
其中:处置往年贮存量	万吨	0.24	0.01
4. 一般工业固体废物贮存量	万吨	57.71	77.92
5. 一般工业固体废物倾倒丢弃量	吨	0	0
6. 危险废物产生量	吨	289735	152483
7. 危险废物综合利用量	吨	599631	80863
其中:综合利用往年贮存量	吨	421277	278
8. 危险废物处置量	吨	89637	58642
其中:处置往年贮存量	吨	9966	7541
9. 危险废物贮存量	吨	31709	20797
10. 危险废物倾倒丢弃量	吨	0	0
四、生态环境	—		
1. 人均耕地面积	亩/人	1.33	1.29
2. 累计水土流失治理面积	千公顷	388.77	367.48
3. 造林面积	公顷	4288	21067
其中:人工造林	公顷	4288	21067
飞播造林	公顷	0	0
无林地和疏林地新封山育林	公顷	0	0
退化林修复	公顷	4387	/
更新造林	公顷	118	/
4. 森林面积	万亩	324.9	393.1
5. 森林覆盖率	%		
6. 林木绿化率	%		
7. 活立木总蓄积量	万立方米	1066.86	1479.25
8. 森林蓄积量	万立方米	866.48	1379
9. 湿地面积	万公顷	21.59	21.59
10. 土地调查面积	公顷	1614313	1614314

指　标　名　称	计量单位	2016 年	2015 年
11. 农用地	公顷	1158093	1159497
其中:园地	公顷	58067	52627
草地	公顷	0	0
五、自然灾害	—		
1. 地质灾害次数	次	0	0
2. 地质灾害人员伤亡	人	0	0
3. 地质灾害直接经济损失	万元	0	0
4. 森林火灾次数	次	1	0
5. 森林火灾受害森林面积	公顷	41	0
6. 火场总面积	公顷	41.30	0.00
7. 火灾损失成林蓄积量	立方米	688.00	0.00
8. 森林病虫害发生面积	万亩	23.14	31.24
六、环境污染治理投资	—		
1. 环境污染治理投资总额	万元	1193571.33	765591.90
其中:城镇环境基础设施建设投资	万元	354052.00	187416.00
其中:燃气	万元	18005.00	4560.00
集中供热	万元	38780.00	3700.00
排水	万元	82378.00	36676.00
园林绿化	万元	171708.00	141830.00
市容环境卫生	万元	43181.00	650.00
工业企业污染治理投资	万元	365706.63	154088.30
其中:治理废水	万元	92002.51	45145.20
治理废气	万元	190706.42	84932.10
治理固体废物	万元	21300.98	9757.60
治理噪声	万元	21116.47	7040.40
治理其他	万元	40580.25	7213.00
完成环保验收项目环保投资	万元	473812.70	424087.60
2. 工业废气治理设施运行费用	万元	158306.70	156396.40
3. 工业废水治理设施运行费用	万元	76978	77074.30
4. 本年林业投资完成额	万元	704262.00	700411.00
其中:生态建设与保护	万元	123499.00	111423.00
林业支撑与保障	万元	86682.00	78685.00
林业产业发展	万元	483934.00	497243.00
林业民生工程	万元		1412.00
其他	万元		11648.00
七、城市环境	—		

15－15 续表3

指　标　名　称	计量单位	2016 年	2015 年
1. 城区面积	平方公里	2996.24	2996.24
其中:建成区面积	平方公里	459.75	451.53
2. 城市建设用地面积	平方公里	572.60	469.48
3. 城区人口	万人	313.86	306.12
4. 城区暂住人口	万人	15.52	14.75
5. 供水总量	万立方米	43266.05	45519.38
6. 用水普及率	%	100.00	100.00
7. 污水排放量	万立方米	36777.00	38691.47
8. 污水处理量	万立方米	35484.00	37151.18
9. 污水处理厂集中处理率	%	96.48	96.02
10. 生活垃圾清运量	万吨	132.73	122.25
11. 生活垃圾无害化处理量	万吨	132.73	122.25
其中:卫生填埋	万吨	47.13	58.03
焚烧处理	万吨	85.60	64.22
其他处理	万吨	0.00	0.00
12. 生活垃圾无害化处理率	%	100.00	100.00
13. 生活垃圾无害化处理厂座数	座	8	7
14. 粪便清运量	万吨	0.55	6.00
15. 粪便处理量	万吨	0.55	4.00
16. 燃气普及率	%	100.00	100.00
17. 集中供热面积	万平方米	8739.01	8190.85
18. 人均公园绿地面积	平方米/人	21.26	21.42
19. 建成区绿化覆盖率	%	42.30	41.93
20. 公共交通车辆标准运营数	标台	5412	4033
八、农村环境	—		
1. 农村改水受益率	%		
2. 农村自来水普及率	%	97.50	97.50
3. 农村卫生厕所普及率	%	90.46	91.75
4. 农村沼气池产气总量	万立方米	8501.03	8437.70
5. 农村太阳能热水器面积	万平方米	75.00	73.73
6. 农村化肥施用量	万吨	51.6	51.8
7. 农药使用量	吨	13729.0	13943.0
8. 农用塑料薄膜使用量	吨	78024.0	77198.0
其中:地膜使用量	吨	14654.0	14871.0
9. 有效灌溉面积	千公顷	530.52	529.27

15-16 各县市区降水量、无霜期

（2016年）

地　　区	降　　水　　量　（毫米）						
	全　年	一　月	二　月	三　月	四　月	五　月	六　月
总　　计	**618.9**	**2.3**	**26.3**	**4.1**	**20.2**	**65.5**	**101.2**
潍 城 区	618.3	1.3	15.2	3.6	24.9	77.3	90.1
寒 亭 区	574.7	1.3	25.4	5.7	25.0	86.8	104.7
青 州 市	864.1	4.0	39.6	0.4	15.3	80.0	155.1
诸 城 市	746.5	2.1	17.3	1.5	18.2	38.6	93.0
寿 光 市	487.7	3.5	30.0	1.3	14.4	51.6	64.4
安 丘 市	626.7	2.3	30.3	10.3	27.2	47.7	123.7
高 密 市	480.3	0.3	25.6	4.6	20.2	61.9	59.9
昌 邑 市	469.5	0.3	27.1	4.9	25.7	87.5	64.8
昌 乐 县	612.4	3.7	26.8	5.1	19.3	68.7	74.9
临 朐 县	709.0	4.6	25.7	3.5	11.4	55.0	180.9

15-16续表1

地　　区	降　　水　　量　（毫米）						无霜期（天）
	七　月	八　月	九　月	十　月	十一月	十二月	
总　　计	**129.7**	**139.1**	**37.3**	**55.6**	**15.8**	**21.8**	**223**
潍 城 区	189.9	116.6	16.3	54.1	10.7	18.3	235
寒 亭 区	140.4	87.2	17.3	47.9	15.3	17.7	220
青 州 市	194.1	241.4	32.6	54.6	25.2	21.8	220
诸 城 市	138.0	270.2	37.9	79.0	12.9	37.8	218
寿 光 市	86.6	130.2	30.8	40.6	17.6	16.7	219
安 丘 市	65.5	147.2	80.5	54.2	13.8	24.0	224
高 密 市	80.1	91.9	32.0	60.4	13.4	30.0	221
昌 邑 市	108.8	48.1	20.9	55.9	10.9	14.6	220
昌 乐 县	170.5	108.8	40.5	55.5	19.6	19.0	231
临 朐 县	123.3	149.3	64.1	54.1	18.6	18.5	219

15－17　全市及各县市区平均气温、日照时数

（2016年）

地　区	平均气温（℃）						
	全　年	一　月	二　月	三　月	四　月	五　月	六　月
总　计	**14.2**	**－3.0**	**1.7**	**8.8**	**16.4**	**20.3**	**24.5**
潍城区	14.7	－2.5	1.9	9.2	17.0	21.1	25.4
寒亭区	14.4	－2.8	1.8	9.0	16.2	20.4	24.8
青州市	14.2	－3.2	2.0	9.5	17.2	20.5	24.9
诸城市	14.0	－2.3	1.9	8.3	15.8	19.7	23.4
寿光市	14.2	－3.1	1.6	8.9	16.5	20.5	25.0
安丘市	13.9	－3.4	1.3	8.6	16.2	20.3	24.3
高密市	14.2	－2.5	1.9	8.4	15.9	20.0	24.0
昌邑市	13.8	－3.0	1.3	8.0	15.3	19.5	24.0
昌乐县	13.7	－3.8	1.0	8.7	16.7	20.2	24.5
临朐县	14.4	－3.0	1.8	9.4	17.4	20.9	25.0

15－17 续表1

地　区	平均气温（℃）						日照时数（小时）
	七　月	八　月	九　月	十　月	十一月	十二月	
总　计	**27.4**	**26.4**	**22.5**	**15.6**	**7.1**	**1.8**	**2421.2**
潍城区	28.1	27.1	23.4	16.2	7.5	2.1	2340.1
寒亭区	27.8	26.9	23.0	16.1	7.4	2.1	2421.7
青州市	27.4	26.0	22.2	15.2	6.8	1.5	2569.4
诸城市	26.6	26.2	22.7	15.6	7.5	2.3	2409.7
寿光市	27.8	26.5	22.4	15.6	7.1	1.7	2379.2
安丘市	27.3	26.2	22.4	15.4	6.7	1.4	2205.1
高密市	27.3	26.8	22.8	15.9	7.6	2.2	2497.6
昌邑市	27.2	26.5	22.3	15.6	6.9	1.8	2322.2
昌乐县	27.2	25.8	21.9	15.2	6.4	1.0	2547.0
临朐县	27.5	26.1	22.1	15.5	7.5	2.0	2519.9

15－18 全市及各县市区土地利用情况

（2016 年）　　单位：公顷

地　区	土地调查面积	农用地	#园地	#牧草地
总　计	**1614314.05**	**1157375.03**	**58049.1**	**0.18**
潍城区	26954.3	15254.22	957.77	
寒亭区	52306.98	41609.53	2020.6	0.18
坊子区	41226.38	28282.83	350.3	
奎文区	5758.98	802.95	40.39	
临朐县	183123.29	137031	17404.11	
昌乐县	110051.14	86926.12	3106.54	
青州市	156125.76	112728.28	6161.39	
诸城市	215135.77	179585.83	5641.28	
寿光市	199011.58	139493.83	3525.58	
安丘市	171160.15	135293.6	7489.79	
高密市	152349.13	123194.24	3543.08	
昌邑市	162746.98	99465.9	5510.86	
高新开发区	10738.37	3913.09	163.08	
经济开发区	9621.5	6196.56	819.76	
滨海开发区	67838.06	14764.93	36.97	
峡山生态区	48317.2	31680.92	1245.6	
综合保税区	1848.48	1151.2	32	

15－18 续表 1

地　区	建设用地	城镇村及工矿用地	交通用地	水利设施用地
总　计	**309545.29**	**265573.06**	**20665.52**	**23306.71**
潍城区	10123.37	9099.13	997.92	26.32
寒亭区	9870.96	8749.08	890.56	231.32
坊子区	10831.4	9887.88	844.81	98.71
奎文区	4739.4	4676.38	57.67	5.35
临朐县	20723.37	17327.39	1680.65	1715.33
昌乐县	18009.49	15552.12	1250.58	1206.79
青州市	23132.4	21043.00	1727.25	362.15
诸城市	25454.09	21334.88	1905.93	2213.28
寿光市	41869.97	36677.88	3819.97	1372.12
安丘市	24128.77	19318.11	1087.76	3722.90
高密市	25157.83	22100.28	1591.1	1466.45
昌邑市	34166.49	31854.81	1907.9	403.78
高新开发区	6583.18	6266.26	316.92	
经济开发区	3290.85	2933.69	272.3	84.86
滨海开发区	35759.24	33201.80	1762.58	794.86
峡山生态区	15031.15	4916.39	512.46	9602.30
综合保税区	673.33	633.98	39.16	0.19

15－19　全市及各县市区供水用水情况

（2016 年）

单位:亿立方米

地　区	供水总量	地表水	地下水	其　他	用水总量	农　业	工　业	生　活	生　态
总　计	**11.9780**	**4.1516**	**7.8264**		**11.9780**	**7.2826**	**2.6831**	**2.0036**	**0.0087**
潍城区	0.3555	0.1625	0.1930		0.3555	0.1585	0.1631	0.0339	
寒亭区	1.3292	0.6878	0.6414		1.3292	0.6165	0.1531	0.5596	
坊子区	0.6312	0.1557	0.4755		0.6312	0.4324	0.1769	0.0189	0.0030
奎文区	0.7677	0.7137	0.0540		0.7677	0.0376	0.4976	0.2325	
临朐县	0.8528	0.2892	0.5636		0.8528	0.6099	0.2041	0.0388	
昌乐市	0.7571	0.2721	0.4850		0.7571	0.4475	0.2320	0.0719	0.0057
青州市	1.4065	0.0996	1.3069		1.4065	1.2567	0.0910	0.0588	
诸城市	0.7730	0.3587	0.4143		0.7730	0.3716	0.3658	0.0356	
寿光市	1.8143	0.3388	1.4755		1.8143	1.1748	0.2944	0.3451	
安丘市	0.8043	0.1052	0.6991		0.8043	0.6313	0.1379	0.0351	
高密市	1.3206	0.4354	0.8852		1.3206	0.9558	0.1639	0.2009	
昌邑市	1.1658	0.5329	0.6329		1.1658	0.5900	0.2033	0.3725	

注:寒亭区含滨海、经济,坊子区含峡山,奎文区含高新。其他水源用水量未作统计。

15－20　全市及各县市区水资源情况

（2016 年）

单位:亿立方米

地　区	水资源总量	地表水资源量	地下水资源与地表水资源不重复量
总　计	**19.6072**	**9.9736**	**1.5683**
潍城区	0.3506	0.1606	0.0309
寒亭区	0.9109	0.7623	0.0242
坊子区	0.6669	0.3306	0.0547
奎文区	0.4014	0.0925	0.0503
青州市	2.1945	1.3175	0.1428
诸城市	1.3671	0.8078	0.0911
寿光市	2.6111	1.0636	0.2519
安丘市	2.3126	1.4439	0.1414
高密市	1.2624	0.4221	0.1368
昌邑市	1.3590	0.4967	0.1404
临　胸	3.6445	2.2452	0.2278
昌　乐	2.5262	0.8308	0.2760

注:数据来源于水文局。寒亭区含滨海、经济,坊子区含峡山,奎文区含高新。

主要统计指标解释

基本养老保险

1.（参保）职工人数：指报告期末按照国家法律、法规和有关政策规定参加基本养老保险并在社保经办机构已建立缴费记录档案的职工人数，包括中断缴费但未终止养老保险关系的职工人数，不包括只登记未建立缴费记录档案的人数。

2.（参保）离退休人员人数：指报告期末参加基本养老保险的离休、退休和退职人员的人数。

3. 基本养老保险基金收入：指根据国家有关规定，由纳入基本养老保险范围的缴费单位和个人按国家规定的缴费基数和缴费比例缴纳的养老保险基金，以及通过其他方式取得的形成基金来源的收入。包括单位和职工个人缴纳的基本养老保险费、基本养老保险基金利息收入、上级补助收入、下级上解收入、转移收入、财政补贴和其他收入。

4. 基本养老保险基金支出：指按照国家政策规定的开支范围和开支标准从养老保险基金中支付给参加基本养老保险的离休、退休、退职人员个人的养老金、丧葬抚恤补助，以及由于保险关系转移、上下级之间调剂资金等原因而发生的支出。包括离休金、退休金、退职金、各种补贴、医疗费、死亡丧葬补助费、抚恤救济费、社会保险经办机构管理费、补助下级支出、上解上级支出、转移支出、其他支出等。

5. 基本养老保险基金累计结余：指截止报告期末基本养老保险基金收支相抵后的累计余额。

离休、退休、退职人员 指正式办理了离休、退休、退职手续，并享受相应的离休、退休、退职待遇的人员。

基本医疗保险

1. 参保人数：指报告期末按国家有关规定参加基本医疗保险的人数。包括参加保险的职工人数和退休人员人数。

2. 基金收入：指根据国家有关规定，由纳入基本医疗保险范围的缴费单位和个人，按国家规定的缴费基数和缴费比例缴纳的基金，以及通过其他方式取得的形成基金来源的款项，包括：单位缴纳的社会统筹基金收入、个人缴纳的个人账户基金收入、财政补贴收入、利息收入、其他收入。

3. 基金支出：指按照国家政策规定的开支范围和开支标准从社会统筹基金中支付给参加基本医疗保险的职工和退休人员的医疗保险待遇支出，和从个人帐户基金中支付给参加基本医疗保险的职工和退休人员的医疗费用支出，以及其他支出。包括：住院医疗费用支出、门急诊医疗费用支出、个人账户基金支出、其他支出。

4. 基金累计结余：指截止报告期末基本医疗保险的社会统筹和个人帐户基金累计结余金额。包括银行存款、财政专户、债券投资和其他。

失业保险

1. 参保人数：指报告期末按照国家法律、法规和有关政策规定参加了失业保险的城镇企业事业单位的职工及地方政府规定参加失业保险的其他人员的人数。

2. 失业保险基金收入：指按照规定从企业、事业及其他单位筹集的失业保险费及其他并入失业保险基金收入的总额。包括单位和个人缴纳的失业保险费、失业保险基金利息收入、上级补助收入、下级上解收入、转移收入、财政补贴和其他收入。

3. 失业保险基金支出：指报告期内为保障失业人员和下岗职工基本生活、促进其再就业等支出的基金总额。包括失业救济金、医疗费、死亡丧葬补助费、抚恤救济费、转业训练费支出、失业保险经办机构管理费、补助下级支出、上解上级支出、转移支出和其他支出。

4. 基金累计结余：指截止报告期末失业保险基金收支相抵后的累计余额。

工伤保险

1. 参加保险人数：指报告期末依据国家有关规定参加工伤保险的职工人数。

2. 享受保险待遇人数：指劳动者因工负伤致残、死亡或因患职业病致残，根据有关规定享受工伤保险待遇职工或供养直系亲属人数。包括伤残人数、职业病人数、因工死亡人数、供养直系亲属人数。

3. 基金收入：指根据国家有关规定，由参加工伤保险的单位按国家规定的缴费基数和缴费比例缴纳的工伤保险基金，以及通过其他形式取得的形成基金来源的款项。包括：单位缴纳的社会统筹基金收入、财政补贴收入、利息收入、其他收入。

4. 基金支出：指按照国家政策规定的开支范围和开支标准从工伤保险基金中支付给参加工伤保险的人员及供养直系亲属工伤保险待遇支出及其他支出。包括工伤医疗费、伤残补助金、工亡补助金、护理费、丧葬补助费、工伤预防费用、职业康复费用和其他支出。

5. 基金累计结余：指截止报告期末工伤保险基金累计结余金额。包括银行存款、财政专户、债券投资和其他。

生育保险

1. 参保人数：指报告期末依据有关规定参加生育保险的职工人数。

2. 基金收入：指根据国家有关规定，由参加生育保险的单位按照国家规定的缴费基数和缴费比例缴纳的生育保险基金，以及通过其他方式取得的形成基金来源的款项，包括：单位缴纳的基金收入、利息收入和其他收入。

3. 基金支出：指按照国家政策规定的开支范围和开支标准，从生育保险基金中支付给参加生育保险的职工，因妊娠、分娩和计划生育手术而享受的待遇及其他支出。包括：生育津贴、医疗费用支出及其他支出。

4. 基金累计结余：指截止报告期末生育保险基金累计结余金额。包括银行存款、财政专户、债券投资和其他。

离休、退休、退职人员保险福利费用　指离休、退休、退职人员实际得到的生活费用总额，包括从社会保险经办机构和单位得到的费用。

1. 离休金：指按规定支付给离休人员的生活费用。

2. 退休金：指按规定支付给退休人员的生活费用。

3. 退职生活费：指按规定支付给退职人员的生活费用。

4. 医疗卫生费：指单位直接支付给离休、退休、退职人员的医疗费、住院费以及住院伙食补助等费用。

5. 其他：指离休金、退休金、退职生活费和医疗卫生费以外的其他保险福利费用，如丧葬抚恤救济费、生活补贴、物价补贴、冬季取暖补贴等。

科技活动　指在自然科学、农业科学、医药科学、工程与技术科学、人文与社会科学领域（简称科学技术领域）中，与科技知识的产生、发展、传播和应用密切相关的有组织的活动。可分为研究与试验发展（R&D）、研究与试验发展成果应用及相关的科技服务三类活动。该定义是联合国教科文组织考虑成员国特别是发展中国家开展科技统计工作的需要，而对科技活动所作的统计界定。

科技活动人员　指直接从事科技活动、以及专门从事科技活动管理和为科技活动提供直接服务，累计的实际工作时间占全年制度工作时间 10% 及以上的人员。（1）直接从事科技活动的人员包括：在独立核算的科学研究与技术开发机构、高等学校、各类企业及其他事业单位内设的研究室、实验室、技术开发中心及中试车间（基地）等机构中从事科技活动的研究人员、工程技术人员、技术工人及其它人员；虽不在上述机构工作，但编入科技活动项目（课题）组的人员；科技信息与文献机构中的专业技术人员；从事论文设计的研究生等。（2）专门从事科技活动管理和为科技活动提供直接服务的人员，包括：独立核算的科学研究与技术开发机构、科技信息与文献机构、高等学校、各类企业及其他事业单位主管科技工作的负责人，专门从事科技活动的计划、行政、人事、财务、物资供应、设备维护、图书资料管理等工作的各类人员，但不包括保卫、医疗保健人员、司机、食堂人员、茶炉工、水暖工、清洁工等为科技活动提供间接服务的人员。该指标用来反映投入科技活动人力的规模。

专业技术人员　指从事专业技术工作和专业技术管理工作的人员，即企事业单位中已经聘任专业技术职务从事专业技术工作和专业技术管理工作的人员，以及未聘任专业技术职务，现在专业技术岗位上工作的人员。包括工程技术人员，农业技术人员，科学研究人员，卫生技术人员，教学人员，经济人员，会计人员，统计人员，翻译人员，图书资料、档案、文博人员，新闻出版人员，律师、公证人员，广播电视播音人员，工艺美术人员，体育人员，艺术人员及企业政治思想工作人员，共十七个专业技术职务类别。用来反映科技人力资源情况。

科技活动经费内部支出 指报告年内用于科技活动的实际支出，包括劳务费、科研业务费、科研管理费，非基建投资购建的固定资产、科研基建支出以及其他用于科技活动的支出。不包括生产性活动支出、归还贷款支出及转拨外单位支出。反映科技投入实际完成情况。

新产品 指采用新技术原理、新设计构思研制、生产的全新产品，或在结构、材质、工艺等某一方面比原有产品有明显改进，从而显著提高了产品性能或扩大了使用功能的产品。既包括政府有关部门认定并在有效期内的新产品，也包括企业自行研制开发，未经政府有关部门认定，从投产之日起一年之内的新产品。用来反映科技产出及对经济增长的直接贡献。

专　利 是专利权的简称，是对发明人的发明创造经审查合格后，由专利局依据专利法授予发明人和设计人对该项发明创造享有的专有权。包括发明、实用新型和外观设计。反映拥有自主知识产权的科技和设计成果情况。

文化事业机构 指从事专业文化工作和为专业文化工作服务的独立建制的单位。不包括这些单位另外举办独立核算的其他机构和各部门的业余文化组织。该指标主要反映文化事业机构发展规模水平。

艺术表演团体 指从事戏曲、音乐、舞蹈、杂技等专业艺术表演，有独立帐户的单位，不包括半工半艺、半农半艺和民间职业剧团。该指标主要反映全国专业艺术表演团体发展规模水平。

艺术表演观众人数（人次） 指售票、包场演出或民族地区免费演出的艺术表演观众人次数，不包括彩排审查和内部观摩演出的观看人次数。该指标主要反映全国观看专业艺术表演团体演出的效益规模。

供水综合生产能力 指按供水设施取水、净化、送水、出厂输水干管等环节设计能力计算的综合生产能力。包括在原设计能力的基础上，经挖、革、改增加的生产能力。计算时，以四个环节中最薄弱的环节为主确定能力。

年末供水管道长度 指从送水泵至用户水表之间所有管道的长度。不包括新安装尚未使用的管道。

全年供水总量 指报告期供水企业（单位）供出的全部水量。包括有效供水量和漏损水量。

生活用水量 包括公共服务用水和居民家庭用水。公共服务用水指为城市社会公共生活服务的用水。包括行政事业单位、部队营区和公共设施服务、社会服务业、批发零售贸易业、旅馆饮食业以及其他公共服务业等单位的用水。居民家庭用水指城市范围内所有居民家庭的日常生活用水。包括城市居民、农民家庭、公共供水站用水。

用水普及率 指城市用水人口数与城市人口总数的比率。计算公式：

$$\text{用水普及率}=\frac{\text{城市用水人口数}}{\text{城市人口总数}}\times 100\%$$

人工煤气生产能力 指报告期末人工煤气生产厂制气、净化、输送等环节的综合生产能力，不包括备用设备能力。一般按设计能力计算，如果实际生产能力大于设计能力时，应按实际测定的生产能力计算。测定时应以制气、净化、输送三个环节中最薄弱的环节为主。

供气管道长度 指报告期末从气源厂压缩机的出口或门站出口至各类用户引入管之间的全部已经通气投入使用的管道长度。不包括煤气生产厂、输配站、液化气储存站、灌瓶站、储配站、气化站、混气站、供应站等厂（站）内的管道。

全年供气总量 指全年燃气企业（单位）向用户供应的燃气数量。包括销售量和损失量。

燃气普及率 指报告期末使用燃气的城市人口数与城市人口总数的比率。计算公式为：

$$\text{燃气普及率}=\frac{\text{城市用气人口数}}{\text{城市人口总数}}\times 100\%$$

城市供热能力 指供热企业（单位）向城市热用户输送热能的设计能力。

城市供热总量 指在报告期供热企业（单位）向城市热用户输送全部蒸汽和热水的总热量。

城市供热管道长度 指从各类热源到热用户建筑物接入口之间的全部蒸汽和热水的管道长度。不包括各类热源厂内部的管道长度。

年末道路长度 指年末道路长度和与道路相通的广场、桥梁、隧道的长度，按车行道中心线计算。在统计时只统计路面宽度在3.5米（含3.5米）以上的各种铺装道路，包括开放型工业区和住宅区道路在内。

城市桥梁 指为跨越天然或人工障碍物而修建的构筑物。包括跨河桥、立交桥、人行天桥以及人行地下通道等。包括永久性桥和半永久性桥。

城市排水管道长度 指所有排水总管、干管、支管、检查井及连接井进出口等长度之和。城市污水日处理能力 指污水处理厂（或处理装置）每昼夜处理污水量的设计能力。

年末运营车数 指年末公交企业（单位）用于运营业务的全部车辆数。以企业（单位）固定资产台帐中已投入运营的车辆数为准。

城市园林绿地面积 指报告期末用作园林和绿化的各种绿地面积。包括公共绿地、居住区绿地、单位附属绿地、防护绿地、生产绿地、道路绿地和风景林地面积。

不包括：

1. 屋顶绿化、垂直绿化、阳台绿化和室内绿化。

2. 以物质生产为主的林地、耕地、牧草地、果园和竹园等。

3. 城市总体规划中不列入绿地的水域。

公园绿地 指向公众开放的市级、区级、居住区级各类公园、街旁游园，包括其范围内的水域。其中居住区级公园应不小于1万平方米，街旁游园的宽度不小于8米，面积不小于400平方米。

卫生机构 包括医疗机构、疾病预防控制中心（防疫站）、采供血机构、卫生监督及监测（检验）机构、医学科研和在职培训机构、健康教育所等。

医疗机构 包括医院、社区卫生服务中心（站）、疗养院、卫生院、门诊部、诊所（卫生所、医务室）、妇幼保健院（所、站）、专科疾病防治院（所、站）、急救中心（站）和临床检验中心。医疗机构分为非赢利性医疗机构和赢利性医疗机构。

医　院 包括综合医院、中医医院、中西医结合医院、民族医院、各类专科医院和护理院。

卫生技术人员 指卫生机构中医生、护理人员、药剂人员、检验人员等卫生技术人员。

医　生 指在医疗、预防保健机构工作且取得《执业医师证书》的执业医师和执业助理医师。

卫生服务总费用 反映全国当年用于医疗卫生保健服务所消耗的资金总额，用筹资来源法测算。政府预算卫生支出指各级政府用于卫生事业的财政预算拨款。社会卫生支出指政府预算外的卫生资金投入，主要表现为社会医疗保险。其中包括如企事业单位和乡村集体经济单位举办医疗卫生机构设施建设费，企业职工医疗卫生费，行政事业单位负担的职工公费医疗超支部分等。居民个人卫生支出指城乡居民用自己可支配的经济收入支付的各项医疗卫生费用和医疗保险费用。

律　师 指依法取得律师执业证书，担任法律顾问，民事（刑事、行政）案件代理人、刑事案件辩护人、办理非诉讼业务，解答法律询问，代写法律事务文书等，为社会提供法律服务的人员。

受理劳动争议案件数 指劳动争议仲裁委员会根据国家有关规定，对劳动争议当事人的申请予以审查，符合受理条件而正式立案、准备处理的劳动争议案件数。

自然资源 指人类可以直接从自然界获得，并用于生产和生活的物质资源。自然资源一般可以分成可再生资源和非再生资源两大类。可再生资源指在较短时间内可以再生、可以循环利用的资源，包括土地资源、水资源、气候资源、生物资源和海洋资源等。非再生资源指在使用后不能再生的资源，包括矿产资源和地热能源。

土地资源 土地指陆地的表层部分，它主要由岩石、岩石的风化物和土壤构成。土地资源按利用类型可以分为农用地、建筑用地和未利用地。农用地包括耕地、园地、林地、牧草地和水面。建筑用地包括居民点及工矿用地、交通用地和水利设施用地。未利用地指农用地和建筑用地以外的土地，包括滩涂、荒漠、戈壁、冰川和石山等。

耕地面积 指经过开垦用以种植农作物并经常进行耕耘的土地面积。包括种有作物的土地面积、休闲地、新开荒地和抛荒未满三年的土地面积。

森林资源 指森林、林木、林地以及依托森林、林木、林地生存的野生动物、植物和微生物。林木指树木和竹子。森林指以乔木为主体的植物群落，是集生的乔木及与共同作用的植物、动物、微生物和土壤、气候等的总体。

活立木总蓄积量 指一定范围内土地上全部树木蓄积的总量，包括森林蓄积、疏林蓄积、散生木蓄积和四旁树蓄积。

森林面积 指由乔木树种构成，郁闭度 0.2 以上(含 0.2)的林地或冠幅宽度 10 米以上的林带的面积，即有林地面积。森林面积包括天然起源和人工起源的针叶林面积、阔叶林面积、针阔混交林面积和竹林面积，不包括灌木林地面积和疏林地面积。

森林覆盖率 指一个国家或地区森林面积占土地总面积的百分比。森林覆盖率是反映森林资源的丰富程度和生态平衡状况的重要指标。在计算森林覆盖率时，森林面积包括郁闭度 0.2 以上的乔木林地面积和竹林地面积，国家特别规定的灌木林地面积、农田林网以及四旁(村旁、路旁、水旁、宅旁)林木的覆盖面积。计算公式为：

$$\text{森林覆盖率}(\%)=\frac{\text{森林面积}}{\text{土地总面积}}\times 100\%$$

水资源 水在自然界中以固体、液体和气态三种聚集状态存在，分布于海洋、陆地(包括土壤)以及大气之中，通过水循环形成水资源。水资源包括经人类控制并直接可供灌溉、发电、给水、航运、养殖等用途的地表水和地下水，以及江河、湖泊、井、泉、潮汐、港湾和养殖水域等。水资源是发展国民经济不可缺少的重要自然资源。

地表水和地下水 陆地上的水因空间分布不同，分为地表水和地下水。地表水指分别存在于河流、湖泊、沼泽、冰川和冰盖等水体中水分的总称，又称陆地水。地下水指储存在地面以下饱和岩土孔隙、裂隙及溶洞中的水。

水资源总量 指评价区内降水形成的地表和地下产水总量，即地表产流量与降水入渗补给地下水量之和，不包括过境水量。

地表水资源量 指评价区内河流、湖泊、冰川等地表水体中可以逐年更新的动态水量，即当地天然河川径流量。

地下水资源量 指评价区内降水和地表水对饱水岩土层的补给量，包括降水入渗补给量和河道、湖库、渠系、渠灌田间等地表水体的入渗补给量。

地表水与地下水资源重复量 指地表水和地下水相互转化的部分，即天然河川径流量中的地下水排泄量，和地下水补给量中来源于地表水的入渗补给量。

内陆水域总面积 指江、河、湖泊、池塘、塘堰、水库等各种流水或蓄水的水面占地面积。

海　洋 是海和洋的统称。洋为地球表面上相连接的广大咸水水体的主体部分。海为地球表面相连接的广大咸水水体被陆地、岛礁、半岛包围或分隔的边缘部分。

海水可养殖面积 指利用滩涂、浅海、港湾进行鱼、虾、蟹、贝、藻等海水经济动植物的人工养殖的水面面积。

径　流 指陆地上接受降水后扣除损耗外，从地表和地下向流域出口断面汇集的水流。径流可分为地表径流、地下径流和壤中流。地表径流指沿地表向河流、湖泊、沼泽、海洋等汇集的水流；地下径流指沿潜水层或隔水层间的含水层，向河流、湖泊、沼泽、海洋等汇集的地下水水流。

径流量 指在一定时段内通过河流某一过水断面的水量，用以反映一个国家或地区水资源的丰歉程度。计算公式为：

$$\text{径流量}=\text{降水量}-\text{蒸发量}$$

矿产资源 矿产指由地质作用形成，富集于地壳中或出露于地表达到工农业利用要求的有用矿物。矿产是一种重要的自然资源，是社会发展的重要物质基础。

矿产基础储量 基础储量是查明矿产资源的一部分。它能满足现行采矿和生产所需的指标要求，是控制的、探明的并通过可行性或预可行性研究认为属于经济的、边界经济的部分，用未扣除设计、采矿损失的数量表示。

气　温 指空气的温度，我国一般以摄氏度(℃)为单位表示。气象观测的温度表是放在离地面约 1.5 米处通风良好的百叶箱里测量的，因此，通常说的气温指的是离地面 1.5 米处百叶箱中的温度。其统计计算方法为：

月平均气温是将全月各日的平均气温相加，除以该月的天数而得。

年平均气温是将12个月的月平均气温累加后除以12而得。

相对湿度 指空气中实际所含水蒸气密度和同温度下饱和水蒸气密度的百分比值。其统计方法与气温相同。

降水量 指从天空降落到地面的液态或固态（经融化后）水，未经蒸发、渗透、流失而在地面上积聚的深度。其统计计算方法为：

月降水量是将全月各日的降水量累加而得。

年降水量是将12个月的月降水量累加而得。

日照时数 指太阳实际照射地面的时间。其统计方法与降水量相同。

工业废水排放达标量 指报告期内废水中各项污染物指标都达到国家或地方排放标准的外排工业废水量，包括未经处理外排达标的，经废水处理设施处理后达标排放的，以及经污水处理厂处理后达标排放的。

工业废水排放达标率 指工业废水排放达标量占工业废水排放量的百分率，计算公式为：

$$\text{工业废水排放达标率} = \frac{\text{工业废水排放达标量}}{\text{工业废水排放量}} \times 100\%$$

城镇生活污水排放量 指城镇居民每年排放的生活污水。用人均系数法测算。测算公式为：

$$\begin{matrix}\text{生活污水}\\\text{排放量}\end{matrix} = \begin{matrix}\text{城镇生活污水}\\\text{排放系数}\end{matrix} \times \begin{matrix}\text{市镇非}\\\text{农业人口}\end{matrix} \times 365$$

城镇生活污水中化学需氧量（COD）产生量 指城镇居民每年排放的生活污水中的COD的产生量。用人均系数法测算。测算公式为：

$$\begin{matrix}\text{城镇生活污水}\\\text{中 COD 排放量}\end{matrix} = \begin{matrix}\text{城镇生活污水中}\\\text{COD 产生系数}\end{matrix} \times \begin{matrix}\text{市镇非}\\\text{农业人口}\end{matrix} \times 365$$

化学需氧量（COD） 测量有机和无机物质化学分解所消耗氧的质量浓度的水污染指数。

工业废气排放量 指报告期内企业厂区内燃料燃烧和生产工艺过程中产生的各种排入大气的含有污染物的气体的总量，以标准状态（273K，101325Pa）计算。测算公式为：

$$\begin{matrix}\text{工业废气}\\\text{排放量}\end{matrix} = \begin{matrix}\text{燃料燃烧过程}\\\text{中废气排放量}\end{matrix} + \begin{matrix}\text{生产工艺过程}\\\text{中废气排放量}\end{matrix}$$

生活及其他 SO_2 排放量 以生活及其他煤炭消费量和其含硫量为基础，根据以下公式计算：

$$\begin{matrix}\text{生活及其他}\\SO_2\text{ 排放量}\end{matrix} = \begin{matrix}\text{生活及其他}\\\text{煤炭消费量}\end{matrix} \times \text{含硫量} \times 0.8 \times 2$$

工业 SO_2 排放量 指报告期内企业在燃料燃烧和生产工艺过程中排入大气的 SO_2 总量，计算公式为：

$$\begin{matrix}\text{工业 }SO_2\\\text{排放量}\end{matrix} = \begin{matrix}\text{燃料燃烧过程}\\\text{中 }SO_2\text{ 排放量}\end{matrix} + \begin{matrix}\text{生产工艺过程}\\\text{中 }SO_2\text{ 排放量}\end{matrix}$$

工业烟尘排放量 指企业厂区内燃料燃烧过程中产生的烟气中夹带的颗粒物排放量。

生活及其他烟尘排放量 指除工业生产活动以外的所有社会、经济活动及公共设施的经营活动中燃烧所排放的烟尘纯重量。以生活及其他煤炭消费量为基础进行测算。

工业粉尘排放量 指企业在生产工艺过程中排放的能在空气中悬浮一定时间的固体颗粒物排放量。如钢铁企业的耐火材料粉尘、焦化企业的筛焦系统粉尘、烧结机的粉尘、石灰窑的粉尘、建材企业的水泥粉尘等。不包括电厂排入大气的烟尘。

工业固体废物产生量 指报告期内企业在生产过程中产生的固体状、半固体状和高浓度液体状废弃物的总量，包括危险废物、冶炼废渣、粉煤灰、炉渣、煤矸石、尾矿、放射性废物和其他废物等；不包括矿山开采的剥离废石和掘进废石（煤矸石和呈酸性或碱性的废石除外）。酸性或碱性废石指采掘的废石其流经水、雨淋水的pH值小于4或pH值大于10.5者。

危险废物 指列入国家危险废物名录或根据国家规定的危险废物鉴别标准和鉴别方法认定的，具有爆炸性、易燃性、易氧化性、毒性、腐蚀性、易传染疾病等危险特性之一的废物。

工业固体废物综合利用量 指报告期内企业通过回收、加工、循环、交换等方式，从固体废物中提取或者使其转化为可以利用的资源、能源和其他原材料的固体废物量（包括当年利用往年的工业固体废物贮存量），如用作农业肥料、生产建筑材料、筑路等。综合利用量由原产生固体废物的单位统计。

工业固体废物综合利用率 指工业固体废物综合利用量占工业固体废物产生量（包括综合利用往年贮存量）的百分率。计算公式为：

$$\begin{matrix}\text{工业固体废物}\\\text{综合利用率}\end{matrix} = \frac{\begin{matrix}\text{工业固体废物}\\\text{综合利用量}\end{matrix}}{\begin{matrix}\text{工业固体废物产生量}+\\\text{综合利用往年贮存量}\end{matrix}} \times 100\%$$

工业固体废物贮存量　指报告期内企业以综合利用或处置为目的，将固体废物暂时贮存或堆存在专设的贮存设施或专设的集中堆存场所内的数量。专设的固体废物贮存场所或贮存设施必须有防扩散、防流失、防渗漏、防止污染大气、水体的措施。

工业固体废物处置量　指报告期内企业将固体废物焚烧或者最终置于符合环境保护规定要求的场所，并不再回取的工业固体废物量（包括当年处置往年的工业固体废物贮存量）。处置方式有填埋（其中危险废物应安全填埋）、焚烧、专业贮存场（库）封场处理、深层灌注、回填矿井及海洋处置（经海洋管理部门同意投海处置）等。

工业固体废物排放量　指报告期内企业将所产生的固体废物排到固体废物污染防治设施、场所以外的数量，不包括矿山开采的剥离废石和掘进废石（煤矸石和呈酸性或碱性的废石除外）。

“三废”综合利用产品产值　指报告期内利用“三废”作为主要原料生产的产品价值（现行价）；已经销售或准备销售的应计算产品价值，留作生产自用的不应计算产品价值。

生活垃圾清运量　指报告期内收集和运送到垃圾处理厂（场）的生活垃圾数量。生活垃圾指城市日常生活或为城市日常生活提供服务的活动中产生的固体废物以及法律行政规定的视为城市生活垃圾的固体废物。包括：居民生活垃圾、商业垃圾、集市贸易市场垃圾、街道清扫垃圾、公共场所垃圾和机关、学校、厂矿等单位的生活垃圾。

生活垃圾无害化处理率　指报告期生活垃圾无害化处理量与生活垃圾产生量的比率。在统计上，由于生活垃圾产生量不易取得，可用清运量代替。计算公式为：

$$\text{生活垃圾无害化处理率}=\frac{\text{生活垃圾无害化处理量}}{\text{生活垃圾产生量}}\times 100\%$$

⑯

附　　录

SIXTEEN

APPENDIX

附　录1：　　全市各乡镇(街办)主要经济指标

（2016 年）

地　区	乡镇(街办)名　称	地方预算内财政收入(万元)	国地两税收入（万元）	#国　税收　入	地　税收　入	土地面积(平方公里)	村民委员会个数（个）	居民委员会个数（个）	乡村户数（户）
潍城区	于河街道	3221	9925	4049	5876	43	35		8196
	望留街道	4336	11717	4177	7540	72	59	1	13826
	北关街道	14275	35741	12407	23334	20		31	4698
	西关街道	16400	35783	11144	24639	17		19	2916
	南关街道	14240	36453	12885	23568	17		22	3871
	城关街道	6546	18192	6731	11461	2		10	
	经济开发区	16428	46381	17881	28500	31	24	2	6820
	乐埠山生态区	5345	14871	5672	9199	33	19		5189
	军埠口项目区	4249	13815	5970	7845	36	32		7650
寒亭区	寒亭街办	19453	63470	45027	18443	64	46	12	13668
	开元街办	7188	28756	22039	6717	45	28	4	8485
	固堤街办	2133	4304	2845	1459	156	74		17577
	高里街道	1203	2280	1204	1076	145	83		18139
	朱里街道	2066	3851	2653	1198	108	88		18102
坊子区	凤凰街办	15816	26556	17572	8984	34	11	22	8268
	坊城街办	8762	16334	12495	3839	61	41	10	9533
	坊安街办	1169	2187	1520	667	88	59		14449
	九龙街办	2448	4782	3949	833	83	51		13864
	黄旗堡街办	655	1123	696	427	66	50		15741
	经济发展区	1864	3142	2043	1099	44	33		6846
	工业发展区	2280	4640	3990	650	37	25		7106
奎文区	大虞街道	18944	28434	9803	18631	5		9	
	北苑街道	8616	13557	6066	7491	5		5	
	东关街道	21194	33024	16334	16690	4		9	
	潍州路街道	13554	21507	10416	11091	6		10	
	广文街道	16209	24825	8204	16621	4		7	
	梨园街道	12427	19191	8261	10930	6		10	
	廿里堡街道	19860	34762	20628	14134	24		10	
	北海路街道	8823	13375	4813	8562	3		7	
青州市	王府街道	9219	9253	4080	5173	121.87	84	23	37482
	益都街道	10190	10204	5705	4499	58.08	39	18	26328
	云门山街道	10929	11273	5200	6073	67.77	43	32	28025
	黄楼街道	7134	6946	3462	3484	103.88	96		22667
	弥河镇	4628	2945	1133	1812	83.65	77		14710
	王坟镇	1247	645	225	420	221.77	100		14054
	庙子镇	4447	3508	1555	1953	203.14	68		12079
	邵庄镇	10019	9261	3316	5945	170.31	92		20130
	高柳镇	2092	2089	1025	1064	118.39	71		17068
	何官镇	1842	1567	510	1057	123.20	74		20474
	东夏镇	2859	2389	1210	1179	129.34	72		28604
	谭坊镇	2570	2344	905	1439	159.86	114		26755
	经济开发区	19899	19500	7200	12300		67	4	
诸城市	密州街道	152271	145834	36103	109731	142		42	29049
	龙都街道	150720	146413	7814	138599	110		36	22611
	舜王街道	14185	13665	2941	10724	235		18	21133

注:1. 青州市、昌乐县国地两税收入为财政总收入口径。

2. 青州市经济开发区土地面积、乡村户数包含在何官、东夏、高柳三镇中；诸城市经济开发区土地面积归于舜王街道。

地　　区	乡镇(街办)名　　称	地方预算内财政收入(万元)	国地两税收入(万元)	#国　税收　入	地　税收　入	土地面积(平方公里)	村民委员会个数(个)	居民委员会个数(个)	乡村户数(户)
	枳沟镇	6083	5980	906	5074	87	7	2	12275
	贾悦镇	14024	13596	3201	10395	284	25	2	27862
	石桥子镇	5027	4879	738	4141	169	16	2	17961
	相州镇	5098	4927	1421	3506	120	10	2	18092
	昌城镇	61673	59518	5183	54335	118	14	2	18142
	百尺河镇	3808	3636	1415	2221	125	10	3	13312
	辛兴镇	24210	23025	9241	13784	81	11	2	12644
	林家村镇	10825	10568	2966	7602	324	24	3	28451
	桃林镇	2612	2566	1109	1457	135	9	2	9913
	皇华镇	4410	4260	623	3637	221	16	2	20083
	经济开发区	75612	72582	37018	35564			6	11703
寿光市	圣城街道	59913	87213	36984	50229	68	28	42	17629
	文家街道	17959	24084	9895	14189	65	52	4	14372
	古城街道	40218	58632	28836	29796	87	61		15600
	洛城街道	36918	52210	15822	36388	142	90	28	29706
	孙家集街道	9075	13113	6837	6276	80	78		15365
	化龙镇	5195	6744	2653	4091	88	53		14909
	营里镇	16819	20159	6470	13690	191	50		17091
	台头镇	17426	26581	14029	12552	109	41		14614
	田柳镇	9147	12226	4864	7362	107	68		18215
	上口镇	13265	18508	8197	10311	81	65		19042
	侯镇	69726	88519	29999	58519	213	86	1	29176
	纪台镇	3112	4740	2778	1961	84	72		15036
	稻田镇	8115	10557	4788	5770	139	112		25113
	羊口镇	101422	151994	85597	66398	352	22	6	12475
	双王城生态经济园区	4931	5882	1292	4590	184	16		7305
安丘市	新安街道	52456	84394	36427	47967	228	56	35	41471
	兴安街道	43676	99936	47517	52419	142	34	35	66975
	景芝镇	57643	57548	36679	20869	202	139		41624
	凌河镇	4249	6226	2775	3451	171	145		28651
	石埠子镇	4571	6405	3018	3387	158	67		20001
	大盛镇	2941	3075	480	2595	75	62		10509
	辉渠镇	2153	2703	977	1726	200	40		20229
	吾山镇	2439	3666	1967	1699	114	54		11512
	石堆镇	1603	2467	1433	1034	67	47		10700
	柘山镇	3296	6054	4711	1343	148	41		10301
	官庄镇	1211	1521	608	913	125	59		15956
	金冢子镇	1357	1618	360	1258	83	56		11634
高密市	朝阳街道	38901	66194	38245	27949	120	26	74	22261
	醴泉街道	17751	25987	12140	13847	128	48	21	16171
	密水街道	30775	54871	26157	28714	122	47	39	20887
	柏城镇	12382	16148	4997	11151	149	82	10	22170
	夏庄镇	40458	63907	38224	25683	203	64	41	26400
	姜庄镇	16149	24696	13511	11184	163	84	18	25295
	大牟家镇	2390	3000	973	2027	172	86		18221

地　　区	乡镇(街办)名　　称	地方预算内财政收入(万元)	国地两税收入(万元)	#国　税收　入	地　税收　入	土地面积(平方公里)	村民委员会个数(个)	居民委员会个数(个)	乡村户数(户)
	阚家镇	3883	5607	2878	2729	137	93		30544
	井沟镇	3896	5286	2289	2997	139	98		23544
	柴沟镇	7878	8616	1390	7227	211	124		23994
昌邑市	奎聚街办	7950	11206	5616	5590	68	39	21	31935
	都昌街办	7360	11813	6171	5642	191	61	21	29355
	围子街办	8690	15584	10942	4642	159	127		29888
	龙池镇	6069	7939	3404	4535	182	27		8286
	柳疃镇	13704	19024	8530	10494	325	72		15785
	下营镇	24445	42692	31115	11577	215	35		8767
	卜庄镇	4339	6230	3059	3171	146	95		18859
	饮马镇	3497	5574	3610	1964	70	34		10387
	北孟镇	2467	3950	2560	1390	175	92		21911
	石埠经济发展区	1486	1933	696	1237	96	67		13928
临朐县	城关街道	23707	42168	20257	21911	83	14	18	24748
	东城街道	35048	56116	39203	16913	143	30	13	29914
	五井镇	6076	10257	6615	3642	103	20		13640
	冶源镇	4467	7170	4305	2865	156	39		26637
	寺头镇	1917	3229	2116	1114	256	34		20244
	九山镇	1669	2228	791	1437	254	26		15926
	辛寨镇	7287	10559	7097	3462	222	49		36104
	蒋峪镇	1433	1850	547	1303	113	29		17197
	山旺镇	1474	2214	1287	927	100	16		9730
	柳山镇	1362	1739	619	1120	97	21		11624
	龙山产业园	1883	2761	1389	1372	67	16		9377
	沂山风景区	1018	1450	599	851	148	14		8306
	嵩山风景区	708	1201	261	940	89	11		6681
昌乐县	宝城街道	31601	62344	46932	15412	43	1	7	
	朱刘街道	21806	42972	33890	9082	50	4	19	
	宝都街道	30927	53103	33377	19726	89	30	26	
	五图街道	5894	8974	4103	4871	99	30	11	
	乔官镇	2014	3733	2618	1115	189	73		
	营丘镇	2270	4308	3309	999	217	64		
	红河镇	5350	10366	5198	5168	194	62		
	鄌郚镇	1726	3315	2015	1300	163	26		
	高崖库区	393	600	240	360	56	17		
高新开发区	新城街办	419100	765000	492300	272700	31		30	
	清池街办					74		67	
经济开发区	北城街道	58703	85321	44044	41277	27	29		6249
	张氏街道					23	17	2	4866
	双杨街道					46	35		8652
滨海开发区	大家洼街道	330567	432463	192264	240199	340	21	12	27077
	央子街道					338	18		5517
峡山生态区	王家庄街道	850	850	548	302	154	107		25661
	太保庄街道	1059	1059	687	372	152	80		19456
	岞山街道	1347	1347	831	516	76	48		15758
	郑公街道	100	100	58	42	101	42		14212

附 录2： 各市主要指标（一）

（2016 年）

地　区	年末总人口（万人）	土地面积（平方公里）	人口密度（人/平方公里）	城镇化率（%）
全　省	**9947**	**157901**	**630**	**59.02**
济南市	723	7998	904	69.46
青岛市	920	11282	816	71.53
淄博市	469	5965	786	69.11
枣庄市	392	4564	858	55.47
东营市	213	8243	259	66.67
烟台市	706	13851	510	62.10
潍坊市	936	16143	580	58.15
济宁市	835	11187	747	55.25
泰安市	564	7761	726	59.06
威海市	282	5797	486	65.00
日照市	290	5359	541	56.86
莱芜市	138	2246	613	61.12
临沂市	1044	17191	607	55.84
德州市	579	10358	559	53.77
聊城市	604	8628	700	48.50
滨州市	389	9172	424	56.83
菏泽市	862	12155	709	47.36

各市主要指标（二）

（2016 年）

地　区	地区生产总值		第一产业增加值	
	（亿元）	增速（%）	（亿元）	增速（%）
全　省	**67008.19**	**7.6**	**4929.10**	**3.9**
济南市	6536.12	7.8	317.31	4.1
青岛市	10011.29	7.9	371.01	2.9
淄博市	4412.01	7.7	150.69	4.4
枣庄市	2142.63	7.2	162.06	4.2
东营市	3479.60	7.0	121.89	4.0
烟台市	6925.66	8.1	467.51	4.0
潍坊市	5522.68	8.0	475.32	4.1
济宁市	4301.82	8.0	480.45	4.0
泰安市	3316.79	7.2	280.93	3.5
威海市	3212.20	8.0	229.34	4.1
日照市	1802.49	8.1	146.97	4.3
莱芜市	702.76	7.2	55.12	4.1
临沂市	4026.75	7.6	358.95	4.0
德州市	2932.99	7.2	296.23	3.7
聊城市	2859.18	7.3	338.11	4.4
滨州市	2470.10	7.2	232.21	4.3
菏泽市	2560.24	8.5	280.62	3.1

各市主要指标（三）

（2016年）

地区	第二产业增加值		第三产业增加值	
	（亿元）	增速（%）	（亿元）	增速（%）
全省	**30410.00**	**6.5**	**31669.00**	**9.3**
济南市	2368.90	6.9	3849.91	8.7
青岛市	4160.67	6.7	5479.61	9.2
淄博市	2315.48	7.1	1945.84	8.7
枣庄市	1097.91	6.0	882.66	9.2
东营市	2163.10	6.0	1194.61	9.2
烟台市	3461.66	8.2	2996.49	8.6
潍坊市	2559.77	7.6	2487.59	9.2
济宁市	1949.67	6.2	1871.70	11.0
泰安市	1485.50	6.3	1550.36	8.7
威海市	1463.35	6.9	1519.51	9.7
日照市	851.94	8.0	803.58	8.9
莱芜市	352.36	8.5	295.28	6.2
临沂市	1736.25	6.6	1931.55	9.2
德州市	1403.17	6.2	1233.59	9.2
聊城市	1414.66	6.2	1106.41	9.6
滨州市	1142.77	6.2	1095.12	8.9
菏泽市	1312.55	8.7	967.07	9.8

各市主要指标（四）

（2016年）

地区	第一产业所占比重（%）	第二产业所占比重（%）	第三产业所占比重（%）	人均地区生产总值（元）
全省	**7.4**	**45.4**	**47.3**	**67706**
济南市	4.9	36.2	58.9	90999
青岛市	3.7	41.6	54.7	109407
淄博市	3.4	52.5	44.1	94587
枣庄市	7.6	51.2	41.2	54984
东营市	3.5	62.2	34.3	164024
烟台市	6.8	50.0	43.3	98388
潍坊市	8.6	46.4	45.0	59275
济宁市	11.2	45.3	43.5	51662
泰安市	8.5	44.8	46.7	59027
威海市	7.1	45.6	47.3	114220
日照市	8.2	47.3	44.6	62357
莱芜市	7.8	50.1	42.0	51533
临沂市	8.9	43.1	48.0	38803
德州市	10.1	47.8	42.1	50856
聊城市	11.8	49.5	38.7	47624
滨州市	9.4	46.3	44.3	63745
菏泽市	11.0	51.3	37.8	29904

各市主要指标（五）

（2016年）

地　　区	农林牧渔业增加值（亿元）	比上年增长（%）	林牧渔业增加值（亿元）	林牧渔业增加值占总增加值的比重（%）
全　　省	**5171.13**	**4.3**	**2094.28**	**40.5**
济南市	328.24	4.3	102.20	31.1
青岛市	387.84	3.2	165.53	42.7
淄博市	154.92	4.6	40.51	26.2
枣庄市	171.93	4.5	39.12	22.8
东营市	131.05	3.9	55.97	42.7
烟台市	487.92	4.6	221.23	45.3
潍坊市	500.31	4.7	151.95	30.4
济宁市	495.48	4.3	152.95	30.9
泰安市	295.10	4.1	106.05	35.9
威海市	237.42	4.2	170.45	71.8
日照市	154.96	4.9	71.96	46.4
莱芜市	55.73	4.1	13.31	23.9
临沂市	371.30	4.4	93.23	25.1
德州市	322.93	4.2	111.89	34.6
聊城市	346.26	4.5	71.15	20.5
滨州市	247.35	4.9	81.44	32.9
菏泽市	286.23	3.2	80.08	28.0

各市主要指标（六）

（2016年）

地　　区	粮食总产量（万吨）	棉花产量（万吨）	油料产量（万吨）	水果产量（万吨）	肉类总产量（万吨）
全　　省	**4700.71**	**54.83**	**326.78**	**3255.43**	**776.17**
济南市	257.27	1.26	4.16	120.32	35.96
青岛市	304.99	0.06	36.93	120.42	56.36
淄博市	143.40	0.34	2.15	112.63	15.51
枣庄市	163.25	0.32	9.19	44.94	25.40
东营市	100.47	7.17	0.42	26.73	16.76
烟台市	179.72	0.04	41.63	595.94	55.39
潍坊市	431.80	2.06	21.27	306.52	132.53
济宁市	445.20	6.60	17.07	124.23	60.70
泰安市	262.11	0.65	22.72	72.05	46.23
威海市	70.21	0.00	23.68	116.15	18.40
日照市	88.48	0.13	23.90	39.49	30.52
莱芜市	22.99	0.31	2.36	10.94	6.33
临沂市	412.35	0.94	84.99	322.53	78.16
德州市	643.75	4.32	1.86	77.81	67.89
聊城市	495.90	2.35	9.89	202.14	58.10
滨州市	306.13	7.42	1.39	191.41	38.38
菏泽市	607.25	13.15	23.17	324.41	72.17

各市主要指标（七）

（2016 年）

地区	规模以上工业企业数（个）	规模以上工业增加值增速（%）	规模以上工业主营业务收入	
			亿元	增速（%）
全　省	**40600**	**6.8**	**150034.94**	**3.7**
济南市	1965	7.3	5722.59	7.3
青岛市	4829	7.5	16288.08	0.1
淄博市	2936	7.4	11901.30	7.2
枣庄市	1406	6.2	3842.08	5.8
东营市	946	6.2	13236.02	0.2
烟台市	2599	9.0	16301.85	7.0
潍坊市	3858	8.3	13425.74	7.9
济宁市	2624	6.3	5515.66	-0.8
泰安市	1906	6.9	5885.43	-6.2
威海市	1778	7.3	6970.71	1.2
日照市	646	8.6	2752.60	10.9
莱芜市	600	9.5	1919.63	6.3
临沂市	4047	7.5	10633.21	4.3
德州市	3141	6.7	10628.88	10.5
聊城市	2814	6.7	8888.75	0.5
滨州市	1314	6.5	8375.45	4.0
菏泽市	3186	10.0	7785.71	8.8

各市主要指标（八）

（2016 年）

地区	规模以上工业利润总额		规模以上工业利税总额	
	（亿元）	增速（%）	（亿元）	增速（%）
全　省	**8643.12**	**1.2**	**13312.85**	**0.4**
济南市	368.62	12.2	727.61	7.7
青岛市	951.70	0.5	1705.86	-0.6
淄博市	803.65	12.5	1320.77	8.6
枣庄市	174.81	1.3	280.81	-6.3
东营市	599.55	-30.0	957.52	-26.7
烟台市	1169.61	7.3	1499.32	5.0
潍坊市	743.06	11.3	1129.32	11.8
济宁市	367.33	7.7	601.16	7.0
泰安市	368.54	-11.6	543.41	-11.8
威海市	390.78	4.6	570.24	4.6
日照市	84.80	39.8	131.01	38.1
莱芜市	45.44	183.6	74.99	70.8
临沂市	526.17	1.3	785.64	3.5
德州市	585.99	4.4	827.37	-5.1
聊城市	597.20	-0.4	832.42	0.7
滨州市	285.23	7.0	424.70	3.5
菏泽市	580.10	4.0	900.16	6.3

各市主要指标（九）

（2016年）

地区	工业亏损面（%）		亏损企业亏损额	
	%	比上年增减百分点	（亿元）	增速（%）
全省	**7.06**	**-0.18**	**584.45**	**16.7**
济南市	9.92	-0.74	23.84	-5.1
青岛市	9.19	-0.62	55.87	-8.3
淄博市	7.49	-0.86	15.04	-39.5
枣庄市	3.91	-0.54	13.70	-28.5
东营市	12.37	1.71	281.40	149.8
烟台市	12.70	-0.02	32.44	-19.4
潍坊市	6.56	0.76	17.01	-6.3
济宁市	6.29	-1.48	20.67	-48.6
泰安市	5.35	0.38	15.98	0.4
威海市	10.63	-1.25	16.05	-31.0
日照市	14.09	-2.42	9.80	-47.6
莱芜市	14.50	-0.71	12.26	-50.4
临沂市	3.58	0.08	18.19	-35.8
德州市	2.29	0.26	10.55	15.5
聊城市	2.67	0.47	6.83	-23.9
滨州市	18.49	-0.36	20.69	25.4
菏泽市	2.57	-0.32	8.59	-38.9

各市主要指标（十）

（2016年）

地区	产成品存货		应收账款净额	
	（亿元）	增速（%）	（亿元）	增速（%）
全省	**4547.18**	**2.9**	**8957.03**	**7.2**
济南市	311.16	0.7	714.96	3.8
青岛市	636.18	6.9	1923.97	15.6
淄博市	322.99	0.6	504.03	6.8
枣庄市	77.38	-9.9	120.94	-4.9
东营市	492.09	5.7	709.53	10.4
烟台市	359.85	4.3	1036.19	6.3
潍坊市	435.37	3.3	776.50	8.4
济宁市	292.53	6.9	560.41	8.1
泰安市	199.49	-7.9	329.58	-9.7
威海市	201.73	3.0	403.28	21.5
日照市	137.11	0.2	228.83	-2.9
莱芜市	68.98	-11.0	98.05	5.2
临沂市	291.94	-2.3	424.85	2.7
德州市	95.21	-10.4	161.57	-7.5
聊城市	159.46	-0.6	339.35	4.3
滨州市	260.29	6.0	346.97	-4.9
菏泽市	193.63	23.5	225.57	8.4

各 市 主 要 指 标 （十一）

（2016 年）

地　区	产品销售率		高新技术产业产值占规模以上工业比重	
	%	比上年增减百分点	%	比上年增减百分点
全　省	**98.8**	**0.1**	**33.8**	**1.2**
济南市	98.9	0.8	43.7	1.0
青岛市	98.7	0.4	41.7	0.7
淄博市	98.0	0.0	33.1	1.3
枣庄市	99.6	0.0	22.6	2.8
东营市	98.8	-0.1	35.5	0.5
烟台市	98.8	-0.1	41.9	0.8
潍坊市	98.7	0.3	33.1	1.3
济宁市	98.4	-0.5	29.9	1.0
泰安市	98.3	-0.7	28.3	1.5
威海市	98.4	0.3	40.0	1.1
日照市	97.1	-0.2	23.3	3.2
莱芜市	98.4	0.7	21.4	1.5
临沂市	98.7	0.2	28.5	1.2
德州市	98.9	0.6	29.4	1.4
聊城市	98.9	-0.1	28.1	1.9
滨州市	102.2	0.3	26.8	0.6
菏泽市	98.7	0.0	32.7	1.1

各 市 主 要 指 标 （十二）

（2016 年）

地　区	固定资产投资额		房地产开发投资额	
	亿元	增速（%）	亿元	增速（%）
全　省	**52364.49**	**10.5**	**6323.38**	**7.3**
济南市	3974.33	13.7	1163.94	14.8
青岛市	7454.70	13.7	1369.14	22.0
淄博市	3099.80	13.4	221.82	-2.6
枣庄市	1788.51	10.0	158.92	-14.9
东营市	2472.55	-19.8	208.81	7.7
烟台市	5297.22	13.5	551.02	-9.2
潍坊市	5112.53	13.2	443.29	-5.3
济宁市	3278.97	13.4	363.94	18.0
泰安市	2899.62	10.7	181.09	24.8
威海市	2879.35	13.2	215.07	-31.3
日照市	1597.78	13.5	158.50	45.6
莱芜市	635.67	2.7	47.17	48.1
临沂市	3603.32	11.9	374.50	-4.7
德州市	2537.78	13.4	220.38	2.7
聊城市	2357.57	12.2	248.51	30.5
滨州市	2156.57	8.5	114.67	5.7
菏泽市	1218.21	13.5	282.61	9.3

各 市 主 要 指 标 （十三）

（2016 年）

地 区	社会消费品零售总额		进出口总额	
	（亿元）	增速（%）	（亿元）	增速（%）
全 省	**30645.76**	**10.4**	**15466.5**	**3.5**
济 南 市	3764.78	10.4	715.8	26.4
青 岛 市	4104.93	10.5	4330.1	-0.6
淄 博 市	2155.03	10.5	522.3	10.2
枣 庄 市	892.28	10.8	88.9	-10.3
东 营 市	789.72	8.5	995.1	24.6
烟 台 市	2976.07	11.1	2901.9	-5.4
潍 坊 市	2514.85	10.4	1241.5	5.7
济 宁 市	2071.89	8.4	357.7	5.9
泰 安 市	1462.77	9.9	132.4	-6.6
威 海 市	1456.73	11.1	1176.2	11.6
日 照 市	660.09	9.3	820.0	-12.7
莱 芜 市	347.80	8.4	112.2	1.6
临 沂 市	2488.01	11.3	569.4	4.7
德 州 市	1394.97	10.9	209.1	6.3
聊 城 市	1173.13	10.7	370.4	18.1
滨 州 市	889.70	9.4	575.7	14.4
菏 泽 市	1503.00	11.2	347.6	28.7

注：进出口数据为省统计局反馈。

各 市 主 要 指 标 （十四）

（2016 年）

地 区	进口总额		出口总额	
	（亿元）	增速（%）	（亿元）	增速（%）
全 省	**6414.3**	**6.8**	**9052.2**	**1.2**
济 南 市	231.7	19.5	484.1	30.0
青 岛 市	1528.8	-0.8	2801.4	-0.5
淄 博 市	176.8	54.7	345.6	-4.0
枣 庄 市	8.6	-27.5	80.3	-8.0
东 营 市	694.2	41.5	300.9	-2.2
烟 台 市	1260.7	-4.8	1641.2	-5.9
潍 坊 市	426.9	16.2	814.5	1.0
济 宁 市	135.6	9.1	222.1	4.0
泰 安 市	25.8	-21.9	106.6	-2.0
威 海 市	404.4	51.1	771.8	-1.8
日 照 市	541.3	-20.8	278.7	8.7
莱 芜 市	47.8	-14.8	64.5	18.5
临 沂 市	178.3	6.5	391.1	3.9
德 州 市	61.2	2.4	147.9	8.0
聊 城 市	177.6	13.5	192.8	22.7
滨 州 市	327.6	17.8	248.1	10.2
菏 泽 市	186.9	39.8	160.7	17.8

各 市 主 要 指 标 （十五）

（2016 年）

地区	实际到账外资		金融机构本外币存款余额	
	（亿美元）	增速（%）	月末余额（亿元）	比年初增加额（亿元）
全省	**1110.67**	**9.8**	**85683.5**	**8885.0**
济南市	112.26	14.7	15537.4	1362.7
青岛市	460.59	11.4	14673.8	1518.1
淄博市	42.23	14.8	4204.4	392.5
枣庄市	6.94	11.0	1672.7	235.9
东营市	14.86	7.4	3986.7	303.2
烟台市	136.01	14.2	7580.1	550.2
潍坊市	70.81	13.2	7094.8	877.2
济宁市	34.02	-40.6	4612.1	513.8
泰安市	34.13	10.6	3075.7	354.9
威海市	79.92	15.0	3112.8	322.4
日照市	38.51	7.0	2080.6	209.3
莱芜市	10.33	25.2	914.0	79.9
临沂市	14.89	69.8	5333.7	571.5
德州市	8.07	9.4	2868.6	384.4
聊城市	4.42	26.8	3032.5	440.2
滨州市	25.53	1.0	2697.9	319.6
菏泽市	17.14	18.1	3024.7	474.2

各 市 主 要 指 标 （十六）

（2016 年）

地区	本外币住户存款		本外币贷款余额	
	月末余额（亿元）	比年初增加额（亿元）	月末余额（亿元）	比年初增加额（亿元）
全省	**41754.9**	**4159.2**	**65243.5**	**6180.3**
济南市	4344.8	353.0	13096.1	1739.4
青岛市	5460.2	347.1	12955.3	1378.5
淄博市	2498.8	226.5	2871.7	210.5
枣庄市	1104.5	122.0	1100.3	19.2
东营市	1478.6	149.0	3507.5	476.3
烟台市	4026.8	319.5	4736.7	266.3
潍坊市	4025.1	418.4	4906.0	145.5
济宁市	2803.9	342.6	2879.3	155.5
泰安市	1958.6	217.3	1938.6	131.9
威海市	1691.6	156.3	1902.4	60.2
日照市	1114.3	143.2	2274.2	114.9
莱芜市	541.8	49.9	672.2	32.9
临沂市	3322.6	367.1	3960.6	561.0
德州市	1943.3	210.1	1659.8	109.0
聊城市	1936.0	281.9	2130.4	258.1
滨州市	1287.4	163.0	2394.3	298.8
菏泽市	2216.6	304.4	1805.1	169.6

各市主要指标（十七）

（2016年）

地　区	一般公共预算收入		一般公共预算支出	
	（亿元）	增速（%）	（亿元）	增速（%）
全　　省	**5860.16**	**8.5**	**8749.57**	**6.1**
济南市	641.22	9.9	740.95	12.6
青岛市	1100.01	10.3	1352.81	10.6
淄博市	345.38	9.2	418.43	9.3
枣庄市	147.40	3.8	246.87	4.4
东营市	221.87	2.4	268.20	4.1
烟台市	577.11	8.6	679.26	5.6
潍坊市	521.54	9.1	637.05	4.1
济宁市	391.52	9.0	555.95	7.9
泰安市	206.71	3.6	330.59	1.1
威海市	260.50	10.2	338.60	0.1
日照市	128.73	10.6	205.05	10.6
莱芜市	53.00	7.1	86.58	3.3
临沂市	293.92	11.7	574.33	7.6
德州市	183.51	7.1	332.09	-1.7
聊城市	187.50	8.6	354.91	2.3
滨州市	220.01	8.2	316.07	2.2
菏泽市	185.04	8.8	429.65	7.3

各市主要指标（十八）

（2016年）

地　区	国税收入		地税收入	
	（亿元）	增速（%）	（亿元）	增速（%）
全　　省	**5172.61**	**11.8**	**3271.80**	**14.2**
济南市	621.23	25.7	404.49	22.2
青岛市	1355.61	13.0	593.63	6.9
淄博市	306.54	11.6	186.87	15.7
枣庄市	70.83	5.2	83.34	6.9
东营市	207.19	22.2	133.16	3.8
烟台市	524.53	10.9	334.46	9.8
潍坊市	356.76	12.3	316.90	12.9
济宁市	208.64	7.5	220.53	11.8
泰安市	104.71	15.4	122.61	17.8
威海市	150.77	13.5	182.74	21.2
日照市	341.39	-10.0	63.75	17.4
莱芜市	43.82	0.1	27.26	13.2
临沂市	221.68	19.5	185.17	31.1
德州市	105.92	6.1	107.09	17.2
聊城市	143.74	15.1	93.20	13.7
滨州市	188.37	7.3	119.98	21.3
菏泽市	168.17	30.3	96.62	18.0

各市主要指标（十九）

（2016年）

地区	居民人均可支配收入		居民人均消费支出	
	元	增速(%)	元	增速(%)
全省	**24685**	**8.7**	**15926**	**9.2**
济南市	33909	8.4	22221	9.1
青岛市	35680	8.5	23256	9.0
淄博市	29462	8.3	19508	7.8
枣庄市	20644	8.2	12393	8.3
东营市	32178	8.1	20093	8.2
烟台市	29742	8.4	19979	10.3
潍坊市	25484	8.9	15896	9.7
济宁市	21854	8.6	13537	9.3
泰安市	23194	8.5	14049	8.9
威海市	30941	8.6	19896	9.3
日照市	21291	8.9	12919	7.9
莱芜市	24759	8.0	15001	7.8
临沂市	21602	8.5	11045	9.2
德州市	17467	9.0	11994	8.7
聊城市	16607	8.9	10565	9.6
滨州市	22603	8.4	15445	8.5
菏泽市	15661	9.7	10696	10.0

各市主要指标（二十）

（2016年）

地区	城镇居民人均可支配收入		城镇居民人均消费支出	
	元	增速(%)	元	增速(%)
全省	**34012**	**7.8**	**21495**	**8.3**
济南市	43052	7.9	28537	8.4
青岛市	43598	8.0	28285	8.6
淄博市	36436	7.8	23697	7.1
枣庄市	27708	7.4	15932	8.1
东营市	41580	7.3	24879	7.5
烟台市	38744	7.9	25737	9.9
潍坊市	33609	8.2	20976	8.5
济宁市	29987	7.5	18202	6.5
泰安市	30299	7.7	17900	8.3
威海市	39363	8.3	25639	9.0
日照市	28340	8.1	17957	6.8
莱芜市	32364	7.1	18523	7.0
临沂市	30859	7.8	14468	8.0
德州市	22760	8.2	14131	8.3
聊城市	23277	7.9	13516	9.0
滨州市	30583	7.7	20728	7.8
菏泽市	22122	8.6	13767	8.8

各 市 主 要 指 标 （二十一）

（2016 年）

地　区	农村居民人均可支配收入		农村居民人均消费支出	
	元	增速(%)	元	增速(%)
全　省	**13954**	**7.9**	**9519**	**8.8**
济 南 市	15346	7.8	9396	9.3
青 岛 市	17969	7.4	12006	7.9
淄 博 市	15674	7.9	11225	8.2
枣 庄 市	13018	8.1	8573	7.3
东 营 市	14999	8.0	11348	8.1
烟 台 市	16721	7.6	11651	9.1
潍 坊 市	16098	8.1	10027	10.2
济 宁 市	13615	8.3	8812	12.7
泰 安 市	14428	8.3	9297	8.3
威 海 市	17573	7.7	10780	8.5
日 照 市	13379	8.6	7264	7.8
莱 芜 市	14852	8.3	10413	8.3
临 沂 市	11646	7.6	7364	10.0
德 州 市	12248	8.7	9887	8.4
聊 城 市	11387	8.3	8255	9.0
滨 州 市	13736	7.9	9574	8.2
菏 泽 市	10705	9.2	8342	10.0

附　录3：　　全省分县区主要经济指标

（2016 年）

地　　区	年末总人口（万人）	行政区域土地面积（平方公里）	公共财政预算收入（万元）	公共财政预算支出（万元）	年末金融机构各项存款余额（万元）	城乡居民储蓄存款余额（万元）	年末金融机构各项贷款余额（万元）
济南市							
历下区	62.74	101	1277379	573623			
市中区	61.76	281	916943	472842			
槐荫区	41.00	152	442857	368099			
天桥区	51.66	259	382116	340663			
历城区	97.16	1301	812720	600126			
长清区	56.01	1209	175035	317443			
章丘区	102.99	1719	509451	712160	6128234	4032713	3254721
平阴县	37.45	715	178183	283253	1737317	1159187	942196
济阳县	57.85	1099	185778	341925	1837399	1303505	1142436
商河县	64.19	1162	88089	301990	1679300	1185982	846901
青岛市							
市南区	58.01	30	1008517	520229			
市北区	93.80	65	1023177	838698			
黄岛区	121.57	2127	2124080	1852422	14838000	7113269	15217000
崂山区	28.60	396	1310584	906840			
李沧区	35.20	99	623644	497437	6271499	3468379	5204858
城阳区	42.20	553	953167	725684	7576052	4034820	5812491
胶州市	83.80	1324	920707	1047902	6832180	4004261	5555235
即墨市	115.80	1921	1050508	1294772	8197760	5070945	8282189
平度市	139.03	3176	497837	966787	6073771	4408559	3631946
莱西市	74.24	1568	519206	652187	3884414	2676573	3097646
淄博市							
淄川区	64.67	960	306568	405078	5170344	3622213	2613779
张店区	82.00	360	825788	822015	16426791	7886747	11833798
博山区	45.00	698	231237	309136	2990180	2271734	1340522
临淄区	61.64	664	647208	461842	6670052	4391178	5200464
周村区	34.67	306	189203	229915	3072359	2358927	1332176
桓台县	50.40	509	331249	371667	3645555	1919056	3780520
高青县	36.90	831	139000	247423	1479594	1040305	1084859
沂源县	57.14	1636	191443	329580	2332980	1498200	1530493
枣庄市							
市中区	57.72	374	222123	286188	3860821	2621329	2916058
薛城区	54.64	507	219249	281838	3461361	2043066	2218161
峄城区	42.62	637	89888	183460	1017333	670827	795928
台儿庄区	33.42	532	79780	193098	930381	656673	624952
山亭区	53.36	1019	52187	211543	1013352	659320	469650
滕州市	171.46	1495	690018	881582	6344100	4404017	3978483

地　　区	年末总人口（万人）	行政区域土地面积（平方公里）	公共财政预算收入（万元）	公共财政预算支出（万元）	年末金融机构各项存款余额（万元）	城乡居民储蓄存　款　余　额（万元）	年末金融机构各项贷款余额（万元）
东营市							
东营区	64.86	1178	262880	355266	25191908	6844118	18135204
河口区	21.98	2267	180604	213998	2934488	1506831	1642667
垦利县	23.10	2331	212678	278188	3847480	1326747	4097871
利津县	30.52	1301	128771	226487	1706209	725158	1250913
广饶县	52.35	1166	409396	499072	6186505	2221099	9948327
烟台市							
芝罘区	69.65	179	633602	473145			
福山区	27.73	482	280011	275688	2690178	1683500	1810351
牟平区	45.92	1375	239588	281292	4027755	2417048	2137485
莱山区	21.42	285	310128	313523	4127757	1815468	2947141
长岛县	4.20	59	12630	71419	451114	297205	133477
龙口市	63.69	901	948167	917182	8710346	4915050	5858393
莱阳市	86.85	1731	156710	323378	3836370	2900784	1752520
莱州市	85.03	1928	618577	635742	6576792	4962405	2669862
蓬莱市	44.91	1136	315328	397825	4214348	2607337	3046405
招远市	56.58	1432	547388	546015	5316396	3249629	2639077
栖霞市	60.98	2016	112497	268982	2413914	1945959	1264164
海阳市	65.41	1910	293906	350606	3699575	2574202	2730637
潍坊市							
潍城区	37.23	270	200257	169847			
寒亭区	43.92	1301	503050	433312			
坊子区	54.69	895	148275	258090			
奎文区	53.97	168	693797	419802			
临朐县	90.56	1831	156966	322766	3798070	2776211	2326450
昌乐县	62.86	1101	235929	279521	3299500	2138506	2436861
青州市	94.42	1569	459890	494229	7342528	5033159	4498209
诸城市	111.01	2151	731686	761560	6387100	4013184	5074584
寿光市	108.47	1990	946872	971469	8571338	5198477	7256715
安丘市	96.22	1712	208027	386841	4127831	2934946	3176691
高密市	89.33	1527	480480	518842	4856185	3164504	3609555
昌邑市	58.64	1628	299085	366415	4045870	2886092	2169259
济宁市							
任城区	119.82	891	624006	543017	20382465	10212433	14888992
兖州区	65.01	650	474575	506035	3715753	2608842	2695250
微山县	72.59	1738	333656	420176	2194381	1439326	968046
鱼台县	47.62	654	104206	246657	1423446	1117788	525412
金乡县	66.06	888	135586	324207	2373030	1934471	1202183

地　　区	年末总人口（万人）	行政区域土地面积（平方公里）	公共财政预算收入（万元）	公共财政预算支出（万元）	年末金融机构各项存款余额（万元）	城乡居民储蓄存　款　余　额（万元）	年末金融机构各项贷款余额（万元）
嘉祥县	91.99	975	163016	341366	2882799	2301503	1226128
汶上县	81.23	889	141537	303467	2419974	1806317	1193895
泗水县	63.82	1118	90058	280569	1612351	1332792	877212
梁山县	83.18	961	135272	303846	2816883	2305452	1045711
曲阜市	64.77	815	267147	435604	2902783	2016508	1467499
邹城市	119.63	1617	735148	787604	7113019	3572484	5397578
泰安市							
泰山区	64.45	337	313868	215545	2546903	1904872	1629068
岱岳区	97.90	1750	165337	364773	5248000	3388000	3124000
宁阳县	83.48	1124	127079	351611	2305091	1785717	1013147
东平县	80.81	1340	119336	347735	2396767	1901626	1659087
新泰市	142.81	1934	422609	653177	5929661	4162690	3809824
肥城市	99.20	1277	421469	594586	4618577	3402305	2868266
威海市							
环翠区	75.43	991	1018618	733819	15884141	6989157	9802642
文登区	58.13	1616	495168	609469	5200267	3288873	2897019
荣成市	66.71	1526	688339	957567	6922787	4199068	4651912
乳山市	55.58	1665	313298	411441	3121154	2439338	1672445
日照市							
东港区	92.57	1262	813511	1145766	12364684	5212280	15090593
岚山区	42.98	778	222227	223808	2041502	1348994	2745759
五莲县	51.48	1497	107903	264149	2376076	1695637	1457917
莒县	112.69	1821	143659	416768	4023934	2886223	3447252
莱芜市							
莱城区	105.03	1740	237799	367836	7174898	4301551	4369291
钢城区	32.55	506	131858	124263	1965124	1116035	2352700
临沂市							
兰山区	117.34	891	726266	475778	18262213	9080331	15974210
罗庄区	55.74	569	180406	230948	4146758	2061850	3627227
河东区	59.54	834	140312	256039	5053003	2512452	4419932
沂南县	94.83	1719	147429	386260	2893506	2319075	1357834
郯城县	99.61	1195	120067	353355	2334873	1965278	1365424
沂水县	115.96	2414	228819	491182	4279515	3172971	2876964
兰陵县	140.11	1724	150006	439155	3105276	2344481	1934746
费县	88.03	1660	180117	377910	2739289	2097297	1477377
平邑县	101.21	1823	107148	360836	2545415	1900621	1411327
莒南县	84.66	1751	135700	343122	3658599	2698101	2264737
蒙阴县	55.07	1602	100090	349934	1862321	1426527	1015553
临沭县	65.84	1010	139366	323118	2456707	1646977	1880609

地　　区	年末总人口（万人）	行政区域土地面积（平方公里）	公共财政预算收入（万元）	公共财政预算支出（万元）	年末金融机构各项存款余额（万元）	城乡居民储蓄存款余额（万元）	年末金融机构各项贷款余额（万元）
德州市							
德城区	72.29	538	439668	411564	9833887	5170494	6599949
陵城区	58.41	1213	117862	250103	1866732	1515925	826549
宁津县	46.73	833	67546	184029	2081342	1754739	739102
庆云县	30.68	501	56384	164750	1056856	778809	613459
临邑县	53.28	1016	140428	229368	2184280	1550754	1137735
齐河县	61.99	1411	287666	370168	2481898	1659364	1560200
平原县	45.86	1047	82632	202352	1765045	1424501	703659
夏津县	52.01	882	78173	219412	1602622	1294981	725319
武城县	38.54	751	86197	183975	1598340	1297793	800185
乐陵市	67.63	1173	100576	262377	1968891	1532200	1285733
禹城市	51.81	992	190487	283169	2246456	1453420	1605973
聊城市							
东昌府区	125.26	1443	746064	1349907	12189853	5795644	9182663
阳谷县	82.09	1388	134536	326652	3063947	2535625	2096392
莘县	108.07	1003	110256	378115	3315708	2328502	1277538
茌平县	56.53	727	310261	381957	2649208	2204607	1918216
东阿县	40.68	1161	118893	190838	2716183	1953285	1208191
冠县	86.63	947	113530	346259	1792948	1246126	1724966
高唐县	51.15	951	150276	269381	2610987	1887512	1917523
临清市	82.12	1008	191167	334993	1985968	1409112	1978658
滨州市							
滨城区	68.69	1041	526898	484790	9075090	3625523	7359620
沾化区	39.68	2218	116145	222306	1386056	751531	864745
惠民县	65.19	1362	95966	293956	2045586	1306470	1474483
阳信县	46.74	798	80528	247623	1457496	903854	1031939
无棣县	48.05	2090	250871	380343	1951549	1116533	1462705
博兴县	49.85	901	278275	346917	4269012	2272744	4209738
邹平县	73.93	1250	636083	635323	6794367	2897386	7539623
菏泽市							
牡丹区	161.11	1415	604321	1171872	8969945	5133980	5960052
曹县	70.06	846	82000	267273	1725879	1325111	917954
单县	169.18	1974	230655	587384	3226182	2667194	2072373
成武县	126.51	1670	163750	442337	2758190	2308145	1662346
巨野县	72.50	998	90609	257855	1966355	1613081	931758
郓城县	108.62	1308	200016	369897	3149889	2405691	1716910
鄄城县	128.20	1643	227091	522535	3804616	3190633	1845309
定陶县	91.93	1032	87325	327279	2244686	1919827	1022714
东明县	86.44	1370	164680	337600	2401384	1602765	1921199

地　　区	地区生产总值（亿元）	#第一产业	第二产业	第三产业	地区生产总值发展速度（%）	#第一产业	第二产业	第三产业
济南市								
历下区	1070.69		149.71	920.98	8.1		4.8	8.8
市中区	751.35	3.78	126.51	621.07	8.2	0.4	4.1	9.4
槐荫区	387.08	4.04	105.06	277.99	8.1	0.6	5.4	9.3
天桥区	384.89	4.02	95.98	284.89	7.5	3.4	8.2	7.3
历城区	807.98	48.26	330.10	429.62	7.6	4.1	7.2	8.4
长清区	265.18	33.21	108.19	123.78	8.0	4.4	7.6	9.7
章丘区	870.78	82.66	521.65	266.47	9.0	3.8	9.7	9.3
平阴县	227.00	31.56	126.53	68.91	8.4	3.9	7.7	12.9
济阳县	276.30	51.87	145.29	79.14	7.9	3.6	8.1	10.1
商河县	165.73	46.00	63.40	56.32	8.8	4.5	13.9	5.3
青岛市								
市南区	945.22	–	79.57	865.65	8.5	–	5.4	8.9
市北区	640.17	–	126.78	513.39	8.3	–	6.7	8.8
黄岛区	2500.35	61.70	1227.22	1211.43	12.0	1.3	9.1	16.2
崂山区	509.80	5.77	244.62	259.41	8.0	1.1	4.2	12.8
李沧区	324.61	–	114.05	210.56	9.1	–	6.1	11.1
城阳区	882.11	3.41	475.79	402.91	8.6	1.8	7.8	9.9
胶州市	981.15	53.14	517.81	410.20	9.3	-1.1	8.8	11.5
即墨市	1100.89	60.19	598.04	442.66	10.7	-0.4	9.1	14.8
平度市	779.25	106.22	408.85	264.18	7.5	3.6	8.0	8.4
莱西市	526.02	63.36	254.74	207.92	8.9	3.1	8.0	11.8
淄博市								
淄川区	577.53	8.77	331.21	237.56	7.0	0.8	7.6	5.9
张店区	906.67	1.30	382.89	522.48	7.2	-2.8	5.4	9.1
博山区	347.38	10.49	187.90	149.00	6.5	4.5	5.6	8.4
临淄区	807.73	36.59	514.60	256.54	6.1	4.3	6.8	4.4
周村区	309.08	9.27	143.60	156.21	8.5	2.1	7.1	10.9
桓台县	504.94	20.06	306.67	178.21	8.3	4.2	8.3	8.8
高青县	188.02	25.35	92.16	70.52	7.1	4.9	8.4	5.7
沂源县	248.68	30.72	109.27	108.70	7.9	4.4	9.1	7.2
枣庄市								
市中区	215.52	9.67	115.11	90.74	7.0	4.1	9.1	3.7
薛城区	286.32	14.31	164.39	107.63	6.1	3.8	4.1	11.0
峄城区	159.62	19.36	81.66	58.60	5.2	4.1	3.8	8.5
台儿庄区	159.93	16.75	84.76	58.42	6.8	3.9	5.4	10.4
山亭区	128.18	20.42	59.95	47.81	7.6	4.0	7.4	9.5
滕州市	1005.05	71.46	513.26	420.33	7.2	4.0	7.3	7.8

地　　区	地区生产总　值（亿元）	#第一产业	第二产业	第三产业	地区生产总值发展速度（%）	#第一产业	第二产业	第三产业
东营市								
东营区	432.73	15.86	180.44	236.43	6.7	2.5	7.9	5.7
河口区	249.36	12.99	126.82	109.56	8.5	5.2	9.3	7.4
垦利县	396.82	19.61	237.87	139.34	8.3	3.8	8.9	7.3
利津县	251.84	27.08	132.68	92.08	7.5	2.4	8.4	6.9
广饶县	767.61	42.16	513.34	212.12	8.2	2.9	8.7	7.5
烟台市								
芝罘区	395.66	4.06	69.92	321.68	9.7	5.6	4.2	11.1
福山区	240.38	14.37	129.30	96.71	8.9	4.2	8.3	10.5
牟平区	294.67	38.88	140.42	115.37	8.7	4.9	8.4	10.5
莱山区	217.49	3.56	85.66	128.27	8.2	4.7	8.1	8.4
长岛县	62.43	36.10	3.68	22.64	6.5	2.9	16.6	11.2
龙口市	1041.31	36.19	606.41	398.71	7.5	5.0	7.5	7.6
莱阳市	325.88	44.82	152.28	128.78	8.5	4.6	8.3	10.3
莱州市	717.05	68.12	373.44	275.49	8.5	2.9	8.3	10.2
蓬莱市	471.30	28.07	248.56	194.67	8.5	2.6	8.3	9.8
招远市	639.84	40.01	338.34	261.48	8.5	6.6	7.5	10.5
栖霞市	232.23	47.11	93.12	91.99	8.5	4.9	8.6	10.1
海阳市	279.33	62.96	104.51	111.86	8.4	5.3	7.9	10.5
潍坊市								
潍城区	242.98	9.90	92.19	140.86	7.4	3.9	5.8	9.1
寒亭区	202.13	11.39	105.67	85.07	7.5	3.4	7.2	8.7
坊子区	138.13	8.68	70.45	59.00	8.4	4.1	8.1	9.6
奎文区	220.11	0.54	21.48	198.09	7.4	-10.0	4.5	7.9
临朐县	244.05	34.61	103.41	106.03	8.1	3.9	8.1	9.7
昌乐县	274.98	35.92	122.94	116.12	8.3	4.5	8.6	9.0
青州市	578.76	50.68	274.30	253.78	8.3	4.6	8.0	9.3
诸城市	746.47	61.01	393.55	291.92	8.1	4.2	7.7	9.9
寿光市	806.94	93.16	356.87	356.91	8.3	4.5	8.0	9.8
安丘市	286.59	48.40	121.10	117.11	8.6	3.8	10.4	9.6
高密市	586.57	49.81	306.67	230.09	8.8	1.8	9.1	9.9
昌邑市	376.23	34.93	198.00	143.30	8.6	4.1	9.4	8.3
济宁市								
任城区	519.63	25.24	197.69	296.70	8.8	4.2	6.0	11.6
兖州区	630.68	47.67	351.90	231.11	9.7	3.4	8.3	13.5
微山县	387.09	39.73	176.60	170.76	8.9	3.5	7.0	12.5
鱼台县	156.12	33.42	63.71	58.99	8.6	3.6	7.5	12.6
金乡县	187.09	52.01	53.72	81.36	9.6	5.0	9.1	12.8

地　　区	地区生产总　值（亿元）	#第一产业	第二产业	第三产业	地区生产总值发展速度（%）	#第一产业	第二产业	第三产业
嘉祥县	249.79	33.85	119.72	96.22	8.7	4.2	7.4	12.3
汶上县	245.10	41.27	114.04	89.79	9.1	4.6	7.7	13.5
泗水县	157.21	37.77	60.88	58.56	9.3	4.1	8.0	14.9
梁山县	245.69	45.67	118.54	81.48	8.8	4.8	8.5	11.7
曲阜市	386.51	34.34	136.80	215.37	9.3	3.7	8.2	11.0
邹城市	830.69	51.48	450.54	328.67	8.8	4.2	7.0	12.8
泰安市								
泰山区	465.99	10.49	156.11	299.39	8.5	3.9	6.4	9.9
岱岳区	385.84	55.88	162.51	167.45	8.7	4.8	8.7	10.0
宁阳县	382.71	52.83	164.70	165.18	8.8	5.0	8.8	10.1
东平县	364.81	42.47	171.98	150.36	8.0	5.8	8.9	7.4
新泰市	774.48	56.09	387.81	330.58	6.6	3.3	5.8	8.6
肥城市	699.33	50.60	348.80	299.93	8.1	2.4	7.5	9.9
威海市								
环翠区	307.85	22.73	125.06	160.07	9.4	6.3	8.6	10.4
文登区	715.89	58.05	332.97	324.86	9.0	4.5	7.5	11.8
荣成市	1022.26	83.13	474.74	464.38	9.5	4.1	8.2	11.9
乳山市	477.18	39.55	226.66	210.98	8.4	3.9	8.5	9.1
日照市								
东港区	445.86	14.86	160.17	270.83	4.0	3.7	2.7	5.1
岚山区	474.51	38.46	286.31	149.74	5.0	4.0	5.2	4.7
五莲县	209.43	21.73	114.42	73.28	9.7	4.3	10.1	10.4
莒县	308.89	44.25	130.91	133.73	7.5	4.2	8.9	7.0
莱芜市								
莱城区	499.55	44.66	253.46	201.43	6.6	3.2	6.4	7.6
钢城区	166.28	8.06	90.70	67.52	6.5	4.3	6.8	5.7
临沂市								
兰山区	808.28	8.08	393.38	406.82	9.2	4.5	11.0	7.5
罗庄区	323.00	6.87	184.70	131.43	0.1	0.7	-2.1	3.5
河东区	177.84	12.00	86.06	79.78	8.9	5.3	7.3	11.6
沂南县	225.18	36.55	91.66	96.97	5.6	4.9	2.7	9.2
郯城县	256.52	27.82	119.27	109.43	11.0	5.5	9.8	13.7
沂水县	351.11	35.98	154.10	161.03	5.5	4.4	2.0	9.7
兰陵县	336.17	58.09	118.18	159.90	7.3	5.7	7.8	7.5
费县	258.33	33.40	119.89	105.04	8.3	4.5	8.8	8.8
平邑县	266.65	36.31	115.01	115.33	6.3	3.9	8.0	5.2
莒南县	246.32	32.27	109.20	104.85	8.7	3.8	8.5	10.2
蒙阴县	171.10	29.24	62.87	78.99	7.3	4.2	9.1	6.8
临沭县	212.37	19.60	104.40	88.37	8.5	4.2	9.7	7.6

地　　区	地区生产总　值（亿元）	#第一产业	第二产业	第三产业	地区生产总值发展速度（%）	#第一产业	第二产业	第三产业
德州市								
德城区	261.14	5.06	103.83	152.25	7.8	2.7	7.6	8.1
陵城区	228.42	30.78	101.02	96.62	9.0	4.2	9.9	9.5
宁津县	190.17	24.16	96.41	69.60	8.2	3.7	8.8	8.6
庆云县	139.75	12.67	62.51	64.57	7.0	3.5	7.1	7.5
临邑县	241.13	32.16	116.38	92.59	8.5	4.1	9.2	9.0
齐河县	402.97	36.53	200.01	166.43	9.1	4.4	9.3	10.2
平原县	191.18	27.21	93.81	70.16	7.7	4.0	8.4	7.8
夏津县	175.42	21.21	87.20	67.01	7.5	3.4	7.6	8.7
武城县	173.15	20.99	88.78	63.38	8.0	3.6	8.4	8.7
乐陵市	218.98	33.67	102.53	82.78	8.3	4.4	9.1	8.6
禹城市	240.60	32.30	115.19	93.11	8.8	4.1	9.4	9.5
聊城市								
东昌府区	277.80	32.93	116.07	128.80	8.1	4.8	9.4	7.6
阳谷县	295.18	42.53	163.00	89.65	8.6	5.0	9.2	8.9
莘县	301.12	50.08	140.41	110.63	9.1	4.2	10.8	8.6
茌平县	441.24	48.18	283.66	109.40	9.4	4.5	10.7	7.2
东阿县	188.14	19.69	99.60	68.85	8.7	4.1	9.9	7.5
冠县	268.95	44.40	132.25	92.30	9.1	4.7	10.7	8.3
高唐县	368.84	36.74	239.64	92.46	8.7	4.6	9.9	5.9
临清市	369.77	24.57	217.02	128.18	9.0	5.1	9.9	7.7
滨州市								
滨城区	370.25	11.45	170.05	188.75	6.5	4.5	5.2	7.9
沾化区	174.49	38.70	61.75	74.04	6.0	4.9	6.6	6.0
惠民县	179.86	32.74	69.99	77.13	6.3	4.9	5.8	7.5
阳信县	136.46	24.20	49.22	63.04	6.4	5.3	4.9	8.3
无棣县	233.08	33.31	113.61	86.17	4.5	4.5	5.4	3.0
博兴县	304.85	24.10	157.23	123.52	6.2	5.1	5.8	7.1
邹平县	818.47	39.75	490.08	288.65	9.8	4.9	9.4	11.6
菏泽市								
牡丹区	306.16	29.33	137.48	139.35	9.6	3.4	10.5	10.3
曹县	313.03	37.35	168.71	106.96	9.8	3.2	10.6	11.3
单县	282.96	38.24	144.40	100.31	9.2	2.9	10.3	10.2
成武县	176.51	23.94	96.82	55.75	9.0	2.9	10.8	8.1
巨野县	257.75	28.24	139.83	89.67	9.3	3.0	10.3	10.0
郓城县	314.68	36.58	171.18	106.92	9.1	2.8	10.1	9.8
鄄城县	166.12	25.45	82.74	57.93	8.9	3.5	10.9	8.4
定陶县	146.03	23.87	75.44	46.73	9.5	3.1	10.8	11.5
东明县	266.17	24.50	160.70	80.97	9.4	3.3	10.0	10.1

地　　区	粮食面积（公顷）	粮食产量（吨）	油料产量（吨）	蔬菜产量（吨）	水果产量（吨）	肉类总产量（吨）
济南市						
历下区						
市中区	4373	19052	37	10252	3105	7026
槐荫区	2707	15069	126	5783		1715
天桥区	12260	66098	606	21440	1724	4711
历城区	23393	125811	2051	772338	182226	21661
长清区	44800	262854	15100	658300	48474	30120
章丘区	105197	615891	7674	1847310	76226	117745
平阴县	31567	172659	11493	653398	135806	40899
济阳县	91467	565431	4176	1390432	49298	57249
商河县	108080	729798	297	982992	26066	78478
青岛市						
市南区						
市北区						
黄岛区	48400	248000	896301	380216	67839	87625
崂山区	180	1120	501	9284	5899	635
李沧区						
城阳区	1897	8720	46	60303	11359	3724
胶州市	66100	379100	28532	1029720	41134	49470
即墨市	78580	432000	63355	503956	15817	58382
平度市	197653	1414700	112358	2574728	311305	176497
莱西市	87421	566281	7490	1162973	275009	204841
淄博市						
淄川区	12887	47682	1774	22074	7549	14051
张店区	4353	20771	217	20314	4726	3314
博山区	4480	14752	982	120123	44738	5917
临淄区	48300	334352	48	922722	10794	49628
周村区	11820	53846	451	43318	8201	8985
桓台县	46367	356785	9	59786	1034	11236
高青县	83767	589121	1360	376366	20361	35507
沂源县	5280	16688	16705	316983	893307	26474
枣庄市						
市中区	12660	67500	10601	154669	9469	24207
薛城区	33180	200500	5119	240470	13565	28814
峄城区	43247	243000	14619	655145	35265	21409
台儿庄区	44120	249000	1451	574043	11978	23623
山亭区	21227	118000	24308	157227	113920	43834
滕州市	100100	754500	35783	2913390	60778	112157

地　　区	粮食面积（公顷）	粮食产量（吨）	油料产量（吨）	蔬菜产量（吨）	水果产量（吨）	肉类总产量（吨）
东营市						
东营区	18359	102890	87	119830	9052	9603
河口区	15808	82028	1234	27153	37354	27491
垦利县	21304	115470	847	57837	10748	19218
利津县	36417	204355	1989	255111	24596	50149
广饶县	74795	500000	6	568121	4208	61046
烟台市						
芝罘区	36	195	204	15910	3213	735
福山区	2198	11637	5480	16484	58569	6509
牟平区	18582	99228	33177	104426	594227	84647
莱山区	1878	9915	3982	36371	42249	13098
长岛县	69	321	9	0	387	32
龙口市	15229	100363	9174	224200	393439	36052
莱阳市	73227	419907	78585	505073	446730	115699
莱州市	84365	534691	48876	269500	319536	93996
蓬莱市	8968	53279	30639	165243	803145	70801
招远市	36739	213309	65460	84954	591045	50364
栖霞市	15671	93062	53344	174032	1919222	23317
海阳市	47454	261259	83718	433838	452797	53811
潍坊市						
潍城区	11113	68000	88	38662	19811	13791
寒亭区	39607	242000	1756	215776	47501	38594
坊子区	49400	300900	10030	568177	14454	56229
奎文区	2173	12600	240	344		1229
临朐县	36087	190000	17459	240281	235677	102519
昌乐县	34867	210000	38623	1153337	59647	106501
青州市	39333	224500	41	1909687	91237	91143
诸城市	133647	823000	55566	1088140	65018	314538
寿光市	84500	585000	212	4146672	45260	169900
安丘市	53727	328500	52253	1672072	97507	139776
高密市	130180	833500	28504	998587	47490	208483
昌邑市	79727	500000	7955	530865	83479	82642
济宁市						
任城区	57147	409500	540	320514	26398	30513
兖州区	53453	405500	2663	412361	4198	40778
微山县	49973	328500	1957	332201	2381	39279
鱼台县	38413	261000	0	686424	1775	30291
金乡县	8373	61500	2138	1784780	34932	41946

地　　区	粮食面积（公顷）	粮食产量（吨）	油料产量（吨）	蔬菜产量（吨）	水果产量（吨）	肉类总产量（吨）
嘉祥县	83587	598000	2820	420727	14509	48887
汶上县	81420	587500	9338	224498	7073	82199
泗水县	34413	200500	62858	583034	52544	83972
梁山县	85347	580500	15210	700992	44080	72218
曲阜市	70673	510500	11577	225532	32556	60843
邹城市	75733	509000	61623	619365	42620	76048
泰安市						
泰山区	4500	32961	70	161937	8609	5812
岱岳区	65236	480076	28753	2473564	207333	70564
宁阳县	78867	566391	69227	1032759	98790	106701
东平县	85571	604994	20467	669356	10737	42224
新泰市	55561	398209	98742	1536813	148942	156544
肥城市	74112	538509	9942	1849660	114024	80426
威海市						
环翠区	12233	62962	24431	81780	142924	13445
文登区	38340	207658	79915	279625	234471	48121
荣成市	37360	221983	58240	224752	151530	36938
乳山市	37646	209483	74179	390419	483369	85544
日照市						
东港区	25667	154730	55148	103283	105645	65631
岚山区	21713	133761	37656	122719	35478	40945
五莲县	36567	201291	61626	218093	43549	56362
莒县	62860	395009	84543	667319	76703	142248
莱芜市						
莱城区	33055	200803	13480	824120	67529	51428
钢城区	4800	29064	10156	222171	41909	11858
临沂市						
兰山区	31420	177000	23707	116159	35480	33886
罗庄区	26973	155028	10786	78037	4338	33655
河东区	45227	274000	19971	178462	19999	25913
沂南县	63393	359500	95377	1233421	58014	87969
郯城县	93600	716500	15299	536916	10418	52397
沂水县	53833	323000	100465	551968	692527	174674
兰陵县	97320	648500	62521	2890971	64193	86091
费县	51080	289500	85417	477024	203397	55748
平邑县	48740	294500	81382	284236	198196	58730
莒南县	73413	466500	132639	224256	43649	151651
蒙阴县	18807	130500	38887	115447	968948	27171
临沭县	49893	289000	183405	136525	12233	59600

地　　区	粮食面积（公顷）	粮食产量（吨）	油料产量（吨）	蔬菜产量（吨）	水果产量（吨）	肉类总产量（吨）
德州市						
德城区	12173	83700	42	72505	13056	12041
陵城区	118927	920800	5	270115	5808	77824
宁津县	66953	500100	3916	437014	18074	36782
庆云县	33140	223500	685	100592	43861	11830
临邑县	96040	720100	24	491780	3497	94339
齐河县	131340	1012800	2127	1081644	12653	111026
平原县	98787	755000	925	957916	14488	65501
夏津县	66667	453100	1878	225866	27799	64369
武城县	60667	453200	6217	148285	7085	13034
乐陵市	91347	689300	364	426602	240684	89792
禹城市	82087	625900	2437	1678890	10657	102402
聊城市						
东昌府区	105573	732000	4605	1274563	19817	91749
阳谷县	101920	706000	9430	1792882	45107	79073
莘县	106093	696500	26267	2388249	37999	146136
茌平县	88367	598000	22664	1510849	77960	64893
东阿县	71847	485500	607	332124	21680	29454
冠县	99527	651500	14327	1230012	322158	71214
高唐县	78420	530000	18209	266813	9341	59735
临清市	85407	559500	2750	604178	90040	38727
滨州市						
滨城区	49427	313350	412	141138	23372	21942
沾化区	26020	161490	990	51813	345938	39490
惠民县	96533	648100	9334	1209979	128944	51298
阳信县	70153	466490		160870	253476	91552
无棣县	42013	252940	1853	17999	222600	98440
博兴县	64933	460950	302	210425	2311	32910
邹平县	106520	758010	1035	190929	25069	48180
菏泽市						
牡丹区	95420	604500	21082	834178	58196	92622
曹县	86547	538000	5157	702591	22110	68550
单县	175527	1105500	25648	435096	20679	90384
成武县	97340	609500	44727	1633594	209114	93388
巨野县	78180	500500	1756	950823	31581	60826
郓城县	83520	523000	8522	997037	74472	59154
鄄城县	165113	1045000	29803	1085904	46862	100296
定陶县	88840	561000	32107	338784	38225	83817
东明县	93780	585500	62929	445169	27423	72708

地　　区	奶类产量（吨）	规模以上工业企业（万元）			社会消费品零售额（万元）	出口总额（万元）
		工　业总产值	主营业务收　入	利　税总　额		
济南市						
历下区		2861460	2892697	1087836	9152174	468624
市中区	13821	3640456	4305186	259405	4845956	238888
槐荫区	4804	1626583	1647991	205927	4791973	229781
天桥区	390	580160	580595	－31127	4087208	250006
历城区	14903	5066262	5909592	514819	5195898	610033
长清区	34996	1804921	1736406	29563	1379327	51606
章丘区	75343	17891861	18522349	2179208	3904327	441486
平阴县	29972	3837075	3575168	534916	962921	430000
济阳县	32173	4981457	4914905	749570	1258876	123816
商河县	51580	1781708	1788395	129789	888088	60338
青岛市						
市南区		970255	369819	9342	5381603	3591009
市北区		2878008	3554662	240317	7067281	597033
黄岛区	8686	50473522	47890338	5107342	5160268	5395413
崂山区	536	4722482	5329911	685701	2212555	3248775
李沧区		2461672	2704570	674416	3754180	388505
城阳区	9460	14620316	13813966	1155605	2339706	3658674
胶州市	15830	25000140	24656677	2738893	3732496	3301346
即墨市	38180	29589804	28056805	2301923	4240927	2440503
平度市	22671	16051872	16034383	1749521	3862938	1183979
莱西市	208904	11128455	10846895	676226	2944305	1324460
淄博市						
淄川区	132	24975598	24945497	2772967	2867119	662756
张店区	1336	23943398	23485388	2585370	6875867	1110793
博山区	243	7668244	7421788	794046	2521449	280636
临淄区	15894	24898073	24804218	3440353	2679446	368503
周村区	3528	11336941	11279188	1125223	2317291	246472
桓台县	8182	18826585	18372481	1172457	2146101	524264
高青县	61780	3227476	3219008	328294	658643	67207
沂源县	2270	5238840	5076262	966012	1484391	213638
枣庄市						
市中区	3564	5065524	4959624	387186	1308370	232623
薛城区	372	7466119	11216836	508284	1319774	88466
峄城区	920	3531193	3478912	276788	713652	120857
台儿庄区	38852	3216780	3051407	251310	738735	43383
山亭区	7889	2145132	2122100	163144	798544	70713
滕州市	776	13072129	12968409	980442	4043752	253730

地　　区	奶类产量（吨）	规模以上工业企业（万元）			社会消费品零售额（万元）	出口总额（万元）
		工业总产值	主营业务收入	利税总额		
东营市						
东营区	9698	13216113	12688730	494142	3638935	439400
河口区	228836	10278392	10238336	677811	570920	81227
垦利县	9901	21362193	21114148	2674582	677055	339404
利津县	109	16577903	16385163	1471549	331974	89247
广饶县	99125	43322363	42732765	4244034	1927350	1757093
烟台市						
芝罘区	5155	1328379	1239783	98301	4450574	661951
福山区	2919	3568508	3665040	249741	1183066	590108
牟平区	29595	11588149	10423016	913455	1726052	447684
莱山区	3306	3508755	3309160	503905	1118123	575695
长岛县	27	25199	41545	1731	209140	42320
龙口市	37173	32480713	31560894	3126793	3938641	1221768
莱阳市	53379	9576990	9690517	912285	2879234	516841
莱州市	14942	15263607	15403267	1457297	3398172	600853
蓬莱市	6997	14901044	15305335	1484281	1638911	615643
招远市	10796	18339856	18023940	1457539	1902991	850162
栖霞市	2562	3036402	3040310	220924	1514995	291538
海阳市	18046	3324138	2750487	218541	1853134	509380
潍坊市						
潍城区	4581	3098031	3556353	272878	1915316	259808
寒亭区	20743	13147594	13149628	1329296	1167979	1042572
坊子区	3027	3181337	3225017	90961	1032348	330636
奎文区	2024	8845741	8578996	1065075	3612968	1359376
临朐县	69195	4363713	4408965	235848	1586544	215692
昌乐县	45226	10073578	10110118	566165	1457911	501953
青州市	15659	15701483	15629379	1421975	2465583	357208
诸城市	4286	23140119	23479575	2128530	2882139	871812
寿光市	10978	18847335	19014177	1423644	3152636	1419973
安丘市	4558	5159406	5141069	263236	1828626	510328
高密市	43198	18677842	18572355	1644706	2163825	944984
昌邑市	4972	9692401	10081709	852777	1882649	405840
济宁市						
任城区	10985	13386342	15237718	371178	4986288	442555
兖州区	989	16094362	15735767	1089092	2285958	418872
微山县	0	1855966	1844526	358572	1238702	37858
鱼台县	966	593790	584436	22128	962478	57946
金乡县	6694	3166554	3117923	310547	1109616	402218

地　　区	奶类产量（吨）	规模以上工业企业（万元）			社会消费品零售额（万元）	出口总额（万元）
		工　业总产值	主营业务收　入	利　税总　额		
嘉祥县	5133	2696751	2706037	263438	1153704	45474
汶上县	43087	2318506	2211978	240157	1175794	56289
泗水县	4660	1753207	1518634	188984	965040	49433
梁山县	19859	2846024	2821160	304030	1022667	55722
曲阜市	4979	2580420	2557816	353595	2021406	143898
邹城市	9082	8153000	8230448	1262530	2978704	56586
泰安市						
泰山区	15081	5383604	4724402	643050	3547263	396606
岱岳区	136036	6319388	6825152	617217	1825889	219241
宁阳县	118147	12643148	11690193	990953	1638211	87752
东平县	10776	11648284	11662709	815312	1555771	37468
新泰市	89149	13366141	12748600	932061	3154594	126508
肥城市	88843	9677459	10418340	1000093	2905955	220869
威海市						
环翠区	12297	17078277	17533408	1841832	5119466	5064531
文登区	80733	15270628	14990734	1158754	3441337	820288
荣成市	43794	31073814	30138473	2358747	3630072	1515792
乳山市	6519	7990225	7909971	604287	2376418	441065
日照市						
东港区	4035	7230408	6972581	539201	3018435	1356011
岚山区	5744	6606831	7085050	338400	996269	1020668
五莲县		5911133	5654939	290762	876561	151100
莒县	18050	4816641	4845634	455689	1709670	262668
莱芜市						
莱城区	898	13244112	14169934	698478	2836449	274800
钢城区	909	4832424	5026366	51422	641531	373163
临沂市						
兰山区	13154	21514115	21255000	2274200	5665118	876326
罗庄区	29517	5392428	5347600	328600	1967226	259295
河东区	2387	4850728	4348200	184400	1485089	248590
沂南县	16718	5051558	5405100	419600	1320986	171851
郯城县	2231	7023668	7007200	853000	1480022	101841
沂水县	14695	11853839	11700800	792100	1902103	549183
兰陵县	19067	5806052	5854900	436700	2265751	68797
费县	3175	7668456	7674400	796300	1173097	276063
平邑县	1870	3865188	3917800	305500	1739163	106336
莒南县	1574	6669963	6633400	505300	1327453	328045
蒙阴县	0	2441114	2444900	189200	1080143	119315
临沭县	6261	5083169	5587900	366400	1052505	277536

地　　区	奶类产量（吨）	规模以上工业企业（万元）			社会消费品零售额（万元）	出口总额（万元）
		工　业总产值	主营业务收　入	利　税总　额		
德州市						
德城区	3452	14608111	13814555	1124996	3206267	440842
陵城区	47020	10961464	10742237	805080	1007623	87027
宁津县	7700	8485624	8465347	522869	1098801	87753
庆云县	250	4075672	4063631	414444	775562	26612
临邑县	29004	9603227	10047023	895676	1260791	219207
齐河县	29000	11959981	11891625	1073439	1310786	187713
平原县	6539	6735528	6723749	609538	996328	59569
夏津县	1201	8873079	9163286	655137	923963	17095
武城县	3106	9241531	9518459	635646	877246	16359
乐陵市	7092	9540005	9475149	612711	1251759	147646
禹城市	78829	11610293	10747177	839940	1240566	210423
聊城市						
东昌府区	23612	9981700	9701078	673136	3804880	421827
阳谷县	28674	10466100	10206120	998893	1685345	586268
莘县	4695	8427200	8391756	749701	1237309	32214
茌平县	2386	15034700	14596712	1445049	1001642	110564
东阿县	4284	4326000	4067819	705846	437642	81968
冠县	15437	10365600	10242581	989727	876127	293883
高唐县	4548	17678500	17654294	1402914	1059835	152591
临清市	21549	13719400	13705398	1260518	1628509	246624
滨州市						
滨城区	20683	10497598	9727862	760460	2450146	803058
沾化区	4941	2462332	2163007	106097	838582	48560
惠民县	3273	4599467	4545972	381563	1117515	208716
阳信县	201	3181327	3133391	580361	693467	122990
无棣县	3950	4800464	4751859	307405	919469	64189
博兴县	1911	11687520	12445590	464229	1110039	776693
邹平县	25367	36591560	46716370	1614448	1767821	455073
菏泽市						
牡丹区	6784	17486962	16367580	2577780	3041555	189399
曹县	1673	4143732	4131527	383185	956203	33122
单县	56887	11975460	11698109	1249766	2355253	597463
成武县	4896	7062523	7061754	687269	1858479	94004
巨野县	582	5162757	5344527	798711	1051021	72915
郓城县	1610	5389151	5650482	580473	1501468	302336
鄄城县	2568	9245416	9244455	1178768	1822025	40100
定陶县	2204	5479837	5457069	525328	1230338	196063
东明县	5556	13395715	13027219	1058613	1213696	115753

地　　区	固定资产投资完成额（万元）	普通中学专任教师数（人）	小学专任教师数（人）	普通中学在校学生数（人）	小学在校学生数（人）	农村居民人均可支配收入（元）
济南市						
历下区	2488745	2253	3279	26937	56058	0
市中区	2171504	2873	2868	36194	48554	17451
槐荫区	2686723	1158	2206	14685	39742	0
天桥区	1694199	1759	2381	19646	38846	14241
历城区	5948202	4292	3660	54922	72006	16928
长清区	2507446	2112	2021	22847	29479	15137
章丘区	6762301	4487	4049	51509	54213	17982
平阴县	2482692	1505	1384	16176	18809	12701
济阳县	3057776	1897	2469	28064	34431	14298
商河县	1269691	1982	2659	27427	40177	12674
青岛市						**0**
市南区	1285915	836	1960	7970	30080	0
市北区	2439159	1761	3516	18774	54604	0
黄岛区	20034823	5626	6122	58256	95925	18008
崂山区	1812722	1261	1391	6566	21645	20600
李沧区	5038748	958	1749	10177	32091	0
城阳区	6956460	2330	2714	25074	52561	19670
胶州市	10393921	3692	3912	42029	62742	18518
即墨市	10489280	5224	5686	53757	85011	18199
平度市	7783045	5901	5081	57581	73765	17223
莱西市	6701278	3581	2610	37880	34497	17639
淄博市						**0**
淄川区	4339820	3463	2217	37492	28811	15555
张店区	7263303	4098	3367	58042	56847	18164
博山区	3462757	2217	1406	23941	16453	14659
临淄区	4689060	3266	2314	38619	28551	17988
周村区	3264636	1829	1301	22152	17080	15296
桓台县	4303608	2698	1532	32284	20539	16856
高青县	1551927	1633	1373	21793	15254	12897
沂源县	2122872	2733	2108	33088	22253	14788
枣庄市						**0**
市中区	2231242	2370	2414	34907	66093	13559
薛城区	4283026	2694	2884	34883	46880	12521
峄城区	2127697	1179	2475	18553	49199	13178
台儿庄区	1396529	865	1733	14436	34661	11436
山亭区	1287330	1293	2844	14895	38313	11080
滕州市	6559248	5641	6668	74160	109869	14005

地　　区	固定资产投资完成额（万元）	普通中学专任教师数（人）	小学专任教师数（人）	普通中学在校学生数（人）	小学在校学生数（人）	农村居民人均可支配收入（元）
东营市						
东营区	5134282	948	1133	11107	17464	17165
河口区	3321919	688	605	7183	6016	15596
垦利县	2973924	1215	990	14566	11753	15605
利津县	1345849	1670	985	17521	9870	14751
广饶县	6500618	2862	1877	31340	26673	17249
烟台市						
芝罘区	4194144	3633	1897	41085	38453	0
福山区	4638156	1010	890	12376	15192	18805
牟平区	4745598	1861	1234	17063	13730	17272
莱山区	4113708	805	468	8473	11839	19113
长岛县	74082	232	42	1548	1066	18502
龙口市	6883260	3182	1188	30833	29594	19049
莱阳市	1811311	3341	1257	36388	32423	14319
莱州市	5008449	3833	1519	39184	29748	18135
蓬莱市	4573024	1959	1289	19201	17009	18273
招远市	4601083	2746	771	26128	20757	18257
栖霞市	1619746	2897	1708	21567	16022	13529
海阳市	4426563	3077	1398	28536	19979	16215
潍坊市						
潍城区	1534797	1418	1683	14058	29326	16865
寒亭区	6270875	2756	2214	23551	30863	15964
坊子区	1855555	2590	2562	29600	36834	15782
奎文区	2586056	2423	2449	24883	45164	0
临朐县	3299502	3609	3501	32851	55978	14700
昌乐县	3499009	3380	3042	38322	39041	15450
青州市	5761835	4186	3637	43154	49731	16180
诸城市	6355118	4839	4664	55079	75248	17210
寿光市	6308714	5206	4537	54026	66840	17652
安丘市	3214103	3879	3898	38719	66214	15161
高密市	5632397	4241	4314	44133	66275	15589
昌邑市	3801062	2422	2256	24575	33001	16304
济宁市						
任城区	5803870	4552	3630	67297	66188	14040
兖州区	4837109	2271	2206	25881	36923	15049
微山县	2201964	2579	2831	26199	44928	13132
鱼台县	1503932	1688	1687	19288	32280	12599
金乡县	1704235	2302	2999	28557	55024	13712

地　　区	固定资产投资完成额（万元）	普通中学专任教师数（人）	小学专任教师数（人）	普通中学在校学生数（人）	小学在校学生数（人）	农村居民人均可支配收入（元）
嘉祥县	2269757	2871	3930	51138	82435	12778
汶上县	2325162	2192	3017	31706	54964	13094
泗水县	1491367	1873	2682	24936	44036	10312
梁山县	2274346	2337	2985	32908	83032	12460
曲阜市	2731589	2458	2561	25154	39849	13129
邹城市	4738451	4453	4802	47489	70428	14369
泰安市						
泰山区	3707847	3711	1858	56983	40386	15364
岱岳区	5424205	3628	2412	56568	34840	13830
宁阳县	3963584	3232	3039	45651	33887	13664
东平县	3320854	2961	2340	44153	34832	13157
新泰市	6508586	5811	4990	84611	73574	14444
肥城市	6071102	3893	3608	51570	51185	15130
威海市						
环翠区	8508941	2858	3012	34342	54944	17003
文登区	6643809	2927	1626	19828	18898	18737
荣成市	8282776	3178	1793	28906	25757	19231
乳山市	5358000	2383	1418	15968	13527	14828
日照市						
东港区	6014344	4341	4215	53661	68427	12056
岚山区	5818414	1647	1320	16056	22728	13538
五莲县	1565917	2272	1907	21924	26012	13037
莒县	2579098	3669	4126	50225	78944	12775
莱芜市						
莱城区	4721608	4878	3321	66924	41825	14467
钢城区	1635123	1148	1020	14473	11777	15336
临沂市						
兰山区	6381711	6597	6534	84108	185115	12365
罗庄区	2014119	3056	2415	33315	74694	12254
河东区	1520281	2721	3644	30177	72996	12066
沂南县	2451528	3641	3788	38370	65949	11128
郯城县	2384570	3598	4482	37463	77110	11660
沂水县	3284687	4772	3715	44487	67537	11993
兰陵县	2157371	5141	5667	74828	145357	12046
费县	1852615	3378	2980	33935	68566	11347
平邑县	1956508	3557	4081	42043	63631	11514
莒南县	2072299	3974	4040	44060	54680	11097
蒙阴县	1391230	2127	2153	22864	36459	10895
临沭县	1854623	2812	2559	32871	51965	11100

地　　区	固定资产投资完成额（万元）	普通中学专任教师数（人）	小学专任教师数（人）	普通中学在校学生数（人）	小学在校学生数（人）	农村居民人均可支配收入（元）
德州市						
德城区	4836029	3249	3131	44331	60258	12639
陵城区	2156250	1577	2600	25876	34299	12189
宁津县	2121812	1507	1998	21499	36659	12235
庆云县	1322698	1435	1674	17517	28759	11839
临邑县	2410837	2018	2733	25535	35176	12368
齐河县	2761969	2189	2824	28554	33432	12426
平原县	1447317	1488	2321	22533	27678	12201
夏津县	1268768	2114	2782	29464	47925	11843
武城县	1964291	1372	1691	18482	28144	12260
乐陵市	2367126	2248	3113	26934	47911	12332
禹城市	2720730	2070	2055	26713	31846	12389
聊城市						
东昌府区	5328290	5796	6388	77292	129418	11463
阳谷县	3225285	2771	3503	33628	58121	11239
莘县	2583105	4251	3949	47603	100625	11436
在平县	3089105	2254	2242	25356	41395	11813
东阿县	1083541	1320	1682	17751	22018	11288
冠县	2428391	2915	3760	30985	78448	11308
高唐县	2992847	1744	1900	22967	37165	11549
临清市	2845169	2546	3198	34458	86758	11210
滨州市						
滨城区	6443539	3014	3023	36918	49883	14674
沾化区	1870873	1489	1446	14990	20053	13863
惠民县	2210366	2275	2418	25135	36830	13141
阳信县	1456000	2093	1757	23739	30466	12531
无棣县	3972389	2166	2347	20874	32028	14195
博兴县	2745885	2333	2318	25886	30192	14419
邹平县	2866662	3381	2943	39888	48624	15794
菏泽市						
牡丹区	2840720	5904	7552	84312	152743	10879
曹县	843732	2180	3395	31180	63582	10637
单县	1559245	4227	7767	79840	162165	10591
成武县	1078229	4518	5488	62130	97042	10677
巨野县	867257	3265	4445	32077	76748	10771
郓城县	1146149	3711	5023	45881	110290	10838
鄄城县	1447295	4565	6082	69515	123849	10926
定陶县	823027	2907	4098	47217	83008	10377
东明县	1576408	3145	4137	50265	88798	10602

中国统计出版社最新图书简目

（仅供参考，以实际出版为准）

统计资料

中国统计年鉴　中国统计摘要　中国发展报告
中国经济普查年鉴　国际统计年鉴　金砖国家联合统计手册
中国－东盟国家统计手册　中国农村统计年鉴　中国县域统计年鉴
中国城市统计年鉴　中国对外直接投资统计公报　中国地区经济监测报告
中国贸易外经统计年鉴　中国零售和餐饮连锁企业统计年鉴　中国商品交易市场统计年鉴
大中型批发零售和住宿餐饮企业统计年鉴　中国农产品价格调查年鉴　中国住户调查年鉴
中国价格统计年鉴　中国能源统计年鉴　全国农产品成本收益资料汇编
中国环境统计年鉴　中国建筑业统计年鉴　国外资源、能源和环境统计资料汇编
中国工业统计年鉴　中国城乡建设统计年鉴　中国县城建设统计年鉴
中国城市建设统计年鉴　中国科技统计年鉴　中国房地产统计年鉴
中国证券期货统计年鉴　中国劳动统计年鉴　中国第三产业统计年鉴
工业企业科技活动资料　中国社会统计年鉴　中国高技术产业统计年鉴
中国人才资源统计报告　中国教育统计年鉴　中国人口和就业统计年鉴
文化及相关产业统计概览　中国文化及相关产业统计年鉴　中国教育经费统计年鉴
中国民族统计年鉴　中国残疾人事业统计年鉴　中国民政统计年鉴
中国乡镇街道行政区域简册　中国基本单位统计年鉴　中国妇女儿童状况统计资料（英）

省级综合统计年鉴系列

北京　天津　河北　山西　内蒙古　辽宁　吉林　黑龙江　上海　江苏　浙江　安徽　福建　江西　山东　河南　湖北
湖南　广东　广西　海南　重庆　四川　贵州　云南　西藏　陕西　甘肃　青海　宁夏　新疆　新疆生产建设兵团

市（县）级综合统计年鉴系列

滨海新区　石家庄　唐山　邯郸　保定　沧州　邢台　廊坊　承德　衡水　秦皇岛　张家口　太原　大同
阳泉　长治　晋城　朔州　晋中　运城　忻州　临汾　吕梁　呼和浩特　呼和浩特新城区　鄂尔多斯　包头
沈阳　大连　长春　吉林　延吉　四平　通化　松原　哈尔滨　齐齐哈尔　黑龙江垦区　上海浦东新区　南京
无锡　徐州　常州　苏州　南通　连云港　淮安　盐城　扬州　镇江　泰州　宿迁　江阴　丹阳　海门　杭州
宁波　温州　嘉兴　湖州　绍兴　金华　衢州　舟山　台州　丽水　合肥　安庆　马鞍山　福州　厦门　宁德
漳州　龙岩　南昌　九江　上饶　新余　抚州　萍乡　赣州　吉安　景德镇　济南　青岛　潍坊　枣庄　日照
滕州　郑州　洛阳　平顶山　三门峡　商丘　信阳　济源　汝州　武汉　十堰　荆州　宜昌　荆门　咸宁　长沙
广州　深圳　惠州　东莞　汕尾　南宁　柳州　桂林　来宾　河池　防城港　海口　三亚　成都　贵阳　黔南　毕节
昆明　西安　咸阳　延安　宝鸡　安康　铜川　汉中　榆林　兰州　庆阳　银川　乌鲁木齐　兵团一师　兵团十师

调查年鉴系列

天津　山西　内蒙古　辽宁　吉林　上海　福建　江西　河南　湖北　湖南　广西
重庆　四川　云南　甘肃　宁夏　新疆

统计方法应用/实用手册

实用 SAS 统计分析教程　马克威统计分析与数据挖掘应用案例　统计公文知识问答
乡镇统计人员岗位知识培训系列教材：辅助调查员岗位基础知识　乡镇统计人员岗位基础知识
县级统计人员岗位知识培训系列教材：Excel 在统计工作中的应用　简明统计分析
地市级统计人员岗位知识培训系列教材：统计报告与演示　Excel 在统计工作中的应用

统计通俗读物/统计科普图书

国家统计局核心统计指标变迁　货架上的统计　账本里的统计

重点图书

砥砺奋进的五年——从十八大到十九大　新编英汉汉英统计大词典　中华医学统计百科全书
新常态下的中国服务业：理论与实践　新动能新产业发展报告－2017
挑大学选专业 2018－考研择校指南　挑大学选专业 2018－高考志愿填报指南